Gefahrabwendungspflichten des Produktherstellers

Deutsches, europäisches und internationales Strafrecht und Strafprozessrecht

Herausgegeben von
Martin Waßmer

Band 20

Franziska Anna Bues

Gefahrabwendungspflichten des Produktherstellers

Zur Legitimation und Ausgestaltung einer strafrechtlichen Sonderverantwortlichkeit bei pflichtmäßigem Inverkehrbringen

PETER LANG

Berlin - Bruxelles - Chennai - Lausanne - New York - Oxford

Bibliografische Information der Deutschen Nationalbibliothek
Die Deutsche Nationalbibliothek verzeichnet diese Publikation in der Deutschen Nationalbibliografie; detaillierte bibliografische Daten sind im Internet über http://dnb.d-nb.de abrufbar.

Zugl.: Köln, Univ., Diss., 2024

DE 38
ISSN 2197-8417
ISBN 978-3-631-92871-4 (Print)
ISBN 978-3-631-92878-3 (E-PDF)
ISBN 978-3-631-92879-0 (E-PUB)
DOI 10.3726/b22478

Verlegt durch

Peter Lang GmbH, Berlin (Deutschland)

info@peterlang.com

Diese Publikation wurde begutachtet.

www.peterlang.com

Vorwort

Diese Arbeit wurde im Wintersemester 2023/2024 von der Rechtswissenschaftlichen Fakultät der Universität zu Köln als Dissertation angenommen. Literatur und Rechtsprechung wurden bis Februar 2024 berücksichtigt.

Mein Dank gilt meinem Doktorvater, Herrn Professor Dr. Dr. h.c. Martin Waßmer, der mir mit kritischen Anmerkungen stets zur Seite stand und so zum Gelingen dieser Arbeit maßgeblich beigetragen hat. Für die zügige Zweitbegutachtung danke ich Frau Privatdozentin Dr. habil Eva Kiel vielmals.

Frankfurt am Main, Februar 2025 *Franziska Bues*

Inhaltsverzeichnis

1. Teil Einführung

Die moderne Industriegesellschaft zeichnet sich in hohem Maße durch Leistung und Konsum aus. Der hierdurch vorangetriebene wissenschaftliche und technische Fortschritt führt zu einer andauernden Steigerung der individuellen und gesamtgesellschaftlichen Entfaltungsmöglichkeiten und generiert so einen hohen allgemeinen Lebensstandard. Kehrseite dieser positiven Entwicklung ist aber eine ebenso kontinuierliche Entstehung neuartiger Risiken, denen die am Modernisierungsprozess teilnehmenden Menschen kollektiv ausgesetzt sind.[1] Diese neuartigen Risiken zeigen sich insbesondere im Bereich der Umweltbelastungen, des Großanlagenbetriebs und der industriellen Warenproduktion.[2]

Ein besonders eindrückliches Beispiel für die Verzahnung von Fortschritt und Risiko bei der Produktion von Gütern bot jüngst die Coronapandemie. Neuartige Vakzine wurden mittels neuer Entwicklungsansätze in Rekordzeit entwickelt. Auf den Impfstoffen lastete die Hoffnung, Menschenleben zu retten und die Welt von den gesellschaftlichen und wirtschaftlichen Auswirkungen der Pandemie zu befreien. Gleichzeitig bestand in Anbetracht der Todesfälle, die mit manchen Impfstoffen in Verbindung gebracht wurden, aber auch große Verunsicherung in der Bevölkerung, welche mit den nach aktuellem Forschungsstand zur Verfügung stehenden Informationen bis heute nicht vollständig beseitigt werden konnte. Gerade im Zusammenhang mit solchen innovationsbedingten Restunsicherheiten und Risiken stellt sich auch abseits der Impfstoffentwicklung die Frage nach einer sinnvollen Verantwortungsverteilung. Eine solche müsste einerseits dem hohen Schutzbedürfnis der betroffenen Nutzer und Konsumenten eines Produkts gerecht werden, andererseits aber auch die gesamtgesellschaftlichen Vorteile des technisch-ökonomischen Fortschritts berücksichtigen.

Das Beispiel der Impfstoffentwicklung in der Coronapandemie ist dabei aus zwei Gründen nur bedingt repräsentativ für das weite Feld von innovationsbedingten Produktrisiken. Zum einen war die Produktion der Covid-19-Impfstoffe Gegenstand immenser öffentlicher und staatlicher Aufmerksamkeit, die der

---

1 Der Soziologe *Ulrich Beck* hat in diesem Zusammenhang den Begriff der „Risikogesellschaft“ geprägt, in der die gesellschaftliche Produktion von Reichtum systematisch einhergeht mit der gesellschaftlichen Produktion von Risiken, *U. Beck*, S. 25. Vgl. zur breiten Rezeption dieses Begriffs auch in den Rechtswissenschaften *Hilgendorf*, NStZ 1993, 10 (10).

2 *Reus*, S. 22.

weltweiten Ausnahmesituation geschuldet war. Dass die Herstellung eines Produkts derart in den allgemeinen Fokus rückt und dementsprechend beobachtet und gefördert wird, ist in der Güterproduktion nicht der Regelfall.

Zum anderen handelt es sich bei Impfstoffen um Arzneimittel und damit um Produkte, die Gegenstand umfangreicher Spezialvorschriften sind und in besonderer Weise der staatlichen Kontrolle unterliegen. Eine vergleichbar engmaschige Überwachung gibt es bei den meisten anderen Produkten nicht. Der Regelfall ist, dass die Hersteller von Produkten für ihr Risikomanagement in deutlich höherem Maße alleine verantwortlich sind und entsprechende Haftungsrisiken tragen. Die staatliche Zurückhaltung bei der Produktüberwachung in weniger regulierten Branchen lässt allerdings nicht den Schluss zu, dass Produkte solcher Branchen grundsätzlich weniger gefährlich wären. So können etwa auch von Haushaltsgegenständen, Nahrungsmitteln, Baumaterialien, Chemikalien, Maschinenbauteilen oder Spielzeug erhebliche Gesundheitsgefahren für Menschen ausgehen. Gleichzeitig besteht auch in diesen Bereichen ein erheblicher Innovationsdruck. Zwar ist nicht jedes Produkt so überlebensnotwendig wie Arzneimittel. Anpassungs- und Innovationsdruck entstehen für die Produkthersteller aber in ähnlichem Maße, da sie sich insbesondere in den Industrieländern in kompetitiven Märkten bewegen, die vom steten Streben der Menschen nach einer Verbesserung ihres Lebensstandards geprägt sind.

Charakteristisch für Produkthaftungsfälle ist das potenziell hohe Ausmaß der möglichen Schäden. Durch die Massendistribution kommt häufig eine nicht überschaubare Anzahl von Menschen in Kontakt mit den jeweiligen Konsumgütern und kann von erheblichen Gesundheitsbeeinträchtigungen bedroht sein. Dabei ist in vielen Fällen der Wirkungszusammenhang zwischen einem Produkt und einem Schaden nur schwer nachvollziehbar. Dies bringt nicht nur Schwierigkeiten bei der nachträglichen Aufarbeitung von Schadensfällen mit sich, sondern hat auch zur Folge, dass die Produkthersteller weitreichende Entscheidungen in einer Situation treffen müssen, die von Unsicherheiten über die Existenz und den Grad der Produktgefährlichkeit geprägt ist.[3]

Die Frage der Produktverantwortung der am Herstellungsprozess Beteiligten beschäftigt seit geraumer Zeit auch das Strafrecht. Im Laufe der letzten Jahrzehnte wurde hier unter dem Stichwort der „Strafrechtlichen Produkthaftung“ ein dogmatisches Fundament für den Umgang mit Produkthaftungssachverhalten geschaffen. Angesichts der in Gesetzgebung, Rechtsprechung und Wissenschaft gefundenen Lösungen hat sich eine Grundsatzdiskussion über eine

3 *Kuhlen*, FG BGH Bd. IV, S. 647 (648 f.).

(vermeintliche) Entwicklung des Strafrechts hin zu einem „Risikostrafrecht" entsponnen. Im Rahmen dieser Entwicklung werde das Strafrecht zunehmend als Instrument der Prävention verstanden und als Mittel der großflächigen Gefahrsteuerung eingesetzt.[4] Diese Bestrebungen gingen einher mit einer bedenklichen Flexibilisierung der herkömmlichen dogmatischen Strukturen und einer strukturellen Selbstüberforderung des Strafrechts.[5] Die größten Kontroversen im Bereich der Produktverantwortung ergeben sich dabei in Bezug auf den Kausalitätsnachweis, die Verantwortungszuschreibung bei Kollegialentscheidungen und die Garantenstellung des Herstellers mit den daraus resultierenden Gefahrabwendungspflichten. Diesem letzteren Bereich widmet sich die vorliegende Arbeit.

§ 1 Untersuchungsgegenstand

Gegenstand der Untersuchung ist die Unterlassungsstrafbarkeit des Herstellers in folgender Konstellation, die sowohl strafrechtsdogmatisch als auch rein praktisch besonders problematisch ist: Ein Produkt wird unter Einhaltung aller Sorgfaltspflichten auf den Markt gebracht. Zu diesem Zeitpunkt ist die Gefährlichkeit nicht erkennbar. Erst später kommt der Verdacht auf, dass das Produkt gefährlich sein könnte. Der Hersteller muss nun angemessen auf diesen Gefahrverdacht reagieren. Es steht dabei außer Frage, dass der Hersteller seine Betriebsprozesse so überprüfen und anpassen muss, dass künftig nur sichere Produkte auf den Markt gelangen. Mehr Probleme bereitet der Umgang mit den Produkten, die den Betrieb bereits verlassen haben und sich bei Händlern oder sogar schon bei den Verbrauchern befinden. Falls der Gefahrverdacht sich bestätigt, können bei weiterem Gebrauch des Produkts schwerwiegende Gesundheitsschäden oder sogar der Tod von Menschen drohen. Angesichts dessen stellt sich die Frage, welche Gefahrabwendungsmaßnahmen der Hersteller zu ergreifen hat und inwieweit er für tatsächlich eintretende Schäden persönlich verantwortlich gemacht werden kann.

Schon die Legitimierung einer besonderen Verantwortlichkeit des Herstellers bereitet dogmatisch erhebliche Schwierigkeiten.[6] Darüber hinaus stellt sich die Frage, ob der Hersteller überhaupt in der Lage ist, Gefahren effektiv

---

4 *Hassemer*, HRRS 2006, 130 (139); *Prittwitz*, Strafrecht und Risiko, S. 261.

5 *Hassemer*, Produktverantwortung im modernen Strafrecht, S. 25 f., 70 ff.; kritische Auseinandersetzungen finden sich bei *Hilgendorf*, Strafrechtliche Produzentenhaftung in der „Risikogesellschaft", S. 40 ff.; *Vogel*, FS Lorenz, S. 65 (77 ff.).

6 *Roxin*, Strafrecht Bd. 2, § 32 Rn. 196 bezeichnet die Frage nach dem ob und wie einer solchen Verantwortlichkeit (in Form einer Garantenstellung) als „überaus kontrovers".

abzuwenden, die von bereits in Verkehr gebrachten Produkten ausgehen und welche Auswirkungen das auf die strafrechtliche Bewertung des Sachverhalts hat. Weitgehend unklar ist in diesem Zusammenhang auch, in welcher Gestalt eine Gefahrabwendung durch den Hersteller verlangt wird. In den wenigen großen Produkthaftungsverfahren, die vor deutschen Strafgerichten bislang geführt wurden, und der sich anschließenden Diskussion in der Literatur wurden zwar Leitlinien entwickelt. Diese tragen aber vielfach der komplexen Entscheidungssituation nicht hinreichend Rechnung, in der sich ein Hersteller befindet.

In aller Regel wird es sich bei dem Produkthersteller nicht um eine natürliche Person, sondern um einen auf wirtschaftlichen Geschäftsbetrieb gerichteten Verband handeln. Nach geltendem Recht kann sich ein solcher nicht strafbar machen.[7] Es besteht lediglich eine Verantwortlichkeit nach § 30 OWiG, wenn Repräsentanten des Unternehmens eine Straftat oder Ordnungswidrigkeit begangen haben, durch die entweder Pflichten des Verbandes verletzt worden sind oder die zu dessen Bereicherung geführt haben oder führen sollten. Es besteht dann die Möglichkeit, das Unternehmen mit einer Geldbuße zu belegen.[8]

Bei der strafrechtlichen Bewertung eines Produkthaftungssachverhalts wird daher in einem ersten Schritt auf Unternehmensebene geprüft, ob die allgemeinen Tatbestandsvoraussetzungen vorliegen und daran anschließend die unternehmensinterne Verantwortungsverteilung in den Blick genommen, um den individuell Verantwortlichen zu bestimmen.[9] Die in der vorliegenden Arbeit relevanten, spezifisch produkthaftungsrechtlichen Probleme sind allerdings sämtlich auf der Unternehmensebene angesiedelt, so dass der Untersuchungsgegenstand auch hierauf beschränkt sein soll.[10]

Die Untersuchung verfolgt vor diesem Hintergrund das Ziel, eine dogmatisch tragfähige Lösung des geschilderten Problems zu entwickeln. Diese soll

---

7 *Hilgendorf*, in: *Freund/Rostalski*, Strafrechtliche Verantwortlichkeit für Produktgefahren, S. 47 (49 f.); *Kuhlen*, Fragen einer strafrechtlichen Produkthaftung, S. 27; *Schmidt-Salzer*, NJW 1996, 1 (2).

8 KK-OWiG/*Rogall*, § 30 Rn. 1; *Waßmer* in: *Hilgendorf/Kudlich/Valerius*, Handbuch des Strafrechts Bd. 3, § 49 (Rn. 20 f.).

9 *Kuhlen*, in: *Achenbach/Ransiek/Rönnau*, Handbuch Wirtschaftsstrafrecht, S. 107 (Rn. 21); zu dieser „unternehmensbezogenen Sichtweise" auch ausführlich *Weißer*, S. 27 ff.

10 Vgl. auch *Kuhlen*, Fragen einer strafrechtlichen Produkthaftung, S. 27 mit dem Hinweis, dass die unternehmensinterne Verantwortungszuweisung zwar in der Praxis strafrechtlicher Produkthaftungssachverhalte durchaus bedeutsam, die sich hierbei ergebenden Schwierigkeiten aber nicht spezifisch produkthaftungsrechtlicher Natur seien. Vielmehr gehe es dabei um allgemeine Probleme des Unternehmensstrafrechts.

bestmöglichen Rechtsgüterschutz verwirklichen, dabei aber weder die Grundsätze strafrechtlicher Verantwortlichkeit noch das Bedürfnis des Herstellers nach größtmöglicher Rechtssicherheit aus den Augen verlieren. Es soll damit der Forderung nach einem „klare[n] und täuschungsfreie[n] Konzept von Prävention“[11] nachgekommen werden.

§ 2 Leading Cases

Die Produkthaftung ist in erster Linie eine Domäne des Zivilrechts. Während sich hier im Laufe der Zeit eine akzentuierte Rechtsprechungslandschaft entwickelte, stößt man im Bereich des Strafrechts immer wieder auf dieselben Fälle und Entscheidungen. Insbesondere einige Urteile aus der Zeit gegen Ende des 20. Jahrhunderts waren maßgeblich für die Herausarbeitung dogmatischer Grundstrukturen und werden bis heute für die strafrechtliche Bewertung produkthaftungsrechtlicher Sachverhalte herangezogen. Die Gerichte hatten sich in teils aufsehenerregenden Verfahren mit Produktfehlern auseinanderzusetzen, die in Verdacht standen, Serienschäden zu Lasten einer Vielzahl Betroffener hervorgerufen zu haben.[12] Durch die Ausmaße der Schädigungen entstand das Bedürfnis, Produktverantwortung auch mit strafrechtlichen Mitteln aufzuarbeiten.[13] Neben der Ermittlung eines individuell Verantwortlichen hat die strafrechtliche Aufarbeitung von Produkthaftungssachverhalten aber auch einen pragmatischen Grund: Sie ermöglicht für den Geschädigten als Vorbereitung von Zivilverfahren eine Verlagerung der Kosten- und Beweisrisiken.[14] In Fällen mit komplizierter Beweislage wird der einzelne Geschädigte häufig nicht in der Lage sein, die nötigen Beweise zu erbringen, so dass die Verwirklichung seiner zivilrechtlichen Ansprüche maßgeblich von den Erkenntnissen eines Strafverfahrens abhängen kann.[15] Aufgrund der großen Bedeutung der gerichtlichen Entscheidungen und zur Verdeutlichung der praktischen Relevanz strafrechtlicher Produkthaftung werden hier zunächst einige der Fälle dargestellt, um anschließend Rückschlüsse für den Untersuchungsgegenstand zu ziehen.

---

11 *Hassemer,* Produktverantwortung im modernen Strafrecht, S. 72 f.

12 Vgl. *Schroth,* S. 73 f.

13 *B. Bock,* S. 1.

14 *Jähnke,* GS Schlüchter, S. 99 (104); *Kuhlen,* Fragen einer strafrechtlichen Produkthaftung, S. 6; *Sieber,* FS Spendel, S. 757 (759 f.); äußerst kritisch sieht diesen Umstand *Hamm,* NJW 1996, 2981 (2981).

15 *Jähnke,* GS Schlüchter, S. 99 (104).

A. Darstellung der Fälle

Die Leading Cases der strafrechtlichen Produkthaftung endeten nicht alle mit einem rechtskräftigen Urteil. In einem Fall kam es noch nicht einmal zu einer Anklage. Da auch der Blick auf die zugrundeliegenden Sachverhalte und die Einstellungsgründe erkenntnisreich sein kann, werden diese Fälle im Folgenden vorgestellt.

I. Contergan

Das Unternehmen Chemie Grünenthal brachte 1957 das Schlafmittel Contergan auf den Markt. In den Jahren darauf gingen zunächst einzelne Meldungen über Nebenwirkungen in Form von Nervenschäden bei dem Hersteller ein. Diese Hinweise mehrten sich in der nachfolgenden Zeit. Das Medikament wurde daraufhin im Mai 1961 zwar unter Rezeptpflicht gestellt, aber weiterhin vertrieben. Erst im November 1961, nachdem der Verdacht aufkam, dass Contergan schwere Missbildungen verursacht, wurde es vom Markt genommen. Gegen sieben leitende Angestellte des Unternehmens Grünenthal wurde ein Strafverfahren geführt, welches sich vor allem um zwei Probleme drehte: Die Kausalität zwischen der Einnahme des Präparats und der Entstehung von Missbildungen bei Neugeborenen und die Frage, wann und wie ein (Arzneimittel-)Hersteller nach Eingang von Nebenwirkungsmeldungen tätig werden muss.[16] Das LG Aachen stellte das Verfahren schließlich aufgrund allenfalls geringer Schuld der Angeklagten und mangels öffentlichen Interesses gemäß § 153 Abs. 3 StPO a.F. ein.[17] Der sogenannte Contergan-Beschluss legte aber einen wichtigen Grundstein für die strafrechtliche Perspektive auf die Frage „wie sich ein ordentlicher und gewissenhafter Arzneimittelhersteller zu verhalten hat, wenn bei ihm Meldungen eingehen, in denen ein von ihm vertriebenes Präparat verdächtigt wird, schädliche Nebenwirkungen zu haben“[18].

II. Monza-Steel

Der Reifenhersteller Metzeler vermarktete ab dem Frühjahr 1971 Stahlgürtelreifen („Monza-Steel“), deren Laufflächen sich bei längeren Höchstgeschwindigkeitsfahrten lösten. Dadurch kam es ab Herbst 1972 zu mehreren Unfällen, bei denen 22 Menschen sich teils schwere Verletzungen zuzogen und sieben weitere

---

16 *Hilgendorf*, in: *Rotsch*, Criminal Compliance, § 10 (Rn. 19).

17 LG Aachen v. 18.12.1970 – 4 KMs 1/68, 15 – 115/67= JZ 1971, 507.

18 LG Aachen, JZ 1971, 507 (514 f.).

getötet wurden. Eine Rückrufaktion erfolgte erst im Jahr 1975.[19] Strafrechtlich verfolgt und vor dem LG München II angeklagt wurden wegen vorgeworfener Konstruktionsfehler daraufhin das für die Technik zuständige Vorstandsmitglied und der Abteilungsleiter der reifentechnischen Entwicklung, da die Reifen offenbar nicht hinreichend auf die Dauerbelastung bei hohen Geschwindigkeiten getestet worden waren. Weitere Mitglieder der Geschäftsführung sollten sich wegen Produktbeobachtungsfehlern und des Unterlassens eines frühzeitigen Rückrufs der Reifen vor dem Gericht verantworten.[20] Verurteilt wurde wegen fahrlässiger Tötung letztlich nur der Abteilungsleiter der reifentechnischen Entwicklung. Einer der anderen Angeklagten verstarb während des Prozesses. Das Verfahren gegen die übrigen beiden wurde wegen Verhandlungsunfähigkeit eingestellt.[21]

III. Mandelbienenstich

Im Jahr 1984 lieferte ein Lebensmittelgroßhändler Mandelbienenstich an eine Klinik. Dort erlitten nach dem Verzehr 109 Personen, darunter 99 Patienten, erhebliche Gesundheitsbeeinträchtigungen wie Übelkeit, heftige Bauchschmerzen, Erbrechen und Durchfall. Die Krankheitserscheinungen waren bei einigen der ohnehin gesundheitlich bereits geschwächten Patienten derart intensiv, dass für diese eine lebensbedrohliche Situation entstand. Ursache war eine Kontaminierung des Kuchens mit Staphylokokken. Diese geschah bereits während der Herstellung des Kuchens in der Konditorei, die den Lebensmittelgroßhändler belieferte.[22] Auch hier lag der Schwerpunkt der Vorwürfe im Unterlassen einer umfassenden Warn- und Rückrufaktion, wenn auch durch einen Händler und nicht den Hersteller selbst. Zwei Geschäftsführer des Lebensmittelgroßhändlers wurden rechtskräftig wegen vorsätzlicher Körperverletzung verurteilt. Der Produktmanager und der Vertriebsleiter wurden hingegen freigesprochen, da sie alle ihnen möglichen und damit zumutbaren Maßnahmen zur weiteren Schadensverhinderung ergriffen hätten.[23]

---

19 LG München II v. 21.04.1978 – IV KLs 58 Js 5534/76 abgedruckt bei *Schmidt-Salzer,* Entscheidungssammlung Produkthaftung Band IV, S. 296 ff.; *Winkelbauer,* in: *Foerste/v. Westphalen,* Produkthaftungshandbuch, § 80 (Rn. 5).

20 *Hilgendorf,* in: *Rotsch,* Criminal Compliance, § 10 (Rn. 20).

21 *Schmidt-Salzer,* Entscheidungssammlung Produkthaftung Band IV, S. 336 Fn. 1 und Fn. 2.

22 BGH v. 04.05.1988 – 2 StR 89/88= LMR 1988, 29 (29).

23 BGH, LMR 1988, 29 (29).

IV. *Lederspray*

Der prägendste Fall der strafrechtlichen Produkthaftung fand sein Ende in der viel beachteten und diskutierten Lederspray-Entscheidung des BGH.[24] In dem zugrunde liegenden Fall hatte ein Hersteller von Schuh- und Lederpflegeartikeln ein Lederspray auf den Markt gebracht. Ab Herbst 1980 gingen bei dem Unternehmen Schadensmeldungen ein, in denen Personen von Gesundheitsbeeinträchtigungen berichteten, die sie nach dem Gebrauch des Ledersprays erlitten hätten. Diese äußerten sich in Husten, Atembeschwerden, Übelkeit, Schüttelfrost und Fieber. Die Betroffenen mussten vielfach ärztliche Behandlung in Anspruch nehmen. Oftmals bedurften sie auch stationärer Aufnahme ins Krankenhaus, nicht selten einer Behandlung auf der Intensivstation. Nach den ersten Schadensmeldungen wurden firmeninterne Untersuchungen durchgeführt, die jedoch weitgehend ohne Ergebnis blieben. Am 12. Mai 1981 fand eine Sondersitzung der Geschäftsführung zu dem Thema der bekanntgewordenen Schadensfälle statt. In dieser entschied man sich gegen eine umfassende Rückrufaktion und einen Vertriebsstopp. Es sollten lediglich Warnhinweise an den Spraydosen angebracht werden. Weitergehende Maßnahmen seien nur zu ergreifen, wenn die noch ausstehenden weiteren Untersuchungen einen „echten Produktfehler" oder ein „nachweisbares Verbraucherrisiko" ergeben sollten.[25] Da es aber auch in diesen Untersuchungen nicht gelang, eine bestimmte Substanz als schadensauslösend zu identifizieren, unterblieben solche Maßnahmen trotz anhaltender Berichte über eingetretene Gesundheitsschäden. Erst im Herbst 1983 begann der Hersteller nach Interventionen des Bundesgesundheitsamtes und des Bundesministeriums für Jugend, Familie und Gesundheit mit der Durchführung eines Vertriebsstopps und einer Rückrufaktion. Angeklagt und verurteilt wurden später alle Geschäftsführer und der in der Sondersitzung am 12. Mai 1981 hinzugezogene „Chefchemiker" wegen fahrlässiger (und teilweise wegen gefährlicher) Körperverletzung bzw. Beihilfe zur gefährlichen Körperverletzung.[26] Neben der Kausalität lag auch hier einer der juristischen Schwerpunkte in der Begründung der Verantwortlichkeit der Geschäftsführung.[27]

---

24 BGH v. 06.07.1990 – 2 StR 549/89= NJW 1990, 2560; zur grundlegenden Bedeutung dieses Urteils für die strafrechtliche Produkthaftung *Schmidt-Salzer*, NJW 1990, 2966 (2966 f.).

25 BGH, NJW 1990, 2560 (2561).

26 BGH, NJW 1990, 2560 (2560 f.).

27 Vgl. *Hilgendorf*, in: *Rotsch*, Criminal Compliance, § 10 (Rn. 22).

V. Holzschutzmittel

Im Anschluss an die Lederspray-Entscheidung des BGH erregte das vor dem LG Frankfurt a. M. geführte sogenannte Holzschutzmittelverfahren gegen Verantwortliche der Firma Desowag-Bayer Holzschutz-GmbH das öffentliche Interesse.[28] Gegenstand des Verfahrens waren Gesundheitsschäden, die durch die Anwendung von Holzschutzanstrichen des Unternehmens hervorgerufen worden sein sollen. Der Vorwurf gegenüber den Geschäftsführern und anderen Mitarbeitern lag auch hier unter anderem im Unterlassen eines Rückrufs oder einer Warnung vor der Verwendung trotz des Eingangs von Schadensmeldungen.[29] Problematisch war im Hinblick auf den Umgang mit den Schadensmeldungen vor allen Dingen, dass es zu der fraglichen Zeit praktisch keine fundierten wissenschaftlichen Erkenntnisse zu den Folgen einer chronischen Langzeitexposition im Niedrigdosisbereich gab. Nach Ansicht des Gerichts hätten die Angeklagten diese Forschungslücke füllen müssen.[30] Das Verfahren beschäftigte nach einer Verurteilung der Angeklagten wegen fahrlässiger Körperverletzung und fahrlässiger Freisetzung von Giften zwischenzeitlich auch den BGH,[31] wurde von diesem zur erneuten Verhandlung und Entscheidung zurückverwiesen und schließlich im Sommer 1996 gegen eine Geldauflage in Millionenhöhe nach § 153a StPO eingestellt.[32]

VI. Amalgam

Ein strafrechtliches Ermittlungsverfahren wurde auch gegen Verantwortliche der Degussa AG geführt. Es bestand der Verdacht, die von dem Unternehmen hergestellten Amalgam-Zahnfüllungen setzten im menschlichen Körper gesundheitsschädliche Stoffe, vor allem Schwermetalle, frei. Im Mittelpunkt der Vorwürfe stand dabei auch hier der Umgang mit Schadensberichten. Diese seien von dem Unternehmen ignoriert worden. Die Staatsanwaltschaft ermittelte zunächst wegen fahrlässiger Körperverletzung. Schließlich stellte sie das Ermittlungsverfahren gegen Zahlung einer Geldauflage und die Initiierung eines Amalgam-Forschungsprojekts ein.[33]

---

28 *Große Vorholt*, S. 17.

29 *Winkelbauer*, in: *Foerste/v. Westphalen*, Produkthaftungshandbuch, § 80 (Rn. 7).

30 LG Frankfurt v. 25.05.1993 – 5/26 KLs 65= zit. nach *Daunderer*, Handbuch der Umweltgifte Ausgabe 6/2006, S. 5.

31 BGH v. 02.08.1995 – 2 StR 221/94= NJW 1995, 2930.

32 *Winkelbauer*, in: *Foerste/v. Westphalen*, Produkthaftungshandbuch, § 80 (Rn. 7).

33 *Hilgendorf*, in: *Rotsch*, Criminal Compliance, § 10 (Rn. 24); siehe zum Amalgam-Fall auch ausführlich *Tiedemann*, FS Hirsch, S. 765 (766).

B. Implikationen für den Untersuchungsgegenstand

Die dargestellten Sachverhalte zeigen deutlich die Schwierigkeiten, die sowohl dem Produktverantwortlichen selbst als auch später dem Rechtsanwender begegnen, wenn es darum geht, einen (straf-)rechtlich angemessenen Umgang mit bereits auf dem Markt befindlichen, unter Gefahrverdacht geratenen Produkten zu finden. Zunächst einmal ist bis heute nicht geklärt, woraus sich eine strafrechtliche Handlungspflicht des Herstellers überhaupt ergibt, wenn die Gefährlichkeit des Produkts beim Inverkehrbringen nicht erkennbar war. Im Nachgang zur Lederspray-Entscheidung hat sich zwar eine kontroverse dogmatische Diskussion über die erforderliche besondere Legitimation strafrechtlicher Handlungspflichten des Produktherstellers entwickelt. Bislang konnte diesbezüglich aber kein allgemeiner Konsens erreicht werden. Auch bei Zugrundelegung einer Pflicht zur Gefahrabwendung sind viele Fragen offen. So wird in dem Moment, in dem erste Schadensmeldungen eingehen oder sonstige erste Indizien einer Produktgefahr bemerkt werden, die Sachlage häufig noch unklar sein. In diesem Fall ist die Informationsbeschaffung für eine realistische Risikoeinschätzung unabdingbar, unter Umständen aber sehr zeitaufwendig. Zeit ist jedoch ein kritischer Faktor, denn wie sich gezeigt hat, kann bereits eine zu späte Reaktion auf eingehende Schadensmeldungen zu einer strafrechtlichen Verfolgung führen. Wie viel Zeit darf sich der Hersteller zur Informationsbeschaffung also nehmen? Was ist, wenn keine Schadensursache gefunden werden kann? Da Wissenschaft und Technik sich stetig weiterentwickeln, kann deren aktueller Stand zur Zeit der rechtlichen Aufarbeitung eines Sachverhalts bereits ein anderer sein als zur Zeit des zu bewertenden Handlungsbedarfs. Hier stellt sich also die Frage, ob der Hersteller sich auf den allgemeinen Wissensstand verlassen und daran ausgerichtet handeln darf oder ob er auch selbständige Forschung zu betreiben hat, um potenzielle Schadensursachen ausfindig zu machen. Nicht zuletzt muss auch der Produktnutzen in die Überlegungen hinsichtlich eines sachgemäßen Umgangs mit Produktgefahren miteinbezogen werden. Sind die Anforderungen diesbezüglich zu streng, können sich auch hieraus erhebliche Nachteile ergeben. Dies gilt insbesondere dann, wenn keine Alternative zur Verfügung steht, um einen bestehenden Bedarf abzudecken, wie es häufig bei Medikamenten oder anderen Produkten aus dem medizinischen Bereich der Fall ist. Diesen Fragen wird im Rahmen der vorliegenden Arbeit nachgegangen.

2. Teil Begründung der Handlungspflicht

Das Unterlassen von Gefahrabwendungsmaßnahmen durch den Hersteller kann strafrechtliche Relevanz überhaupt nur dann entfalten, wenn ihn eine diesbezügliche Handlungspflicht trifft.[34] Denn ein Untätigbleiben ohne Rechtspflicht zum Handeln ist für das Strafrecht nicht von Bedeutung.[35] Das strafrechtlich bedeutsame Unterlassen lässt sich definieren als „Nichtvornahme einer geforderten Handlung".[36] Bedeutung erlangt es daher erst in einem normativen Kontext durch die Festlegung von Rechtspflichten.[37] Eine solche Pflicht zur Vornahme bestimmter Handlungen kann im Strafrecht entweder gesetzlich angeordnet werden (echte Unterlassungsdelikte) oder aufgrund einer Garantenstellung im Sinne des § 13 Abs. 1 StGB bestehen (unechtes Unterlassen).[38] § 13 Abs. 1 StGB regelt, dass zur Erfolgsabwendung verpflichtet ist, wer „rechtlich dafür einzustehen hat", dass der Erfolg nicht eintritt. Man spricht dann von einer Garantenstellung. Kommt der Inhaber einer solchen Garantenstellung seinen Garantenpflichten nicht nach, kann er aus den Begehungsvorschriften bestraft werden, wenn sein Unterlassen der Verwirklichung des Tatbestands durch ein Tun entspricht.

---

34 Über das Wesen des Unterlassens besteht im Strafrecht ein grundsätzlicher Streit, der sich in erster Linie darum dreht, ob zwischen Tun und Unterlassen ein kategorialer Unterschied besteht und welche Auswirkungen ein solcher im Strafrecht hätte. Dabei handelt es sich im Kern aber um eine philosophische Diskussion, der für die Rechtsanwendung keine übergeordnete Bedeutung beigemessen wird; *Roxin,* Strafrecht Bd. 2, § 31 Rn. 5; LK/*Weigend,* § 13 Rn. 2 f.; siehe auch *Volk,* FS Tröndle, S. 219 (219 ff.).

35 LK/*Weigend,* § 13 Rn. 4.

36 Siehe Schönke/Schröder/*Bosch,* Vor. § 13 ff. Rn. 139.

37 Schönke/Schröder/*Bosch,* Vor. § 13 ff. Rn. 139; LK/*Walter,* Vor §§ 13 Rn. 32. *Volk,* FS Tröndle, S. 219 (221) sieht in dem notwendigen normativen Element die „kriminalpolitisch offene Flanke" der Unterlassung.

38 Die Zuordnung zu den echten oder unechten Unterlassungsdelikten hängt davon ab, ob ein entsprechender Tatbestand gesetzlich geregelt ist oder nicht. Darüber hinaus ergeben sich aus der Unterscheidung jedoch keine systematischen Folgerungen, Schönke/Schröder/*Bosch,* Vor. § 13 ff. Rn. 137; *Ransiek*, JuS 2010, 490 (490); *Welzel,* S. 202 f.; im Ergebnis so wohl auch *Tenckhoff,* FS Spendel, S. 347 (352 f.). Andere wollen demgegenüber nach materiellen Gesichtspunkten abgrenzen und sehen das Wesen der echten Unterlassungsdelikte darin, dass sich bei diesen das Unrecht in der Nichtvornahme einer gesetzlich geforderten Handlung erschöpft, siehe Lackner/Kühl/*Heger,* § 13 Rn. 4; *Kühl,* JuS 2007, 497 (499).

§ 1 Allgemeines zur Begründung von Garantenstellungen

Einen gesetzlichen Anknüpfungspunkt für den Verweis[39] in § 13 StGB sucht man vergebens. Zwar ist die Rede von einem rechtlichen Einstehenmüssen, näher spezifiziert wird dies aber im Gesetz nirgends.[40] Aufgrund des generalklauselhaften Charakters wird der Norm vereinzelt Bedeutungslosigkeit unterstellt.[41] Zwar konnte durch die Schaffung des § 13 StGB dem früher erhobenen Vorwurf, dass die Begehungstatbestände mangels gesetzlicher Grundlage analog auf die Unterlassungsfälle angewendet werden müssten und hierin ein Verstoß gegen das Analogieverbot läge, begegnet werden.[42] Aber auch an der Verfassungsmäßigkeit der Vorschrift selbst werden Zweifel geäußert. Teilweise wird eine dem Art. 103 Abs. 2 GG genügende Bestimmtheit mit Verweis auf die Zirkularität des § 13 StGB grundsätzlich abgelehnt,[43] teilweise nur bei verfassungskonformer Auslegung bejaht.[44] Das BVerfG hat Bedenken hinsichtlich der Wahrung des Bestimmtheitsgrundsatzes zwar mit dem Argument zurückgewiesen, die Voraussetzungen des Unterlassens seien durch jahrzehntelange Rechtsprechung in für den Bürger voraussehbarer Weise festgelegt worden, und darauf hingewiesen, dass die Handlung schließlich auch an der Zumutbarkeit zu messen sei.[45] Diese Argumentation wird allerdings dem Umstand nicht gerecht, dass der Bürger aus dem Gesetz und nicht aus Urteilen und wissenschaftlichen Kommentaren erfahren sollte, welches Verhalten strafbar ist.[46] Garantiepositionen sollten entsprechend nur zurückhaltend angenommen werden, solange eine gesetzliche Festschreibung der Umstände fehlt, unter denen eine Person rechtlich dafür einzustehen hat, dass ein Erfolg nicht eintritt. Bei bestehenden Zweifeln genießt die Freiheit des Bürgers den Vorzug.[47]

---

39 Siehe zur methodischen Einordnung der Funktion des § 13 StGB im 2. Teil § 1 A.

40 LK/*Weigend,* § 13 Rn. 18.

41 So *Otto,* Grundkurs Strafrecht, § 9 Rn. 38 f.

42 LK/*Weigend,* § 13 Rn. 18.

43 So *Köhler,* S. 213 f.; zum Ergebnis der Verfassungswidrigkeit des § 13 StGB gelangt auch *Schürmann,* S. 187 f.

44 Diese erfordert laut *Seebode,* FS Spendel, S. 317 (342 ff.), dass der Verweis nur gesetzlich bestimmte oder rechtsgeschäftlich begründete Pflichten erfasst.

45 BVerfGE 96, 68 (97 ff.).

46 MüKoStGB/*Schmitz,* § 1 Rn. 62; LK/*Weigend,* § 13 Rn. 19.

47 Siehe nur Schönke/Schröder/*Bosch,* § 13 Rn. 5 f.; *Lenckner,* JuS 1968, 304 (308); *Ransiek,* Gesetz und Lebenswirklichkeit, S. 74; *Stratenwerth/Kuhlen,* § 13 Rn. 13; *Tiedemann,* Verfassungsrecht und Strafrecht, S. 41 ff.; LK/*Weigend,* § 13 Rn. 19.

Mangels einer ausdrücklichen gesetzlichen Regelung dazu, wann eine Person rechtlich für das Ausbleiben eines Erfolges einzustehen hat, kommen zur Begründung von Garantenstellungen nur ungeschriebene oder zumindest außerstrafrechtliche Rechtsgrundlagen in Betracht.[48] Zu beachten ist bei der Suche nach Legitimationskriterien aber, dass die Pflicht – so fordert es bereits der Wortlaut des § 13 StGB – zwingend rechtlicher Natur sein muss. Sittliche Pflichten oder die bloße Möglichkeit zur Erfolgsabwendung genügen nicht.[49] So einleuchtend diese Feststellung klingt, ist die Unterscheidung zwischen bloß sittlichen und auch rechtlichen Pflichten keineswegs eindeutig und bereitet erhebliche Schwierigkeiten.[50]

Im Folgenden wird zunächst dargestellt, wie § 13 StGB methodisch einzuordnen ist und welche Möglichkeiten sich daraus für die Begründung des rechtlichen Einstehenmüssens ergeben. Ausgehend hiervon werden sodann die zwei wesentlichen Grundströmungen der Garantenlehre kurz vorgestellt.

A. Systematische Funktion des § 13 StGB

Ausgangspunkt der Beantwortung der Frage, woraus sich das Bestehen einer Garantenstellung im Grundsatz ableiten lässt, ist eine methodische Betrachtung des § 13 StGB. Obgleich die historischen Hintergründe der Norm und die Diskussion um ihre Verfassungsmäßigkeit bereits angesprochen wurden,[51] blieb ihre systematische Funktion – nicht nur hier, sondern auch in weiten Teilen der Diskussion um Garantenstellungen im Allgemeinen – bislang unberücksichtigt. Im Folgenden sollen daher zwei denkbare Möglichkeiten der methodischen Einordnung des § 13 StGB dargestellt und bewertet werden.

I. Verweisungsnorm

Teilweise wird im Schrifttum die Ansicht vertreten, § 13 StGB sei als Verweisungsnorm zu begreifen und daher nur durch einen Rückgriff auf geschriebenes Recht mit Inhalt zu füllen. Nur auf diese Weise könne der Vorgabe eines „rechtlichen Einstehens" Genüge getan werden. Die in Bezug genommenen Vorschriften müssten überdies bereits selbst mit rechtlichen Sanktionen verbunden sein, da

48 LK/*Weigend*, § 13 Rn. 18.

49 BGH v. 24.02.1982 – 3 StR 34/82= NJW 1982, 1235 (1235); *Jakobs*, Abschnitt 29 Rn. 26; *Kühl*, Strafrecht AT, § 18 Rn. 41.

50 *Vogel*, Norm und Pflicht bei den unechten Unterlassungsdelikten, S. 126.

51 Siehe oben, 2. Teil § 1.

das rechtliche Einstehenmüssen bereits Voraussetzung des § 13 StGB sei und sich deshalb nicht erst aus selbigem ergeben könne.[52]

Nach diesem Ansatz wären es vorwiegend außer- oder vorstrafrechtliche Normen, aus denen sich eine Garantenstellung ergeben kann. Hieraus ergibt sich jedoch bereits das Problem, dass solche nie den speziellen strafrechtlichen Erfordernissen gerecht werden können.[53] Die Inkorporierung systemfremder Pflichten setzt daher in jedem Fall voraus, dass die in Bezug genommene Norm für die Zwecke der strafrechtlichen Sanktionierung zunächst nach strafrechtlichen Grundsätzen ausgelegt wird.[54] Doch auch wenn auf diesem Wege die strafrechtlichen Grundgarantien gewahrt und die Gefahr einer Vermengung verschiedener Rechtsbereiche gebannt werden könnte, kann das Verweisungsmodell nicht überzeugen. Schon der Wortlaut des § 13 StGB spricht gegen die Übernahme außerstrafrechtlicher Pflichten. Die ungewöhnlich anmutende Formulierung des „rechtlichen Einstehenmüssens" ist kein Produkt des Zufalls. Ebenso gut hätte man sich für die Formulierung einer „rechtlichen Verpflichtung" entscheiden und so einer Verweisungsintention wesentlich deutlicher Ausdruck verleihen können. Das Einstehenmüssen ist insofern ein Mehr gegenüber einer bloßen rechtlichen Verpflichtung. Es nimmt den erforderlichen Garantiecharakter in sich auf und beschreibt damit eine *besondere* Rechtspflicht.[55] Auch lässt sich weder der Gesetzesbegründung des heute geltenden § 13 StGB[56] noch derjenigen der Vorläufervorschrift im Entwurf eines Strafgesetzbuches aus dem Jahr 1962 (E 1962)[57] entnehmen, dass die Wendung des „rechtlichen Einstehenmüssens" als Verweis zu verstehen sei. Vielmehr solle diese lediglich das „Erfordernis der Garantenstellung und der aus ihr entspringenden Garantenpflicht" verdeutlichen.[58] Diese

52 *Schürmann*, S. 61 ff., 73 ff.

53 Dieses Problem ist auch *Schürmann*, S. 88 ff. bewusst, der die Konsequenz zieht, dass die eigentliche Garantenproblematik auf Ebene der Entsprechungsklausel anzusiedeln sei.

54 BVerfGE 48, 48 (60f.).

55 Hierzu und zum Vorherigen *Schöne*, S. 330 f., der auch auf den § 14 Abs. 1 E 1959 hinweist, nach dem die Strafbarkeit einer unterlassenen Erfolgsabwendung davon abhängen sollte, dass 1. eine rechtliche Verpflichtung bestand und 2. der Unterlassende für die Erfolgsabwendung einzustehen hatte. Die erste Voraussetzung wurde im Rahmen der mehrfachen Entwurfsänderungen letztlich gestrichen; möglicherweise genau aus dem Grund, dass sie in dem Einstehenmüssen bereits mitenthalten ist.

56 BT-Drucks. V/4095, S. 8.

57 BT-Drucks. IV/650, S. 124 f.

58 *Vogel*, Norm und Pflicht bei den unechten Unterlassungsdelikten, S. 133.

besondere Pflichtenstellung sei es, die den Garanten aus der Masse der übrigen Rechtsgenossen hervorhebe.[59]

Damit können außerstrafrechtlich normierte Handlungsgebote zwar einen Anhaltspunkt für das Vorliegen einer Garantenstellung geben, aber zwingend ist dies nicht. Das heißt, eine gesetzlich statuierte Rechtspflicht ist weder eine notwendige Voraussetzung einer Garantenstellung noch gibt ihre Existenz Aufschluss darüber, ob es sich um eine besondere Rechtspflicht handelt, deren Missachtung dem Unrecht eines straftatbestandlichen Begehens entspricht. Verstünde man den § 13 StGB als bloßen Verweis auf solche Normen, bliebe der sich daraus ergebende Tatbestand zum einen inhaltlich immer unvollständig. Er könnte nicht das abbilden, worum sich die Garantenproblematik im Kern dreht: Die Besonderheit der Beziehung zwischen Unterlassendem und dem gefährdeten Rechtsgut. Gerade diese Beziehung ist es aber, die eine gegebenenfalls bestehende gewöhnliche Rechtspflicht zum Konstitutionsmerkmal einer Garantieposition werden lässt. Zum anderen wäre der Kreis der potenziellen Garanten aber auch in einem Maße eingeschränkt, für das ein sachlicher Grund nicht ersichtlich ist und das der Gesetzgeber offenbar bei der Schaffung des § 13 StGB nicht im Sinn hatte.

II. Ermächtigungsnorm

Vogel kommt unter Verweis auf sein Modell der „rein strafrechtlichen Sondernorm“ zu dem – nach eigener Aussage radikalen – Schluss, dass § 13 StGB als gesetzliche Ermächtigung des Strafrichters zur Normen- und Tatbestandsbildung zu verstehen sei.[60] Dies ergebe sich aus dem Umstand, dass die Erfolgsabwendungsgebote weder in § 13 StGB selbst noch in anderen Straftatbeständen, in außerstrafrechtlichen Normen oder in Kombinationen zwischen all diesen vorhanden seien und damit offenbar erst gebildet werden müssten. Der einzige Ausweg sei damit, § 13 StGB die Eröffnung der Möglichkeit einer gesetzesimmanenten strafrichterlichen Rechtsfortbildung zu entnehmen. Diese müsse, wie jede Rechtsfortbildung, auf Prinzipien rekurrieren, die ihrerseits legitim sind.[61] Insbesondere mit Blick auf die in Rechtsprechung und Literatur zu beobachtende Tendenz, auch „soft law“ an der Grenze von Moral und Recht im Bereich des § 13 StGB anzuerkennen,

---

59 *Vogel,* Norm und Pflicht bei den unechten Unterlassungsdelikten, S. 133.

60 *Vogel,* Norm und Pflicht bei den unechten Unterlassungsdelikten, S. 133; ähnlich auch *Schünemann,* Grund und Grenzen der unechten Unterlassungsdelikte, S. 244.

61 *Vogel,* Norm und Pflicht bei den unechten Unterlassungsdelikten, S. 133; auch *Schünemann,* Grund und Grenzen der unechten Unterlassungsdelikte, S. 244 betont in diesem Zusammenhang einmal mehr die Notwendigkeit konkretisierbarer normativer Richtlinien.

benenne diese Schlussfolgerung lediglich analytisch klar, was ohnehin getan und vom Gesetzgeber gewollt werde. Der Wille des Gesetzgebers sei wörtlich dahin gegangen, die „Konkretisierung“ der Garantengebote der Rechtsprechung und Lehre zu überlassen.[62]

Davon ausgehend, dass auch die schlichte Gesetzesauslegung Rechtsfindung *secundum legem* sei,[63] wird man in § 13 StGB wohl zumindest eine Konkretisierungsermächtigung des Strafrichters sehen müssen. Diese methodische Einordnung deckt sich auch mit der tatsächlich erfolgten Herausbildung der Fallgruppen auf Basis materieller Kriterien[64] und der damit zusammenhängenden Feststellung des BVerfG, die Voraussetzungen des Unterlassens nach § 13 StGB seien durch die jahrzehntelange Rechtsprechung hinreichend bestimmt festgelegt. Ob man nun von richterlicher Rechtsfortbildung oder schlichter Gesetzesauslegung sprechen möchte, spielt hinsichtlich der inhaltlichen Anforderungen keine Rolle. Äußere Grenze bei der Ausfüllung des Konkretisierungsauftrags sind die allgemeinen Rechtsprinzipien und damit im Strafrecht insbesondere der Bestimmtheitsgrundsatz nach Art. 103 Abs. 2 GG und das daraus folgende Gesetzlichkeitsprinzip.[65]

III. Zwischenergebnis

§ 13 StGB hat systematisch nicht die Funktion einer Verweisungsnorm in anderweitig statuierte Vorschriften. Die Regelung ist vielmehr als Ermächtigung zur richterlichen Konkretisierung zu verstehen. Damit ergeben sich aus methodischer Sicht bei der Begründung von Garantenstellungen keine Beschränkungen aus dem Gesetz selbst, es müssen lediglich die allgemeinen Rechtsprinzipien gewahrt werden.

B. Formelle Begründungsansätze

Inhaltlich nicht weit entfernt von der Einordnung des § 13 StGB als Verweisungsnorm in andere Rechtsvorschriften stehen die formellen Ansätze zur Begründung von Garantenstellungen. Nach der früher herrschenden strengen Rechtsquellenlehre konnten sich Garantenstellungen allein aus Gesetz, Vertrag oder Ingerenz ergeben.[66] Schon gegen diese sogenannte Garantentrias wurde aber der Einwand

62 *Vogel,* Norm und Pflicht bei den unechten Unterlassungsdelikten, S. 126, 133 f.

63 *Lackner,* FS 600 Jahre Uni Heidelberg, S. 39 (51).

64 Siehe 2. Teil § 1 C.

65 Vgl. hierzu *Schünemann,* Grund und Grenzen der unechten Unterlassungsdelikte, S. 244.

66 NK-StGB/*Gaede,* § 13 Rn. 30; *Jescheck/Weigend,* § 59 IV 2; *Roxin,* Strafrecht Bd. 2, § 32 Rn. 4.

einer unzulässigen Ausdehnung der strafrechtlichen Handlungsgebote erhoben, da die Ingerenz keine formelle Rechtsquelle darstelle. Nur solche seien aber geeignet, ein Garantieverhältnis zu begründen. Dieser Ansicht zufolge ließen sich Garantenpflichten allein aus Gesetz oder Vertrag herleiten.[67] Sofern man den Ansatz der Rechtsquellenlehre als richtig erachtet, ist dies konsequent. Schon nach der Anerkennung der Ingerenz, spätestens aber nachdem auch die enge Lebensgemeinschaft zur Begründung von Garantenstellungen herangezogen wurde, konnte von einer rein formellen Theorie nicht mehr die Rede sein.[68]

Die Rechtsquellenlehre begegnet darüber hinaus aber auch inhaltlicher Kritik, die sich im Wesentlichen aus den Argumenten speist, die bereits gegen die methodische Einordnung des § 13 StGB als Verweisungsnorm vorgebracht wurden. Ihr wird vorgeworfen, inhaltlich keine systematisch fundierte Pflichtenlehre, sondern lediglich eine nicht einmal in sich überzeugende Aneinanderreihung verschiedener Pflichtbegründungstatbestände zu sein.[69] So könnten weder Gesetz noch Vertrag für sich genommen einen plausiblen Entstehungsgrund für eine Garantenstellung liefern. Selbst eine gesetzlich festgeschriebene Rechtspflicht bringe nicht notwendigerweise auch eine strafrechtliche Erfolgsabwendungspflicht mit sich. Dies gelte selbst dann, wenn die Pflicht gerade auferlegt wurde, um Erfolge dieser Art abzuwenden. Ihr „erweislicher Sinn“ müsse die *strafrechtliche* Haftung für den Erfolg sein.[70] So wird beispielsweise verfeindeten Ehepartnern, trotz der dem § 1353 BGB entnommenen Hilfspflicht, eine Garantenstellung füreinander regelmäßig abgesprochen. Im Rahmen anderer Verwandtschaftsverhältnisse, bezüglich derer es keine gesetzlichen Pflichten gibt, wird eine solche demgegenüber bisweilen angenommen.[71] Das maßgebliche Kriterium liegt damit offensichtlich nicht in der gesetzlichen Verankerung. Auch ein Vertrag kann als solcher eine Garantenstellung nicht begründen. Schon seit jeher ist anerkannt, dass die daraus erwachsenden Pflichten auch tatsächlich übernommen worden sein müssen.[72] Hat eine tatsächliche Übernahme stattgefunden, ist aber kein stichhaltiges Argument gegen eine Garantenstellung vorzubringen, selbst wenn der zugrunde liegende

67 *Feuerbach,* Lehrbuch des gemeinen in Deutschland geltenden Peinlichen Rechts, § 24, zit. nach LK/*Weigend,* § 13 Rn. 20.

68 Vgl. *Otto/Brammsen,* Jura 1985, 530 (532).

69 *Pawlik,* FS Roxin, S. 931 (936).

70 *Mezger,* S. 140 f.

71 *Seelmann,* GA 1989, 241 (243).

72 *Mezger,* S. 144; *Roxin,* Strafrecht Bd. 2, § 32 Rn. 13; *Welzel,* S. 214.

Vertrag unwirksam ist.[73] Damit steht man wieder vor der anfänglichen Frage, worin der Grund für die spezifisch strafrechtliche Verantwortlichkeit nun liegt.

C. Materielle Begründungsansätze

Weitgehende Übereinkunft besteht heutzutage darin, dass (auch) materielle Kriterien bei der Herleitung und Bestimmung von Garantenpflichten maßgeblich sind.[74] Selbst die Rechtsprechung, die zwar offiziell weiter an der Rechtsquellenlehre festhält, greift daher immer wieder ergänzend auf materielle Erwägungen zurück.[75]

Häufig findet sich im Zusammenhang mit der materiellen Begründung von Garantenstellungen der Verweis auf die sogenannte Funktionenlehre, die zwischen zwei Grundtypen von Garanten unterscheidet: die Beschützer- und die Überwachungsgaranten.[76] Die Zweiteilung erfolgt anhand der jeweils wahrgenommenen Funktion. Die Beschützergaranten zeichnen sich dadurch aus, dass ihnen besondere Obhutspflichten für ein bestimmtes Rechtsgut obliegen. Dieses müssen sie vor von außen kommenden Gefahren beschützen. Die Überwachungsgaranten treffen demgegenüber bestimmte Sicherungspflichten für Gefahrquellen. Sie haben dafür Sorge zu tragen, dass diese sich nicht ausbreiten und andere schädigen.[77] Diese Zweiteilung hilft bei der Systematisierung des Garantiegedankens. Sie legitimiert jedoch nicht die besondere Beziehung des Garanten zu dem drohenden Erfolg. Denn die Handlungspflicht besteht nicht, weil eine Person Beschützer- oder Überwachungsgarant ist. Eine handlungspflichtige Person lässt sich lediglich einer der beiden Gruppen zuordnen. Wovon die Garantiebeziehung als Grundlage einer Handlungspflicht abhängt, bleibt jedoch weiterhin unklar.[78]

Das Schrifttum unterbreitet daher auch jenseits der Funktionenlehre ein breites Spektrum an Merkmalen zur Begründung von Garantenstellungen. Schon die Herangehensweise ist hierbei aber unterschiedlich. So versuchen einige Autoren, ein

---

73 *Roxin*, Strafrecht Bd. 2, § 32 Rn. 13.

74 Statt vieler Schönke/Schröder/*Bosch*, § 13 Rn. 15; *Jakobs*, Abschnitt 29 Rn. 28 f.; *Kaufmann*, Die Dogmatik der Unterlassungsdelikte, S. 283; *Kühl*, Strafrecht AT, § 18 Rn. 42 ff.; *Rengier*, § 50 Rn. 2 f.; *Roxin*, Strafrecht Bd. 2, § 32 Rn. 10 ff.

75 *Roxin*, Strafrecht Bd. 2, § 32 Rn. 10.

76 *Kaufmann*, Die Dogmatik der Unterlassungsdelikte, S. 283.

77 *Rengier*, § 50 Rn. 3 ff.

78 NK-StGB/*Gaede*, § 13 Rn. 32; besonders kritisch hinsichtlich des Bedeutungsgehalts der Funktionenlehre auch Schönke/Schröder/*Bosch*, § 13 Rn. 9; LK/*Weigend*, § 13 Rn. 22. *Jakobs*, Abschnitt 29 Rn. 27, spricht der Zweiteilung sogar eine systematische Konsequenz ab, da dieselbe Aufgabe regelmäßig sowohl als Beschützeraufgabe als auch als Überwacheraufgabe formulierbar sei.

übergreifendes Merkmal zu identifizieren, das allen Garantenstellungen gleichsam zugrunde liegt. Andere unterscheiden angelehnt an die Funktionenlehre zwischen zwei Arten von Garantenstellungen und suchen für diese jeweils eine Legitimationsgrundlage. Aufgrund der Vielgestaltigkeit der Lebenssachverhalte ist man heutzutage jedoch überwiegend zu einer materiellen Bestimmung von Garantenpositionen anhand von Fallgruppen übergegangen, die die tradierten formellen Quellen in sich aufnehmen.[79] Der Rekurs auf die formellen Entstehungsgründe soll dabei vor allem der uferlosen Ausdehnung von Garantenstellungen entgegenwirken, die bei einer rein materiellen Betrachtungsweise droht.[80] Dieser Fallgruppenmethode folgend gibt es Garantenstellungen aus enger persönlicher Verbundenheit, Gefahrengemeinschaften, Übernahme, Ingerenz und Gefahrquellenverantwortung.[81] Darüber hinaus wird die Herleitung der Garantenstellung aus den zivilrechtlichen Verkehrssicherungspflichten diskutiert.[82]

Die Bildung von Fallgruppen ist grundsätzlich ein wirksames Instrument, um Generalklauseln wie das „rechtliche Einstehenmüssen" in § 13 StGB zu konkretisieren und auf diese Weise subsumierbar zu machen.[83] Übersehen darf man dabei allerdings nicht, dass letztlich nicht die Fallgruppe als solche, sondern die dahinterstehenden Wertungskriterien die Sonderverantwortlichkeit legitimieren, so dass eine vertiefte Auseinandersetzung mit dem materiellen Gehalt der Garantiebeziehung nicht obsolet wird.

§ 2 Garantenstellung des Herstellers

Im Folgenden wird der Frage nachgegangen, ob und gegebenenfalls wie eine Garantenstellung des Herstellers in Bezug auf Produkte, die er pflichtgemäß in Verkehr gebracht hat, begründet werden kann. Hierbei werden zunächst die herkömmlichen Fallgruppen näher betrachtet und erörtert, inwieweit sich aus diesen die Sonderverantwortlichkeit ableiten lässt. Sodann wird untersucht, ob es eine herstellerspezifische Garantenstellung gibt, die jenseits dieser Fallgruppen angesiedelt ist.

---

79 Siehe nur *Bohnert*, ZStW 2005, 290 (303); NK-StGB/*Gaede*, § 13 Rn. 31; Lackner/Kühl/*Heger*, § 13 Rn. 7 ff.; *Rengier*, § 50 Rn. 9; *Roxin*, Strafrecht Bd. 2, § 32 Rn. 33 ff.

80 *Jescheck/Weigend*, § 59 IV 2.

81 Siehe nur *Bohnert*, ZStW 2005, 290 (303); NK-StGB/*Gaede*, § 13 Rn. 31; Lackner/Kühl/*Heger*, § 13 Rn. 7 ff.; *Rengier*, § 50 Rn. 3 ff.; *Roxin*, Strafrecht Bd. 2, § 32 Rn. 33 ff.

82 Ausführlich diskutiert dies *B. Bock*, S. 104 ff., die aber letztlich zu dem Ergebnis gelangt, dass die Verkehrssicherungspflichten nicht unbesehen in das Strafrecht übernommen werden können.

83 *Möllers*, S. 340.

A. Ableitung aus den anerkannten Fallgruppen

Die Garantenstellung des Herstellers in Bezug auf pflichtmäßig in Verkehr gebrachte Produkte wird meist, ebenso wie im Falle des pflichtwidrigen Inverkehrbringens, als ein Fall der Ingerenz betrachtet. Teilweise wird die Sonderbeziehung jedoch auch damit begründet, dass der Hersteller die Obhut über die schutzwürdigen Rechtsgüter derer übernommen habe, die mit seinen Produkten in Berührung kommen. Immer häufiger wird die Grundlage der Garantenstellung schließlich auch in den zivilrechtlichen Verkehrssicherungspflichten des Produzenten bzw. seiner Beherrschung des Produkts als Gefahrquelle gesehen. Schließlich gibt es auch einige Stimmen, die eine Garantenstellung des pflichtmäßig handelnden Produktherstellers insgesamt ablehnen.[84]

Die genannten fallgruppenbezogenen Begründungsansätze werden nun einzeln betrachtet und es wird geklärt, inwieweit sie tatsächlich eine Garantenstellung des Herstellers legitimieren können.

I. Ingerenz

In Einklang mit der berühmten Lederspray-Entscheidung des BGH wird die Garantenstellung des Herstellers häufig als Fall der Ingerenz betrachtet. Diese lässt sich nach dem gegenwärtigen Diskussionsstand vereinfacht als „Schaffung einer neuen Gefahrquelle" charakterisieren.[85] Die Rückführung der Garantenstellung des Herstellers auf die Ingerenz ist daher zunächst einmal einleuchtend: Durch die Inverkehrgabe eines gefährlichen Produkts wird eine Gefahr für diejenigen Personen geschaffen, die damit in Berührung kommen. Die im Hinblick auf das Bestimmtheitsgebot des Art. 103 Abs. 2 GG bestehenden verfassungsrechtlichen Bedenken und die daraus resultierende Notwendigkeit einer restriktiven Handhabung der Garantenstellungen[86] werfen jedoch die Frage nach der notwendigen Qualität des gefährdenden Vorverhaltens auf. Aus heutiger Sicht reicht reine Kausalität des Vorverhaltens jedenfalls nicht aus.[87] Ein reiner, wertfreier Kausalzusammenhang stellt sich für die betroffene Person letztlich als Zufall dar, aus dem sich keine über die allgemeine Hilfspflicht hinausgehende Verantwortung

---

84 So etwa *Busch*, S. 536; *Samson*, StV 1991, 182 (184); *Schmid*, FS Keller, S. 647 (656 f.); zumindest in Bezug auf Nicht-Markenartikel auch *Schmucker*, S. 153; *Schünemann*, FS Amelung, S. 303 (317).

85 *Roxin*, Strafrecht Bd. 2, § 32 Rn. 144.

86 Siehe 2. Teil § 1.

87 Demgegenüber früher noch BGH v. 22.01.1953 – 4 StR 417/52= NJW 1953, 551 (551); BGH v. 31.01.1955 – 4 StR 51/55= NJW 1955, 876 (876); BGH v. 13.11.1962 – 4 StR 267/63= NJW 1964, 412 (412); vgl. auch *Herzberg*, JuS 1971, 74 (75 f.).

ableiten lässt.[88] Überwiegend wird auf die Formel des „pflichtwidrigen Vorverhaltens, welches die nahe bzw. adäquate Gefahr eines Schadens geschaffen hat" zurückgegriffen.[89] Der Fall des pflichtwidrigen Inverkehrbringens kann damit unproblematisch unter die Ingerenz subsumiert werden. Ist aber die Produktgefährlichkeit zur Zeit des Inverkehrbringens nicht erkennbar, liegt kein pflichtwidriges Verhalten vor. Zwar kam der BGH in seiner Lederspray-Entscheidung zu einem anderen Ergebnis.[90] Dieses hat aber zu Recht keinen Anklang gefunden.[91] In der Entscheidung erachteten die Richter eine objektive Pflichtwidrigkeit im Sinne einer rechtlichen Missbilligung des Gefährdungserfolges für ausreichend. Das Vorverhalten an sich müsse nicht bereits sorgfaltspflichtwidrig sein, es käme auf eine Vorwerfbarkeit im Sinne persönlicher Schuld nicht an. Damit sei es für die Entstehung der Garantenstellung unerheblich, dass zur Zeit des Inverkehrbringens des Produkts dessen Gefährlichkeit noch gar nicht vorhersehbar war.[92] Die Forderung nach der Pflichtwidrigkeit des Vorverhaltens folgt aber gerade aus dem Bedürfnis nach einer Begrenzung der Verantwortlichkeit. Strafrechtliche Reaktionen bedürfen als Anknüpfungspunkt stets eines Verhaltensnormverstoßes.[93] Entsprechend soll nicht jedes beliebige Verhalten eine Garantenstellung begründen, sondern nur solches, das bereits für sich gesehen rechtliche Missbilligung erfährt. Dann muss aber auch auf dieses Verhalten Bezug genommen werden und nicht allein auf den Gefährdungserfolg. Das Pflichtwidrigkeitskriterium kann daher auch im Rahmen der Ingerenz nur im Sinne einer Fahrlässigkeit verstanden und aus der (subjektiven) ex-ante Perspektive eines verständigen Betrachters beurteilt werden.[94] Anderenfalls stimmt, was der Lederspray-Entscheidung häufig unterstellt wird: Es wird de facto auf das Kriterium der Pflichtwidrigkeit verzichtet.[95] Die Ergebnisse unterscheiden sich bei der oben geschilderten Lesart des BGH und einem Verzicht auf das Pflichtwidrigkeitskriterium nicht.

88 *Roxin*, Strafrecht Bd. 2, § 32 Rn. 155.

89 Siehe nur BGH v. 23.05.2000 – 4 StR 157/00= NStZ 2000, 583 (583); BGH v. 23.09.1997 – 1 StR 430/97= StV 1998, 125 (125 f.); NK-StGB/*Gaede*, § 13 Rn. 43.

90 Siehe oben, 1. Teil § 2 A. IV.

91 Siehe nur die unmittelbaren Rezeptionen des Urteils bei *Beulke/Bachmann*, JuS 1992, 737 (739); *Kuhlen*, NStZ 1990, 566 (568); *Meier*, NJW 1992, 3193 (3196); *Samson*, StV 1991, 182 (184).

92 BGH, NJW 1990, 2560 (2563).

93 *Freund/Rostalski*, Strafrecht Allgemeiner Teil, § 5 Rn. 15.

94 SK-StGB/*Stein*, § 13 Rn. 50a.

95 Vgl. nur *Beulke/Bachmann*, JuS 1992, 737 (739); *Kuhlen*, NStZ 1990, 566 (568); *Samson*, StV 1991, 182 (184).

1. *Verzicht auf das Pflichtwidrigkeitskriterium*

Tatsächlich wird im Schrifttum teilweise die Meinung vertreten, dass es auf eine Pflichtwidrigkeit des Vorverhaltens für die Annahme einer Garantenstellung aus Ingerenz nicht ankomme.[96] Stattdessen seien andere Kriterien bei der Begrenzung der Verantwortlichkeit heranzuziehen. Im Folgenden soll der Diskussionsstand zwar nicht in seiner gesamten Breite dargestellt, aber auf einige Begründungsansätze hingewiesen werden, welche in der Konsequenz jeweils ohne eine Pflichtwidrigkeit des Vorverhaltens auskommen.

a) Risikogesteigertes Vorverhalten

Immer wieder wird auf ein gesteigert riskantes Vorverhalten statt eines pflichtwidrigen abgestellt.[97] Dem liegt der Gedanke zugrunde, dass die Rechtsordnung gewisse Tätigkeiten nur unter dem Vorbehalt erlaube, dass bei erkennbarer, konkreter Realisierungsgefahr eines in der Tätigkeit angelegten Risikos der drohende Erfolg abgewendet wird. So sei beispielsweise die Teilnahme am Straßenverkehr per se eine qualifiziert riskante Tätigkeit und nur unter der Auflage gestattet, potenziell entstehende Gefahren abzuwenden. Dementsprechend träfe auch einen verkehrsgemäß agierenden Autofahrer eine Garantenstellung aus Ingerenz, wenn er einen Unfall verursacht.[98] Dasselbe gelte für die Herstellung bzw. Inverkehrgabe von Gütern. Auch diese stelle ein gesteigertes Risiko dar, welches eine Garantenstellung des Herstellers oder Vertreibers unabhängig von einer vorherigen Erkennbarkeit der Gefährlichkeit des Produkts auslöst.[99] Ihre theoretische Grundlage findet diese Auffassung in der sogenannten modifizierten Rechtssphärentheorie. Ausschlaggebend für die Begründung einer Sonderpflicht ist dieser zufolge der Handlungsspielraum, den die Rechtsordnung dem Einzelnen einräumt. Es gebe grundsätzlich zwei verschiedene Möglichkeiten, diesen zu bestimmen. Entweder die Rechtsordnung fasse den Verhaltensspielraum im

96 *Arzt*, JA 1980, 712 (715 f.); MüKoStGB/*Freund*, § 13 Rn. 121 f.; *Freund/Rostalski*, Strafrecht Allgemeiner Teil, § 6 Rn. 94 ff.; Lackner/Kühl/*Heger*, § 13 Rn. 13; *Herzberg*, Die Unterlassung im Strafrecht und das Garantenprinzip, S. 299; *Jakobs*, Abschnitt 29 Rn. 39; *Köhler*, S. 220 f.; *Maiwald*, JuS 1981, 473 (483); *Maurach/Gössel/Zipf*, § 46 Rn. 91; *Otto*, FS Hirsch, S. 291 (309); *Otto*, Grundkurs Strafrecht, § 9 Rn. 81.

97 MüKoStGB/*Freund*, § 13 Rn. 121 f.; *Freund/Rostalski*, Strafrecht Allgemeiner Teil, § 6 Rn. 69; *Köhler*, S. 220 f.; *Kuhlen*, NStZ 1990, 566 (569); ähnlich auch schon *Gallas*, Die strafrechtliche Verantwortlichkeit der am Bau Beteiligten, S. 34.

98 MüKoStGB/*Freund*, § 13 Rn. 122 f.

99 MüKoStGB/*Freund*, § 13 Rn. 122 f.; SSW/*Kudlich*, § 13 Rn. 23; *Kuhlen*, NStZ 1990, 566 (569).

Hinblick auf mögliche Schädigungen von Dritten von vornherein eng, indem sie entsprechende Verbote oder Sorgfaltspflichten aufstellt. Alternativ könne der Handlungsspielraum des Einzelnen zunächst weit gehalten werden. Dieses Mehr an Freiheit sei dann aber unter die Auflage zu stellen, dass sich selbständig weiterentwickelnde Rechtsgutsgefährdungen neutralisiert werden müssen. Die besondere Verantwortlichkeit des Ingerenten ergebe sich folglich aus dem Umstand, dass er den sogenannten Jedermann-Handlungsspielraum erweitert, indem er Gefahren für die Rechtsgüter anderer begründet, die sich in deren Verletzung unmittelbar niederschlagen.[100] Auch wenn diese Überlegung in sich stimmig ist, wird nicht klar, woraus sich die Annahme nährt, der Handlungsspielraum sei nach geltender Rechtsordnung weit gehalten und damit seien auch erlaubte Tätigkeiten unter Umständen nur unter Vorbehalt gestattet. Der Verweis auf Art. 2 Abs. 1 GG in Verbindung mit den individuellen Grundrechten genügt als Beleg jedenfalls nicht.[101] Die Reichweite von Handlungsspielräumen lässt sich nur mit Blick auf die grundrechtsbeschränkenden Gesetze beantworten. Der Gesetzgeber entscheidet – im Rahmen der verfassungsrechtlichen Grenzen – selbst, wie er den dargestellten Konflikt auflöst. Dementsprechend kann man ebenso gut die Auffassung vertreten, dass die bestehende Rechtsordnung mit ihren Verbotsregelungen und statuierten Sorgfaltspflichten für bestimmte Lebensbereiche als abschließendes System zu betrachten sei und ein rechtlich gestattetes Verhalten dem Betroffenen nicht später angelastet werden könne.[102] Die in diesem Zusammenhang mitunter argumentativ bemühte liberale Gesellschaft[103] zeichnet sich nicht nur durch die Gewährung von Handlungsfreiheit aus, sondern auch und gerade durch Rechtssicherheit und Transparenz.[104] Freiheitsbeschränkende Verhaltensnormen generieren schutzwürdiges Vertrauen ihrer Adressaten. Diese müssen sich darauf verlassen können, durch die Einhaltung von Sorgfaltspflichten vor strafrechtlicher Verantwortung für erlaubt riskantes Verhalten auch dann bewahrt zu sein, wenn sich das Risiko tatsächlich verwirklicht.[105] Es handelt sich damit um eine

100 Dazu und zum vorher Gesagten *Otto*, NJW 1974, 528 (533 f.).

101 So aber *Otto*, NJW 1974, 528 (533 f.).

102 Vgl. *Baumann/Weber/Mitsch/Eisele*, Strafrecht AT, § 21 Rn. 72.

103 U.a. bei *Grünewald*, S. 136; *Otto*, NJW 1974, 528 (533).

104 Denn wo strafrechtliche Lösungen als „liberale Lösungen“ in Betracht gezogen werden, müsse auch gefragt werden, wer hierfür „warum die Rechnung […] in der Währung persönlicher Lebensmonate und Lebensjahre zahlt und nach unseren Gerechtigkeitsvorstellungen auch zu zahlen verpflichtet ist“, *Prittwitz*, in: *Kempf/Lüderssen/Volk*, Die Handlungsfreiheit des Unternehmers, S. 53 (54).

105 *Baumann/Weber/Mitsch/Eisele*, Strafrecht AT, § 21 Rn. 72.

rechtspolitische Grundsatzfrage, die in die eine oder andere Richtung beantwortet werden kann. Der Vorwurf einer pauschalen Verantwortungsbefreiung[106] bei vorbehaltlos gewährter Betätigungsfreiheit überzeugt als Argument für die Annahme einer Garantenstellung jedenfalls nicht, da für genau diese Fälle eine allgemeine Hilfspflicht in § 323c StGB statuiert ist.

Im Ergebnis kann für die Sonderverantwortlichkeit im Sinne von § 13 StGB nicht an ein risikogesteigertes Vorverhalten angeknüpft werden. Dem Kriterium fehlt es an Kontur und objektiv fassbaren Maßstäben.[107] Soziales Handeln ist grundsätzlich mit vielfältigen, in vielen Fällen wohl kaum überschaubaren, schadensträchtigen Risiken behaftet.[108] Es erscheint unmöglich, zwischen minimaler Gefährlichkeit einer Tätigkeit und maximaler Schadensnähe einen allgemeingültigen Grenzpunkt festzulegen, ab dem ein Verhalten als „gesteigert" riskant anzusehen ist.[109]

b) Vermeideverantwortlichkeit

Das Prinzip der Vermeideverantwortlichkeit erfasst die Erfolgsabwendungspflicht des Ingerenten als reine Mutation seiner Verantwortlichkeit bei aktivem Vorverhalten.[110] Dieser Konzeption nach sind die „Bewirkenstatbestände Vermeidegebote".[111] Die Verantwortlichkeit ergebe sich aus der rechtlichen Missbilligung und dem damit häufig einhergehenden Verbot, die Rechtsgüter anderer zu gefährden. Der Sachgrund sei für die daran anschließende besondere Handlungspflicht denknotwendig derselbe. Für viele gefährliche und schädliche Auswirkungen des eigenen Tuns müsse man in besonderer Weise einstehen, sofern diese vermeidbar waren. Diese bereits während des aktiven Verhaltens bestehende Pflicht verlängere sich lediglich in die Unterlassungsphase hinein.[112] Damit komme es bei Zugrundelegung des Prinzips der Vermeideverantwortlichkeit auf die Pflichtwidrigkeit nicht an. Die für die Annahme einer Sonderverantwortlichkeit maßgeblichen Begehungstatbestände seien so zu verstehen, dass es schädliche Auswirkungen des eigenen Tuns zu vermeiden gilt, ohne dabei auf die Verfolgung berechtigter Zwecke und die Ausübung erlaubt-riskanter Tätigkeiten

---

106 So erhoben von *Grünewald*, S. 136.
107 *Weißer*, S. 49 ff.
108 *Maurach/Gössel/Zipf*, § 46 Rn. 95.
109 *Hoyer*, GA 1996, 160 (175 f.).
110 *Herzberg*, JZ 1986, 986 (989).
111 *Herzberg*, Die Unterlassung im Strafrecht und das Garantenprinzip, S. 254.
112 *Herzberg*, JZ 1986, 986 (988).

zu verzichten.[113] Insofern seien erlaubte Risiken häufig nicht als Verletzungserlaubnis, sondern lediglich im Sinne einer „Reduktion von Sorgfaltspflichten" zu verstehen, wobei eine Verletzungsvermeidepflicht weiter bestehen bleibe.[114] Für den Produzenten würde dies bedeuten, dass seine Pflicht, keine schädigenden Produkte auf den Markt zu bringen, in der Unterlassungsphase als Sonderverantwortlichkeit fortlebt, auch wenn er für aktives Tun mangels Pflichtverletzung bei der Herstellung bzw. Inverkehrgabe des Produkts nicht verantwortlich ist.

Der Herleitung einer besonderen Verantwortlichkeit aus den Verbotstatbeständen wird allerdings zu Recht eine kaum nachvollziehbare Vereinfachung der Problematik vorgeworfen. Das Verbot der Beeinträchtigung fremder Rechtsgüter durch gefährliches Handeln sei völlig anders strukturiert als das Gebot, jegliche Gefahrrealisierungen durch eigenes Vorverhalten generell und ohne jede Ausnahme zu verhindern.[115] Von einem Verbot zu einem Gebot könne man nur über die Wertung gelangen, dass das Unterlassen dem Handeln gleichstehe und sich somit das Unwerturteil hierauf genauso erstrecken muss. Dies aber setze voraus, dass die Gleichwertigkeitsprüfung bereits positiv ausgefallen ist.[116] Die Frage der Gleichwertigkeit stelle sich aber erst, nachdem eine Handlungspflicht bereits verletzt wurde.[117] Damit kann ihre positive Beantwortung aber nicht zugleich Voraussetzung der Handlungspflicht sein. Dies wird durch die Entsprechungsklausel des § 13 Abs. 1 Hs. 2 StGB deutlich. Auch das Herausstellen einer Vermeideverantwortlichkeit ändert daran nichts, denn eine Mutation strafrechtlicher Verantwortlichkeit kann es ohne eine Wertung im Sinne der Entsprechungsklausel nicht geben.

c) Gütermehrendes Vorverhalten

Einem weiteren Ansatz zufolge soll auf die Pflichtwidrigkeit bei sogenanntem „gütermehrenden Vorverhalten" verzichtet werden können. Gemeint sind damit Fälle, in denen aus dem Vorverhalten wirtschaftliche Vorteile gezogen werden.[118] Die Auferlegung einer Sonderverantwortlichkeit diene hier allein der Vorteilsabschöpfung und weise keinen Sanktionscharakter auf. Eine Sanktion sei ein „rechtlich gesollter Nachteil", der zum Zwecke der Prävention verhängt werde und an ein unerlaubt riskantes Verhalten anknüpfe. Solange lediglich Vorteile

---

113 *Herzberg*, Die Unterlassung im Strafrecht und das Garantenprinzip, S. 299.
114 SSW/*Kudlich*, Vor §§ 13 ff. Rn. 58.
115 *Brammsen*, Die Entstehungsvoraussetzungen der Garantenpflichten, S. 287 f.
116 *Pfleiderer*, S. 83.
117 *Kaufmann*, Die Dogmatik der Unterlassungsdelikte, S. 284 f.
118 *Hoyer*, GA 1996, 160 (177).

abgeschöpft und damit die mit dem Vorverhalten erzielte Bereicherung wieder auf null zurückgeführt werde, fehle es an einer Nachteilszufügung und damit auch an einer Sanktion.[119] Die zivilrechtlichen Haftungssysteme fänden auf diese Weise jeweils ein Korrelat auch im Strafrecht. Während die strafrechtliche Haftung wegen pflichtwidrigen Vorverhaltens starke Parallelen zur zivilrechtlichen Haftung wegen unerlaubter Handlungen aufweise, ähnele die strafrechtliche Haftung wegen gütermehrenden Vorverhaltens stärker der zivilrechtlichen Haftung wegen ungerechtfertigter Bereicherung. Dies erlaube eine stärkere Konturierung der Garantenpflichten, die häufig im Rahmen der strafrechtlichen Produkthaftung vermisst werde. Denn im Falle eines gütermehrenden Vorverhaltens müsse der Produzent nicht mehr und nicht weniger als seinen gesamten mit der Herstellung schädlicher Produkte erzielten Gewinn einsetzen, um die Produkte wieder zurückzurufen.[120] Darüber hinaus liefere diese Differenzierung in der Ingerenzhaftung einen rechtspolitisch einsehbaren Haftungsgrund auch für die Fälle eines pflichtgemäßen Handelns. Wenn riskantes Verhalten aufgrund des erhofften Nutzens von der Rechtsordnung toleriert werde, entspreche es einer gerechten Lastenverteilung, diejenigen vorrangig zur Bewältigung der eingegangenen Risiken heranzuziehen, denen der damit verbundene Nutzen tatsächlich zugeflossen ist.[121]

Die Legitimierbarkeit einer Garantenstellung bemisst sich allerdings weder an ihrer rechtspolitischen Einsehbarkeit noch an bereicherungsrechtlichen Wertungen. Es erschließt sich nicht, inwieweit der aus einem bestimmten Verhalten gezogene Nutzen der Sachgrund für eine gesonderte Verantwortlichkeit für die Gefahren sein soll, die sich aus diesem Verhalten ergeben können. Schließlich würde man die Verantwortlichkeit auch nicht allein aus dem Grund verneinen, dass ein Nutzen ausnahmsweise nicht zugeflossen ist. Vor Augen führen muss man sich ferner, dass das Bereicherungsrecht auch im Zivilrecht kein Haftungsregime darstellt. Es geht vielmehr darum, eine rechtsgrundlos erfolgte Vermögensverschiebung wieder rückgängig zu machen. Dies hat insbesondere zur Folge, dass das Verschuldensprinzip hier nicht gilt. Das heißt, ein Vorteil kann auch dann abgeschöpft werden, wenn eine vertragliche oder deliktische Haftung mangels Verschuldens ausscheidet. Das Bereicherungsrecht ist somit eine bloße Ausgleichsordnung und verfolgt dementsprechend völlig andere Ziele als das Strafrecht.[122] Zur Begründung einer Sonderverantwortlichkeit im Sinne von § 13 StGB sind bereicherungsrechtliche Wertungen daher ungeeignet.

---

119 *Hoyer*, GA 1996, 160 (176).

120 Hierzu und zum Vorherigen *Hoyer*, GA 1996, 160 (176).

121 *Hoyer*, GA 1996, 160 (177).

122 Vgl. *Holtermann*, S. 161; ähnlich auch *Reus*, S. 92.

d) Einbeziehung außerstrafrechtlicher Verkehrssicherungspflichten

Zur Überwindung des Pflichtwidrigkeitserfordernisses wird weiterhin vorgeschlagen, außerstrafrechtliche Verkehrssicherungspflichten bereits im Rahmen der Ingerenz einzubeziehen. Ihnen wäre dann lediglich eine Hilfsfunktion für die Fälle eines pflichtgemäßen Vorverhaltens zuzuweisen.[123] Damit könnte man zwar den Bedenken begegnen, die grundsätzlich gegen eine Einbeziehung zivilrechtlicher Pflichten ins Strafrecht bestehen.[124] Allerdings wird auch zu Recht darauf hingewiesen, dass die Verkehrssicherungspflichten in den fraglichen Fällen weniger eine Garantenstellung aus Ingerenz flankieren, als vielmehr den eigentlichen Sachgrund der Garantenstellung darstellen.[125] Sie sollen daher hier auch als eigene Fallgruppe diskutiert werden.

2. Stellungnahme

Keine der diskutierten Alternativen bzw. Modifizierungen zum Pflichtwidrigkeitserfordernis vermag vollständig zu überzeugen. Auch wenn der Gedanke der bloß bedingten Gestattung gesteigert riskanter Tätigkeiten[126] im Sinne eines scheinbar umfassenden Sicherheitsversprechens durchaus reizvoll ist, darf dies nicht darüber hinwegtäuschen, dass es sich hierbei um ein Blankett handelt. Welche Tätigkeiten gesteigert riskant sind, erschließt sich nicht mit der Selbstverständlichkeit, die teilweise suggeriert wird. Insofern verschwämmen bei Anwendung dieses Kriteriums die Grenzen der Garantenstellung aus Ingerenz in einem Maße, das mit Art. 103 Abs. 2 GG nicht vereinbar sei. Auch der Gedanke der Vermeideverantwortlichkeit kann nicht überzeugen. Deren Herleitung aus den Begehungstatbeständen steht in einem nicht auflösbaren Widerspruch zur Konzeption des § 13 Abs. 1 StGB. Schließlich kann auch dem Vorschlag nicht gefolgt werden, statt auf ein pflichtwidriges Vorverhalten auf ein gütermehrendes Vorverhalten abzustellen. Es mag zwar rechtspolitisch wünschenswert erscheinen, denjenigen, der wirtschaftlich von der Gestattung eines Verhaltens profitiert, für daraus resultierende Gefahren besonders in die Pflicht zu nehmen. Eine Garantenstellung kann dies jedoch nicht legitimieren. Insbesondere der Gedanke der Vorteilsabschöpfung mutet vor dem Hintergrund, dass es bei der Auferlegung von Erfolgsabwendungspflichten um den Schutz der gefährdeten Rechtsgüter geht, befremdlich an.

---

123 *Bloy,* FS Maiwald, S. 35 (45 ff.).

124 Ausführlich siehe unten, 2. Teil § 2 A. III. 2.

125 *Bloy,* FS Maiwald, S. 35 (45 ff.).

126 MüKoStGB/*Freund,* § 13 Rn. 141.

II. *Übernahme der Obhut über Hilflosigkeit des Rechtsguts*

Ein weiterer, allgemein anerkannter Begründungsansatz, der im Zusammenhang mit dem Warenhersteller diskutiert wird,[127] ist die Garantenstellung aus freiwilliger Übernahme bestimmter Aufgaben der Gefahrenabwehr. Dies kann entweder im Einzelfall geschehen oder aber durch Übernahme von Stellungen oder Ämtern, mit denen bestimmte Schutzfunktionen verknüpft sind. Typischerweise wird letzteres beispielsweise bei Lehrern oder Ärzten angenommen.[128] Fraglich ist daher, ob auch der Hersteller eine solche Schutzposition einnimmt. Dies ist schon aus dem Grund zweifelhaft, dass die Stellung eines Herstellers gegenüber den Nutzern seiner Produkte hinsichtlich der Bestimmbarkeit des Personenkreises und der jeweiligen Interessenlage eine völlig andere ist. Während einem Arzt seine Patienten oder einem Lehrer seine Schüler persönlich bekannt und anvertraut sind, wird ein Warenhersteller im Regelfall seine Kundschaft weder kennen noch diesbezüglich ein gesteigertes Interesse hegen. Vor diesem Hintergrund stellt sich zunächst die Frage, inwieweit überhaupt eine Vergleichbarkeit der Ausgangssituationen besteht und welche Erwägungen für eine solche Übernahme von Schutzfunktionen sprechen.

1. *Beschränkung auf Markenware*

Eine „Übernahme der Obhut über die Hilflosigkeit des Rechtsguts" wird teilweise von vornherein nur bei Markenware für möglich erachtet.[129] Diese werde in der modernen Industriegesellschaft mit dem Versprechen vertrieben, dass der Produzent sich auch weiterhin um die Gefahrlosigkeit seines Produkts und damit die Sicherheit der Nutzer kümmere. Die Kunden vertrauten sich infolge dieses Versprechens dem Produzenten an und seien gerade deshalb auch bereit, den unter Umständen deutlich höheren Preis für ein Produkt zu bezahlen. Auf diese Weise werde insbesondere bei speziellen Produktgruppen, wie beispielsweise Kraftfahrzeugen, durch die offensive Werbung mit Sicherheit ein Grad an Vertrauen erweckt, der dem eines Patienten gegenüber seinem Arzt sehr ähnlich sei.[130] Diese Sichtweise ist allerdings in Zweifel zu ziehen. Der höhere Preis von Markenware

---

127 So zum Beispiel in jüngerer Zeit bei *Alexander*, S. 74; *Schmucker*, S. 147 ff.; *Schünemann*, FS Amelung, S. 303 (317); auch *Mayer*, PharmR 2008, 236 (246 f.) geht zumindest in Bezug auf den pharmazeutischen Hersteller von einer Garantenstellung kraft Übernahme aus.

128 Schönke/Schröder/*Bosch*, § 13 Rn. 10.

129 *Schünemann*, FS Amelung, S. 303 (317); zustimmend *Schmucker*, S. 150 f.

130 Zur Übernahme der Obhut über Rechtsgüter bei Markenware ausführlich *Schünemann*, FS Amelung, S. 303 (317).

signalisiert nicht per se umfassenderen Schutz vor Gefahren. Vielmehr lässt er auf eine grundsätzlich bessere Qualität oder teilweise auch bloß auf den vermeintlich höheren Wert schließen, den bestimmte Marken als Statussymbol innehaben.[131] Die Aussagekraft eines Markennamens ist damit kein Indikator für einen besonderen Verantwortungswillen des Herstellers. Hinzu kommt, dass nicht der gewählte Vertriebsweg allein maßgeblich für die Pflichtenstellung des Herstellers sein kann. Schließlich ist es nicht unüblich, dass ein Hersteller substanziell gleiche Ware sowohl als Markenprodukt als auch als Nicht-Markenprodukt verkauft. Hinsichtlich seiner Schutzverpflichtung dann zu differenzieren, erschiene unbillig. Letztlich würde eine solche Differenzierung auch bedeuten, dass der Hersteller sich seiner an sich bestehenden Schutzverpflichtung durch bloßen Verzicht auf eine Markenproduktion entziehen könnte.[132]

2. Besonderheiten aufgrund sozialer Rolle des Produzenten?

Teilweise wird im Zusammenhang mit einer vom Hersteller übernommenen Garantenstellung auch auf seine soziale Rolle verwiesen.[133] Eine solche soziale Rolle beinhalte, ausgerichtet an der funktionellen Stellung des Einzelnen in der Gesellschaft, typisierte Verhaltensweisen. Aus dem zugrunde liegenden sozialen Beziehungsgefüge ergebe sich auch, dass jede Rolle durch eine ihr entsprechende Gegen- oder Komplementärrolle inhaltlich mitbestimmt wird.[134] Die Bestimmung der sozialen Rolle des Produktherstellers richte sich demnach auch nach den Bedürfnissen des Verbrauchers als dessen Gegenrolle. Verbraucher seien in der heutigen Industriegesellschaft mit ihren hochgradig arbeitsteiligen Prozessen einer Fülle von Risiken ausgesetzt, die für sie unter Umständen nicht erkennbar seien. Dass angesichts der Komplexität der Produkte häufig schon Erkenntnis*möglichkeiten* nicht bestehen, ziehe ein hohes Schutzbedürfnis und damit verbundene Erwartungen an den Hersteller nach sich. Diese bestünden beispielsweise darin, dass sich der Hersteller an seine (anerkannte) Pflicht hält, keine Produkte auf den Markt zu bringen, die bei bestimmungsgemäßer Verwendung Schäden verursachen bzw. seine Produkte auch nach Inverkehrgabe weiter auf ihr

---

131 *Roxin*, Strafrecht Bd. 2, § 32 Rn. 213.

132 *Roxin*, Strafrecht Bd. 2, § 32 Rn. 213.

133 Siehe zum Beispiel *Bloy*, FS Maiwald, S. 35 (48 f.); auf grundsätzlicher Ebene setzen sich vor allem *Bärwinkel*, S. 104 ff.; zumindest im Grundsatz auch *Otto/Brammsen*, Jura 1985, 530 (536) mit sozialen Rollenverhältnissen im Zusammenhang mit der Garantenverantwortlichkeit auseinander.

134 *Bärwinkel*, S. 108 f. Auf seine Theorie der sozialen Rollenverhältnisse wird noch ausführlicher eingegangen, siehe 2. Teil § 2 B. II. 2.

Gefahrenpotenzial hin zu beobachten und bei Bedarf gefahrsteuernd tätig zu werden.[135] Dabei komme es nicht darauf an, ob diese Erwartung im Einzelfall faktisch besteht. Ausschlaggebend sei, dass sie aufgrund des Vertrauensgrundsatzes bestehen darf und damit normativierbar ist.[136]

Selbst wenn man aber davon ausgeht, dass die soziale Rolle des Herstellers eine besondere Verantwortung beinhaltet, ergibt sich das eigentliche Problem bei der freiwilligen Übernahme. Der Hersteller wird eine Verantwortung gegenüber den meist nicht näher individualisierbaren Nutzern seiner Produkte nicht übernehmen wollen. So haben sich auch im Lederspray-Verfahren die Geschäftsführer vehement gegen das Bestehen einer Rückrufpflicht gewehrt.[137] Dies ist insofern nachvollziehbar, als – im Unterschied zu den anerkannten Fällen der Übernahme von Schutzpflichten – eine tatsächliche Beziehung zwischen Hersteller und Verbraucher nicht besteht, sondern auf beiden Seiten der Leistungsaustausch im Fokus steht.[138] Hinzu kommt die Unklarheit darüber, wie eine Übernahme durch den Hersteller überhaupt zu konstruieren wäre.

Die freiwillige Übernahme bezeichnet zumeist materiell die Garantenstellung aus Vertrag.[139] Sie kann aber auch zivilrechtlich unwirksame Verträge problemlos erfassen bzw. gültige Verträge ausscheiden lassen, die nie zur Erfüllung angetreten werden.[140] Das zusätzliche Abstellen auf einen Vertragsschluss bietet jedoch Vorteile insofern, als sich hierin ein tatsächlich bestehender Übernahmewille manifestiert. Darüber hinaus lassen sich in Orientierung an vertraglichen Vereinbarungen auch die übernommenen Schutzpflichten näher bestimmen und begrenzen. Eine Garantenstellung aus Vertrag bzw. Übernahme wird dabei eher anzunehmen sein, wenn der Schutz des betreffenden Rechtsguts oder Interesses bzw. die Abwehr bestimmter Gefahren eine Hauptpflicht ist und damit den Kern des Vertrags oder einer sonstigen Absprache bildet.[141] Im Falle des Herstellers ist der Schutz der Rechtsgüter des Endabnehmers des Produkts bzw. die Gefahrenabwehr regelmäßig allenfalls eine Nebenpflicht und kann nicht als Kern eines etwaigen Vertrags angesehen werden. Darüber hinaus werden die meisten Produkte ohnehin über Zwischenhändler vertrieben, so dass in der Praxis im Regelfall zwischen dem Hersteller und dem Endabnehmer des Produkts überhaupt keine

---

135 Siehe zu den Verkehrssicherungspflichten 2. Teil § 2 A. III.
136 Vgl. *Bloy*, FS Maiwald, S. 35 (48 f.).
137 *Jähnke*, Jura 2010, 582 (584).
138 *Mayer*, PharmR 2008, 236 (246 f.).
139 *Stratenwerth/Kuhlen*, § 13 Rn. 23.
140 Siehe zur Maßgeblichkeit materieller Kriterien in 2. Teil § 1.
141 *Stratenwerth/Kuhlen*, § 13 Rn. 23.

vertragliche Verbindung besteht, die zur Begründung spezieller Schutzpflichten herangezogen werden könnte.

Will man die Übernahme als Voraussetzung in einem solchen Fall aber nicht zur reinen Fiktion herunterdefinieren, wird man einen irgendwie gearteten, bewussten Übernahmeakt fordern müssen.[142] Widerspruch verdient es daher, wenn die Übernahme der Rolle bereits in dem betreffenden Rollenverhalten selbst gesehen und damit auf eine bewusste Übernahmeentscheidung verzichtet wird.[143] Die soziale Rolle allein kann nicht die strafrechtliche Verantwortung begründen. Andernfalls wäre jeder Mensch durch seine bloße Interaktion mit der Umwelt mit strafrechtlichen Handlungspflichten geradezu überfrachtet. Der Begründungsansatz der Übernahme von Schutzpflichten würde seines notwendigen *rechtlichen* Aspekts entkleidet und der Gefahrquellenverantwortlichkeit gleichgestellt, ohne dass dabei deren spezifische Voraussetzungen geprüft würden. Hinzu kommt, dass ein maßgebliches Unterscheidungskriterium zur Gefahrquellenverantwortlichkeit gerade der Umstand ist, dass die soziale Rolle bei der Übernahme von Schutzpflichten nicht der Person von außen zugeschrieben, sondern als von ihr freiwillig übernommen angesehen wird. Wird die Übernahme in ihrem Bedeutungsgehalt aber derart reduziert, dass sie in einem allgemeinen Handeln wie der Ausübung eines Berufes gesehen wird, kann sie allein eine Garantenstellung nicht mehr legitimieren.

III. Zivilrechtliche Verkehrssicherungspflichten

Rechtsprechung und Wissenschaft haben der Produkthaftungsmaterie im Zivilrecht deutlichere Konturen verliehen als dies im Strafrecht bislang der Fall ist. Insbesondere die deliktischen Verkehrssicherungspflichten haben im Laufe der Zeit einen hohen Grad an Ausdifferenzierung erreicht. Sie können ihrerseits als Konkretisierung des neminem-laedere-Gebots verstanden werden und wurden in das Recht der unerlaubten Handlungen integriert, um eine Unterlassungshaftung zu ermöglichen.[144] Damit liegt der Gedanke nahe, die strafrechtliche Produkthaftung an die zivilrechtliche anzulehnen und die herausgearbeiteten Verkehrssicherungspflichten als (außerstrafrechtliche) Rechtsgrundlage für das Einstehenmüssen im Sinne des § 13 StGB heranzuziehen.[145]

142 *Jähnke*, Jura 2010, 582 (584) lehnt den Begründungsansatz mit diesem Vorwurf insgesamt ab.

143 So *Bloy*, FS Maiwald, S. 35 (49).

144 *Grünewald*, S. 30 f.

145 *B. Bock*, S. 104.

1. *Exkurs: Zivilrechtliche Produzentenhaftung*

Im Zivilrecht wird eine begriffliche Unterscheidung zwischen „Produzentenhaftung“ und „Produkthaftung“ vorgenommen. Während erstere den Produzenten und sein Verhalten in den Mittelpunkt stellt und entsprechend die verschuldensabhängige Haftung nach § 823 Abs. 1 BGB beschreibt, bezieht sich die Produkthaftung auf eine vom Verhalten des Herstellers unabhängige Haftung, wie sie sich im Produkthaftungsgesetz findet.[146] Diese Einteilung ist zwar nicht zwingend, soll hier jedoch befolgt werden. Das Augenmerk liegt dabei im Folgenden auf der *Produzenten*haftung. Diese basiert auf der schuldhaften Verletzung einer allgemeinen Verkehrssicherungspflicht und weist damit deutliche Parallelen zur hier aufgeworfenen Fragestellung auf.

a) Verkehrssicherungspflichten vor Inverkehrbringen

Die inhaltliche Bestimmung der Verkehrssicherungspflichten erfolgt nach dem Grundsatz, dass diejenigen Maßnahmen zu treffen sind, die nach den jeweiligen Umständen des Falles zur Vermeidung oder auch Beseitigung von Gefahren erforderlich und zumutbar sind.[147] Für den Herstellungsprozess von Produkten hat die Rechtsprechung typisierte Pflichten auf unterschiedlichen Ebenen entwickelt: Konstruktion, Fabrikation und Instruktion.[148] Der Hersteller hat auf jeder Ebene Fehlverursachungen zu vermeiden und ein möglichst hohes Maß an Sicherheit für den Nutzer zu gewährleisten.[149]

aa) Konstruktionspflichten

Die Konstruktionspflichten betreffen die dem Produktionsprozess vorgelagerte Entwicklungs- und Planungsphase. Die Entwicklung bzw. Verwendung eines tragfähigen Bauplans ist unverzichtbare Grundlage für die Produktion eines sicheren Produkts.[150] Ursache von Konstruktionsfehlern ist meist entweder eine fehlerhafte Gefahrenanalyse oder aber die fehlerbehaftete Umsetzung der gewonnenen Gefahrenanalyseerkenntnisse.[151] Ist in der Folge das Baumuster fehlerhaft, wirkt sich dies in einer Massenproduktion auf die gesamte Serie aus.[152]

---

146 *Lüftenegger,* Die Rückrufpflicht des Herstellers, S. 49; siehe auch *Haberland*, S. 16.

147 *Foerste*, in: *Foerste/v. Westphalen*, Produkthaftungshandbuch, § 24 (Rn. 1).

148 Vgl. *Foerste*, in: *Foerste/v. Westphalen*, Produkthaftungshandbuch, § 24 (Rn. 2).

149 Jauernig/*Teichmann,* Vor § 823 Rn. 136; vgl. auch NK-BGB/*Katzenmeier,* § 823 Rn. 307 f.; Tamm/Tonner/*Nietsch,* § 823 Rn. 38.

150 MüKoBGB/*Wagner,* § 823 Rn. 970.

151 Tamm/Tonner/*Nietsch,* § 823 Rn. 47.

152 MüKoBGB/*Wagner,* § 823 Rn. 970.

bb) Fabrikationspflichten

Auch bei Verwendung eines hinreichend sicheren Bauplans im Fertigungsprozess kann es zu einer planwidrigen Abweichung des Produkts von der Sollbeschaffenheit kommen.[153] Hiervon sind meist nur einzelne Stücke betroffen.[154] Die Fabrikationspflichten des Herstellers sind darauf gerichtet, Abweichungen vom angestrebten Sicherheitsstandard durch Optimierung des Fertigungsprozesses zu vermeiden bzw. bereits gefertigte Stücke im Rahmen einer Qualitätskontrolle auf ihre Übereinstimmung mit den sicherheitsrelevanten Vorgaben hin zu überprüfen.[155] Da die Gewährleistung völliger Gefahrlosigkeit des Produkts dem Hersteller aber nicht zumutbar wäre, fehlt es an einer Pflichtverletzung bei sogenannten „Ausreißern".[156] Der Einwand, dass nach dem heutigen Stand der Technik bei entsprechendem Kontrollaufwand sämtliche Ausreißer ausgesondert werden könnten, verfängt nicht. Bei einer solchen Sichtweise würde das für die Begründung der Verkehrspflicht und Rechtswidrigkeit unverzichtbare Element der Zumutbarkeit nicht hinreichend berücksichtigt.[157]

cc) Instruktionspflichten

Der Hersteller muss darüber hinaus auch Instruktionen zum Produktgebrauch zur Verfügung stellen. Denn die Schadensneigung eines Produkts hängt nicht allein von dessen Sicherheitseigenschaften ab, sondern auch von der Art der Verwendung.[158] Um seinen Instruktionspflichten nachzukommen, muss der Hersteller den Nutzer in den bestimmungsgemäßen Gebrauch des Produkts ein- und auf etwaige Gefahren hinweisen. Auch vorhersehbare Formen des Fehlgebrauchs sind von den Instruktionspflichten erfasst.[159]

b) Produktbeobachtungspflicht

Die Verkehrssicherungspflichten enden nicht mit dem Inverkehrbringen. Denn erfahrungsgemäß zeigt sich die Gefährlichkeit von Produkten trotz Beachtung aller Sicherungsmaßnahmen häufig erst, wenn diese sich bereits auf dem Markt

---

153 MüKoBGB/*Wagner*, § 823 Rn. 974.
154 Staudinger/*Hager*, § 823 F Rn. 17.
155 MüKoBGB/*Wagner*, § 823 Rn. 974.
156 MüKoBGB/*Wagner*, § 823 Rn. 976.
157 *Foerste*, in: *Foerste/v. Westphalen*, Produkthaftungshandbuch, § 24 (Rn. 179).
158 Staudinger/*Hager*, § 823 F Rn. 14; MüKoBGB/*Wagner*, § 823 Rn. 978.
159 MüKoBGB/*Wagner*, § 823 Rn. 978. Vgl. hierzu auch 5. Teil § 2 B. I. 2.

befinden.[160] Der Hersteller ist daher verpflichtet, sein Produkt auch nach dem Inverkehrbringen auf etwaige unbekannt gebliebene schädliche Eigenschaften hin zu beobachten und sich über weitere, eine Gefahrenlage schaffende Verwendungsfolgen zu informieren.[161] Dies gilt umso mehr, wenn es sich um ein in Masse gefertigtes und verbreitetes Produkt handelt.[162] Damit handelt es sich bei der Produktbeobachtungspflicht um eine zeitliche Erweiterung bzw. Perpetuierung der Konstruktions-, Fabrikations-, und Instruktionspflichten.[163] Allerdings ist insbesondere bezüglich des Umfangs und der Reichweite der Produktbeobachtungspflicht vieles noch ungeklärt.[164] Übereinstimmung herrscht zumindest aber insoweit, als zwischen der passiven und der aktiven Produktbeobachtungspflicht sowie den daraus resultierenden Reaktionspflichten zu differenzieren ist.

aa) Passive Produktbeobachtungspflicht

Die passive Produktbeobachtungspflicht umfasst das Sammeln, Überprüfen und Auswerten von Kundenreklamationen, die Schadensfälle und Sicherheitsdefizite zum Gegenstand haben.[165] Auf diese Weise können wertvolle Erkenntnisse über reale Erfahrungen im Feld gewonnen werden, ohne dass dies mit einem hohen wirtschaftlichen Aufwand verbunden ist. Erforderlich und zugleich ausreichend ist hier ein funktionierendes Beschwerdemanagement.[166]

bb) Aktive Produktbeobachtungspflicht

Der Hersteller eines Produkts darf sich nicht allein auf die Auswertung der ihm zugetragenen Informationen beschränken.[167] Vielmehr hat er im Rahmen seiner aktiven Produktbeobachtungspflicht laufend den Fortgang der Entwicklung von Wissenschaft und Technik auf dem einschlägigen Gebiet zu verfolgen. Im Zuge dessen ist in der Praxis der Aufbau einer Organisationsstruktur notwendig, mit der zunächst die Informationen gewonnen und diese sodann zugeordnet, systematisiert und archiviert werden können.[168] Die Informationsgewinnung muss sich

---

160 Vgl. *T. Beck*, S. 18 f.

161 NK-BGB/*Katzenmeier*, § 823 Rn. 318.

162 BGH v. 17.03.1981 – VI ZR 286/78= NJW 1981, 1606 (1607 f.).

163 MüKoBGB/*Wagner*, § 823 Rn. 988 f.

164 *Klindt/Wende*, BB 2016, 1419 (1419).

165 BGH v. 07.12.1993 – VI ZR 74/93= NJW 1994, 517 (519); NK-BGB/*Katzenmeier*, § 823 Rn. 318; *Klindt/Wende*, BB 2016, 1419 (1419).

166 *Klindt/Wende*, BB 2016, 1419 (1419).

167 *Michalski*, BB 1998, 961 (963).

168 *Klindt/Wende*, BB 2016, 1419 (1419 f.).

auf die gesamte Fachliteratur erstrecken. Dazu gehören auch Untersuchungen, Testberichte und Unfallanalysen. Darüber hinaus sind die Ergebnisse wissenschaftlicher Kongresse zu verfolgen und die Produktenwicklungen der wichtigsten Mitbewerber zu beobachten.[169] Eine entscheidende Rolle bei der Bestimmung des Pflichtenumfangs spielen neben der Schwere der drohenden Gefahren auch die wirtschaftlichen Kapazitäten des jeweiligen Unternehmens.[170] Bei Unternehmen, die ihre Produkte weltweit vertreiben, wird daher etwa die Verfolgung der Ergebnisse internationaler wissenschaftlicher Kongresse und Fachveranstaltungen sowie die Auswertung des gesamten internationalen Fachschrifttums verlangt.[171] Wenn die entsprechenden Kapazitäten vorhanden sind, kann der Hersteller außerdem auch verpflichtet sein, Forschungsberichte durch eigene Tests zu überprüfen oder durch Dritte überprüfen zu lassen.[172]

cc) Reaktionspflicht

Der Hersteller soll bei nachträglichem Entdecken eines Produktfehlers nicht dulden dürfen, was er zuvor zu vermeiden hatte. Entsprechend treffen ihn bei nachträglich erkannter Gefahr eines seiner Produkte, spiegelbildlich zu seinen Pflichten vor Inverkehrgabe, sogenannte „Reaktionspflichten".[173] Umstritten ist allerdings, welchen Umfang diese Reaktionspflichten haben. Die im Rahmen der Produktbeobachtung gewonnenen Erkenntnisse müssen jedenfalls zum Anlass genommen werden, die weitere Produktion so anzupassen, dass Sicherheitsdefizite behoben werden.[174] Darüber hinaus muss der Hersteller die Nutzer bereits vermarkteter Produkte über drohende Gefahren informieren, um so die Gefahrsteuerung durch diese selbst zu ermöglichen.[175] Ob über die Warnung der Nutzer hinaus auch ein Rückruf der Produkte zu erfolgen hat und falls ja, unter welchen Voraussetzungen eine solche Verpflichtung bestehen soll, ist allenfalls partiell geklärt.[176]

---

169 Staudinger/*Hager*, § 823 F Rn. 21; *Klindt/Wende*, BB 2016, 1419 (1419 f.).

170 *Foerste*, in: *Foerste/v. Westphalen*, Produkthaftungshandbuch, § 24 (Rn. 384).

171 BGH, NJW 1981, 1606 (1607 f.); vgl. zur Notwendigkeit der Auseinandersetzung mit internationaler Fachliteratur auch OLG Stuttgart v. 23.02.1989 – 14 U 19/86= VersR 1990, 631 (zit. nach juris).

172 *Klindt/Wende*, BB 2016, 1419 (1419 f.); vgl. auch BGH v. 17.03.1981 – VI ZR 191/79= NJW 1981, 1603 (1604).

173 *T. Beck*, S. 22.

174 MüKoBGB/*Wagner*, § 823 Rn. 997.

175 *Haberland*, S. 48 f.; MüKoBGB/*Wagner*, § 823 Rn. 998.

176 5. Teil § 2 C. II. 1. b).

2. *Produktbeobachtungspflicht als Grundlage einer Garantenstellung*

Naheliegend wäre es nun, die Produktbeobachtungspflicht als Grundlage einer Garantenstellung des Herstellers heranzuziehen. Unübersehbar bestehen zwischen den Verkehrssicherungs- und Garantenpflichten viele Parallelen. Dies zeigt schon die historische Entwicklung, da die Verkehrssicherungspflichten überraschenderweise ihren Ursprung im Strafrecht haben. So wurde der Gedanke einer allgemeinen Verkehrssicherungspflicht erstmals in einer strafrechtlichen Entscheidung des Reichsgerichts vom 19. Oktober 1886[177] ausgesprochen, als sich die Zivilgerichte diesem Gedanken gegenüber noch sehr zurückhaltend zeigten.[178] Dieser Umstand macht aber auch deutlich, dass diese besonderen Sicherungspflichten aus einem materiellen Grund auferlegt sein müssen, der beiden Rechtsgebieten übergeordnet ist und so in beiden Regelungsmaterien seinen Niederschlag finden kann. Nichts anderes gilt, wenn als Argument für eine Herleitung von Garantenstellungen aus dem Zivilrecht etwa auf die familienrechtlichen Vorschriften der §§ 1353, 1326 ff. BGB verwiesen wird, aus denen sich eine Garantenstellung von Ehegatten füreinander oder von Eltern für ihre Kinder herauslesen lasse.[179] Denn der Vergleich verfehlt den Kern des Problems, wie sich bereits im Rahmen der Kritik an der formellen Rechtspflichttheorie gezeigt hat.[180] Die herangezogenen familienrechtlichen Normen sind Ausdruck, aber nicht Grund des zwischen den Personen bestehenden besonderen Verhältnisses. So verhält es sich auch in Bezug auf die Verkehrssicherungspflichten. Der Transfer zivilrechtlicher Handlungspflichten ins Strafrecht betrifft deshalb genau genommen allenfalls die Garantenpflichten und nicht die Garantenstellung.[181] Die in der Diskussion herausgestellten Problempunkte kreisen dann auch in erster Linie um den Pflichtenumfang, der jedenfalls – hierin besteht weitgehende Einigkeit – nicht „unbesehen"[182] aus dem Zivilrecht ins Strafrecht übernommen

177 RGSt 14, 362.

178 *Bar*, S. 14.

179 So z.B. bei *B. Bock*, S. 104.

180 2. Teil § 1 B.

181 Insoweit ist die Vermutung von *Schmucker*, S. 137 nicht von der Hand zu weisen, „dass es weniger um die Begründung einer eigenständigen, abstrakten Garantenstellung geht, als vielmehr nur der Weg geebnet werden soll, auf die von der zivilrechtlichen Rspr. im Rahmen der Verkehrssicherungspflicht ausformulierten Handlungspflichten zurückgreifen zu können".

182 BGH, NJW 1990, 2560 (2562); *B. Bock*, S. 103 ff; *Mayer*, PharmR 2008, 236 (242); ähnlich auch *Spindler*, in: *Fleischer*, Handbuch des Vorstandsrechts, § 15 (Rn. 73).

werden darf.[183] Insofern überrascht es nicht, dass sowohl Rechtsprechung als auch Literatur meist auf zusätzliche Kriterien abstellen, wenn die Garantenstellung des Produzenten mit den Verkehrssicherungspflichten in Verbindung gebracht wird.[184] So werden die Ingerenz[185] oder die Übernahme[186] herangezogen, oder es ist im selben Zuge auch von Gefahrquellenverantwortung[187] und Überwachung von Gefahrquellen[188] die Rede.[189]

Die Frage der Übertragungsmöglichkeit zivilrechtlicher Handlungspflichten in das Strafrecht soll daher erst einmal zurückgestellt werden. Denn Relevanz kommt ihr nach dem soeben Gesagten erst dann zu, wenn geklärt ist, ob es eine materielle Grundlage für eine Garantenstellung des Produktherstellers gibt.

IV. Gefahrquellenverantwortung

Die Gefahrquellenverantwortung kann man sowohl als einen der Produktbeobachtungspflicht zugrunde liegenden allgemeinen Rechtsgrundsatz und damit deren materiellrechtliche Basis sehen,[190] als auch als strafrechtliches Pendant zu den zivilrechtlichen Verkehrssicherungspflichten.[191] Es geht hierbei um die Zuständigkeit für die Überwachung von Gefahrquellen zugunsten Dritter, indem die notwendigen Schutz- und Gefahrabwendungsmaßnahmen getroffen werden. Als Gefahrquellen kommen sowohl Sachen, also etwa Häuser, Grundstücke, industrielle Anlagen bzw. Betriebe, Kraftfahrzeuge und Tiere, als auch Menschen in Betracht, die überwacht werden müssen, um eine Schädigung Dritter zu vermeiden.[192] Ob auch für den Produkthersteller eine fortbestehende Verantwortlichkeit für seine Produkte als Gefahrquellen besteht, wenn diese bereits in Verkehr gebracht wurden, hängt maßgeblich davon ab, in welcher Beziehung eine Person zu einer solchen Gefahrquelle stehen muss, um strafrechtlich zu deren Überwachung verpflichtet zu sein.

---

183 Siehe hierzu ausführlich 5. Teil § 2 A. I.

184 Vgl. *Schmucker*, S. 136.

185 BGH v. 21.04.1964 – 1 StR 72/64= NJW 1964, 1283 (1284); OLG Hamm v. 23.09.1970 – 4 Ss 232/70= NJW 1971, 442 (442); *Gallas*, Die strafrechtliche Verantwortlichkeit der am Bau Beteiligten, S. 33.

186 Eine entsprechende Begründungspraxis einiger Autoren dargelegt bei *B. Bock*, S. 108 f.

187 *Waßmer*, S. 214.

188 NK-StGB/*Gaede*, § 13 Rn. 46.

189 Vgl. zu diesem Meinungsstand auch *Schmucker*, S. 136.

190 Vgl. *Waßmer*, S. 214.

191 *Jescheck/Weigend*, § 59 IV 4. b).

192 *Kühl*, Strafrecht AT, § 18 Rn. 106, 116; *Rengier*, § 50 Rn. 45.

1. Gefahrquellenverantwortung in der Rechtsprechung und Literatur

In der Rechtsprechung des BGH ist anerkannt, dass jeder, der eine Gefahrquelle schafft oder unterhält, die nach Lage der Verhältnisse erforderlichen Vorkehrungen zum Schutz anderer Personen zu treffen hat.[193] Eine dogmatisch fundierte Begründung erfolgt durch die Rechtsprechung jedoch nicht. Eine Annäherung an die Gefahrquellenverantwortung ist daher zunächst in der Kasuistik zu suchen. In der Literatur wurden dementsprechend eine Reihe typischer Konstellationen herausgearbeitet, in denen von einer solchen Garantenstellung auszugehen sei. Diese werden im Folgenden kursorisch dargestellt.

Allgemeine Zustimmung erfährt von jeher etwa die Annahme einer Garantenstellung des Eigentümers oder Besitzers eines Grundstücks oder des Leiters eines industriellen Betriebes für solche Gefahren, die sich aus dem Grundstück oder dem Betrieb für Dritte ergeben.[194] Auch dem Inhaber einer Wohnung soll eine Garantenstellung zukommen, wenn sich die Wohnung wegen ihrer besonderen Beschaffenheit oder Lage als eine Gefahrquelle präsentiert.[195]

Darüber hinaus ist auch eine Garantenstellung des Fahrzeughalters anerkannt, der dieses stets in einem verkehrssicheren Zustand halten muss, um nicht für etwaige Unfallfolgen in die Verantwortung gezogen zu werden. Ebenso muss der Halter eines Tieres dafür Sorge tragen, dass dieses nicht andere Personen verletzt oder in sonstiger Weise schädigt.[196]

Auch die an einem Bau oder der Bauaufsicht beteiligten Personen können aufgrund ihrer Stellung zur Baustelle Garanten im Sinne des § 13 StGB für diese als Gefahrquelle sein. Als solche sind sie dafür einstandspflichtig, dass von der Baustelle keine Gefahren für die dort anwesenden Arbeiter sowie die Allgemeinheit ausgehen.[197] Gerade bei Bauprojekten zeigt sich aber deutlich die Schwierigkeit bei der Bestimmung des (originär) Verantwortlichen für eine Gefahrquelle. Typischerweise wirken hier nämlich verschiedene Akteure mit: Bauherr, Bauunternehmer, Architekt, Bauleiter und Bauaufsicht. Regelmäßig wird die strafrechtliche

---

193 Siehe nur BGH v. 13.11.2008 – 4 StR 252/08 = NJW 2009, 240 (241); BGH v. 21.12.2011 – 2 StR 295/11 = NStZ 2012, 319 (320); BGH v. 05.08.2015 – 1 StR 328/15 = NJW 2016, 176 (177); BGH v. 22.11.2016 – 1 StR 354/16 = NStZ 2017, 223 (225).

194 Siehe hierzu Schönke/Schröder/*Heine/Bosch*, § 13 Rn. 42; *Stankewitz*, S. 107 ff. mit Nachweisen aus der frühen Rechtsprechung.

195 BGH, NJW 1982, 1235 (1236); BGH v. 31.07.1992 – 4 StR 156/92 = NJW 1993, 76; *Kühl*, Strafrecht AT, § 18 Rn. 107; *Rengier*, § 50 Rn. 54 ff.; *Roxin*, Strafrecht Bd. 2, § 32 Rn. 115 ff.

196 *Kühl*, Strafrecht AT, § 18 Rn. 107; SK-StGB/*Stein*, § 13 Rn. 32.

197 SK-StGB/*Stein*, § 13 Rn. 31 m.w.N.

Verantwortung für die Baustelle in solchen Fällen primär dem Bauherrn zugewiesen, der „mit der Veranstaltung des Baus die Gefahrenlage hervorgerufen" habe.[198] Etwaige Garantenstellungen der anderen Beteiligten werden dann darauf zurückgeführt, dass der Bauherr seine Überwachungsaufgaben auf diese übertragen habe, so dass die Garantenstellungen letztlich auf tatsächlicher Übernahme beruhen.[199] Dies ist insofern interessant, als der Bauherr in vielen Fällen weder die Sachkunde besitzt, um bestehende Sicherheitsrisiken zu überblicken, noch aufgrund der tatsächlichen Gegebenheiten in der Lage sein wird, das Geschehen auf der Baustelle zu überwachen.[200] Vor diesem Hintergrund stellt sich hier in besonderer Weise die Frage nach dem dogmatischen Anknüpfungspunkt der Gefahrquellenverantwortung.[201]

Ähnliche Schwierigkeiten offenbart ein Fall, der unter dem Stichwort „Cleanmagic" bzw. „GBL" in den letzten Jahren viel Aufmerksamkeit in Rechtsprechung und Literatur erfahren hat. Ausgangspunkt der Diskussion sind zwei Entscheidungen des BGH, in denen dieser eine Garantenstellung desjenigen annahm, der eine Flasche mit dem Wirkstoff Gammabutyrolacton (GBL) – einmal in Form des Reinigungsmittels Cleanmagic, einmal in seiner Reinform – anderen Personen als Rauschmittel anbot und daraufhin die Flasche frei zugänglich in der Wohnung stehen ließ.[202] In beiden Fällen konsumierten die Opfer später das GBL in einer Überdosis und verstarben in der Folge an einem Atemstillstand.[203] Die Garantenstellung stützte der BGH in der Cleanmagic-Entscheidung darauf, dass der Angeklagte „durch Abstellen der Flasche mit dem gefährlichen Mittel auf dem

198 BGH, NJW 1964, 1283 (1284).

199 Vgl. BGH, NJW 2009, 240 (241); OLG Stuttgart v. 05.04.2005 – 5 Ss 12/05 = NStZ 2006, 450; Schönke/Schröder/*Bosch*; § 13 Rn. 26 f.; zu den teilweise komplexen Ableitungen von Verantwortung auch *Gallas*, Die strafrechtliche Verantwortlichkeit der am Bau Beteiligten, S. 38 ff.

200 Vgl. auch *Gallas*, Die strafrechtliche Verantwortlichkeit der am Bau Beteiligten, S. 34.

201 Hierzu sogleich, 2. Teil § 2 A. IV. 2.

202 Siehe BGH, NStZ 2012, 319 sowie BGH, NJW 2016, 176 (177).

203 Die Täter wurden jeweils wegen Totschlags durch Unterlassen verurteilt, weil sie keine oder jedenfalls erst deutlich zu spät Rettungsmaßnahmen ergriffen. In der Literatur hat insbesondere die GBL-Entscheidung heftige Kritik erfahren, da hier der später Verurteilte die anderen Gäste explizit auf die Risiken einer Überdosierung hingewiesen hatte, so dass der spätere Konsum durch diese unstreitig eine eigenverantwortliche Selbstgefährdung darstellte. Die Verantwortungszuweisung an einen Dritten wurde vor diesem Hintergrund vielfach für sachlich verfehlt gehalten; siehe nur *Eisele*, JuS 2016, 276 (277 f.); *Jäger*, JA 2016, 392 (394); *Schiemann*, NJW 2016, 176 (178 f.).

Wohnzimmertisch im Zimmer der Geschädigten eine erhebliche Gefahrquelle geschaffen" habe.[204] In der GBL-Entscheidung führte der BGH aus, dass an den Gastgeber als „Inhaber der Sachherrschaft über den gefährlichen Gegenstand" (die GBL-Flasche) erhöhte Sorgfaltsanforderungen zu stellen seien. Die durch ihn ausgesprochene Warnung vor dem unverdünnten Konsum genüge „angesichts des frei zugänglichen Aufstellens der Flasche" nicht. Der Angeklagte habe „als für die Flasche zuständiger Besitzer durch den geschilderten Umgang mit ihr eine Gefahrquelle eröffnet".[205] Inwieweit die Sonderverantwortlichkeit nun auf die tatsächliche Sachherrschaft über den gefährlichen Gegenstand und inwieweit auf das Aufstellen der Flasche als Eröffnung der Gefahrquelle zurückgeführt wird, bleibt hierbei ebenso offen wie die Frage, in welchem Verhältnis diese beiden Aspekte zueinander stehen.[206]

2. *Dogmatischer Anknüpfungspunkt der Gefahrquellenverantwortung*

Die dargestellten Fälle zeigen, dass keine vollständige Klarheit darüber herrscht, unter welchen Voraussetzungen eine Sonderverantwortlichkeit unter dem Gesichtspunkt der Gefahrquellenverantwortung anzunehmen ist. Die bisherige Diskussion in der Literatur dreht sich diesbezüglich primär um das Herrschaftsprinzip. Dieses kann zwar, wie bereits erörtert wurde, nicht als übergeordnetes Verantwortlichkeitskriterium für alle Garantenstellungen angesehen werden,[207] wird jedoch häufig als der Gefahrquellenverantwortung zugrunde liegendes Merkmal erachtet. Allerdings bestehen unterschiedliche Auffassungen darüber, was unter Herrschaft in diesem Zusammenhang zu verstehen ist. Insbesondere im Fall des Produktherstellers führen die verschiedenen Auffassungen dabei zu unterschiedlichen Ergebnissen.

a) Sachherrschaft

In der Literatur wird vielfach auf die tatsächliche Sachherrschaft als den dogmatischen Anknüpfungspunkt der Gefahrquellenverantwortlichkeit verwiesen, ohne dass hierbei näher auf deren Definitionsmerkmale eingegangen wird.[208] Diejenigen Autoren, die sich näher mit dem Begriff befassen, stellen jedoch meist auf

---

204 BGH, NStZ 2012, 319 (320).
205 BGH, NJW 2016, 176 (177).
206 Vgl. *Schmakowski*, S. 22.
207 Siehe hierzu bereits 2. Teil § 2 B. II. 1.
208 *Bloy*, FS Maiwald, S. 35 (47 f.); NK-StGB/*Gaede*, § 13 Rn. 47; Matt/Renzikowski/*Haas*, § 13 Rn. 56.

die tatsächliche Herrschaft über die gefährliche Sache im Sinne des Gewahrsams ab.[209] Da nicht jedem, der eine Sache faktisch beherrscht, auch eine Sonderverantwortung für die von ihr ausgehenden Gefahren aufgebürdet werden kann, wird als maßgebliche Einschränkung vorgeschlagen, dass die gefährliche Sache sich in den tatsächlichen Wirkungskreis einer Person eingliedern und diese Eingliederung vom Herrschaftswillen dieser Person getragen werden müsse.[210] Bei Vorliegen dieser Voraussetzungen könne auch auf das Erfordernis einer jederzeit aktuellen Zugriffsmöglichkeit verzichtet werden. Andernfalls könne sich der Sachherr gerade in dem Moment durch Aufgabe der Herrschaftsstellung seiner Verantwortung entziehen, in dem eine Gefahr sich beim Opfer als Rechtsgutsverletzung realisiert.[211]

Stellt man streng auf die tatsächliche Sachherrschaft in diesem Sinne ab, lässt sich eine strafbewehrte Produktbeobachtungspflicht des Herstellers jedoch nicht erklären. Diese setzt ja gerade erst dann ein, wenn das Produkt auf den Markt gebracht wurde und damit den Herrschaftsbereich des Herstellers bereits verlassen hat.[212] Insbesondere handelt es sich hierbei nicht um ein bloß vorübergehendes Fehlen einer Zugriffsmöglichkeit. Denn in dem Moment, in dem das Produkt in Verkehr gebracht wird, ist es weder in den tatsächlichen Wirkungskreis des Herstellers eingegliedert noch wird man davon ausgehen können, dass dieser einen Herrschaftswillen bezüglich aller seiner auf dem Markt befindlichen Produkte hat.

b) Normativer Herrschaftsbegriff

Herrschaft ist jedoch nicht zwingend identisch mit tatsächlicher Sachherrschaft. Es wird daher vorgeschlagen, den Herrschaftsbegriff normativ zu bestimmen, da durch ein alleiniges Abstellen auf die tatsächliche Sachherrschaft die „Vielschichtigkeit der sozialen Gemengelage, die der Pflichtenposition des Überwachungsgaranten zugrunde liegt [und] ihr ein ganz spezifisches Gepräge gibt", übergangen werde.[213]

---

209 Ausführlich hierzu *Schünemann*, Unternehmenskriminalität und Strafrecht, S. 95 ff., der zwischen der Oberherrschaft über gefährliche Sachen und Verrichtungen und der rechtlichen Befehlsgewalt über Arbeitnehmer unterscheidet, *ders.*, Grund und Grenzen des unechten Unterlassungsdelikts, S. 292 f.

210 *Stankewitz*, S. 151 ff.; *Weber*, FS Oehler, S. 85 (89).

211 So *Stankewitz*, S. 151 ff.

212 *Bloy*, FS Maiwald, S. 35 (47 f.); vgl. auch *Bottke/Mayer*, ZfBR 1991, 233 (238); *Otto*, Die strafrechtliche Verantwortung, S. 343.

213 *Brammsen*, GA 1993, 97 (113), ähnlich auch *Bottke/Mayer*, ZfBR 1991, 233 (238).

Um den in der sozialen Position des Produktherstellers verfestigten gesellschaftlichen Gesamtzusammenhängen Rechnung zu tragen, müssten daher auch seine rechtlichen Einfluss- und Verfügungsbefugnisse zu einer hervorgehobenen Stellung führen und daher miteinbezogen werden.[214] Dem ist grundsätzlich zwar zuzustimmen, da Herrschaft nicht nur rein tatsächlich, sondern auch rechtlich vermittelt werden kann.[215] Gerade in einer arbeitsteilig organisierten und digitalisierten Gesellschaft dürfte sogar ein nicht unerheblicher Teil der Herrschaftsverhältnisse auf der Ausübung von bloßer Rechtsmacht beruhen. Bezüglich der bereits in Verkehr gebrachten Produkte hilft allerdings die Berücksichtigung rechtlich vermittelter Herrschaft genauer besehen nicht weiter. Denn auch das rechtliche Instrumentarium des Produktherstellers hat seine Grenzen spätestens dann erreicht, wenn seine Produkte bereits an einen selbständigen Händler oder den Verbraucher veräußert wurden.[216]

Diesem Problem lässt sich lediglich dann entgehen, wenn man – mit einigen anderen Stimmen aus der Literatur – noch weiter geht und eine Herrschaftsbeziehung schon aufgrund der Überlegung bejaht, dass der Hersteller die Produktion und den Vertrieb umfassender überblickt als jeder andere und insofern über bessere Wirkungs- und Kontrollmöglichkeiten im Hinblick auf bereits ausgelieferte Produkte verfügt.[217] In eine ähnliche Richtung geht die Argumentation, dass der Produkthersteller durch den Umstand, dass sich in seiner Hand alle Informationen über das Produkt, dessen Vertrieb und etwaige Gefahren befinden, ein Wissensmonopol innehabe, das eine beherrschende Stellung nach sich ziehe.[218]

Auch wenn dies alles richtig sein mag, greift die Argumentation hier (noch) nicht durch. Denn eine Herrschaftsposition lässt sich nicht allein auf die im Vergleich zu anderen Personen *besseren* Erkenntnis- und Einflussmöglichkeiten stützen, wenn diese faktisch keine Steuerung des Geschehens ermöglichen. Beherrschbarkeit ist insofern als ein absolutes Merkmal zu betrachten. Ob der Produkthersteller den Verbleib bereits in Verkehr gebrachter Produkte effektiv steuern kann, ist zweifelhaft. Hierbei ist insbesondere zu bedenken, dass wohl die bloße Einwirkungsmöglichkeit auf die eigenverantwortliche Entscheidung

---

214 *Brammsen*, GA 1993, 97 (113).

215 *Herzberg*, S. 320 f.; *Otto*, Die strafrechtliche Haftung, S. 298.

216 *Otto*, Die strafrechtliche Haftung, S. 298 f.

217 *Beulke/Bachmann*, JuS 1992, 737 (740); *Bode*, BGH-FG, S. 515 (524 f.); *Brammsen*, GA 1993, 97 (112 f.); *Kühl*, Strafrecht AT, § 18 Rn. 110; *Waßmer*, S. 214; *Weißer*, 59 f.

218 *Bottke/Mayer*, ZfBR 1991, 233 (238); ebenfalls auf eine Monopolstellung über die Gefahrsteuerung rekurriert *Hilgendorf*, Strafrechtliche Produzentenhaftung in der „Risikogesellschaft", S. 141.

Dritter (Händler oder Endverbraucher) ihn von anderen unterscheidet.[219] Um den Begriff der Herrschaft nicht vollständig auszuhöhlen und damit der Beliebigkeit preiszugeben, kann daher das Phänomen der besseren Erkenntnis- und Einflussmöglichkeiten nicht hierunter subsumiert werden.

c) Stellungnahme

Fraglich ist nun, ob die tatsächlich oder rechtlich vermittelte Herrschaft als alleiniger Anknüpfungspunkt eine Gefahrquellenverantwortlichkeit überzeugend begründen kann.

Zunächst lassen sich die allgemein am Herrschaftskriterium geäußerten Kritikpunkte,[220] insbesondere der Mangel an Bestimmbarkeit, auch hier vorbringen. Denn wie gesehen ist der Begriff der Herrschaft unterschiedlichen Definitionen zugänglich und lässt sich in einem bedenklichen Maße ausweiten. Begreift man Herrschaft jedoch im Sinne einer von einem Herrschaftswillen getragenen Eingliederung der gefährlichen Sache in den tatsächlichen oder rechtlichen Wirkungskreis einer Person, so liegt hierin eine dieser Kritik begegnende, hinreichende Begrenzung. Das Herrschaftsmerkmal ist somit nicht schon allein aufgrund eines Mangels an Bestimmtheit abzulehnen.

Entscheidend ist vielmehr, ob das Herrschaftsprinzip bei inhaltlicher Betrachtung die Gefahrquellenverantwortlichkeit erklären kann. Zweifel hieran bestehen insofern, als die bloße Beherrschung einer Sache kaum etwas anderes als die Möglichkeit der Erfolgsabwendung beschreibt, wenn man sie in keinen normativen Kontext setzt. Die bloße Existenz von Erfolgsabwendungsmöglichkeiten allein ist jedoch nicht geeignet, eine entsprechende besondere *Pflicht* hierzu zu begründen. Es wird diesbezüglich zu Recht darauf hingewiesen, dass die Möglichkeit der Erfolgsabwendung auch alle nach § 323c StGB Verpflichteten haben.[221] Zur Begründung einer Garantenstellung als hervorgehobener Pflichtenstellung, die sich gerade dadurch auszeichnet, dass der Verpflichtete dem Tatgeschehen nicht wie ein beliebiger Dritter gegenübersteht,[222] können die besseren Erfolgsabwendungsmöglichkeiten als solche daher nicht herangezogen werden.[223]

Vor diesem Hintergrund erklärt sich auch der Rückgriff auf den Gewahrsam bzw. das Abstellen auf eine willentliche Eingliederung in den eigenen

219 Vgl. *Otto*, Die strafrechtliche Haftung, S. 299.

220 2. Teil § 2 B. II. 1.

221 Schönke/Schröder/*Bosch*, § 13 Rn. 15; *Otto*, Die strafrechtliche Haftung, S. 301.

222 SSW/*Kudlich*, § 13 Rn. 13.

223 *Schmakowski*, S. 67 f.; *Schmucker*, S. 146 f.

Wirkungskreis bei der Beantwortung der Frage, was überhaupt unter tatsächlicher Sachherrschaft zu verstehen ist.[224] Denn anhand dieser Einschränkung zeigt sich, dass die Auferlegung einer besonderen Verantwortlichkeit für gefährliche Sachen als Preis für die persönliche Freiheit und Entfaltung zu fordern ist, die eben erst in der Eingliederung in den eigenen Wirkungskreis ihren Niederschlag findet.[225] Denn mit der Eingliederung in den eigenen Wirkungskreis gehen eine ganze Reihe rechtlicher Privilegien, wie etwa das Ausschlussrecht des Eigentümers nach § 903 BGB und die Gewalt- und Besitzschutzrechte des Besitzers nach §§ 859 ff. BGB einher, die dazu führen, dass die Sache vor Außeneinwirkung geschützt ist. Dies bedeutet aber unter anderem auch, dass die Sache von externen Sicherungsmöglichkeiten abgeschnitten ist und die Gesellschaft dementsprechend darauf vertraut – und im Sinne eines gedeihlichen Zusammenlebens vertrauen muss –, dass der Beherrschende sich um die Sicherheit der Sache kümmert. Die tatsächliche oder auch rechtliche Herrschaft ist damit aber nur eine Erscheinungsform des Grundgedankens, auf den die Gefahrquellenverantwortung zurückzuführen ist, und keine zwingende Voraussetzung.

Die Beherrschung der Sache ist folglich gar nicht konstituierend für die Gefahrquellenverantwortlichkeit, sondern die in ihr zum Ausdruck kommende Ausübung persönlicher Freiheit zu Lasten Dritter. Es erscheint daher willkürlich restriktiv, eine scharfe Grenze etwa dort zu ziehen, wo die freie Persönlichkeitsentfaltung gerade darin liegt, sich der gefährlichen Sache zu entledigen und damit die Herrschaft an dieser aufzugeben. Vielmehr liegt der Schluss nahe, dass das Merkmal der Herrschaft in die Begründung der Gefahrquellenverantwortung nur als eines von mehreren Kriterien einzubeziehen ist.

3. Heterogene Ausfüllung der Gefahrquellenverantwortung

Nachdem festgestellt wurde, dass das Herrschaftskriterium nicht alleine maßgebend sein kann, werden nunmehr die Kriterien erörtert, die die Gefahrquellenverantwortung ausmachen, um anschließend zu klären, ob bei einer solchen heterogenen Ausfüllung[226] eine Garantenstellung des Produktherstellers in Bezug auf bereits in Verkehr gebrachte Produkte begründet werden kann.

---

224 2. Teil § 2 A. IV. 2. a).

225 *Beulke/Bachmann*, JuS 1992, 737 (740); NK-StGB/*Gaede*, § 13 Rn. 46; *Herzberg*, S. 320.

226 Einen ähnlichen Ansatz verfolgt auch *Schmakowski*, S. 191 ff., der als maßgebliche Kriterien außerstrafrechtliche Verantwortlichkeiten, einen kausalen und objektiv zurechenbaren Beitrag zur Gefahrentstehung sowie die Herrschaft ansieht.

a) Berücksichtigungsfähige Kriterien

Ob eine Garantenstellung unter dem Gesichtspunkt der Gefahrquellenverantwortung besteht, lässt sich unter Heranziehung der Kriterien Herrschaft, Gefahrschaffung und Organisationszuständigkeit feststellen. Auch wenn eine schematische Herangehensweise nicht sachgerecht sein dürfte, kann als Faustformel davon ausgegangen werden, dass jedenfalls bei Vorliegen von zwei Kriterien eine besondere Sachbeziehung und dementsprechend die Gefahrquellenverantwortung regelmäßig anzunehmen ist. Letztlich handelt es sich aber um eine Abwägungsentscheidung.

aa) Herrschaft

Das Merkmal der Herrschaft kann zwar nicht alleine als Wesen der Gefahrquellenverantwortung angesehen und mit dieser gleichgesetzt werden. Dennoch ist es aber ein geeignetes Kriterium und als solches bei der Frage zu berücksichtigen, ob eine Person in einer besonderen Beziehung zu einer Gefahrquelle steht. Maßgeblich ist dabei, ob die Gefahrquelle in den tatsächlichen oder rechtlichen Wirkungskreis des potenziellen Garanten eingegliedert und diese Eingliederung von seinem Herrschaftswillen getragen ist.[227] Ist dies der Fall, wird man grundsätzlich eine Garantenstellung des Beherrschenden annehmen können.

bb) Schaffung einer Gefahrquelle

Ein weiteres, die Gefahrquellenverantwortlichkeit prägendes Element ist die Gefahrschaffung. Wer eine Gefahrquelle schafft, steht zu dieser in einer anderen Beziehung als ein beliebiger Dritter. Auch dem liegt der Gedanke zugrunde, dass derjenige, der persönliche Freiheit in Anspruch nimmt, dafür zu sorgen hat, dass diese sich nicht zu Lasten anderer auswirkt. Für die Annahme einer solchen besonderen Beziehung genügt jedoch nicht jeder kausale Beitrag zur Gefahrentstehung. Darüber hinaus muss die geschaffene Gefahrquelle dem potenziell Verantwortlichen als sein Werk zurechenbar sein.[228] Es kann insofern auf die bekannten Kriterien der objektiven Zurechenbarkeit zurückgegriffen werden.

---

227 Siehe zu dieser Definition des Herrschaftsbegriffs 2. Teil § 2 A. IV. 2. c).

228 *Herzberg*, S. 301 ff., 325 unterscheidet insofern zwischen einem bloßen Verursachen und dem Hervorrufen einer Gefahr. Letzteres sei nur dann gegeben, wenn der zu überwachende Faktor (die Gefahrquelle) im Hinblick auf den später eintretenden Erfolg gefährlich war.

Dies jedoch unter der Einschränkung, dass die Schaffung der Gefahrquelle nicht zwingend rechtlich missbilligt sein muss.[229]

Die Gefahrschaffung ist erfolgsbezogen zu betrachten und nicht, wie das Vorverhalten im Rahmen der Ingerenz, handlungsbezogen. Das heißt insbesondere, dass die Schaffung der Gefahr nicht bereits gegen eine Verhaltensnorm verstoßen muss.[230] Dies provoziert die Frage, ob es sich dann nicht schlicht um eine Umgehung der Voraussetzungen der Ingerenz handelt, indem eine Garantenstellung im Ergebnis doch an ein erlaubtes Vorverhalten angeknüpft wird. Dies ist jedoch nicht der Fall. Es ist hier eben gerade nicht das Vorverhalten als solches, das die Sonderverantwortlichkeit begründet, sondern die (fort-)bestehende Beziehung zu einer Sache als selbständiger Gefahrquelle. Der Gefahrschaffungsakt ist dabei lediglich für das Zustandekommen dieser Beziehung relevant und insofern als eine Art Übernahme der Erstverantwortung zu verstehen.[231] Dementsprechend kann die Gefahrquellenverantwortung – anders als dies bei der Garantenstellung aus Ingerenz der Fall ist – auch ohne Weiteres auf einen Dritten übertragen werden.[232]

Dass die Gefahrschaffung für die Gefahrquellenverantwortlichkeit eine Rolle spielt, legt schon die insbesondere in der Rechtsprechung wie selbstverständlich genutzte Formulierung der „Schaffung und Unterhaltung einer Gefahrquelle" als Begründung für die Garantenstellung nahe. Und auch inhaltlich ließen sich einige Entscheidungen kaum nachvollziehen, wenn man die Gefahrschaffung bei der Frage der Gefahrquellenverantwortlichkeit vollständig ausklammern wollte. So wird dem Bauherrn die primäre Verantwortung für seine Baustelle mit dem Argument zugewiesen, dass er den Bau „veranstaltet" und damit die Gefahrquelle überhaupt erst eröffnet, obwohl an einer Beherrschung mangels Sachkunde häufig Zweifel bestehen dürften.[233] Die Verantwortung des Bauunternehmers wiederum, an dessen Herrschaft im Sinne von tatsächlicher Steuerbarkeit kein Zweifel besteht, soll trotz dieses Umstandes aus der des Bauherrn abzuleiten sein. Auch in den Cleanmagic- und GBL-Fällen wurde explizit auf das Aufstellen der Flasche und die damit einhergehende Gefahrschaffung abgestellt. Dass gerade die Schaffung der Gefahrquelle hier konstituierende Wirkung hat, lässt sich leicht nachvollziehen, wenn man den Fall nur leicht abgewandelt betrachtet. So erscheint es

229 *Schmakowski*, S. 193 f. mit Verweis auf *Roxin*, FS Trechsel, 551 (557 ff.); *ders.*, Strafrecht Bd. 2, § 32 Rn. 156 ff., der einen Rückgriff auf die Kriterien der objektiven Zurechnung im Rahmen der Ingerenz vorschlägt.

230 Vgl. *Brammsen*, GA 1993, 97 (110).

231 Vgl. *Welp*, S. 248.

232 Siehe hierzu *Brammsen*, GA 1993, 97 (111) m.w.N.

233 2. Teil § 2 A. IV. 1.

überaus fraglich, ob eine Gefahrquellenverantwortlichkeit auch dann angenommen worden wäre, wenn das spätere Opfer sich die Flasche Cleanmagic bzw. GBL aus einem Schrank genommen hätte, wo diese regulär aufbewahrt worden war. Es ist vielmehr anzunehmen, dass in diesem Fall dem Aspekt der eigenverantwortlichen Selbstgefährdung ein höheres Gewicht beigemessen worden wäre.

cc) Organisationszuständigkeit

Neben der Herrschaft und der Schaffung der Gefahrquelle kann für das Bestehen einer Gefahrquellenverantwortung noch ein weiterer Umstand sprechen, nämlich die Zuordnung der Gefahrquelle zu dem sozialen Organisationsbereich[234] des potenziell Verantwortlichen.[235] Dieses Merkmal lässt sich anhand des Produktherstellers gut nachvollziehen, dessen Sonderverantwortlichkeit von den Befürwortern eines besonders weiten Herrschaftsbegriffes mit den besseren Informationen sowie Kontroll- und Wirkungsmöglichkeiten begründet wird.[236] Denn richtigerweise können diese zwar nicht Grund einer Gefahrquellenverantwortung sein, zeigen aber doch, dass der Hersteller seinen Produkten auch nach Inverkehrbringen nicht wie ein beliebiger Dritter gegenübersteht. Es ist daher viel eher zu fragen, worauf diese besseren Erkenntnis- und Einflussnahmemöglichkeiten zurückzuführen sind. Eine bedeutende Rolle spielt hierbei sicherlich das Interesse an Produktabsatz und -weiterentwicklung, welches in der Regel zu einer fortwährenden Auseinandersetzung auch mit den bereits vermarkteten Produkten führt. Hinzu kommt, dass der Hersteller sich durch Werbekampagnen und sonstige Öffentlichkeitsarbeit nach außen hin mit dem Produkt identifiziert und mit dem so entstehenden Eindruck der Zuständigkeit auch Sicherheitserwartungen einhergehen. Dies zeigt sich etwa an dem Umstand, dass Schadensmeldungen in aller Regel an den Hersteller gerichtet werden.[237] An all diesen Umständen

---

234 Zum Gedanken der Organisationszuständigkeit bereits 2. Teil § 2 B. II. 1.

235 Vgl. *Ransiek*, S. 39. *Schmakowski*, S. 192 f. bemüht in seiner Konzeption als drittes Kriterium ausdrücklich normierte außerstrafrechtliche Verantwortlichkeiten. Zwar erleichtert das Abstellen auf zivil- und öffentlich-rechtliche Normen die Ergebnisfindung und begegnet wirksam bestehenden Bestimmtheitsbedenken. Jedoch können zum einen außerstrafrechtliche Pflichten eine Garantenstellung nicht legitimieren, siehe 2. Teil § 2 A. III. 2„ zum anderen sind auf diese Weise gerade die äußerst bedeutsamen Verkehrssicherungspflichten gar nicht erfasst.

236 2. Teil § 2 A. IV. 2. b).

237 *Weißer*, S. 59.

wird deutlich, dass auch die bereits in Verkehr gebrachten Produkte noch in den sozialen Organisationsbereich des Herstellers fallen.[238]

Zu beachten ist aber, dass die Organisationszuständigkeit nicht schlicht aus der Gefahrschaffung gefolgert werden darf, sondern einen eigenen materialen Gehalt aufweisen muss. Anderenfalls würde die Beschränkung der Garantenstellung aus Ingerenz auf die Fälle des pflichtwidrigen Vorverhaltens untergraben. Insgesamt ist zu berücksichtigen, dass es sich bei der Zuordnung zum sozialen Organisationsbereich einer Person um ein sehr weiches Kriterium handelt, dessen Wertungsoffenheit dazu führt, dass sich mit diesem beinahe jedes Ergebnis konstruieren lässt. Das Merkmal ist daher restriktiv anzuwenden. Jedenfalls dann, wenn die Zuordnung zum sozialen Ordnungsbereich mit einem der anderen Kriterien – also der tatsächlichen oder rechtlichen Herrschaft oder der Schaffung der Gefahrquelle – zusammenfällt, ist eine hinreichende Begrenzung aber gegeben.

b) Abwägungsergebnis im Fall des Produktherstellers

Für den Produkthersteller lässt sich eine Garantenstellung unter Zugrundelegung dieser Maßstäbe auch hinsichtlich der bereits in Verkehr gebrachten Produkte begründen. Zwar hat er keine aktuelle Herrschaft mehr, sobald die Produkte sich bei einem selbständigen Händler oder bei dem Endverbraucher befinden,[239] dies bedeutet aber nicht, dass die Produkte nicht mehr in seinen Verantwortungsbereich fallen. Zum einen hat der Hersteller durch das Inverkehrbringen eine Gefahrquelle geschaffen. Sein Herrschaftsverlust wird hier auch nicht dadurch kompensiert, dass das Produkt in den räumlichen Herrschaftsbereich eines anderen übergeht und die Gefahrsteuerung dementsprechend von einer anderen Person wahrgenommen wird. Denn solange hinsichtlich der Gefährlichkeit keine Kenntnisse bestehen, können diesbezüglich auch keine Sicherungsmaßnahmen ergriffen werden, so dass dem Händler oder Verbraucher ein (eigen-)verantwortlicher Umgang mit dem Produkt nur begrenzt möglich ist. Die Produkte bleiben daher weiterhin im sozialen Organisationsbereich des Herstellers. Denn es ist nun einmal er, der durch seine anhaltende Bindung an das Produkt[240] am ehesten die bestehenden Risiken erkennen und überblicken kann. Durch den Gefahrschaffungsakt (das Inverkehrbringen) und die öffentlichkeitswirksame Identifikation

---

238 Ähnlich auch *Ransiek*, S. 39.

239 Eine Ausnahme stellen hier beispielsweise Fahrzeuge mit einer Einrichtung für autonomes Fahren dar, deren Software auch dann noch vom Hersteller aktualisiert werden kann, wenn die Fahrzeuge bereits ausgeliefert wurden.

240 2. Teil § 2 A. IV. 3. a) cc).

des Herstellers mit seinem Produkt wird die Erwartung geweckt, dass der Hersteller seine Erkenntnis- und Einwirkungsmöglichkeiten auch ausschöpft und dafür sorgt, dass seine Produkte niemandem Schaden zufügen. Diese Erwägungen führen zu dem Schluss, dass der Hersteller auch bezüglich der Produkte, die seinen Herrschaftsbereich bereits verlassen haben, verantwortlich bleibt.

4. Zwischenergebnis

Der Hersteller ist unter dem Gesichtspunkt der Gefahrquellenverantwortung auch nach Inverkehrbringen für seine Produkte verantwortlich und hat dafür Sorge zu tragen, dass diese niemanden schädigen. Dass er keine aktuelle Herrschaft mehr ausüben kann, ändert an dieser Bewertung nichts, da das Herrschaftsmerkmal nicht alleine maßgeblich für die Gefahrquellenverantwortung ist. Daneben können auch die Gefahrschaffung sowie die Organisationszuständigkeit als Kriterien herangezogen werden.

V. Ergebnis

Eine Garantenstellung des Herstellers hinsichtlich solcher Produkte, die er pflichtmäßig in Verkehr gebracht hat, lässt sich aus den anerkannten Fallgruppen, namentlich der Gefahrquellenverantwortung, ableiten. Andere Begründungsansätze wie die Ingerenz, die zivilrechtlichen Verkehrssicherungspflichten und die Übernahme der Obhut über die Hilflosigkeit eines Rechtsguts können nicht im gleichen Maße überzeugen. Dennoch wird man die Frage weiterhin als hoch umstritten bezeichnen können.

B. Herstellerspezifische Garantenstellung

Das vielfältige Meinungsbild bei der Zuordnung zu einer der anerkannten Fallgruppen hat gezeigt, dass die Konstellation Zurechnungsmerkmale aus verschiedenen Fallgruppen aufweist und die dogmatische Herleitung einer Garantenstellung des bei Inverkehrbringen pflichtmäßig handelnden Herstellers aus diesem Grund Schwierigkeiten aufweist.[241] Unabhängig von dem in der vorliegenden Untersuchung gefundenen Ergebnis, dass die Garantenstellung des Herstellers sich aus der Gefahrquellenverantwortlichkeit ableiten lässt, stellt sich damit die Frage, ob es sich nicht um einen Spezialfall handeln könnte, der Anlass zur Anerkennung einer eigenständigen Garantenstellung gibt. Hierin läge freilich zugleich das Eingeständnis, dass die bestehende Vielzahl an Lebenssachverhalten nicht immer einer einheitlichen abstrakten Regelung zugeführt werden kann, sondern

---

241 Hierzu ausführlich im 2. Teil § 2.

unterschiedliche Lebensbereiche auch im Strafrecht bisweilen einer Einzelfallbehandlung bedürfen und damit die Abkehr von den anerkannten Fallgruppen insgesamt.[242]

I. Addition teilweise erfüllter Garantenstellungen

Da die verschiedenen Fallgruppen nicht immer trennscharf zu unterscheiden sind, wird sowohl im Schrifttum als auch in der Rechtsprechung immer wieder unterstützend auf Elemente anderer Ansätze zurückgegriffen.[243] Diese Herangehensweise wird mitunter als eine Addition teilweise erfüllter Garantenstellungen begriffen. Dem liegt der Gedanke zugrunde, dass mehrere Garantenstellungen, die isoliert betrachtet nicht vollständig zu bejahen sind, zusammenaddiert werden können, um zu einer vollen Garantenstellung zu gelangen.[244] Da aber offen bleibt, was genau eine volle Garantenstellung ist und wie viele Anteile von welchen Voraussetzungen welcher Garantenstellungen erfüllt sein müssen, um eine solche herzustellen, kann dieser Begründungsansatz als methodisches Konzept nicht überzeugen.[245] Dies gilt umso mehr, als mithilfe einer Addition der teilweise erfüllten Garantenstellungen letztlich darüber hinweggetäuscht wird, dass die Voraussetzungen jeweils nicht vorliegen.[246]

II. Übergeordnetes Verantwortlichkeitskriterium

Für die Begründung von Garantenstellungen auf Basis eines „multifaktoriellen Ansatz[es]“, das heißt die Rückführung der Sonderverantwortlichkeit auf verschiedene Zurechnungsgründe unter Verzicht auf die anerkannten Fallgruppen,[247] bedarf es einer tragfähigen Legitimationsgrundlage. Es stellt sich daher – anschließend an die Erkenntnis, dass das rechtliche Einstehenmüssen der Konkretisierung durch den Rechtsanwender offensteht, solange die allgemeinen Rechtsprinzipien gewahrt sind – die Frage nach den konkreten Anforderungen dieser allgemeinen Rechtsprinzipien.

---

242 Vgl. *Beulke/Bachmann*, JuS 1992, 737 (740); grundsätzliche Bedenken gegen die Schaffung eines solchen „Sonderrechts“ für Fälle der strafrechtlichen Produkthaftung äußert *Weißer*, S. 55.

243 Siehe etwa BGH v. 05.07.1966 – 5 StR 280/66= NJW 1966, 1763 (1763); BGH v. 5.12.1974 – 4 StR 529/74= NJW 1975, 1175 (1175 f.).

244 *Arzt*, JA 1980, 647 (649).

245 *v. Coelln*, S. 99.

246 Vgl. *Schünemann*, ZStW 1984, 287 (296).

247 *Bloy*, FS Maiwald, S. 35 (49 f.) in Fn. 65.

Die beinahe vollständige Abwesenheit gesetzlicher Leitvorgaben führt, wie bereits festgestellt wurde, zu erheblichen Schwierigkeiten hinsichtlich der Wahrung des Bestimmtheitsgrundsatzes. Das BVerfG lehnte einen Verstoß des § 13 StGB gegen das Bestimmtheitsgebot lediglich unter Verweis auf die durch jahrzehntelange Rechtsprechung und wissenschaftliche Diskussion herausgearbeiteten, nach Ansicht der Richter ausreichenden Konkretisierungen ab.[248] Diese schlugen sich maßgeblich in der Herausbildung von Fallgruppen nieder.[249] Ein Verzicht auf diese Fallgruppen bedeutet damit aber zugleich den Verzicht auf deren Legitimationswirkung. Die Konkretisierungsleistung, die in der Herausbildung der Fallgruppen durch die Rechtsprechung zu sehen ist und unter verfassungsrechtlichen Gesichtspunkten als essenziell zu betrachten ist, müsste folglich auf andere Weise erbracht werden. Nur so kann sichergestellt werden, dass die Bejahung einer Garantiebeziehung im Einzelfall als Ausübung der in § 13 StGB verankerten (rechtsfortbildenden) Ermächtigung in Einklang mit dem Bestimmtheitsgrundsatz erfolgen kann.[250] Es müsste also ein übergeordnetes Verantwortlichkeitskriterium identifiziert werden, aus dem die Fallgruppen als „typologische Ausprägungen“[251] erst hervorgehen und welches den eigentlichen materiellen Grund der Sonderverantwortlichkeit bildet. Nur wenn sich ein solches feststellen ließe, ginge durch eine flexiblere Handhabung der anerkannten Fallgruppen die Legitimation nicht verloren. Um ein solches, allen Garantenstellungen zugrunde liegendes, einheitliches Prinzip wird indessen schon lange gerungen, ohne dass sich einer der unterbreiteten Vorschläge durchsetzen konnte.

Da es sich für den vorliegenden Untersuchungsgegenstand nur um eine Vorfrage handelt, kann der gesamten Bandbreite der Diskussion hier kein Raum gegeben werden. Diese Leistung wurde auch schon von vielen Autoren erbracht.[252] Es

---

248 BVerfGE 96, 68 (97 ff.); siehe hierzu auch 2. Teil § 1.

249 Siehe hierzu 2. Teil § 2.

250 *Herbertz,* S. 71 spricht davon, dass die von der Rechtsprechung herausgearbeiteten Wertungskriterien den „Normadressaten vor einer gar allzu willkürlichen Anwendung bewahren und [...] dem Rechtsanwender bei der Konzeption der Garantenpflichten zur Seite stehen können“.

251 *Bloy,* FS Maiwald, S. 35 (49 f.) in Fn. 65.

252 Ausführliche Darstellungen zur Dogmengeschichte und dem Diskussionsstand finden sich u.a. bei *Bärwinkel,* S. 58 ff.; *Brammsen,* Die Entstehungsvoraussetzungen der Garantenpflichten, S. 45 ff.; *van Gelder,* S. 4 ff.; *Granderath,* S. 55 ff.; *Landau,* S. 8 ff.; *Nickel,* S. 55 ff.; *Pfleiderer,* S. 50 ff.; *Rudolphi,* Die Gleichstellungsproblematik der unechten Unterlassungsdelikte und der Gedanke der Ingerenz, S. 5 ff.; *Schünemann,* Grund und Grenzen der unechten Unterlassungsdelikte, S. 79 ff.; *Welp,* S. 25 ff. Hierbei handelt es sich nur um ausgewählte Veröffentlichungen aus der zweiten Hälfte

sollen deshalb nur einige der prägnantesten Vorschläge aus der Literatur herausgegriffen und kategorisiert dargestellt werden. Im Anschluss daran soll bewertet werden, inwieweit es einen zufriedenstellenden Ansatz gibt, der die Legitimationsfunktion erfüllen und damit einem „multifaktoriellen Ansatz“[253] den Weg ebnen kann.

1. *Herrschaft und Organisation*

Maßgeblich durch *Schünemann* wurde das Herrschaftsprinzip als übergeordnetes Zurechnungskriterium geprägt.[254] Er mahnt, dass die nach § 13 StGB erforderliche Begehungsgleichheit nicht als ein Synonym für eine bloß vergleichbare Strafwürdigkeit des Unterlassens missverstanden werden dürfe. Vielmehr müssten Begehen und Unterlassen eine vorstrafrechtliche Gemeinsamkeit aufweisen.[255] Auf der Suche nach einer diesen Anforderungen gerecht werdenden „materialen Gleichstellungsrichtlinie“ sieht *Schünemann* den Ausgangspunkt in der Natur der Sache.[256] Bei Betrachtung der Verhaltensweisen selbst weise diese zunächst einmal im Verhältnis von Handlung und Unterlassung keine Gleichheit, sondern nur Verschiedenheit auf. Man müsse den Blick also auf die vom Strafgesetzbuch erfassten Handlungstypen und vor allem den jeweiligen sachlogischen Grund ihrer Bestrafbarkeit lenken.[257] In Bezug auf die Erfolgsdelikte ergebe sich dabei, dass der Zurechnungsgrund (und damit der Grund der Bestrafbarkeit) die zwischen dem personalen Steuerungszentrum und der den Erfolg verursachenden Körperbewegung bestehende Beziehung sei. Diese Beziehung führe im Regelfall zu einer absoluten Herrschaft der Person über ihren Körper und damit ihre Handlungen. Die Zurechnung eines Erfolges an eine Person qua Handlung lasse sich dementsprechend als eine besondere Ausprägung eines allgemeingültigen Prinzips auffassen, wonach ein Erfolg derjenigen Person zuzurechnen ist, die die Herrschaft über den Grund des Erfolges ausübt.[258] Dabei könne hinsichtlich des Erfolgsgrundes zwischen der Erfolgsursache einerseits und der besonderen Anfälligkeit des Opfers andererseits unterschieden werden.[259]

---

des 19. Jahrhunderts. Auch früher schon haben viele namhafte Autoren die Thematik behandelt. Siehe auch *v. Coelln*, S. 83 m.w.N. in Fn. 6.

253 *Bloy*, FS Maiwald, S. 35 (49 f.) in Fn. 65.

254 *Schünemann*, Grund und Grenzen der unechten Unterlassungsdelikte, S. 231 ff.

255 *Schünemann*, Grund und Grenzen der unechten Unterlassungsdelikte, S. 232.

256 *Schünemann*, Grund und Grenzen der unechten Unterlassungsdelikte, S. 231.

257 *Schünemann*, Grund und Grenzen der unechten Unterlassungsdelikte, S. 233.

258 *Schünemann*, Grund und Grenzen der unechten Unterlassungsdelikte, S. 235 f.

259 *Schünemann*, Grund und Grenzen der unechten Unterlassungsdelikte, S. 241.

Der Ansatz *Schünemanns* wurde zwar teilweise im Schrifttum aufgegriffen und weiterentwickelt,[260] begegnet aber auch berechtigter Kritik. So wird vielfach schon der Kern der Garantentheorie für verfehlt erachtet, da die aktuelle Herrschaft als solche zwar die Möglichkeit, nicht aber die Pflicht zur Erfolgsabwendung kennzeichne.[261] Die eigentlich entscheidende Frage, nämlich warum eine Rechtspflicht zur Abwendung des Erfolges besteht, könne die Theorie nicht beantworten. Da die besondere Beziehung zwischen Unterlassendem und dem Erfolg nicht durch eine Körperbewegung hergestellt werden könne, müsse dieser Umstand durch eine besondere Beziehung des Unterlassenden zum gefährdeten Rechtsgut ausgeglichen werden.[262] Auch der methodische Ansatz einer Konkretisierung mittels der „Natur der Sache" findet wenig Anklang. Es wird moniert, dass mit dem Begriff operiert werde, ohne genau zu erklären, was gemeint ist. In Anbetracht verschiedener Definitionsmöglichkeiten sei dies zu unklar und unabhängig davon der Begriff als solcher zu allgemein und unbestimmt.[263] Dieselben Probleme werden darüber hinaus auch hinsichtlich der Begriffe „Herrschaft" und „Grund" gesehen. Letztlich könne mit deren Anwendung jedes gewünschte Ergebnis erzielt werden.[264] Es zeigt sich, dass der Ansatz der Herrschaft über den Grund des Erfolges jedenfalls in dem Bestreben, alle Garantenstellungen auf eine plausible, allgemeingültige Legitimationsgrundlage zurückzuführen, keinen echten Mehrwert bringt.

Auch *Jakobs* geht in seiner Theorie der Organisationszuständigkeit davon aus, dass die Haftungsbegründung sich bei Begehungs- und Unterlassungsdelikten im Grunde nicht unterscheide. Jeweils sei Haftungsgrund entweder die Haftung kraft institutioneller Zuständigkeit oder die Haftung kraft Organisationszuständigkeit.[265] Letztere sei der Preis der Handlungsfreiheit eines jeden Einzelnen. Dabei seien Organisationskreise nicht als zwingend dinglich oder räumlich definierte Bereiche aufzufassen, sondern vielmehr als die Bildung verschiedener Verantwortungsbereiche für Gefahren. Der eigene Organisationskreis solle so ausgestaltet werden, dass keine Beeinträchtigungen für fremde Organisationskreise entstünden. Sei dies doch der Fall, müssten die Konsequenzen getragen, das heißt

260 So z.B. der von *Roxin*, Strafrecht Bd. 2, § 32 Rn. 19 ff. entwickelte Ansatz der Kontrollherrschaft, die der Tatherrschaft bei den Begehungsdelikten entspreche und damit taugliches Gleichstellungskriterium sei.

261 *Waßmer*, S. 117; so auch *Otto*, Jura 1998, 409 (413); *Timpe*, HRRS 2017, 272 (277); *Walter*, S. 110 f.

262 *Waßmer*, S. 117.

263 *v. Coelln*, S. 128.

264 *Maiwald*, JuS 1981, 473 (480).

265 *Jakobs*, Abschnitt 28 Rn. 16.

der jeweils zur Verhinderung von Schäden erforderliche Aufwand betrieben werden.[266] Vergeblich sucht man aber auch bei diesem Ansatz nach der Angabe entscheidender Kriterien, anhand derer die Zuordnung von Gefahren zu einem Organisationskreis erfolgen kann. Gibt es solche nicht, bleibt die Zuordnung immer in gewisser Weise willkürlich.[267] Die oben bezüglich der Herrschaft über den Grund des Erfolges geäußerte Kritik lässt sich folglich hier wiederholen: Für die Frage der besonderen Beziehung des Unterlassenden zu dem gefährdeten Rechtsgut ist wenig gewonnen, wenn sie lediglich terminologisch verschoben wird. Ob man den Grund einer Sonderverantwortlichkeit oder den Grund einer Zuordnung zu einem individuellen Organisationskreis (welcher sich als Verantwortungsbereich präsentiert) sucht, ist letztlich gleichgültig. Als alleinige Legitimation aller Garantenstellungen genügt der Gedanke der Organisationszuständigkeit daher nicht.

2. *Vertrauen und Abhängigkeit*

Einige Autoren sehen in einem zwischen dem Unterlassenden und dem Opfer bestehenden Vertrauens- bzw. Abhängigkeitsverhältnis[268] nicht nur den materiellen Grund für die Garantenstellung aus freiwilliger Übernahme,[269] sondern die Basis aller Garantenstellungen, was sowohl den Beschützer- als auch den Überwachungsgaranten einschließt.[270] Adressat eines gegebenen Vertrauens könne eine konkrete Persönlichkeit sein, aber auch eine Person, die sich nur nach abstrakten Merkmalen definieren lasse und zu der seitens des geschützten Rechtsgutsträgers keine interindividuelle Beziehung bestehe.[271] Im Ausgangspunkt stehe der Hilf- und Schutzlosigkeit des Opfers eine Schutzfunktion des Unterlassenden gegenüber, die ihm aufgrund seiner Stellung im sozialen Leben zugewiesen sei.[272] Das Opfer verlasse sich darauf, dass diese Schutzfunktion auch wahrgenommen werde und richte das eigene Verhalten entsprechend danach aus, indem es beispielsweise

266 *Jakobs*, Abschnitt 28 Rn. 14.

267 Vgl. *Herzberg*, JZ 1986, 986 (986).

268 Das Vertrauens- und Abhängigkeitsverhältnis ist dabei gemeinsamer Kern von in ihren Details unterschiedlichen Ansätzen.

269 2. Teil § 2 A. II.

270 So zum Beispiel *Kühne*, Geschäftstüchtigkeit oder Betrug?, S. 78 ff.; *Rudolphi*, Die Gleichstellungsproblematik der unechten Unterlassungsdelikte und der Gedanke der Ingerenz, S. 107 ff.; *Vogler*, FS Lange, S. 265 (281); *Wolff*, S. 36 ff.

271 *Kühne*, Geschäftstüchtigkeit oder Betrug?, S. 80 f.

272 *Rudolphi*, NStZ 1984, 149 (150 f.); *ders.*, Die Gleichstellungsproblematik der unechten Unterlassungsdelikte und der Gedanke der Ingerenz, S. 107 ff.

eigene Sicherungsmaßnahmen unterlasse. Durch diese Verhaltensdeterminierung werde das Vertrauen zur Grundlage der Garantenverantwortlichkeit.[273] Das Vertrauen sei dabei im Sinne eines objektiven Normvertrauens und nicht subjektiv bzw. individualpsychologisch zu verstehen. Demzufolge komme es im Einzelnen nicht darauf an, ob der Betroffene tatsächlich vertraut hat, sondern lediglich darauf, dass er vertrauen durfte.[274]

Kritik an einer Anknüpfung an ein bestehendes Vertrauens- bzw. Abhängigkeitsverhältnis gibt es reichlich. Allem voran steht die Feststellung, dass sich die Argumentation mit dem Vertrauensprinzip bei genauem Hinsehen als zirkulär erweise: Wenn die Garantenstellung sich aus der Enttäuschung schutzwürdigen Vertrauens ergeben soll, muss bezüglich der Schutzwürdigkeit des Vertrauens schon im Vorhinein eine Wertung erfolgt sein.[275] Da diese aber denknotwendig von denselben Kriterien abhängt wie die Garantenstellung selbst (welche ja das Ziel des Wertungsvorganges ist), müsste de facto die Garantenstellung schon bejaht worden sein, um überhaupt ein schutzwürdiges Vertrauen anzunehmen. Anders ausgedrückt bedeutet dies, dass „Vertrauen niemals der Grund für eine Garantenstellung sein [kann], sondern lediglich deren Folge".[276] Dies gilt umso mehr, wenn man sich vor Augen führt, dass ein objektives Vertrauen auch bezüglich moralischer und sittlicher Pflichten bestehen kann und regelmäßig bestehen wird. Wie auf einer solchen Basis das Vorliegen einer *rechtlichen* Pflicht zuverlässig bestimmt werden soll, bleibt unklar.[277] Hinzu kommen allgemeine Bestimmtheitsprobleme. Begriffe wie „Abhängigkeit" und „Vertrauen" haben wenig Kontur und geben keinen hinreichend klaren Aufschluss über ihre Voraussetzungen und Grenzen. Aus diesem Grund wird teilweise moniert, dass die Ansätze zu mehr Problemen führen, als sie zu lösen vermögen.[278]

3. *Soziale Erwartungen*

Andere Autoren sehen die materielle Grundlage der Garantenstellungen in den sozialen Erwartungsverhältnissen.[279] Entscheidend sei die Stellung des Einzelnen innerhalb eines Sozialgefüges bzw. innerhalb eines Systems. *Bärwinkel* geht

273 *Vogler,* FS Lange, S. 265 (281).
274 *Wolff,* S. 40.
275 *Waßmer*, S. 124.
276 *Schünemann,* Grund und Grenzen der unechten Unterlassungsdelikte, S. 251.
277 *Waßmer*, S. 124.
278 So zumindest *v. Coelln*, S. 95 f.
279 Grundlegend hierzu vor allem *Bärwinkel*, S. 91 ff.; *Philipps*, S. 158 ff; darauf aufbauend aber auch *Otto/Brammsen*, Jura 1985, 530 (536 f.).

in seiner Theorie der sozialen Rollenverhältnisse von einer Kollektivierung des Soziallebens dergestalt aus, dass einzelne Individuen zusammenwirken und sich zur Erreichung gemeinsamer Zwecke gegenseitig beeinflussen und ergänzen. Die Kollektivierung und die damit einhergehenden Rationalisierungs- und Entlastungseffekte seien essenzielle Qualitäten des Zusammenlebens.[280] In diesem sozialen Feld übernehme jeder Mensch sachliche Teilfunktionen, aus denen sich seine soziale Rolle ergebe. Die soziale Rolle wiederum präzisiere durch objektive Verhaltensanforderungen die Stellung im gesellschaftlichen Gesamtgefüge.[281] Die Bedeutung der sozialen Rolle für das Unrecht der (unechten) Unterlassungsdelikte liegt *Bärwinkel* zufolge „auf der Hand". Wenn ein störungsfreies menschliches Zusammenleben mit den genannten Qualitäten (Kollektivierung, Rationalisierung, Entlastung) von der Rolleneinhaltung des Einzelnen abhängig sei, müsse auch das Recht diesem Umstand Rechnung tragen. Da dieses aber nur solche Verhaltensweisen verlangen könne, welche der jeweiligen Rolle entsprächen, käme es für eine Unterlassungsstrafbarkeit allein darauf an, ob die Erfolgsabwendung zu der sozialen Rolle gehöre.[282]

Philipps leitet die Garantenstellungen aus einer Systemtheorie ab. Systeme in diesem Sinne seien vom Menschen erschaffene, künstliche Welten. Indem er in einem seiner Herrschaft unterworfenen Bereich mögliche Vorgänge durch Handlungen ausschließe, werde der Mensch selbst Grenze seines durch Naturgesetze und Verbote schon beschränkten Spielraumes. Freilich seien diese Systemgrenzen durchlässiger als Naturgesetze. Entsprechend obliege denjenigen, von deren Willen die Aufrechterhaltung abhängen soll, auch die Verantwortung für andere, die sich auf den Ausschluss bestimmter Vorgänge verlassen dürfen.[283] Dadurch könne

---

280 *Bärwinkel*, S. 105 f.

281 *Bärwinkel*, S. 108.

282 *Bärwinkel*, S. 111.

283 *Philipps*, S. 132 f. Als Beispiel dient ihm hier ein Wärter in der Staustufe eines Wasserkraftwerks, der den Auftrag hat, ein Abflussventil zu öffnen, sobald der Wasserstand einen gewissen Sollwert überschreitet. Die ausschlaggebende Norm bei Betrieb des Wasserkraftwerks sei damit: Der Wasserstand soll nicht einen gewissen Wert überschreiten, ohne dass das Ventil geöffnet wird. Ob dies automatisch erfolgt oder die Bedienung durch einen Wärter erfordert sei gleichgültig. In letzterem Fall müsste die Norm heißen: Der Wasserstand soll nicht einen gewissen Wert überschreiten, ohne dass der Wärter das Ventil öffnet. Als Teil des Systems habe sich der Wärter so zu verhalten, dass diese Norm, an der das Verhalten des Systems gemessen wird, eingehalten wird. Unterlässt er es pflichtwidrig das Ventil zu öffnen, stelle dies eine Übertretung der Norm und – logisch betrachtet – einen Verstoß gegen ein Verbot dar.

es sein, dass der Anspruch einer Norm das Individuum erst über das Netzwerk eines Systems erreiche und sich unter Umständen durch Veränderungen des Systems auch mitverändere. Die Pflichtmäßigkeit einer Verhaltensweise richte sich nach dem Status des Einzelnen innerhalb des Systems und nach dem Verhältnis des Systems zur sozialen Außenwelt.[284] Dasselbe gelte demnach auch für die Erfolgsabwendungspflichten eines Garanten: Wenn ein Systemangehöriger sich zum Erkennen von Handlungsbedingungen (Gefahren für ein Rechtsgut innerhalb des Systems) und zur Vornahme der geforderten Handlungen stets bereitzuhalten habe, werde das Vertrauen in seine Pflichttreue zum Vertrauen dahingehend, dass unter bestimmten Voraussetzungen bestimmte Ereignisse bewirkt oder verhindert werden.[285] Diese besondere Stellung im System müsse dabei aber zwingend vor Eintritt der Handlungsbedingung bezogen worden sein. Trete eine Person demgegenüber erst bei Vorliegen einer Krise in das System ein, könne sie lediglich insoweit als Garant verantwortlich gemacht werden, wie ihr Hinzutreten andere Rettungsmaßnahmen vereitelt habe.[286]

Otto und *Brammsen* monieren in ihrer ethnomethodologischen, das heißt an den Strukturen des Alltagslebens ausgerichteten Garantenlehre zwar, dass weder eine Rolleninhaberschaft noch eine Systemintegration für sich gesehen taugliche Kriterien zum Vorliegen einer Garantenstellung seien, nehmen die beiden Ansätze aber gleichwohl zur Erfüllung einer Hilfsfunktion auf.[287] Obwohl sich nicht jede an eine bestimmte soziale Position gerichtete Verhaltenserwartung in einer sozialen Rolle oder einem System niederschlage und andersherum nicht alle Rollen bzw. Systeme einen allgemeinen Geltungsbereich aufwiesen, könnten die Erkenntnisse aus rollen- und systemtheoretischen Untersuchungen zumindest bei der Auffindung bestimmter Verhaltenserwartungen genutzt werden. Zu berücksichtigen seien dann aber schließlich nur solche Erwartungen, deren Nichteinhaltung in der Rechtsgesellschaft über längere Zeit als sozialschädlich angesehen werde. Überdies müsse ihnen eine stabilisierende Funktion zukommen.[288] Auch seien es nicht die Erwartungen selbst, die ausschlaggebend seien, sondern die sogenannten Erwartenserwartungen.[289] Denn „[a]ngesichts des freien Verhaltens anderer Menschen ist sowohl das Risiko als auch die Komplexität des

---

284 *Philipps*, S. 137.
285 *Philipps*, S. 158 f.
286 *Philipps*, S. 174 f.
287 *Otto/Brammsen*, Jura 1985, 530 (536).
288 *Brammsen*, Die Entstehungsvoraussetzungen der Garantenpflichten, S. 116 ff.; entsprechend auch in *Otto/Brammsen*, Jura 1985, 530 (536).
289 *Otto/Brammsen*, Jura 1985, 530 (536).

Erwartungsfeldes größer. Das Verhalten des anderen kann nicht als determiniertes Faktum, es muss in seiner Selektivität, als Auswahl aus anderen Möglichkeiten des anderen, erwartbar sein. Man muss deshalb nicht nur das Verhalten, sondern auch die Erwartungen des anderen erwarten können, um gut integrierbare, bewährbare Verhaltenslösungen zu finden".[290] Erst durch diese gegenseitigen Erwartungsverhältnisse trete das Unrecht des Garantenunterlassens zutage. Dieses liege gerade darin, dass der Unterlassende die an ihn gerichtete Handlungserwartung nicht erfüllt hat, obwohl er entweder wusste oder doch zumindest hätte wissen oder erwarten müssen, dass andere sich an seinem als sicher erwarteten Handeln in ihrem eigenen Verhalten orientieren.[291] Diese herausragende Bedeutung der gegenseitigen Erwartungsverhältnisse schlage sich in allen allgemein anerkannten Garantenstellungen nieder.[292]

Vollständig überzeugen können aber auch diese an soziologischen Erkenntnissen ausgerichteten Begründungsmodelle nicht. Der Hauptkritikpunkt liegt auch hier in der Unbestimmtheit und dem Mangel an Justiziabilität.[293] Die Beziehungen des Rechts zur Sozialethik spielen für den Rechtstheoretiker und den Rechtssetzer fraglos eine wichtige Rolle. Entsprechend haben sie im Gesetzgebungsakt ihren Niederschlag gefunden. Für den Rechtsfinder können sie aber nur noch als Orientierungspunkt dienen.[294] Dies ist insbesondere dort relevant, wo die gesetzliche Regelung unzulänglich bzw. zu unbestimmt ist, so dass der Rechtsfinder mehr oder weniger rechtsschöpfend tätig werden muss. Dieser schöpferische Bezirk ist nun aber im Bereich des Strafrechts wegen des Gesetzlichkeitsprinzips besonders eng gefasst und bei der Frage der Garantenverantwortlichkeit sind die Bedenken hinsichtlich eines Rechtsschöpfungsaktes qua sozialethischer Standards nicht zu beschwichtigen. Hier geht es gerade um die Frage der Zurechnung und damit das Auffinden eines „Indiztatbestandes". Das Gesetzlichkeitsprinzip wäre geradezu sinnentleert, wenn man dies auf dem schwankenden Boden der Sozialethik zuließe.[295]

---

290 So grundlegend *Luhmann*, S. 33.

291 *Otto/Brammsen*, Jura 1985, 530 (537).

292 *Brammsen*, Die Entstehungsvoraussetzungen der Garantenpflichten, S. 124.

293 *v. Coelln*, S. 107 ff.

294 Und selbst in dieser eingeschränkten Funktion besteht noch die von *Vogel,* Norm und Pflicht bei den unechten Unterlassungsdelikten, S. 319 angedeutete Gefahr eines naturalistischen Fehlschlusses vom Sein auf das Sollen, der jeder Rückführung der Normativität des Rechts auf Tatsachen anhafte.

295 Dazu und zum Vorherigen *Schünemann,* Grund und Grenzen der unechten Unterlassungsdelikte, S. 142 f.; *Walter*, S. 126 f. nimmt außerdem Bezug auf die Lehre

4. *Allgemeine Prinzipien der Fairness*

Mitunter wird in schwierigen Konstellationen, die sich nicht ohne Weiteres in das Gefüge der herkömmlichen Garantenstellungen einordnen lassen, darauf verwiesen, dass sich eine Garantieposition schon aus Gründen der (sozialen) Fairness ergebe.[296] Da es „allgemeine Prinzipien der Fairness"[297] im Sinne von anerkannten Rechtsgrundsätzen allerdings nicht gibt, muss zunächst geklärt werden, welcher Bedeutungsgehalt diesem Begriff beigemessen werden kann und welche Implikationen sich hieraus ergeben. Ausgangspunkt soll hierbei – auch wenn Begriffsverständnisse hochgradig kontextabhängig sind – die im herkömmlichen Sprachgebrauch geläufige Definition der Fairness als „anständiges Verhalten; gerechte, ehrliche Haltung andern gegenüber"[298] sein. Sodann wird zu der Frage Stellung bezogen, ob Fairnesserwägungen in der Garantenlehre fruchtbar gemacht werden und als übergeordnetes Verantwortlichkeitskriterium herangezogen werden können.

a) Fairness als Rechtsgrundsatz

Bislang wird Fairness vor allen Dingen als prozeduraler Wert diskutiert.[299] Aus einer solchen verfahrensbezogenen Sicht wird Fairness als Anspruch auf ein gerechtes Verfahren aufgefasst *(fair-trial-Gebot)*, zu dessen Anforderungen im Allgemeinen gehört, den Einzelnen nicht als Objekt anzusehen und zu behandeln, sondern ihm zu ermöglichen, zur Wahrung seiner Würde auf Gang und

---

der objektiven Zurechnung, im Rahmen derer die Sozialadäquanz richtigerweise eine negative Haftungsbegrenzung darstelle. Dies bedeute aber nicht, dass im Rahmen der Unterlassungsdelikte umgekehrt damit die Zurechnung begründet werden könne.

296 *Bottke*, S. 26 f.; *Kuhlen*, FS Eser, S. 359 (364); *ders.*, in: *Achenbach/Ransiek/Rönnau*, Handbuch Wirtschaftsstrafrecht, S. 107 (Rn. 38); LK/*Weigend*, § 13 Rn. 23 (12. Aufl. 2007). Neben der Garantenstellung hinsichtlich pflichtgemäß auf den Markt gebrachter gefährlicher Produkte bereitet vor allem die Verantwortlichkeit des Betriebsinhabers für durch seine Mitarbeiter begangene Straftaten erhebliche Begründungsprobleme. In diesem Zusammenhang entwickelt *Bottke*, S. 25 ff. seinen auf die soziale Fairness rekurrierenden Ansatz. *Waßmer*, S. 143 ff. diskutiert diesen als neben den Garantentheorien stehenden, autonomen Ansatz.

297 LK/*Weigend*, § 13 Rn. 23 (12. Aufl. 2007).

298 https://www.duden.de/rechtschreibung/Fairness (Stand: 30.07.2022).

299 Dies rührt vor allen Dingen von der Festschreibung eines fairen Verfahrens in Art. 6 EMRK her. Siehe hierzu nur MüKoStPO/*Gaede*, EMRK Art. 6 Rn. 1 ff.; KK-StPO/*Lohse/Jakobs*, EMRK Art. 6 Rn. 1 ff.; *Pache*, NVwZ 2001, 1342 (1342 ff.).

Ergebnis des Verfahrens einzuwirken.[300] Im deutschen Recht spielt der Begriff der Fairness in einem materiellen Sinne bislang vor allem im Wettbewerbsrecht eine entscheidende Rolle. In diesem Kontext geht es um die Regulierung marktwirtschaftlicher Systeme zur Verhinderung eines beliebigen Einsatzes von Marktmacht. Die Abwesenheit einer solchen Regulierung hätte zur Folge, dass sich Unternehmen unbeschränkt beispielsweise hinsichtlich ihrer Preise absprechen oder sogar zu Branchenmonopolen zusammenschließen könnten und so vielfach der Wettbewerb zum Erliegen käme. Dadurch würden nicht nur die Anreize zur Innovation sinken, sondern vor allem auch die Abnehmer benachteiligt, da diese keine andere Wahl hätten als niedrigere Qualität zu überhöhten Preisen zu erwerben.[301] Ein anderes Anwendungsfeld des Fairnessbegriffs ist der Sport, wobei ebenfalls wettbewerbsbezogene Aspekte eine Rolle spielen. Hier wurden Fairness und Chancengleichheit sogar durch § 1 AntiDopG zu ausdrücklich gesetzlich geschützten Rechtsgütern erhoben. Diese seien (zumindest im Sport) werthaltige Elemente des Soziallebens und ein Verstoß entsprechend mehr als eine bloße Moralwidrigkeit.[302]

In dieser Feststellung verbirgt sich die hier zu stellende Kernfrage. Handelt es sich bei Fairness lediglich um ein Element der Moral, um sogenanntes modales Recht, dessen Wertgehalt erst durch spezifische Normsetzung künstlich reproduziert werden muss[303] oder gibt es ein allgemeines Rechtsprinzip der Fairness, welches prozedurale und materiale Gehalte selbst beinhaltet?[304] Ein Rückgriff auf den Gedanken der Fairness als Legitimationsgrundlage einer Garantenposition würde letzteres erfordern. Allgemeine Rechtsgrundsätze werden in der einschlägigen Lehre häufig ethischen Rechtsgrundsätzen gleichgestellt, die sich nicht lediglich auf Gerechtigkeitsgehalte beziehen, sondern selbst Fundamentalnormen der Gerechtigkeit darstellen.[305] Diese ethischen Grundprinzipien

300 *Wiederkehr*, S. 1 f. Ausführliche Auseinandersetzungen mit dem Fairnessprinzip finden sich bislang vor allen Dingen bei Autoren aus der Schweiz. Da es sich hierbei aber um Überlegungen grundsätzlicher Natur handelt, die nicht von der Anbindung an eine bestimmte Rechtsordnung abhängen, lassen sie sich weitgehend synonym auch auf das deutsche Recht übertragen.

301 *Heinemann*, NZKart 2018, 389 (389).

302 Weber BtMG/*Weber*, § 1 AntiDopG Rn. 14.

303 So vertreten von *Druey*, recht 1998, 137 (143).

304 *Saladin*, in: *Schweizerische Rechtsfakultäten*, Erhaltung und Entfaltung des Rechts in der Rechtsprechung des Schweizerischen Bundesgerichts, S. 41 (85 ff.); siehe hierzu auch *Wiederkehr*, S. 10.

305 *Wiederkehr*, S. 35.

stecken den normativen Bereich ab, innerhalb dessen menschliches Handeln grundsätzlich legitimierbar ist, und zeichnen sich gerade dadurch aus, dass ein Verstoß in einem strikten Sinne unmoralisch ist.[306] Damit müsste auch Fairness ein solches ethisches Grundprinzip sein und für eine Rechtsordnung schlechthin konstituierende Werte beinhalten. Es gibt eine ganze Reihe verschiedener Konzeptionen der Fairness. Hier soll die Darstellung auf zwei Positionen begrenzt werden, die schließlich auch zu unterschiedlichen Ergebnissen hinsichtlich der Ausgangsfrage gelangen.

aa) Die Fairnesskonzeption *Saladins*

Nach der Konzeption *Saladins* sind Verhältnismäßigkeit, Treu und Glauben und Lastenausgleich Garantien, die sich aus dem Fairnessprinzip ergeben. Damit sei dieses der eigentliche Kern des Rechtsstaatsprinzips.[307] Der spezifische Gehalt der Fairness als Forderung nach rücksichtsvollem, vertrauenserweckendem und vertrauenshonorierendem Verhalten von Bürger und Staat gleichermaßen erschöpfe sich in einer allgemeinen Verhaltensmaxime, einem Erziehungsziel oder einer Tugend. Demgegenüber werde die Fairness als Prinzip durch die obigen Garantien (Verhältnismäßigkeit, Treu und Glauben und Lastenausgleich) normativ anwendbar.[308] Allerdings wirft dies umso mehr die Frage nach der Normativierbarkeit von Fairness als dem beschriebenen Wertebündel selbst auf. Wenn es Fairness als einen allgemeinen und justiziablen Rechtsgrundsatz gäbe, müsste die normative Anwendbarkeit nicht erst mittelbar über andere Institute hergestellt werden.

bb) Die Fairnesskonzeption *Drueys*

Eine andere Konzeption der Fairness legt *Druey* vor. Auch hier kommt einer angemessenen Zweck-Mittel-Relation, das heißt der Verhältnismäßigkeit, eine zentrale Bedeutung zu. *Druey* zufolge ist das Fairnessprinzip das Gegenstück zur Interessen- oder Zweckverfolgung, dessen zentrale Ausprägung darin liegt, dass das Verhalten des Staates oder des Privaten von der Perspektive des Betroffenen abhängig gemacht wird.[309] Da Rücksichtnahme vor allem innerhalb bestehender Machtungleichgewichte bedeutsam ist, kann nach dieser Konzeption die Fairness

---

306 *Pieper*, DZPH 1991, 890 (894).

307 *Saladin*, in: *Schweizerische Rechtsfakultäten*, Erhaltung und Entfaltung des Rechts in der Rechtsprechung des Schweizerischen Bundesgerichts, S. 41 (85 f.).

308 So rezipiert bei *Wiederkehr*, S. 7 ff.

309 *Druey*, recht 1998, 137 (141 f.).

als die verpflichtende Kraft von Macht charakterisiert werden.[310] Allerdings sei daraus kein Rechtsprinzip abzuleiten. Die erläuterten Wertgehalte seien vielmehr bei der Normsetzung zu berücksichtigen und auf diese Weise in die geltende Rechtsordnung zu transportieren. Ansonsten könne Fairness lediglich als heuristisches Prinzip bestehende Normen beeinflussen.[311]

cc) Stellungnahme

Für die Richtigkeit von *Drueys* Ergebnis spricht der Umstand, dass, wer sich unfair verhält, nicht zwingend unmoralisch handelt. Vielmehr bewegt sich ein Fairnessverstoß in einer bis zu einem gewissen Grad ethisch neutralen Grauzone.[312] Das Prinzip der Fairness ist insoweit als Handlungskorrektiv innerhalb eines durch grundsätzliche ethische Prinzipien bereits geformten und etablierten Normen- und Wertesystem zu verstehen.[313] Dem entspricht im Grundsatz auch die Herangehensweise von *Rawls*, der sich mit der Konzeption von Fairness als Gerechtigkeitsprinzip befasst, hierbei aber betont, dass es sich um eine politische Auffassung und nicht eine moralische Globallehre handele. Das Politische sei dabei lediglich als ein Teilbereich der Moral aufzufassen.[314] Innerhalb dieses schon vorgeformten Systems kann das Prinzip der Fairness seine Funktion entfalten, ist insofern aber mehr als Appell an die Freiwilligkeit aufzufassen.[315] Dem widerspricht es nicht, dass Wertelemente der Fairness sich auch in normativ konstituierenden Prinzipien wiederfinden. Vielmehr verstärkt dies noch den Befund, dass es sich bei der Fairness nicht um ein Vertikalprinzip handelt, sondern um eine Sammlung moralischer Werte, welche auf verschiedenen Ebenen Einfluss auf die Etablierung eines Rechtssystems haben, im Übrigen aber lediglich als Korrektiv innerhalb dieses normativ festgelegten Rahmens wirken.[316]

b) Konsequenzen für die Garantenlehre

Für die Garantenlehre ergibt sich aus alledem, dass die Legitimation einer Sonderverantwortlichkeit sich allein aus Fairnesserwägungen nicht ergeben kann. Diese sind grundsätzlich schon nicht geeignet, aus sich heraus Rechtspflichten zu statuieren und inhaltlich zu variabel, um hinreichend klar den Umfang und die

---

310 *Druey*, recht 1998, 137 (143).
311 So die Rezeption des Ansatzes von Druey bei *Wiederkehr*, S. 10.
312 *Pieper*, DZPH 1991, 890 (893).
313 *Pieper*, DZPH 1991, 890 (893).
314 *Rawls*, S. 37 f.
315 *Pieper*, DZPH 1991, 890 (894).
316 Vgl. *Pieper*, DZPH 1991, 890 (894 f.).

Grenzen einer Garantiebeziehung anzugeben. Die Einbeziehung vorrechtlicher Gerechtigkeitsvorstellungen muss zumindest eine Grundlage im geltenden Recht für sich beanspruchen können, um zur Rechtspflichtbegründung überhaupt nur herangezogen zu werden.[317] Im Kontext des Warenproduzenten wird Fairness meist im Sinne von Verteilungsgerechtigkeit verstanden: Derjenige, der die Vorteile aus dem Betrieb ziehe, solle auch für etwaige daraus resultierende Gefahren verantwortlich sein.[318] Oder in anderen Worten: Fair sei ein Ausgleich von Lasten und Nutzen eines Produktionsbetriebes.[319] Bei einem solchen Verständnis von Fairness dürften an einer Grundlage im geltenden Strafrecht schon insofern Zweifel bestehen, als der „Lasten/Nutzen-Ausgleich" traditionell in den Aufgabenbereich des Zivil- und des Öffentlichen Rechts fällt.[320] Ziel des Strafrechts ist demgegenüber in erster Linie der Rechtsgüterschutz, das heißt die Bewahrung der Gesellschaft und deren Mitglieder vor sozialschädlichem Verhalten und der Schutz der elementaren Werte des Gemeinschaftslebens.[321] Hierfür spielt der wirtschaftliche Interessenausgleich allenfalls eine untergeordnete Rolle. Insofern wird man auch hier mit Blick auf das oben gefundene Ergebnis feststellen müssen, dass Garantiebeziehungen zwar in der Regel fair sein werden, dieser Umstand allein aber nicht die strafrechtliche Verantwortlichkeit begründen kann.

III. Zwischenergebnis

Inwieweit die dargestellten Überlegungen nun materiell treffend oder weniger treffend sind und welchen Ansätzen das Wesen der Garantenverantwortlichkeit am ehesten entspricht, soll hier nicht bewertet werden. Es kommt darauf auch nicht an. Denn eines ist in der dargestellten Diskussion deutlich geworden: Ein allen Garantenstellungen zugrunde liegendes Verantwortlichkeitskriterium, welches eindeutige Abgrenzungen erlaubt, lässt sich bislang nicht identifizieren. Dies wäre aber Voraussetzung, um die herausgebildeten Fallgruppen als bloße „typologische Ausprägungen"[322] eines übergeordneten Wertungskriteriums zu begreifen und innerhalb des von diesem Kriterium vorgegebenen Rahmens beliebig zu

---

317 Vgl. *Waßmer*, S. 145.

318 *Kuhlen*, FS Eser, S. 359 (364).

319 *Bottke*, S. 25.

320 *Walter*, S. 59. Wie präsent der Fairnessgedanke in dieser Form ist, ohne ihn explizit zu benennen, zeigt sich auch schon an dem Vorschlag i.R.d. Ingerenz auf ein gütermehrendes Verhalten abzustellen. Siehe hierzu 2. Teil § 2 A. I. 1. c).

321 BVerfG v. 21.06.1977 – 1 BvL 14/76= NJW 1977, 1525 (1531); Schönke/Schröder/*Kinzig*, Vorbemerkungen §§ 38 ff. Rn. 1.

322 *Bloy*, FS Maiwald, S. 35 (49 f.).

erweitern. Ist aber schon die Festlegung dieses Rahmens kaum möglich oder von weiteren reinen Wertentscheidungen abhängig, bedeutet der Verzicht auf die anerkannten Fallgruppen von Garantenstellungen ein nicht mehr hinnehmbares Maß an Rechtsunsicherheit.

C. Ergebnis

Eine Garantenstellung des pflichtmäßig handelnden Herstellers lässt sich unter Berücksichtigung der anerkannten Fallgruppen, namentlich unter dem Gesichtspunkt der Gefahrquellenverantwortung, begründen. Dass der Hersteller bezüglich der bereits in Verkehr gebrachten Produkte keine aktuelle Herrschaft mehr innehat, ist unschädlich, da die Gefahrquellenverantwortung sich bei abwägender Betrachtung auch dadurch begründen lässt, dass er die Gefahrquelle durch das Inverkehrbringen geschaffen hat und diese in seinem sozialen Organisationsbereich verbleibt.

Eine eigenständige herstellerspezifische Garantenstellung, die ihre Legitimation allein aus der Zusammenschau verschiedener Zurechnungsgründe gewinnt, überzeugt dogmatisch demgegenüber nicht. Die hiermit verbundene Abkehr von den anerkannten Fallgruppen führt zu einem Konflikt mit dem verfassungsrechtlichen Bestimmtheitsgebot, der allenfalls dann aufgelöst werden könnte, wenn es gelänge, ein übergeordnetes Verantwortlichkeitskriterium für alle Garantenstellungen zu identifizieren. Trotz der diesbezüglichen Bemühungen in der Literatur ist dies bisher jedoch nicht der Fall. Zwar wurden einige Merkmale herausgearbeitet, die das Wesen der Sonderverantwortlichkeit im Sinne des § 13 StGB begreifbar machen und dementsprechend bei der Begründung der Garantenstellungen immer wieder herangezogen werden. Keines dieser Merkmale ist jedoch in der Lage, alle Garantenstellungen gleichermaßen zu legitimieren und dabei klare Abgrenzungen zu den Fällen zu ermöglichen, in denen eine Garantiebeziehung nicht besteht.

3. Teil Notwendigkeit einer Spezialregelung de lege ferenda

Die kontroverse und bereits langanhaltende Diskussion um die Legitimation einer Garantenstellung des Herstellers für solche Produkte, die er pflichtmäßig in Verkehr gebracht hat, wirft die Frage auf, ob nicht der Gesetzgeber hier klarstellend tätig werden sollte. Durch die Schaffung einer Spezialvorschrift, die ein Handlungsgebot explizit beinhaltet und im Falle der Nichtbefolgung sanktioniert, könnte den Streitpunkten entgegengewirkt und dem Vorwurf begegnet werden, dass nicht der Rechtsanwender, sondern der Gesetzgeber über die grundsätzliche Strafbarkeit eines Verhaltens zu entscheiden hat.

Im Folgenden wird erörtert, ob sich eine neue Strafvorschrift unter den Gesichtspunkten der Strafwürdigkeit und Strafbedürftigkeit legitimieren ließe. Sodann wird untersucht, ob die produktstrafrechtlichen Spezialvorschriften de lege lata die Aufgaben des Strafrechts möglicherweise bereits hinreichend erfüllen oder ob auch unter diesem Aspekt ein Tätigwerden des Gesetzgebers sinnvoll erscheint.

§ 1 Legitimation einer neuen Strafvorschrift

Der Einsatz des Strafrechts ist aufgrund des hiermit verbundenen erheblichen Freiheitseingriffs stets rechtfertigungsbedürftig.[323] Strafbarkeitslücken oder sonstige rein kriminalpolitische Bedürfnisse alleine können daher als Begründung für das Tätigwerden des Gesetzgebers nie genügen.[324] Die Sanktionierung eines Verhaltens ist vielmehr nur dann legitim, wenn dieses Verhalten strafwürdig und strafbedürftig ist.[325]

A. Aufgabe des Strafrechts

Aufgabe des Strafrechts ist es, den Bürgern einer Rechtsgemeinschaft ein friedliches gesellschaftliches Zusammenleben zu ermöglichen, indem es sozialschädliches

---

323 *Maas*, NStZ 2015, 305 (307).

324 Besonders kritisch hinsichtlich einer entsprechenden Praxis *Hamm*, in: *Kempf/Lüderssen/Volk*, Die Handlungsfreiheit des Unternehmers, S. 44 (50), der darauf hinweist, dass Strafbarkeitslücken mit Blick auf Bestimmtheitsgrundsatz und Subsidiarität für das Strafrecht konstituierend seien.

325 *Altpeter*, S. 2.

Verhalten bekämpft und auf diese Weise die Gewährleistung der verfassungsrechtlich zugesicherten Grundrechte für alle sicherstellt.[326] Gemeinhin wird diese Zielsetzung als Rechtsgüterschutz bezeichnet. In diesem Sinne verstanden sind Rechtsgüter also nichts anderes als die von Strafvorschriften geschützten Interessen.[327]

Da mit Strafvorschriften besonders gravierend in die individuelle Freiheit eingegriffen wird, besteht Einigkeit ferner darüber, dass das Strafrecht ultima ratio ist, das heißt es soll nur dort zum Einsatz kommen, wo andere Maßnahmen keinen Erfolg versprechen (sogenanntes Subsidiaritätsprinzip).[328] Dies ist unmittelbare Folge aus dem auch für den Gesetzgeber geltenden Verhältnismäßigkeitsgrundsatz, demzufolge ein grundrechtlicher Eingriff stets einem legitimen Zweck dienen und zur Erreichung dieses Zwecks geeignet, erforderlich und angemessen sein muss.[329]

Diese für das Strafrecht konstituierenden Erwägungen müssen bei der Schaffung neuer Straftatbestände als Ausgangspunkt der Überlegungen sowohl hinsichtlich der Strafwürdigkeit als auch der Strafbedürftigkeit eines zu sanktionierenden Verhaltens herangezogen werden. Es ist daher hinsichtlich des Unterlassens von Gefahrabwendungsmaßnahmen durch den Produkthersteller zu untersuchen, ob es sich hierbei um ein strafwürdiges und strafbedürftiges Verhalten handelt.

B. Strafwürdigkeit

Die Strafwürdigkeit eines Verhaltens leitet sich nach dem klassischen Verständnis aus einem sozialethischen Unwerturteil ab.[330] Der Unwert eines rechtswidrigen und schuldhaften Verhaltens muss demnach so tiefgreifend sein, dass es die „Grundlagen des Zusammenlebens in der Rechtsgemeinschaft" angreift und deshalb von dieser zurückgedrängt werden muss.[331] Bestimmend sind hierbei die Faktoren des Erfolgs- und Handlungsunrechts.[332] Das Vorliegen von Erfolgs- und Handlungsunrecht genügt als solches jedoch zur Begründung der Strafwürdigkeit nicht. Es bedarf vielmehr einer Qualifizierung in dem Sinne, dass das

---

326 SK-StGB/*Jäger*, Vor § 1 Rn. 1 ff.; *Roxin/Greco*, Strafrecht Bd. 1, § 2 Rn. 7.

327 Vgl. *Roxin/Greco*, Strafrecht Bd. 1, § 2 Rn. 7.

328 *Zipf*, S. 52 f.

329 Vgl. *Stächelin*, S. 101 ff.

330 BVerfG v. 26.02.1969 –2 BvL 15/68, 2 BvL 23/68 = NJW 1969, 1059 (1061); *Altpeter*, S. 28; *Günther*, FS Lüderssen, S. 205 (217 f.); LK-StGB/*Weigend*, Einl. Rn. 1.

331 *Langer*, S. 162.

332 *Ott*, S. 116 m.w.N. in Fn. 440.

verwirklichte Erfolgs- und Handlungsunrecht in seiner Gesamtschau für die Rechtsgemeinschaft unerträglich bzw. sozialethisch missbilligenswert ist.[333]

I. Erfolgsunrecht

Das Erfolgsunrecht eines Verhaltens ergibt sich im Kern aus der Verletzung oder Gefährdung eines strafrechtlich geschützten Rechtsguts.[334]

Um den Rechtsgutsbegriff und seine Rolle im Strafrecht wird im Schrifttum seit Langem gestritten. Die Mehrheit des Schrifttums geht im Grundsatz davon aus, dass der Schutz eines bestimmten Rechtsgutes die Legitimationsgrundlage von Strafvorschriften darstellt,[335] da „nur die notwendige Strafe eine gerechte Strafe" sei.[336] Dementsprechend handele es sich beim Rechtsgut als Schutzzweck einer Strafvorschrift nicht lediglich um einen Orientierungspunkt bei der teleologischen Auslegung von Straftatbeständen, sondern zugleich um die Schranke der Eingriffsbefugnis des Gesetzgebers. Wenig Klarheit besteht innerhalb dieses Grundverständnisses jedoch darüber, was unter einem Rechtsgut überhaupt zu verstehen ist. Das Meinungsspektrum reicht von einer rein personalen Rechtsgutslehre, die jedenfalls den Bezug zu einem individuellen menschlichen Interesse für zwingend hält,[337] bis hin zu inhaltlich weitgehend offenen Konzeptionen, die den Rechtsgutsbegriff als bloßes Postulat des Nutzens von Strafvorschriften auffasst, dessen inhaltliche Ausfüllung aber dem Gesetzgeber selbst obliege.[338]

Andere – darunter das BVerfG[339] – bezweifeln den Nutzen der Rechtsgutslehre in kriminalpolitischen Belangen insgesamt.[340] Eine nennenswerte Einschränkung der gesetzgeberischen Tätigkeit sei nicht zu erreichen, sofern man den Begriff des

---

333 Vgl. *Frisch*, in: *Wolter/Freund*, Straftat, Strafzumessung und Strafprozeß im gesamten Strafrechtssystem, S. 135 (144).

334 *Kühl*, Strafrecht AT, § 3 Rn. 3.

335 Siehe nur *Hassemer*, Strafen im Rechtsstaat, S. 163 ff.; *Hefendehl*, S. 5 ff.; SK-StGB/*Jäger*, Vor § 1 Rn. 12; *Roxin/Greco*, Strafrecht Bd. 1, § 2 Rn. 12; *Sternberg-Lieben*, in: *Hefendehl/von Hirsch/Wohlers*, Die Rechtsgutstheorie, S. 70; *Swobada*, ZStW 2010, 24 (48 ff.).

336 *Freund*, in: *Wolter/Freund*, Straftat, Strafzumessung und Strafprozeß im gesamten Strafrechtssystem, S. 43 (43 f.).

337 *Hassemer*, Strafen im Rechtsstaat, S. 167 ff.

338 *Amelung*, in: *Hefendehl/von Hirsch/Wohlers*, Die Rechtsgutstheorie, S. 182.

339 Zumindest hat das Gericht in BVerfG v. 26.02.2008 – 2 BvR 392/07 = NJW 2008, 1137 (1138 f.), dem sog. Inzest-Beschluss, die Rechtsgutslehre als Maßstab der Verfassungsmäßigkeit von Strafgesetzen abgelehnt.

340 *Stratenwerth*, in: *Hefendehl/von Hirsch/Wohlers*, Die Rechtsgutstheorie, S. 255 ff.; LK-StGB/*Weigend*, Einl. Rn. 5.

Rechtsguts rein methodisch verstehe. Schließlich könne dann für nahezu jedes Interesse ein entsprechendes Rechtsgut definiert werden. Lege man wiederum ein anderes, restriktiveres Verständnis zugrunde, wäre man erneut mit den Unklarheiten des Rechtsgutsbegriffs konfrontiert, die ebenfalls dafür sorgten, dass aus diesem kein verlässliches Korrektiv für den Gesetzgeber gewonnen werden könne. Gewinnbringendere Ergebnisse ließen sich aus dem Verfassungsrecht, insbesondere dem Verhältnismäßigkeitsgrundsatz gewinnen.[341]

Es ist daher zunächst zu klären, welche Rechtsgüter durch ein Unterlassen von Gefahrabwendungsmaßnahmen durch den Hersteller verletzt oder geschädigt werden. Sofern das Ergebnis hier ist, dass selbst mit dem restriktivsten personalen Ansatz für das Unterlassen von Gefahrabwendungsmaßnahmen durch den Produkthersteller ein zu schützendes Rechtsgut zu identifizieren ist, ist eine Auseinandersetzung mit der Thematik für die Zwecke dieser Arbeit nicht erforderlich.

1. Individualrechtsgüter: Leib und Leben

Die zu schaffende Strafvorschrift soll dafür sorgen, dass Produkthersteller Gefahrabwendungsmaßnahmen in Bezug auf schädliche Produkte, die sich bereits auf dem Markt befinden, ergreifen. Wie die den Leading Cases zugrunde liegenden Sachverhalte gezeigt haben, kann das Inverkehrbringen schädlicher Produkte und spiegelbildlich hierzu das spätere Unterlassen von Gefahrabwendungsmaßnahmen zu erheblichen Gesundheitsschäden bis hin zum Tod der Nutzer oder Konsumenten des Produkts führen. Durch die Sanktionierung eben dieses Unterlassens sollen solche Schäden vermieden werden, indem die betroffenen Verbraucher den für sie nicht kontrollierbaren Gefahren nicht weiter ausgesetzt werden. Schutzzweck der Vorschrift sind damit die Individualrechtsgüter Leib und Leben von Menschen.[342]

2. Universalrechtsgut: Volksgesundheit

Denkbar wäre ferner, dass die Spezialvorschrift daneben dem Schutz eines Universalrechtsguts dienen soll. In Betracht kommt als solches insbesondere die Volksgesundheit, da die Schädlichkeit eines Produkts regelmäßig eine Vielzahl von Menschen betrifft.[343]

---

341 LK-StGB/*Weigend*, Einl. Rn. 5.

342 Vgl. hierzu *Domeier*, S. 298 ff.

343 Diskutiert wird die Volksgesundheit als Schutzgut auch für § 314 StGB, siehe dazu 3. Teil § 2 B. II.

Unabhängig von der auf grundsätzlicher Ebene geführten Diskussion, ob es einen strafrechtlichen Schutz von Universalrechtsgütern überhaupt gibt bzw. geben darf,[344] wird in Bezug auf das Rechtsgut Volksgesundheit Kritik geäußert. Diese bezieht sich auf ein Verständnis der Volksgesundheit in dem Sinne, dass es sich um ein Rechtsgut mit einem originären Eigenwert handele und nicht lediglich um einen Sammelbegriff für die Gesundheit aller Individuen in einer Volksgemeinschaft.[345] Für ein eigenständiges Rechtsgut Volksgesundheit fehle ein tatsächlicher Bezugspunkt. Das Volk verfüge über keinen physischen Körper und könne entsprechend nicht Träger eines Rechtsguts Volksgesundheit sein. Ferner könne auch eine Zusammenfassung der Gesundheit aller Einzelnen in einem Universalrechtsgut keinen Eigenwert eines solchen Rechtsguts begründen, da es dann am Ende doch um den Individualrechtsgüterschutz gehe. Damit handele es sich letztlich um ein bloßes „Scheinrechtsgut".[346]

Ungeachtet dieser Kritik geht jedoch das BVerfG in seinem grundlegenden Cannabis-Beschluss von einem eigenständigen Universalrechtsgut der Volksgesundheit jedenfalls im Betäubungsmittelstrafrecht aus. Dieses schütze nicht allein die körperliche Gesundheit aller Mitglieder der Volksgemeinschaft, sondern auch die wirtschaftlichen, kulturellen und politischen Grundlagen der Gesellschaft und damit deren Funktionsfähigkeit als solche.[347] Auch der BGH legt in Urteilen im Bereich des Betäubungsmittelstrafrechts immer wieder zugrunde, dass die Vorschriften des Betäubungsmittelgesetzes nicht in erster Linie Leib und Leben des Einzelnen, sondern die Volksgesundheit schützten.[348] In eine ähnliche Richtung geht der Gesetzesentwurf des Bundesrates zum Gesetz zur Bekämpfung der Organisierten Kriminalität (OrgKG), der den Schutzzweck der Vorschriften des Betäubungsmittelgesetzes in der „Wahrung der öffentlichen Sicherheit und staatlichen Ordnung" sieht.[349] Diese Formulierung lässt den Schluss zu, dass auch der Gesetzgeber in erster Linie den Schutz kollektiver Interessen im Blick hatte. Anderenfalls hätte er – wie sonst üblich – die Individualrechtsgüter konkret

344 Kritisch insbesondere *Hassemer*, NStZ 1989, 553 (557).

345 Letzteres Verständnis ist in der Literatur weit verbreitet, siehe etwa *Frisch*, FS Stree/Wessels, S. 69 (94); *Geerds*, FS Tröndle, S. 241 (258 f.); *Ott*, S. 158 ff. mwN.

346 MüKoStGB/*Oğlakcıoğlu*, Vor § 29 BtMG Rn. 19; *Ott*, S. 160; *Roxin/Greco*, Strafrecht Bd. 1, § 2 Rn. 10.

347 BVerfG v. 09.03.1994 – 2 BvL 43/92 u.a.= NJW 1994, 1577 (1579).

348 BGH v. 24.11.1982 – 3 StR 384/82 = NJW 1983, 692 (693); BGH v. 25.09.1990 – 4 StR 359/90 = NJW 1991, 307 (309).

349 BT-Drucks. 12/989, S. 31.

benennen können, anstatt sie lediglich mittelbar über den Begriff der öffentlichen Sicherheit miteinzubeziehen.

Schließlich ist es auch verbreitete Ansicht im Schrifttum, dass die Volksgesundheit als eigenständiges Universalrechtsgut existiert.[350] In den Blick genommen werden bei einer solchen Betrachtung nicht primär die gesundheitlichen Beeinträchtigungen des Einzelnen, sondern die sozialen und wirtschaftlichen Schäden von Drogenkonsum und deren Einfluss auf die Gesellschaft. Es gehe nicht bloß um die immensen finanziellen Belastungen, denen eine Gesellschaft bei einer sich ausbreitenden Drogenabhängigkeit ausgesetzt sei, sondern auch um das soziale Problem einer sich durch abweichende Lebensstile desintegrierenden Gesellschaft.[351] Ferner stehe Drogenkonsum häufig in engem Zusammenhang mit kriminellen Handlungen, sei es durch Begehung von Taten unter dem Einfluss von Drogen oder Beschaffungskriminalität. Schließlich handele es sich beim Drogenhandel um eine der Haupteinnahmequellen der organisierten Kriminalität, deren Bekämpfung ein wesentlicher Faktor bei der Erhaltung eines funktionsfähigen Staates sei.[352]

Fraglich ist daher, inwieweit diese in Bezug auf das Betäubungsmittelstrafrecht angestellten Erwägungen auf das Unterlassen von Gefahrabwendungsmaßnahmen durch den Hersteller übertragbar sind.

Grundsätzlich kann auch jenseits der Betäubungsmittelproblematik davon ausgegangen werden, dass gesundheitsschädliches Verhalten grundsätzlich die Gesellschaft als Ganzes belastet. Denn aufgrund des sozialen Geflechts, in dem Menschen leben, hat nahezu jede Beeinträchtigung der körperlichen Unversehrtheit wirtschaftliche und soziale Folgen, die nicht nur den Rechtsgutsträger treffen. Nicht zuletzt die finanzielle Belastung des Gesundheitssystems durch Behandlungskosten oder Arbeitsausfall lässt sich nicht von der Hand weisen.

Mit den strukturellen Konsequenzen, die angesichts eines um sich greifenden Drogenmissbrauchs zu befürchten sind, sind diese Beeinträchtigungen jedoch nicht zu vergleichen. Zwar können auf dem Markt belassene gesundheitsschädliche Produkte eine Vielzahl von Menschen schädigen und insofern schlimmstenfalls weite Teile der Gesellschaft betreffen. Eine flächendeckende Betroffenheit dürfte aber aufgrund der Produktvielfalt und der breiten Streuung verschiedener Hersteller ein eher theoretisches Szenario darstellen. Zum anderen stünden auch in diesem Fall die individuellen Gesundheitsschäden im Vordergrund und

---

350 Siehe nur *Hauptmann/Rübenstahl*, HRRS 2007, 143 (145); *König*, JA 2007, 573 (575); Schönke/Schröder/*Sternberg/Lieben*, § 15 Rn. 165.

351 *Rigopoulou*, S. 146.

352 *Rigopoulou*, S. 146.

die gesamtgesellschaftliche Dimension ergäbe sich vornehmlich aus deren Häufung. Beeinträchtigungen der Funktionalität des Staates sind hiervon losgelöst jedoch nicht zu erblicken. Einwenden ließe sich zwar, dass das allgemeine und begründete Vertrauen in die Sicherheit von Konsum- und sonstigen Gütern für eine funktionierende Gesellschaft von essenzieller Bedeutung ist und insofern doch ein originäres Allgemeininteresse betroffen ist. Der hierin zum Ausdruck kommende Verbraucherschutzgedanke kann jedoch mittelbar in den Schutz von Leib und Leben des Einzelnen einbezogen werden[353] und ist nicht gleichzusetzen mit den obenstehenden Erwägungen zu einem eigenständigen Rechtsgut der Volksgesundheit.

Ferner miteinzustellen ist der Umstand, dass die Volksgesundheit als Schutzgut gerade in den Bereichen diskutiert wird, in denen eine Sanktionierung im Zusammenhang mit einem selbstschädigenden Verhalten erfolgen soll. So ist von der Volksgesundheit etwa auch im Kontext des illegalen Glücksspiels[354] und des Dopings[355] die Rede. Dass das Individualrechtsgut der körperlichen Unversehrtheit in diesen Bereichen in den Hintergrund gerückt ist und stattdessen auf die Volksgesundheit rekurriert wird, dürfte seinen Grund auch maßgeblich darin haben, dass hierdurch das Prinzip der eigenverantwortlichen Selbstgefährdung außer Kraft gesetzt wird.[356] Denn ein wesentliches Problem liegt hier darin, dass die Konsumenten als Träger der betroffenen Individualrechtsgüter sich in der Regel selbst für den Konsum entscheiden, so dass nach den allgemeinen Zurechnungsprinzipien eine straflose Selbstschädigung vorliegt, die als solche auch nicht beteiligungsfähig ist. Das Anknüpfen an ein nicht einwilligungsfähiges Universalrechtsgut löst damit zum einen ein wesentliches Zurechnungsproblem und ermöglicht zum anderen die Inkriminierung eines Verhaltens auch in Fällen, in denen kein Individualrechtsgut geschädigt oder gefährdet wird, vermeintlich ohne sich dabei dem Vorwurf des Paternalismus unmittelbar auszusetzen.[357] Diese Erwägungen tragen bezüglich des Unterlassens von Gefahrabwendungsmaßnahmen durch den Produkthersteller jedoch nicht, da im Bereich der

---

353 Vgl. *Colussi*, S. 59; *Fischer*, § 314 Rn. 1.

354 *Mintas*, S. 106 ff.

355 BT-Drucks. 16/5526, S. 1.

356 Siehe BGH v. 25.09.1990 – 4 StR 359/90= NStZ 1991, 392 (394) mit Anm. Beulke/Schröder; *Pasedach*, S. 146; kritisch hinsichtlich dieses Ergebnisses *Hassemer*, JuS 1992, 110 (113); *Rigopoulou*, S. 146 ff.; *Roxin/Greco*, Strafrecht Bd. 1, § 2 Rn. 10.

357 Kritisch hierzu *Ott*, S. 159 f., *Rigopoulou*, 146 ff.

gesundheitsschädlichen Produkte kein Anlass besteht, im Allgemeininteresse in das Selbstbestimmungsrecht des Verbrauchers einzugreifen.[358]

Zusammenfassend lässt sich daher festhalten, dass das Unterlassen von Gefahrabwendungsmaßnahmen durch den Hersteller in erster Linie die Gesundheit und das Leben des Einzelnen verletzt oder gefährdet. Von einer Gefährdung der Volksgesundheit kann nur in dem Sinne die Rede sein, dass potenziell viele Einzelne gefährdet sind und insofern ein Kollektivbezug besteht.[359]

3. *Zwischenergebnis*

Das Erfolgsunrecht des Unterlassens von Gefahrabwendungsmaßnahmen ergibt sich aus der hierin liegenden Gefährdung oder Verletzung der Individualrechtsgüter Leib und Leben von Menschen. Auch nach der personalen Rechtsgutslehre ist die Schaffung einer Strafvorschrift zum Schutz dieser Rechtsgüter daher legitim, so dass es einer vertieften Auseinandersetzung mit den verschiedenen Ansichten nicht bedarf. Eine losgelöste Gefährdung eines eigenständigen Rechtsguts der Volksgesundheit ist demgegenüber nicht festzustellen, so dass sich das Erfolgsunrecht des Verhaltens damit nicht begründen lässt.

II. Handlungsunrecht

Die Strafwürdigkeit eines Verhaltens folgt jedoch nicht alleine aus der Gefährdung oder der Verletzung eines Rechtsguts. Auch die Frage der Art und Weise der Herbeiführung des Erfolgsunrechts spielt eine Rolle.[360] Der Täter muss eine „qualifizierte Entscheidung" gegen das Rechtsgut treffen, um auch das erforderliche Handlungsunrecht zu verwirklichen.[361] Letztlich verbirgt sich hinter dem Merkmal der qualifizierten Entscheidung gegen das Rechtsgut die Abstufung zwischen vorsätzlichem, fahrlässigem und nicht fahrlässigem Verhalten.[362] Das größte Handlungsunrecht liegt in einem vorsätzlichen Verhalten, da sich hier bewusst gegen das Rechtsgut entschieden wird, was als besonders schwerwiegend anzusehen ist. Fahrlässiges Verhalten verwirklicht demgegenüber lediglich geringeres und in manchen Fällen auch gar kein Handlungsunrecht. Einem Rechtgutsangriff,

---

358 Siehe hierzu 5. Teil § 2 B. I.

359 4. Teil.

360 *Kühl*, Strafrecht AT, § 3 Rn. 4.

361 *Frisch*, FS Stree/Wessels, S. 69 (87).

362 *Kuhlen*, in: *Wolter/Freund*, Straftat, Strafzumessung und Strafprozeß im gesamten Strafrechtssystem, S. 77 (91).

der weder vorsätzlich noch fahrlässig erfolgt, fehlt jedes Handlungsunrecht, so dass er straflos ist.[363]

Für die zu schaffende Strafvorschrift bedeutet dies, dass das zu sanktionierende Unterlassen von Gefahrabwendungsmaßnahmen mindestens fahrlässig erfolgen muss, um strafwürdig zu sein. Ob die Sanktionierung eines lediglich fahrlässigen Verhaltens unter kriminalpolitischen Gesichtspunkten sachgemäß ist, lässt sich jedoch erst bewerten, wenn das tatbestandsmäßige Verhalten inhaltlich näher konkretisiert wurde,[364] da der Handlungsunwert einer Fahrlässigkeitstat sich erst aus dieser Perspektive bestimmen lässt.[365]

III. Stellungnahme

Unterlässt ein Produkthersteller es, hinsichtlich eines bereits auf dem Markt befindlichen Produkts die erforderlichen Gefahrabwendungsmaßnahmen zu ergreifen und werden hierdurch Menschen gefährdet oder verletzt, verwirklicht sich hierin Erfolgsunrecht. Jedenfalls sofern dies vorsätzlich geschieht, ist dem Produkthersteller auch die Begehung von Handlungsunrecht anzulasten. In der Gesamtschau der beiden Faktoren handelt es sich um ein Verhalten, das sozialethisch missbilligenswert ist. Hat der Produkthersteller die Gefährlichkeit seines Produkts erkannt oder hätte er es möglicherweise auch nur erkennen können, ist sein Untätigbleiben ein für die Rechtsgemeinschaft unerträglicher Zustand. Eine Vielzahl von Menschen ist dem schädlichen Produkt schutzlos ausgeliefert, während der Produkthersteller sein Wissen und seine Kontrollmöglichkeiten ungenutzt lässt und weiter von den Erträgen des Verkaufs profitiert. Letztlich ergibt sich die Strafwürdigkeit des Unterlassens damit aus den gleichen Erwägungen, die auch zur Annahme einer Garantenstellung geführt haben,[366] da sie Konsequenz der strafrechtlichen Sonderverantwortlichkeit ist.

C. Strafbedürftigkeit

Bei der Strafbedürftigkeit handelt es sich im Kern um eine „Frage der Verhältnismäßigkeit des Mittels der Strafe".[367] Vor dem Hintergrund des ultima ratio-Prinzips, muss dieses erforderlich, das heißt bei gleicher Geeignetheit das relativ

363 Vgl. *Kuhlen*, in: *Wolter/Freund*, Straftat, Strafzumessung und Strafprozeß im gesamten Strafrechtssystem, S. 77 (91).

364 5. Teil § 4 B.

365 *Hsu*, S. 132.

366 2. Teil § 2 A. IV.

367 *Stächelin*, S. 65.

mildeste Mittel sein. Maßstab ist auch hier der Rechtsgüterschutz als wesentliche Aufgabe des Strafrechts.

Fraglich ist daher, ob es des Einsatzes strafrechtlicher Vorschriften überhaupt bedarf, um Leib und Leben der potenziell betroffenen Verbraucher hinreichend zu schützen, oder ob der Rechtsgüterschutz auch auf andere Weise – namentlich durch zivilrechtliche oder verwaltungsrechtliche Regelungen – realisiert werden kann.

I. Rechtsgüterschutz durch zivilrechtliche Regelungen

Das Zivilrecht bezweckt im Bereich der Haftung für Schäden in erster Linie Restitution, das heißt einen Schadensausgleich gemäß §§ 249 ff. BGB. Dies gilt für die deliktische Produzentenhaftung nach §§ 823 ff. BGB ebenso wie für die verschuldensunabhängige Produkthaftung nach dem Produkthaftungsgesetz.[368] Der Rechtsgüterschutz und die Stärkung von Verhaltensnormen spielt demgegenüber, anders als im Strafrecht, allenfalls eine nachrangige Rolle.[369] Es stellt sich angesichts dieser grundsätzlichen Zweckdifferenz die Frage, inwieweit das Zivilrecht überhaupt geeignet ist, das Strafrecht in seinem Aufgabenfeld zurückzudrängen. Dies wäre nur dann denkbar, wenn dem Zivilrecht vergleichbare Präventionswirkungen zuzusprechen wären.[370]

Belastbare empirische Erkenntnisse zu der Frage, inwieweit die generalpräventiven Wirkungen des Zivilrechts und des Strafrechts vergleichbar sind, gibt es nicht. In Fällen der empirischen Ungewissheit liegt die Einschätzungsprärogative beim Gesetzgeber.[371] Für die hier anzustellenden kriminalpolitischen Überlegungen ist es daher ausreichend, auf Basis sachlicher Argumentation zu einer plausiblen Annahme zu gelangen.

Zunächst sei angemerkt, dass sogenannte punitive damages, wie sie im angloamerikanischen Rechtsraum verbreitet sind, in Deutschland nicht existieren. Bei punitive damages handelt es sich um zivilrechtliche Schadensersatzzahlungen, denen Strafcharakter zugesprochen wird und die deshalb in ihrer Höhe weit über die zur Restitution des Schadens erforderliche Summe hinausgehen können. Deren wohl unbestrittene generalpräventive Wirkung kann in die Erwägungen nicht einbezogen werden,[372] da aufgrund des staatlichen Bestrafungsmonopols

---

368 Siehe hierzu bereits 2. Teil § 2 A. III. 1.

369 BGH v. 04.06.1992 – IX ZR 149/91 = NJW 1992, 3096 (3103); *Holtermann*, S. 46.

370 Vgl. *Kuhlen*, Fragen einer strafrechtlichen Produkthaftung, S. 182 f.

371 *Kuhlen*, Fragen einer strafrechtlichen Produkthaftung, S. 184 f. mit Verweis auf BVerfG v. 03.04.1974 – 1 BvR 282, 305/73 = NJW 1974, 1127.

372 So auch *B. Bock*, S. 185; *Holtermann*, S. 47 f.

im deutschen Recht solche überkompensatorischen Schadensersatzleistungen bislang abgelehnt werden.[373]

Naheliegend sind jedoch auch im deutschen Zivilrecht zumindest mittelbar präventive Wirkungen unter dem Gesichtspunkt der Haftungsvermeidung.[374] Denn nicht nur die Leistung der Schadensersatzsumme selbst, sondern darüber hinaus auch drohende Prozesskosten, die zu befürchtenden Reputationsschäden sowie der hiermit möglicherweise verbundene Umsatzrückgang sind Anreiz, einen Haftungsfall von vornherein zu vermeiden.[375] Teilweise wird aus diesen Gründen angenommen, dass das Strafrecht im Bereich der industriellen Massenproduktion keinen präventiven Mehrwert biete, da „vermutlich keine noch als human einzustufende Strafandrohung eine auch nur annähernd so effektive Prävention bewirken, wie es die Aussicht vermag, dass nach einem öffentlich bekannt gewordenen Unfall infolge eines Produktfehlers die Verkaufszahlen drastisch zurückgehen würden".[376]

Die verhaltenssteuernde Wirkung wird jedoch in mehrfacher Hinsicht stark eingeschränkt. So ist zu bedenken, dass die nachteiligen finanziellen Folgen zum einen durch das Restitutionsprinzip ihrer Höhe nach stark eingeschränkt sind, zum anderen heutzutage im Regelfall von sogenannten Betriebshaftpflichtversicherungen abgefedert werden. Dadurch verlieren Schadensersatz- und Schmerzensgeldzahlungen ihren abschreckenden Charakter, da das wirtschaftliche Risiko sich in steigenden Versicherungsbeiträgen erschöpft.[377] Dieser Effekt ist im Strafrecht weniger ausgeprägt, da eine strafrechtliche Verurteilung als solche kein versicherbares Risiko darstellt.[378]

Selbst wenn bei zivilrechtlichen Forderungen eine Versicherung nicht einspringt, können Schadensersatz- und Schmerzensgeldzahlungen steuerlich geltend gemacht und auf diese Weise die Belastung reduziert werden. Selbiges gilt für nach einem Schadensfall erhöhte Versicherungsprämien.[379] Restitutionsansprüche können ferner über statistische Daten präzise kalkuliert und in eine Kosten-

373 BGH v. 04.06.1992 – IX ZR 149/91 = NJW 1992, 3096 (3103); vgl. auch *Schubert*, JR 2008, 138 (138 f.) m.w.N.

374 BeckOK-BGB/*Förster*, § 823 Rn. 9; *Holtermann*, S. 47 f.

375 *B. Bock*, S. 183 f.; *Holtermann*, S. 47 f.

376 *Hamm*, phi 1985, 15 (20).

377 *Colussi*, S. 48 f.; *Holtermann*, S. 48; *Kuhlen*, Fragen einer strafrechtlichen Produkthaftung, S. 181 misst dem Risiko steigender Versicherungsprämien allerdings ein größeres Gewicht bei.

378 Siehe auch *B. Bock*, S. 184.

379 *Colussi*, S. 49.

Nutzen-Rechnung miteingestellt werden, die unter Umständen zu dem Ergebnis führt, dass der Rechtsgüterschutz aus wirtschaftlichen Gründen zurückgestellt wird.[380]

Nicht auf diese Weise regulierbare Konsequenzen zieht ein zivilrechtliches Verfahren nur in geringem Maße nach sich. Zwar kann auch hierdurch die Reputation eines Unternehmens beschädigt werden. Die öffentliche Resonanz auf einen Zivilprozess ist jedoch nicht mit der auf einen Strafprozess vergleichbar, weil ihm gerade das Merkmal der sozialethischen Missbilligung fehlt.[381]

Hinzu kommt, dass Schadensersatz- und Schmerzensgeldforderungen sich in aller Regel gegen ein Unternehmen als solches und nicht gegen einzelne Entscheidungsträger richten. Persönliche Konsequenzen drohen diesen daher allenfalls auf arbeitsrechtlicher Ebene. Anders ist dies im Strafrecht, welches aufgrund des geltenden Schuldprinzips immer an ein persönliches Fehlverhalten anknüpft und dementsprechend auch das Individuum zur Verantwortung zieht. Diese persönliche Involvierung stellt einen wesentlichen Faktor bei der Verhaltenssteuerung dar.[382] Insbesondere gilt dies für die Verhängung von Freiheitsstrafen, da diese anders als Geldstrafen auch im Nachgang nicht von dem Unternehmen übernommen werden können.[383]

Nach alledem sind generalpräventive Wirkungen dem Zivilrecht trotz seiner restitutiven Zwecksetzung zwar nicht gänzlich abzusprechen, diese sind jedoch sehr eingeschränkt und mit denen des Strafrechts nicht zu vergleichen. Für die Erfüllung der Aufgabe des Rechtsgüterschutzes sind zivilrechtliche Regelungen mithin nicht gleich geeignet.

II. Rechtsgüterschutz durch verwaltungsrechtliche Regelungen

Als Mittel der Gewährleistung von Rechtsgüterschutz kommen grundsätzlich auch verwaltungsrechtliche Regelungen in Betracht. Diese können einerseits die Behörden zur Gefahrenabwehr ermächtigen, andererseits aber auch als Sanktionsmittel zum Einsatz kommen.

Im Rahmen der Gefahrenabwehr können den Behörden Eingriffsbefugnisse erteilt werden, so dass diese im Einzelfall die Möglichkeit haben, den Produkthersteller zu Gefahrabwendungsmaßnahmen zu verpflichten. Problematisch ist hierbei aber, dass die Behörden erst dann tätig werden können, wenn sie überhaupt Kenntnis von einer Gefahr erlangen. Hierfür bedarf es

380 *Holtermann*, S. 48.
381 Hierzu ausführlich *Colussi*, S. 75 ff.
382 Vgl. *Holtermann*, S. 50 ff.
383 *Holtermann*, S. 51 f.

institutionalisierter Verfahren, die eine flächendeckende Marktüberwachung ermöglichen. Theoretisch denkbar wäre etwa, diese Überwachung im Wege einer strengen Marktzugangskontrolle zu bewerkstelligen und für jedes Produkt ein Genehmigungsverfahren durchzuführen. Praktikabel wäre ein solches Vorgehen jedoch nicht. Es müsste unter hohem Kostenaufwand ein übermäßig aufgeblähter Verwaltungsapparat geschaffen werden, dessen Aufgabe es wäre, die sprichwörtliche Nadel im Heuhaufen zu finden. Da auch sämtliche ungefährlichen Produkte zu prüfen wären, erwiese sich der gesamte Prozess als in hohem Maße ineffizient. Die Kosten hierfür trügen die Hersteller und damit im Endeffekt die Verbraucher über entsprechend steigende Preise.[384]

Hinzu kommt, dass das Problem der unerkannt gefährlichen, bereits auf dem Markt befindlichen Produkte noch immer nicht gelöst wäre. Hierfür müsste sich an das Genehmigungsverfahren eine engmaschige laufende Kontrolle anschließen, die wiederum einen immensen Verwaltungsaufwand und Kosten produzieren und gleichzeitig erheblich in die Rechte aller Produkthersteller eingreifen würde und zwar unabhängig davon, ob diese Anlass dazu geben oder nicht. Dabei ist schon zweifelhaft, ob eine solche Vorgehensweise gleich geeignet wäre, Rechtsgüterschutz zu gewährleisten wie eine an die Eigenverantwortlichkeit appellierende strafrechtliche Regelung. Die Marktüberwachungsbehörden sind stets auf die Mitwirkung der Produkthersteller angewiesen, diese kann jedoch nur durch die Androhung von Sanktionen effektiv sichergestellt werden.[385] Jedenfalls aber würde es sich nicht um ein milderes Mittel handeln, da es keine Möglichkeit gäbe, sich durch normkonformes Verhalten den Maßnahmen zu entziehen.[386]

Darüber hinaus bestünde auch die Möglichkeit, statt des Strafrechts das Ordnungswidrigkeitenrecht zu bemühen. Hier kann der Produkthersteller durch eine Verwaltungsvorschrift zur eigenständigen Vornahme von Gefahrabwendungsmaßnahmen verpflichtet und ihm für den Fall des Unterlassens eine Verwaltungssanktion in Form einer Geldbuße angedroht werden.[387] Es handelt sich hierbei um eine „scharfe Pflichtenmahnung" als Reaktion auf einen „Ungehorsam gegen technisches, zeit- und verhältnisbedingtes Ordnungsrecht der staatlichen

384 *Holtermann*, S. 54.

385 Vgl. *Weiß*, S. 493 Fn. 2534.

386 *Holtermann*, S. 54 f. Hieran zeigt sich, dass das Strafrecht keineswegs immer das eingriffsintensivste kriminalpräventive Mittel darstellt und es damit auch Ausnahmen von der grundsätzlich geltenden Subsidiarität gibt, vgl. *Swobada*, ZStW 2010, 24 (48).

387 KK-OWiG/*Mitsch*, § 17 Rn. 7.

Verwaltung",[388] die der Sicherung eines unterhalb der elementaren Rechtsgüter anzusiedelnden Ordnungsgefüges dient.[389] Ob mit dieser Pflichtenmahnung ein sozialethisches Unwerturteil verbunden ist oder nicht, ist umstritten. Jedenfalls aber ist der in einer Geldbuße zum Ausdruck kommende Tadel quantitativ geringer als bei der Strafe.[390] Die generalpräventiven Wirkungen des Ordnungswidrigkeitenrechts sind dementsprechend gegenüber denen des Strafrechts geringer, da gerade das gravierende sozialethische Unwerturteil einer Strafe dieser ihren Nachdruck verleiht. Da es beim Unterlassen von Gefahrabwendungsmaßnahmen durch den Hersteller und den daraus resultierenden Gefahren für Leib und Leben von Menschen um gewichtige Rechtsgüter geht, kann man sich hiermit nicht begnügen. Es handelt sich damit auch bei der Geldbuße als Verwaltungssanktion nicht um ein gleich geeignetes, milderes Mittel des Rechtsgüterschutzes.

III. Stellungnahme

Die Auseinandersetzung mit der Leistungsfähigkeit von zivilrechtlichen und verwaltungsrechtlichen Regelungen im Bereich der Generalprävention hat gezeigt, dass zwar auch diese in gewissem Umfang wirksam sein können, letztlich aber der Rechtsgüterschutz als primäre Aufgabe des Strafrechts durch andere, weniger einschneidende Eingriffe nicht in gleichem Maße gewährleistet werden kann. Es besteht hinsichtlich des Unterlassens von Gefahrabwendungsmaßnahmen durch den Produkthersteller mithin ein Strafbedürfnis, um die besonders wertvollen Rechtsgüter Leib und Leben von Menschen einem hinreichenden staatlichen Schutz zu unterstellen.

§ 2 Produktstrafrecht de lege lata

Anschließend an die Feststellung, dass eine strafrechtliche Neuregelung des Unterlassens von Gefahrabwendungsmaßnahmen durch den Hersteller unter den Aspekten der Strafwürdigkeit und Strafbedürftigkeit legitimierbar ist, stellt sich nunmehr die Frage, welche Sanktionsmöglichkeiten außerhalb des Allgemeinen Teils des Strafgesetzbuches de lege lata bereits bestehen. Es soll zunächst ein Überblick über die bestehenden Regelungen sowohl hinsichtlich Produkthaftungsfragen im Allgemeinen als auch hinsichtlich der Handlungspflichten des Produzenten in Bezug auf bereits in Verkehr gebrachte Produkte im Speziellen

388 BVerfG v. 04.02.1959 – 1 BvR 197/53 = NJW 1959, 619 (619).

389 KK-OWiG/*Mitsch*, § 17 Rn. 7.

390 *Reus*, S. 94 m.w.N. in Fn. 392; für eine sozialethische Neutralität von Ordnungswidrigkeiten KK-OWiG/*Mitsch*, § 17 Rn. 7.

verschafft werden. Auf dieser Basis kann sodann bewertet werden, ob die vorhandenen Tatbestände die Probleme im Bereich des unechten Unterlassens bereits hinreichend auffangen können oder ob die Notwendigkeit der Schaffung eines Spezialtatbestandes besteht.

A. Nebenstrafrecht

Auf Fragen der Produktsicherheit und -verantwortlichkeit gehen diverse Spezialgesetze ein, die häufig eigene Sanktionsnormen bereithalten. Hierbei handelt es sich um das sogenannte Nebenstrafrecht, das außerhalb des Strafgesetzbuches existiert.

I. Vorhandene Regelungen

Straf- und Bußgeldvorschriften finden sich unter anderem im Produktsicherheitsgesetz (ProdSG) und Marktüberwachungsgesetz (MüG), dem Gesetz über den Verkehr mit Arzneimitteln (AMG) und dem Lebensmittel-, Bedarfsgegenstände- und Futtermittelgesetzbuch (LFGB).[391] Der Regelungsgehalt dieser nebenstrafrechtlichen Normen soll im Folgenden kurz dargestellt und es soll geklärt werden, ob diese Normen strafbewehrte Pflichten zur Ergreifung von Gefahrabwendungsmaßnahmen durch den Hersteller statuieren.

1. Produktsicherheits- und Marktüberwachungsgesetz

Im Produktsicherheitsgesetz finden sich Vorschriften zum Bereitstellen von Produkten auf dem Markt. Es lässt sich gegenüber den zahlreichen Spezialgesetzen als Auffangregelung verstehen, die nach § 1 Abs. 3 ProdSG nur dann eingreift, wenn eine spezialgesetzliche Regelung nicht existiert.[392] Ziel des Gesetzes ist die Gewährleistung eines möglichst hohen Schutzniveaus in Bezug auf die Sicherheit und Gesundheit von Personen beim Gebrauch von Produkten.[393] Diesem Präventionsgedanken folgend geht es gemäß § 1 Abs. 1 ProdSG darum, Regelungen zur Bereitstellung, Ausstellung und erstmaligen Verwendung von Produkten auf dem Markt zu treffen.[394] Dafür werden in § 3 ProdSG die zentralen Sicherheits-

---

391 Weitere spezialgesetzlich geregelte Bereiche, die ebenfalls Regelungen zur Verantwortlichkeit für fehlerhafte Produkte treffen, wären beispielsweise das Chemikalienrecht, das Gentechnikrecht, das Medizinprodukterecht, das Kraftfahrzeugsicherheitsrecht und das Weinrecht.

392 *Hilgendorf*, in: *Rotsch*, Criminal Compliance, § 10 (Rn. 85).

393 Klindt/*Schucht*, § 1 Rn. 1.

394 Vgl. BT-Drucks. 17/6276, S. 23.

pflichten bzw. -standards festgelegt. Ein Produkt darf danach auf dem Markt nur dann bereitgestellt werden, wenn es die vorgesehenen Anforderungen erfüllt und die Sicherheit und Gesundheit oder sonstige in § 8 Abs. 1 ProdSG aufgeführten Rechtsgüter bei bestimmungsgemäßer oder vorhersehbarer Verwendung nicht gefährdet.[395] Auch Vorschriften zur Marktüberwachung fanden sich früher im Produktsicherheitsgesetz. Durch die Novellierung des Produktsicherheitsrechts im Zuge der Verordnung (EU) 2019/1020[396] wurden diese jedoch aus dem Produktsicherheitsgesetz gestrichen und finden sich nunmehr in der Verordnung (EU) 2019/1020 sowie dem flankierenden nationalen Marktüberwachungsgesetz.[397]

Schon der Anwendungsbereich des Produktsicherheitsgesetzes legt nahe, dass bereits in Verkehr gebrachte Produkte nicht im primären Fokus des Gesetzes stehen.[398] Um Gefahrabwendungsmaßnahmen hinsichtlich bereits in Verkehr gebrachter Produkte geht es insofern konsequent lediglich in zwei Vorschriften, dem § 6 Abs. 2 ProdSG und dem § 8 Abs. 2 S. 1 MüG i. V. m. Art. 16 Abs. 3 lit. c Verordnung (EU) 2019/1020.

§ 6 Abs. 2 ProdSG fordert in Bezug auf Verbraucherprodukte vom Normadressaten, dass er Vorkehrungen für geeignete Maßnahmen zur Vermeidung von Risiken trifft. Diese müssen den Produkteigenschaften angemessen sein und reichen unter Umständen bis hin zur Rücknahme, zu angemessenen und wirksamen Warnungen und zum Rückruf. Mit anderen Worten geht es hierbei um den Aufbau und die Unterhaltung eines Rückrufmanagements.[399] Eine Pflicht zur Vornahme konkreter Risikovermeidungsmaßnahmen lässt sich der Norm allerdings nicht entnehmen.[400] Folgerichtig enthalten auch die Straf- und Bußgeldnormen in §§ 28, 29 ProdSG keinen Tatbestand, der die Unterlassung von Gefahrabwendungsmaßnahmen sanktioniert.

Anders verhält es sich demgegenüber mit § 8 MüG, der die Befugnisse der Marktüberwachungsbehörden festlegt. Die zuständigen Behörden können gemäß § 8 Abs. 2 S. 1 MüG i. V. m. Art. 16 Abs. 3 lit. c Verordnung (EU) 2019/1020 die Rücknahme oder den Rückruf eines auf dem Markt befindlichen Produkts oder eine Warnung der Öffentlichkeit vor den von diesem Produkt ausgehenden Risiken anordnen. Entsprechend handelt es sich hierbei aber lediglich um eine Ermächtigungsgrundlage. Eine unmittelbare Handlungspflicht des Herstellers

---

395 MüKoBGB/*Wagner*, § 823 Rn. 1026.
396 Allgemeiner Geltungsbeginn der Verordnung war der 16.07.2021.
397 Erbs/Kohlhaas/*Häberle*, ProdSG Vorbemerkung Rn. 5.
398 Klindt/*Schucht*, § 26 Rn. 159.
399 Klindt/*Kapoor*, § 6 Rn. 47.
400 Klindt/*Kapoor*, § 6 Rn. 48.

statuiert auch diese Vorschrift nicht. Tätigwerden muss der Hersteller demnach erst, nachdem eine entsprechende Anordnung durch die Marktüberwachungsbehörde ergangen ist. Die vorsätzliche oder fahrlässige Zuwiderhandlung gegen eine sofort vollziehbare Anordnung nach § 8 MüG i. V. m. Art. 16 Abs. 3 lit. c Verordnung (EU) 2019/1020 ist gemäß § 21 Abs. 1 bzw. Abs. 2 Nr. 2 lit. b MüG bußgeldbewehrt. Mit § 22 MüG wird darüber hinaus die beharrliche Wiederholung einer solchen vorsätzlichen Zuwiderhandlung bzw. die Gefährdung des Lebens oder der Gesundheit anderer (Personen) oder fremder Sachen von bedeutendem Wert durch diese zur Straftat aufgewertet.

2. Gesetz über den Verkehr mit Arzneimitteln

Die arzneimittelrechtlichen Straf- und Bußgeldnormen der §§ 95 ff. AMG sanktionieren Verstöße gegen die in den vorherigen Gesetzesabschnitten geregelten Verhaltensgebote[401] und dienen damit deren Absicherung und Durchsetzung.[402] Für die Phase nach Inverkehrbringen eines Arzneimittelprodukts greifen speziell die Regelungen der Nachmarktkontrolle, die sich in Form einer Dauerüberwachung an die Zulassung und das Inverkehrbringen eines Medikaments anschließt.[403] Deren Erforderlichkeit ergibt sich aus der zwangsläufig unvollkommenen Vormarktkontrolle. Denn unabhängig davon, wie sorgfältig im Vorhinein im Laboratorium oder im Rahmen klinischer Studien Prüfungen an gesunden bzw. einschlägig kranken Personen durchgeführt werden, tritt das vollständige Risikopotenzial von Arzneimitteln regelmäßig erst zu Tage, wenn diese in der alltäglichen ärztlichen Praxis tatsächlich angewendet werden.[404] Im Rahmen der Nachmarktkontrolle sind Pharmaunternehmer daher gemäß § 63b AMG zur Einrichtung und zum Betrieb eines Pharmakovigilanz-Systems verpflichtet, welches unter anderem die Bewertung der Notwendigkeit eines Rückrufs ermöglicht. Darüber hinaus statuiert § 63c AMG die Pflicht, der Behörde gesammelte Informationen über sämtliche Verdachtsfälle von Nebenwirkungen zur Verfügung zu stellen. Dies trägt insbesondere dem Umstand Rechnung, dass durch die Anbringung des Firmennamens auf dem Medikament der Hersteller eines Arzneimittels in

---

401 MüKoStGB/*Freund*, AMG Vor § 95 Rn. 1.

402 Kügel/Müller/Hofmann/*Raum*, AMG Vor §§ 95–98a Rn. 1.

403 *Mayer*, Strafrechtliche Produktverantwortung bei Arzneimittelschäden, S. 65; Kügel/Müller/Hofmann/*Schickert*, AMG Vor §§ 62 ff. Rn. 1. Bei der Nachmarktkontrolle handelt es sich entsprechend um eine besondere Ausprägung der Marktbeobachtung durch den Hersteller.

404 *Mayer*, Strafrechtliche Produktverantwortung bei Arzneimittelschäden, S. 65; siehe auch Kügel/Müller/Hofmann/*Schickert*, AMG Vor §§ 62 ff. Rn. 1.

der Öffentlichkeit als Verantwortlicher und damit primärer Ansprechpartner wahrgenommen und damit häufig als erstes von etwaigen Gesundheitsschäden in Zusammenhang mit seinen Produkten erfahren wird.[405] Eine Verpflichtung zur autonomen Durchführung von Maßnahmen wie beispielsweise einem Rückruf lässt sich den Vorschriften allerdings nicht entnehmen. Solche müssen auch im Arzneimittelbereich gemäß § 69 Abs. 1 AMG erst durch die zuständigen Behörden angeordnet werden, wenn eine der tatbestandlichen Eingriffsvoraussetzungen vorliegt.[406] Die Missachtung einer solchen Anordnung ist jedoch von keiner der straf- und bußgeldrechtlichen Vorschriften erfasst. Es bleibt allein ein Rückgriff auf den allgemein gehaltenen § 95 Abs. 1 S. 1 Nr. 1 AMG, der unter anderem das Inverkehrbringen bedenklicher Arzneimittel unter Strafe stellt. Da dieser allerdings explizit auf ein aktives Tun abstellt, scheidet eine Verwirklichung durch Unterlassen schon dem Grunde nach aus.[407]

3. *Lebensmittel-, Bedarfsgegenstände- und Futtermittelgesetzbuch*

Das Lebensmittel-, Bedarfsgegenstände- und Futtermittelgesetzbuch dient dem Schutz der Endverbraucher vor Gefahren für die menschliche Gesundheit bei Futtermitteln, Lebensmitteln, kosmetischen Mitteln und anderen Bedarfsgegenständen (§ 1 Abs. 1 Nr. 1 LFGB).[408] Trotz der überaus detailreichen Regulierung des Verkehrs mit Lebens- und Futtermitteln,[409] sieht das Gesetz keine eigenständigen Reaktionspflichten des Herstellers in Bezug auf bereits in Verkehr gebrachte Produkte vor. Wird der Hersteller also nicht freiwillig tätig, kann die Rücknahme bzw. der Rückruf von Produkten lediglich nach § 39 Abs. 2 S. 2 Nr. 4 LFGB durch die zuständigen Behörden angeordnet werden.

Die Zuwiderhandlung gegen eine solche behördliche Anordnung ist nach § 58 Abs. 1 Nr. 17 lit. b LFGB strafbewehrt. Im Übrigen käme eine Strafbarkeit wegen unterlassener Gefahrabwendungsmaßnahmen nur unter Anwendung der strafrechtlichen „Grundnormen“[410] des Gesetzes in Betracht. Diese knüpfen aber ausdrücklich an das Inverkehrbringen (§ 58 Abs. 2 Nr. 1 LFGB) sowie an das

---

405 *Mayer,* Strafrechtliche Produktverantwortung bei Arzneimittelschäden, S. 70.

406 Rehmann AMG/*Rehmann,* § 69 Rn. 3.

407 Siehe auch *Bruns,* FS Heinitz, S. 317 (335); MüKoStGB/*Freund,* AMG Vor § 95 Rn. 83; *Mayer*, PharmR 2008, 236 (236 ff.); *Reus*, S. 170.

408 Weiterer Gesetzeszweck ist der Schutz des Verbrauchers vor Täuschung und Übervorteilung, *Honstetter*, S. 33 f.

409 *Hilgendorf*, in: *Rotsch*, Criminal Compliance, § 10 (Rn. 86).

410 *Reus*, S. 145.

Herstellen und Behandeln (§ 58 Abs. 1 Nr. 1 LFGB) nicht sicherer Produkte[411] an.[412] Eine Unterlassungsstrafbarkeit über § 13 StGB scheitert damit auch hier an dem Umstand, dass jeweils explizit ein aktives Tun unter Strafe gestellt wird.[413]

4. *Zwischenergebnis*

Die untersuchten Gesetze enthalten kein Gebot zur eigenständigen Ergreifung von Gefahrabwendungsmaßnahmen hinsichtlich bereits in Verkehr gebrachter Produkte. Zwar kann in einigen Fällen die Vornahme entsprechender Maßnahmen durch die zuständigen Behörden angeordnet werden. Dies wird jedoch zutreffend als unzulänglich für einen effektiven Rechtsgüterschutz erachtet.[414] Der Hersteller hat durch seinen umfassenden Einblick in Funktion und Wirkungsweise seines Produkts nicht nur die besten Erkenntnis-, sondern auch die besten Handlungsmöglichkeiten. Eine bloße Pflicht zur Unterrichtung der zuständigen Behörde wird dieser Stellung auf Verantwortungsebene nicht gerecht – was sich nicht zuletzt auch an der Garantenstellung des Produktherstellers zeigt – und kann keinen vergleichbar wirkungsvollen Schutz der potenziell Gefährdeten gewährleisten.[415] Insbesondere erlaubt der Umstand, dass keine nebenstrafrechtliche Vorschrift das Unterlassen von Gefahrabwendungsmaßnahmen durch den Produkthersteller als solches sanktioniert, keine eindeutigen Rückschlüsse auf gegenläufige Intentionen des (Straf-)Gesetzgebers. Vielmehr dürfte sich dies primär dadurch erklären, dass das Nebenstrafrecht keine eigenständige Regelungsmaterie darstellt, sondern stets an verwaltungsrechtliche Vorschriften gekoppelt ist. Diese haben aber in erster Linie die Ausübung staatlicher Kontrollmechanismen durch die Behörden zum Gegenstand und orientieren sich nicht an kriminalpolitischen Erwägungen. Schon aus diesem Grund kann den produktbezogenen Vorschriften des Nebenstrafrechts kein abschließender Charakter zugesprochen werden.[416]

---

411 Nach Art. 14 Abs. 2 lit. a der Verordnung (EG) Nr. 178/2002, der von beiden Tatbeständen unmittelbar oder mittelbar in Bezug genommen wird, gelten Produkte als nicht sicher, bei denen davon auszugehen ist, dass sie gesundheitsschädlich sind.

412 *Reus*, S. 144.

413 Siehe auch *Reus*, S. 170.

414 *Mayer,* Strafrechtliche Produktverantwortung bei Arzneimittelschäden, S. 235; siehe auch *Kuhlen,* FS Eser, S. 359 (364), der die Annahme einer Garantenstellung des Herstellers für „konkurrenzlos effektiv“ hält.

415 Vgl. hierzu *Mayer,* Strafrechtliche Produktverantwortung bei Arzneimittelschäden, S. 235.

416 3. Teil § 1 C. II.

Hinzu kommt, dass in den Fällen, in denen der Verstoß gegen eine behördliche Anordnung unter Strafe gestellt ist, bloßer Verwaltungsungehorsam sanktioniert wird. Dies hat zwar den Vorteil, dass es auf die tatsächliche Gefahrenlage nicht ankommt, so dass eine Sanktion auch dann möglich ist, wenn nicht nachgewiesen werden kann, dass das betroffene Produkt tatsächlich schädlich war. In gravierenden Fällen kann dem verwirklichten Unrecht jedoch auf diese Weise nicht hinreichend Rechnung getragen werden.[417]

II. Regelungstechnik des Nebenstrafrechts

Jenseits des zuvor festgestellten, de lege lata bestehenden Regelungsmangels im Nebenstrafrecht ist fraglich, ob das Nebenstrafrecht der richtige Ort für ein positiv normiertes Handlungsgebot des Produktherstellers wäre. Hierbei sind die Besonderheiten der Regelungstechnik des Nebenstrafrechts zu berücksichtigen.

1. Vorzüge

Das Nebenstrafrecht statuiert Strafvorschriften in unmittelbarer Nähe zu außerstrafrechtlichen Ge- und Verbotsnormen. Durch Gebrauch der Verweisungstechnik lässt sich ein direkter Sachzusammenhang zwischen Verhaltens- und Sanktionsnormen herstellen. Auf diese Weise entsteht ein umfassender Regelungsapparat, der genau auf die Bedürfnisse der jeweiligen Rechtsmaterie zugeschnitten ist.[418] Der Verweis der Sanktionsnorm auf die Verhaltensnormen des jeweiligen Spezialgesetzes hat den Vorteil, dass die Verhaltenspflichten konkret und detailliert benannt werden können.[419] Entsprechend ergeben sich sowohl bei der Bestimmung des tatbestandsmäßigen Verhaltens als auch des Handlungspflichtigen keine größeren Schwierigkeiten.[420] Zugleich wird eine gewisse Flexibilität des Strafrechts erreicht, da im Falle eines Reaktionsbedarfs auf gesellschaftliche Veränderungen nur die Verhaltensnorm angepasst werden muss.[421] Auch einige andere Probleme, die sich bei der Einbindung der strafrechtlichen Produktverantwortung in den Allgemeinen Teil des Strafrechts stellen, können durch die im Nebenstrafrecht verwendete Regelungstechnik vermieden werden. So wird dem viel diskutierten Problem der Kausalität des Verhaltens für den eingetretenen Schaden begegnet, indem überwiegend auf den Eintritt eines

---

417 Vgl. *Kühne*, NJW 1997, 1951 (1954); zur diesbezüglich notwendigen Differenzierung auch *Reus*, S. 151.

418 *Honstetter*, S. 70.

419 *Reus*, S. 147.

420 *Kühne*, NJW 1997, 1951 (1954).

421 Kügel/Müller/Hofmann/*Raum*, AMG Vor §§ 95–98a Rn. 3.

Schädigungs- oder Gefährdungserfolgs verzichtet und die Strafbarkeit an abstrakte Gefährdungssachverhalte angeknüpft wird.[422] Diese Regelungstechnik wird teilweise auch deshalb als vorteilhaft angesehen, weil der Normadressat in die Lage versetzt werde, die strafrechtlichen Risiken seines Verhaltens vorherzusehen: Selbst bei einem produktbedingten Schadenseintritt drohe keine Strafbarkeit, sofern die Verhaltensvorschriften eingehalten wurden.[423]

2. Nachteile

Die im Nebenstrafrecht vorzufindende Regelungstechnik ist allerdings grundsätzlicher Kritik ausgesetzt, die Zweifel daran aufkommen lässt, ob das Nebenstrafrecht der richtige Ort für eine Spezialregelung wäre.

So macht es gerade die Nähe der Strafvorschriften zu der jeweiligen spezialgesetzlichen Regelungsmaterie unmöglich, allgemeingültige Regelungen aufzustellen.[424] Jedes Gesetz hat seinen eigenen Anwendungsbereich und kann allein diesen regeln. Es besteht daher stets die Gefahr der Lückenhaftigkeit im Hinblick auf Produkte, die man bei der Festlegung des Anwendungsbereichs noch gar nicht im Blick hatte. Da die Produktentwicklung und -vermarktung aber sehr schnelllebig und dynamisch ist, droht man auf diese Weise, den tatsächlichen Gegebenheiten und der Innovation stets ein Stück weit hinterherzuhinken.[425] Hinzu kommt, dass für eine unterschiedliche strafrechtliche Behandlung verschiedener Produkte kein sachlicher Grund ersichtlich ist. Dies wird besonders deutlich bei *Freund*, der die Frage aufwirft, was „eigentlich ein aus Bestandteilen einer BSE-verdächtigen Kuh gewonnenes und deshalb bedenkliches Arzneimittel von einem von derselben Kuh stammendes Stück Fleisch unterscheiden und die abweichende strafrechtliche Behandlung rechtfertigen“ soll.[426] Vom Standpunkt des Rechtsgüterschutzes aus ist es tatsächlich völlig gleichgültig, von welcher Produktgruppe ein

---

422 *Tiedemann*, Wirtschaftsstrafrecht, § 3 Rn. 198. Dieses Phänomen zeigt sich etwa an der Ausgestaltung der arznei- und lebensmittelstrafrechtlichen Regelungen, vgl. hierzu *Honstetter*, S. 276; Fuhrmann/Klein/Fleischfresser/*Mayer*, § 43 Arzneimittelstrafrecht Rn. 4; Erbs/Kohlhaas/*Rohnfelder/Freytag*, LFGB § 58 Rn. 2 ff. Siehe zum Verzicht auf das Merkmal der generellen Kausalität auch unten, 5. Teil § 1 C. III. 2.

423 *Kühne*, NJW 1997, 1951 (1954).

424 So moniert *Geerds*, FS Tröndle, S. 241 (256 f.), dass der Blick in die jeweiligen Nebengesetze seltsame Unterschiede und Ungereimtheiten offenbare.

425 *Holtermann*, S. 68 f.; vgl. auch MüKoStGB/*Freund*, AMG Vor § 95 Rn. 84; *Reus*, S. 153 f.

426 *Freund*, in: *Freund/Rostalski*, Strafrechtliche Verantwortlichkeit für Produktgefahren, S. 141 (144); MüKoStGB/*ders.*, AMG Vor § 95 Rn. 92.

Schädigungspotenzial für das Leben oder die Gesundheit von Menschen ausgeht. Entsprechend sollten die Sachverhalte gleichbehandelt werden.[427]

Auch der Umstand, dass den Vorschriften selbst kaum ein eigenständiger Regelungsgehalt zu entnehmen ist, ist problematisch. Es wird in einem Maße von der Verweisungstechnik Gebrauch gemacht, das zwar eine präzise Umschreibung der Verhaltenspflichten ermöglicht, es aber selbst für einen Rechtskundigen schwierig macht, zu ermitteln, welche Verhaltensweisen genau sanktioniert werden sollen.[428] Das ist jedenfalls strafrechtspolitisch fragwürdig.[429] Insbesondere wenn nicht nur auf andere (Parlaments-)Gesetze, sondern auf von der Verwaltung zu erlassende Rechtsverordnungen verwiesen wird, begegnet dies schwerwiegenden rechtsstaatlichen Bedenken im Hinblick auf Art. 103 Abs. 2, Art. 104 Abs. 1 und Art. 80 Abs. 1 S. 2 GG.[430] Zur Unübersichtlichkeit für den Normadressaten hinzu kommt eine Verwischung der Kompetenzen von Exekutive und Legislative. Gesetzesentwürfe werden häufig nicht selbständig wissenschaftlich erarbeitet, sondern von Ministerialbeamten formuliert, die sich primär von praktischen Bedürfnissen leiten lassen. Dieselben Personen sind dann nicht selten die einzigen Gesetzeskommentatoren. Hierdurch drohen sich Verantwortungsstrukturen herauszubilden, die mit der Eigenverantwortung des klassischen Strafrechts nicht mehr viel zu tun haben.[431]

Auch die bereits angesprochene häufige Anknüpfung an abstrakte Gefährdungssachverhalte in Verbindung mit der Verweisungstechnik begegnet berechtigter Kritik. Durch diese droht eine mit dem ultima ratio-Prinzip nur schwer zu vereinbarende Reduzierung des Strafrechts auf die Sanktionierung bloßen „administrativen Ungehorsams".[432] Dabei ist häufig das Rechtsgut gar nicht mehr zu

---

427 *Reus*, S. 171; siehe auch MüKoStGB/*Freund*, AMG Vor § 95 Rn. 92, der darauf hinweist, dass etwa die unterschiedliche Behandlung von Arzneimitteln lediglich historisch bedingt ist.

428 Detailliert beleuchtet diese Problematik *Hilgendorf*, ZLR 2011, 303 (305 ff.) anhand der lebensmittelstrafrechtlichen Regelungen; siehe auch die kritische Auseinandersetzung von *Kretschmer*, in: *Rotsch*, Zehn Jahre ZIS – Zeitschrift für Internationale Strafrechtsdogmatik, S. 917 (919 ff.).

429 *Hilgendorf*, ZLR 2011, 303 (306); auch unter sozialpsychologischen Gesichtspunkten begegnet die Trennung von Verhaltens- und Sanktionsnorm Zweifeln, *Tiedemann*, Wirtschaftsstrafrecht, § 4 Rn. 219.

430 *Holtermann*, S. 67 f.

431 *Heine*, in: *Eser*, Die Deutsche Strafrechtswissenschaft vor der Jahrtausendwende, S. 397 (409); *Holtermann*, S. 67 f.

432 *Holtermann*, S. 68 f.; *Kühne*, NJW 1997, 1951 (1954); vgl. hierzu auch *Wallau*, LMuR 2016, 229 (230 f.); eine Entwicklung des Strafrechts hin zur „prima ratio" sieht insofern *Hamm*, NJW 2016, 1537 (1537).

identifizieren, dessen Schutz die Strafvorschrift dienen soll. Für eine angemessene strafrechtliche Reaktion ist dies aber wesentlich.[433] Das Strafrecht wird in kleine „Unrechtseinheiten" zerlegt, was dazu führt, dass auf Fälle massiven Unrechts nicht zufriedenstellend reagiert werden kann.[434] Bestenfalls kommt es zu einer Verurteilung wegen „idealiter oder realiter konkurrierende[r]"[435], vergleichsweise unbedeutender Vergehen und damit zu einer geringen Strafe, die dem tatsächlichen Unrechtsgehalt häufig nicht angemessenen ist.[436] *Hilgendorf* spekuliert in Bezug auf die Ursachen der in seinen Augen fehlgeleiteten gesetzgeberischen Gestaltungen im Lebensmittelstrafrecht[437], dass der Gesetzgeber offenbar alle nur denkbaren Rechtsgutsverletzungen bereits weit im Vorfeld habe erfassen wollen. Darin sieht er ein typisches Beispiel für ein Risikostrafrecht,[438] in dem sich „irrationale Ängste und traditionelle Technikskepsis, politischer Populismus und gesetzgeberischer Perfektionismus"[439] verbinden. Während der Erlass strafrechtlicher Regelungen einerseits nichts koste, rufe er andererseits in der Bevölkerung wie kein anderer Rechtstyp den Eindruck gesetzgeberischer Aktivität und strengen Durchgreifens hervor.[440]

3. *Konsequenz*

Obwohl die Vorzüge der nebenstrafrechtlichen Regelungstechnik nicht von der Hand zu weisen sind, bietet das Nebenstrafrecht nach alledem für eine möglicherweise zu schaffende Spezialnorm keine geeigneten Voraussetzungen. Eine hinreichend allgemeingültige und gleichzeitig rechtsstaatlich fundierte Regelung im Hinblick auf das Unterlassen von Gefahrabwendungsmaßnahmen bezüglich bereits in Verkehr gebrachter Produkte kann nur im Kernstrafrecht verortet werden. Nicht nur fehlt es an einem sachlichen Grund, bei der Auferlegung von Gefahrabwendungspflichten nach verschiedenen Produktgruppen zu differenzieren. Es wäre darüber hinaus höchst unökonomisch. Obwohl der Regelungsgehalt jeweils der gleiche wäre, müsste für jeden spezialgesetzlich geregelten Produktbereich eine eigene Verhaltens- und Sanktionsnorm geschaffen werden. Das

433 *Reus*, S. 147; vgl. auch MüKoStGB/*Freund*, AMG Vor § 95 Rn. 80.
434 *Kühne*, NJW 1997, 1951 (1954).
435 *Kühne*, NJW 1997, 1951 (1954).
436 *Kühne*, NJW 1997, 1951 (1954).
437 Dieselben Probleme lassen sich in fast jedem anderen Bereich des Nebenstrafrechts ebenso feststellen; vgl. MüKoStGB/*Freund*, AMG Vor § 95 Rn. 86.
438 Siehe hierzu bereits 0.
439 *Hilgendorf*, ZLR 2011, 303 (308).
440 *Hilgendorf*, ZLR 2011, 303 (308 f.).

hohe Abstraktionsniveau kernstrafrechtlicher Regelungen bietet auch insofern den Vorteil, dass viele verschiedene Verhaltensweisen von nur einem Tatbestand erfasst werden können und dieser von sich schnell ändernden Lebenswirklichkeiten unabhängig ist.[441] Dabei muss natürlich der geringeren Bestimmungsdichte des strafwürdigen Verhaltens durch die Gestaltung des Tatbestands Rechnung getragen werden.[442] Auch formal wird eine kernstrafrechtliche Regelung der übergreifenden Bedeutung einer Sonderverantwortlichkeit des Produktherstellers am ehesten gerecht.[443]

B. Die Regelung des § 314 StGB

Im Kernstrafrecht denkt man im Zusammenhang mit Produkthaftungsfällen zunächst an die Straftaten gegen das Leben und die körperliche Unversehrtheit im 16. und 17. Abschnitt des Strafgesetzbuches. Deutlich weniger Beachtung findet demgegenüber die gemeingefährliche Vergiftung gemäß § 314 StGB. Nach deren für das Produktstrafrecht relevantem Tatbestand in Abs. 1 Nr. 2 wird mit Freiheitsstrafe von einem bis zu zehn Jahren bestraft, wer Gegenstände, die zum öffentlichen Verkauf oder Gebrauch bestimmt sind, vergiftet oder ihnen gesundheitsschädliche Stoffe beimischt oder vergiftete oder mit gesundheitsschädlichen Stoffen vermischte Gegenstände im Sinne des Abs. 1 Nr. 2 verkauft, feilhält oder sonst in Verkehr bringt. Über die Rechtsnatur der Vorschrift und die Auslegung einzelner Tatbestandsmerkmale besteht ebenso viel Uneinigkeit wie über die grundsätzliche Bedeutung der Norm für die strafrechtliche Produkthaftung. Zu den ersten beiden Punkten soll es hier mit einem kurzen Überblick sein Bewenden haben, denn dass auch § 314 StGB kein ausdrückliches Handlungs*gebot* aufstellt, verrät bereits der Gesetzeswortlaut. Selbst über § 13 StGB ließe sich eine strafbewehrte Handlungspflicht nicht konstruieren, da das Inverkehrbringen zum einen explizit als positives Tun umschrieben ist und zum anderen ein Begehen durch Unterlassen jedenfalls ab dem Zeitpunkt, ab dem sich das Produkt tatsächlich im Verkehr befindet, ausgeschlossen sein muss, da der Erfolg dann bereits eingetreten ist.[444] § 314 Abs. 1 Nr. 2 StGB hilft daher im strafrechtlichen Umgang

441 *Reus*, S. 147.

442 Siehe insbesondere 5. Teil § 1.

443 MüKoStGB/*Freund*, AMG Vor § 95 Rn. 92; *Reus*, S. 171; vgl. auch *Eidam*, NJW 2005, 1021 (1021), der die strafrechtliche Produktverantwortung nach den Vorschriften des StGB als „Spitze der Sanktionspyramide“ im Produktsicherheitsrecht ansieht.

444 *Bosch*, S. 507. Insofern gilt hier nichts anderes als im Rahmen der arznei- und lebensmittelstrafrechtlichen Vorschriften, siehe 3. Teil § 2 A. I. 2 und 3. Teil § 2 A. I. 3.

mit bereits auf dem Markt befindlichen Produkten nicht weiter. Nichtsdestotrotz ist § 314 Abs. 1 Nr. 2 StGB gegenwärtig die einzige Vorschrift im Kernstrafrecht, die speziell auf Produkthaftungssachverhalte zugeschnitten ist. Um eine neue Spezialregelung in das Gesamtgefüge des Kernstrafrechts einpassen zu können, muss die Regelungssituation de lege lata beleuchtet werden.

I. Rechtsnatur

Da der Tatbestand des § 314 Abs. 1 StGB keinen Verletzungs- oder Gefahrerfolg fordert, wird die Norm häufig als abstraktes Gefährdungsdelikt eingeordnet.[445] Das Meinungsbild ist bezüglich einer solchen Zuordnung allerdings nicht eindeutig. Dies liegt daran, dass § 314 Abs. 1 StGB seinem Wortlaut nach – anders als noch seine Vorgängervorschrift § 319 StGB a.F. – zwar nicht mehr eine Eignung zur Gesundheitszerstörung verlangt, nach allgemeiner Ansicht aber zumindest eine Eignung zur Gesundheitsschädigung in den Tatbestand hineinzulesen ist.[446] Teilweise wird hieraus der Schluss gezogen, dass es eben nicht um eine Handlung gehe, die lediglich aufgrund ihrer abstrakt generellen Gefahr für strafwürdig erachtet wird. Es käme vielmehr auf die Erfüllung von gesetzlich nicht näher definierten Gefahrenmerkmalen an, die erst durch richterliche Auslegung ihre genaue Bestimmung erführen. Letztlich habe damit der Richter anhand eines generalisierenden Maßstabes die individuelle Gefährlichkeit des Täterhandelns zu bewerten.[447] Während sich für manche die Konsequenz hieraus darin erschöpft, dass diese Delikte eine besondere Spielart der abstrakten Gefährdungsdelikte seien,[448] wird teilweise Bedarf für eine Neuerfassung gesehen. So finden sich in diesem Zusammenhang als eigene, hierzu vorgeschlagene Deliktskategorien abstrakt-konkrete Gefährdungsdelikte[449], potenzielle Gefährdungsdelikte[450] und

---

445 *Fischer*, § 314 Rn. 1; Lackner/Kühl/*Heger*, § 314 Rn. 1; Schönke/Schröder/*Heine/Bosch*, § 314 Rn. 2; MüKoStGB/*Krack*, § 314 Rn. 1.

446 *Gallas*, FS Heinitz, S. 171 (174 f.); *Holtermann*, S. 74, 111; im Ergebnis auch Schönke/Schröder/*Heine/Bosch*, § 314 Rn. 15; NK-StGB/*Kargl*, § 314 Rn. 9; SK-StGB/*Wolters*, § 314 Rn. 3.

447 *Holtermann*, S. 74.

448 Schönke/Schröder/*Heine/Bosch*, Vorbemerkungen §§ 306 ff. Rn. 4.

449 *Schröder*, ZStW 1969, 7 (22); *ders.*, JZ 1967, 522 (525).

450 BGH v. 26.10.1993 – 1 StR 559/93= NJW 1994, 672 (672); BGH v. 28.04.1994 – 4 StR 65/94= NJW 1994, 2161 (2161). Hier sei darauf hingewiesen, dass der Begriff des potenziellen Gefährdungsdelikts inhaltlich doppelt besetzt ist: Während damit meist solche Tatbestände umschrieben werden, die die generelle Schädigungseignung als Tatbestandsmerkmal enthalten, wird er teilweise auch als Bezeichnung eines Deliktstypus verwendet, bei dem durch ein gefährliches Verhalten ein konkret

Eignungsdelikte[451]. Darüber hinaus wird die Auffassung vertreten, dass aus der Verwendung des Begriffs der Geeignetheit für sich gesehen keine Rückschlüsse auf die Deliktsnatur einer Vorschrift gezogen werden können. Das Merkmal könne im Rahmen verschiedener Deliktstypen Verwendung finden, es müsse der Deliktstypus entsprechend für jede einzelne Strafnorm gesondert bestimmt werden.[452]

II. Schutzzweck

Nach überwiegender Ansicht soll § 314 StGB die Rechtsgüter Leben und Gesundheit von Menschen schützen.[453] Der Wortlaut der Vorschrift nennt diese zwar nicht explizit, eine entsprechende Schutzrichtung lässt sich aber aus den Tatbestandsmerkmalen des Vergiftens und der gesundheitsschädlichen Stoffe herauslesen. Dass bei § 314 Abs. 1 StGB im Einzelfall kein Schaden eintreten muss, ist lediglich Konsequenz der Ausgestaltung als (abstraktes) Gefährdungsdelikt und trifft keine Aussage über den Schutzzweck. Deutlich wird der vom Gesetzgeber intendierte Individualrechtsgüterschutz auch systematisch durch den Verweis in § 314 Abs. 2 StGB.[454] Demnach gilt § 308 Abs. 2 bis Abs. 4 StGB entsprechend. Bei § 308 Abs. 2 und Abs. 3 StGB handelt es sich um Erfolgsqualifikationen, die für die Verursachung einer schweren Gesundheitsschädigung oder einer Gesundheitsschädigung einer großen Anzahl von Menschen bzw. der leichtfertigen Verursachung des Todes eines Menschen einen deutlich erhöhten Strafrahmen vorsehen. Dass § 314 Abs. 1 StGB hierfür als Grunddelikt in Betracht kommt, lässt den Schluss zu, dass es auch hier um die Gesundheit des Einzelnen geht. Schließlich zeigt sich die Schutzrichtung des § 314 StGB auch an dessen Entstehungsgeschichte. Die Vorgängervorschriften waren meist den Verbrechen gegen Leib oder Leben zugeordnet und erst später bei den gemeingefährlichen Delikten verortet, ohne dass sich hieraus aber eine inhaltliche Änderung ergab.[455]

Darüber hinaus wird auch in Bezug auf § 314 StGB immer wieder darauf hingewiesen, dass dieser unter anderem die Volksgesundheit als Universalrechtsgut

---

gefährlicher Zustand hervorgerufen wird, siehe ausführlich 5. Teil § 1 C. II. Sowohl die Regelung des § 319 StGB a.F. als auch der § 314 StGB n.F. fallen aber auch nach letzterem (engeren) Verständnis in die Gruppe der potenziellen Gefährdungsdelikte, *Zieschang,* Die Gefährdungsdelikte, S. 267.

451 *Hoyer*, JA 1990, 183 (183).

452 *Zieschang,* Die Gefährdungsdelikte, S. 205.

453 *Fischer*, § 314 Rn. 1; Schönke/Schröder/*Heine/Bosch*, § 314 Rn. 1; MüKoStGB/*Krack*, § 314 Rn. 1.

454 Vgl. *Joecks/Jäger*, § 314 Rn. 3.

455 Siehe oben, 4. Teil § 1.

schütze. Einzelne Stimmen im Schrifttum gehen sogar davon aus, dass der Schutz der Individualrechtsgüter lediglich ein Reflex des eigentlich von § 314 StGB intendierten Schutzes der Volksgesundheit sei.[456] Diesbezüglich gelten jedoch auch hier die Ausführungen zum Schutzgut einer neu zu schaffenden Spezialvorschrift, die das Unterlassen von Gefahrabwendungsmaßnahmen durch den Hersteller sanktioniert: Selbst wenn man in manchen Bereichen, wie etwa dem Betäubungsmittelstrafrecht, ein eigenständiges Rechtsgut der Volksgesundheit anerkennt, das primär die Funktionalität des Staates und des gesellschaftlichen Zusammenlebens erfasst, ist dieses in den Fällen des § 314 StGB nicht in einer strukturell relevanten Weise beeinträchtigt. Insofern kann die Volksgesundheit Schutzgut der Vorschrift nur insofern sein, als sie aufgrund ihrer gemeingefährlichen Handlungstendenz einen Bezug zur Allgemeinheit aufweist.[457]

III. Tatbestand des § 314 Abs. 1 Nr. 2 StGB

Um die Rolle des § 314 Abs. 1 Nr. 2 StGB für strafrechtliche Produkthaftungssachverhalte bewerten zu können, müssen zunächst dessen auslegungsbedürftige Tatbestandsmerkmale in den Blick genommen werden.

1. Vergiften oder Beimischen eines gesundheitsschädlichen Stoffes

Tatbestandsmäßiges Verhalten des § 314 Abs. 1 Nr. 2 StGB ist das Vergiften oder Beimischen eines gesundheitsschädlichen Stoffes. Unklar ist hier zunächst, ob die Gesundheitsgefährlichkeit – wie der Wortlaut nahelegt – dem beigemischten Stoff innewohnen muss oder ob der Tatbestand auch erfüllt ist, wenn lediglich die Grundsubstanz selbst gesundheitsgefährlich ist. Nach überwiegend vertretener Auffassung soll es aber weder eine Rolle spielen, ob der beigemischte Stoff der schädliche und der Grundstoff für sich ungefährlich ist, noch in welchem Mischungsverhältnis die jeweiligen Bestandteile zueinander stehen.[458] Auch im Hinblick auf die Frage, ob das Beimischen im Sinne eines *nachträglichen* Beimischens zu einem bereits gebrauchs- oder verkaufsfertigen Produkt zu verstehen ist, besteht Uneinigkeit. Für eine solche Restriktion des Tatbestands wird der Gesetzeswortlaut angeführt, der eine Einwirkung auf Gegenstände fordert, die zum öffentlichen Verkauf oder Verbrauch bestimmt sind, was impliziere, dass

---

456 So *Mayer*, Strafrechtliche Produktverantwortung bei Arzneimittelschäden, S. 112; im Ergebnis auch *Geerds*, FS Tröndle, S. 241 (258 f.); *Mintas*, S. 107.

457 4. Teil § 2 A.

458 *Holtermann*, S. 119 ff.; MüKoStGB/*Krack*, § 314 Rn. 9; *Landry*, S. 20; *Mayer*, Strafrechtliche Produktverantwortung bei Arzneimittelschäden, S. 114 f.; SK-StGB/*Wolters*, § 314 Rn. 13; a.A. *Seher*, NJW 2004, 113 (114).

diese Gegenstände bereits fertig hergestellt wurden. Zum anderen sei anhand des Vergleichs zu § 314 Abs. 1 Nr. 1 StGB erkennbar, dass Normzweck die Verhinderung nachträglicher Einwirkungen auf öffentlich zugängliche und bis dahin einwandfreie Güter sei.[459]

In Bezug auf das Produktstrafrecht hätte dies allerdings die weitgehende Unanwendbarkeit der Norm zur Konsequenz. Denn in aller Regel geht es hier um Einwirkungen während des Produktionsprozesses selbst und teilweise sogar um die gezielte Herstellung erkannt gesundheitsschädlicher Gegenstände, wie beispielsweise von Arzneimitteln. All das wäre vom Tatbestand bei einer solchen Lesart nicht erfasst. Überwiegend wird daher zumindest dem Grunde nach der bereits vom Reichsgericht[460] vertretenen Auffassung zugestimmt, dass es unabhängig vom Zeitpunkt allein darauf ankäme, dass durch Vermischung eines ungefährlichen mit einem gesundheitsgefährlichen Stoff ein zum öffentlichen Verkauf oder Verbrauch bestimmtes Produkt erzeugt wird.[461] Warum Verbrauchsgüter, die als solche auch produziert werden, nicht schon zum Zeitpunkt der Produktion eine Verkaufszweckbestimmung aufweisen sollen, leuchtet nicht ein. Der § 314 Abs. 1 Nr. 2 StGB dient dem Schutz der Verbraucher vor Lebens- und Gesundheitsgefahren, so dass es allein auf die durch menschliche Einwirkung hervorgerufene Schädlichkeit des Produkts ankommt und nicht etwa darauf, in welchem Moment ein gesundheitsgefährlicher Stoff zugesetzt wurde.[462]

2. *Das Erfordernis der Gesundheitsschädlichkeit*

Dass der Tatbestand des § 314 Abs. 1 Nr. 2 StGB eine Eignung zur Gesundheitsschädigung fordert, ist allgemeiner Konsens.[463] Wann eine Schädigungseignung im Sinne der Norm aber angenommen werden kann, ist weniger eindeutig. Schon

---

459 So früher vertreten von *Horn*, NJW 1986, 153 (154).

460 RGSt 67, 360 (361).

461 *B. Bock*, S. 51 f.; *Hilgendorf*, Strafrechtliche Produzentenhaftung in der „Risikogesellschaft", S. 168; *Kuhlen*, Fragen einer strafrechtlichen Produkthaftung, S. 157 f.; *Mayer*, Strafrechtliche Produktverantwortung bei Arzneimittelschäden, S. 116; *Seher*, NJW 2004, 113 (114); diff. *Holtermann*, S. 101 ff., der fordert, dass der Gegenstand zumindest schon insoweit hinreichend konkretisiert ist, dass er bedingt durch eine eingeschränkte Kontrollmöglichkeit eine besondere Schutzbedürftigkeit erkennen lässt; dem zustimmend NK-StGB/*Kargl*, § 314 Rn. 11.

462 So auch *Mayer*, Strafrechtliche Produktverantwortung bei Arzneimittelschäden, S. 116.

463 *Gallas*, FS Heinitz, S. 171 (174 f.); *Holtermann*, S. 74, 111; im Ergebnis auch Schönke/Schröder/*Heine/Bosch*, § 314 Rn. 15; NK-StGB/*Kargl*, § 314 Rn. 9; SK-StGB/*Wolters*, § 314 Rn. 3.

die Festlegung der Rahmenbedingungen, unter denen die Schädigungseignung zu bewerten ist, begegnet dem Problem, dass diese sich nicht anhand konkreter, zum Zeitpunkt der Tathandlung feststehender Umstände des Einzelfalls ermitteln lassen. Zum maßgeblichen Zeitpunkt des Herstellens bzw. Inverkehrbringens lässt sich in der Regel weder der genaue Verwender- bzw. Verbraucherkreis noch die Art und Weise des Gebrauchs absehen.[464] Es bleibt daher nichts weiter übrig, als eine hypothetische Verwendung zugrunde zu legen. Dabei ist die potenzielle körperliche Konstitution aller Personen, die einem breiten gesundheitlichen Normalbereich zuzurechnen sind, zu berücksichtigen und grundsätzlich von einem üblichen Ge- bzw. Verbrauch auszugehen.[465]

Unklar ist ferner, ob eine gewisse Intensität der drohenden Gesundheitsschädigung zu fordern ist. Vorgeschlagen wird zur Bestimmung des Begriffs der Gesundheitsschädlichkeit sowohl eine Anknüpfung an die Gesundheitsschädigung im Sinne von § 223 Abs. 1 StGB[466] oder die gesundheitsschädlichen Stoffe im Sinne von § 224 Abs. 1 Nr. 1 StGB[467] als auch eine selbständige Begriffsbestimmung, bei der die erforderliche Intensität irgendwo zwischen diesen beiden Anknüpfungspunkten liegt. Diesem letztgenannten Vorschlag zufolge müsse die Erheblichkeitsschwelle für die Gesundheitsschädlichkeit im Rahmen von § 314 StGB zwar über der des § 223 Abs. 1 StGB liegen, so dass nicht jede leichte und nur vorübergehende Einschränkung des Wohlbefindens genügt. Gleichzeitig seien aber auch keine zu hohen Anforderungen an die Schädigungswirkung zu stellen. Eine Intensität der Gesundheitsschädlichkeit, wie sie im Rahmen von § 224 Abs. 1 Nr. 1 StGB gefordert wird, müsse demnach nicht bereits erreicht sein.[468]

Angesichts der hohen Strafandrohung des § 314 StGB, der als Verbrechenstatbestand ausgestaltet ist und eine Freiheitsstrafe von einem bis zehn Jahre vorsieht, spricht vieles dafür, in Anlehnung an § 224 Abs. 1 Nr. 1 StGB eine drohende *erhebliche* Gesundheitsschädigung zu fordern.[469] Die bemerkenswerte Schärfe der Strafandrohung lässt sich nur vor dem Hintergrund verstehen, dass hierdurch reflexartig auch das Vertrauen des Einzelnen in die Sicherheit des Konsums gestärkt

---

464 *Mayer*, Strafrechtliche Produktverantwortung bei Arzneimittelschäden, S. 117.

465 *Horn*, NJW 1986, 153 (154 f.); *Kuhlen*, Fragen einer strafrechtlichen Produkthaftung, S. 159 ff.

466 *Seher*, NJW 2004, 113 (117), der einen solchen weiten Begriff der Gesundheitsschädlichkeit insbesondere im Hinblick auf § 314 Abs. 2 i. V. m. § 308 Abs. 2 StGB befürwortet; außerdem MüKoStGB/*Krack*, § 314 Rn. 7.

467 Lackner/Kühl/*Heger*, § 314 Rn. 3; *Holtermann*, S. 117; *Joecks/Jäger*, § 314 Rn. 9.

468 Schönke/Schröder/*Heine/Bosch*, § 314 Rn. 15; NK-StGB/*Kargl*, § 314 Rn. 9.

469 *Fischer*, § 224 Rn. 6 f.

werden soll.[470] Dieses Vertrauen wird allerdings nur in solchen Fällen nachhaltig erschüttert, in denen die drohende Gesundheitsschädigung ein erhebliches Maß annimmt, so dass der Tatbestand entsprechend restriktiv ausgelegt werden sollte.

3. *Zwischenergebnis*

Die bestehenden Unklarheiten bei der Auslegung der Tatbestandsmerkmale des § 314 Abs. 1 Nr.2 StGB lassen bereits die Schwierigkeiten erahnen, denen der Normanwender ausgesetzt ist. Auch wenn sich zumindest in der Literatur zaghaft favorisierte Auslegungsergebnisse abzeichnen, bleiben die Tatbestandsvoraussetzungen in ihren Details ungewiss und die Entscheidung für eine mögliche Interpretation angreifbar. Dies muss berücksichtigt werden, wenn es darum geht, ob die Vorschrift einen sinnvollen Beitrag zur strafrechtlichen Produkthaftung leisten kann.

IV. Bedeutung des § 314 Abs. 1 Nr. 2 StGB im Produktstrafrecht

Wie bedeutsam die Rolle des § 314 Abs. 1 Nr. 2 StGB für die strafrechtliche Produktverantwortlichkeit ist, wird sehr unterschiedlich bewertet. Das Spektrum reicht von einer Einordnung als eine der Aufhellung bedürfende „Dunkelnorm“[471], die ein „Schattendasein“[472] führe, über die Bescheidung einer Existenz als „rechtshistorische Konserve“ ohne Praxisrelevanz[473], bis hin zur Bewertung des Tatbestands als eine „Mine für die gesamte Verbrauchs- und Gebrauchsgüter-Wirtschaft“[474] und „Prototyp“[475] der strafrechtlichen Produkthaftung.[476] Auffällig ist jedenfalls die weitgehende Abwesenheit der Regelung in der Rechtsprechung der Strafgerichte zu Produkthaftungsfällen. In den Urteilsbegründungen wird sie regelmäßig[477] nicht einmal erwähnt.[478]

---

470 SK-StGB/*Wolters*, § 314 Rn. 3.
471 *Seher*, NJW 2004, 113 (113).
472 *Bosch*, S. 503.
473 *Geerds*, FS Tröndle, S. 241 (256).
474 *Horn*, NJW 1986, 153 (153 f.); *Bosch*, S. 503 spricht in Bezug auf die Ausführungen *Horns* von einer Einordnung als „zentrale Verbraucherschutzvorschrift“.
475 *Bottke/Mayer*, ZfBR 1991, 233 (234).
476 Siehe zu diesen unterschiedlichen Auffassungen auch *Holtermann*, S. 22 f.
477 Eine Ausnahme bildet insoweit die Urteilsbegründung des LG Frankfurt v. 27.07.1990 – 5/26 Kls 65 Js 8793/84= NStZ 1990, 592 (592 f.) Hier wird zumindest oberflächlich auf den Tatbestand des § 319 StGB a.F. eingegangen, dieser dann aber ohne tiefere Erörterung wegen fehlenden Vorsatzes abgelehnt.
478 *Holtermann*, S. 23.

Ein möglicher Grund hierfür ist sicherlich der Umstand, dass der Rückgriff auf ein bloßes Gefährdungsdelikt weniger dringlich erscheint, wenn eine Strafbarkeit schon wegen eines Erfolgsdeliktes bejaht werden kann. Allerdings bereitet gerade die Zurechnung von Schädigungserfolgen regelmäßig Probleme, so dass dem Gefährdungstatbestand nach kriminalpolitischer Logik umso mehr Aufmerksamkeit zukommen müsste. Dass in der Rechtsprechung kaum oder gar nicht auf den § 314 Abs. 1 Nr. 2 StGB zurückgegriffen wird, muss daher noch andere, in der Vorschrift selbst liegende Gründe haben.[479] Dahinstehen kann dabei, ob die bestehenden Auslegungsschwierigkeiten (Mit-)Ursache oder vielmehr Konsequenz der Nichtbeachtung in der Rechtsprechung sind. Bei § 314 Abs. 1 Nr. 2 StGB handelt es sich schon deshalb nicht um eine zentrale Verbraucherschutznorm, weil die Tathandlung schlicht zu eng gefasst ist. Dieser eklatante Mangel des Tatbestandes kann auch bei der großzügigsten Auslegung nicht überwunden werden. Durch das Erfordernis des Beimischens eines gesundheitsschädlichen Stoffes ist die Norm zugeschnitten auf chemische Produkte, Arzneimittel und Lebensmittel.[480] Auf viele Produkte aus anderen Industriezweigen bleibt der § 314 Abs. 1 Nr. 2 StGB damit unanwendbar. In den Kategorien eines umfassenden Verbraucherschutzes ist es willkürlich, beispielsweise die zunehmend markt- und gesellschaftsdominierenden technischen Produkte dem Anwendungsbereich der Norm zu entziehen.[481] Darüber hinaus wird auch die tatbestandliche Struktur des § 314 Abs. 1 Nr. 2 StGB, namentlich das Merkmal der Schädigungseignung, für die Nichtanwendung der Norm in der strafgerichtlichen Praxis verantwortlich gemacht. Über das Eignungsmerkmal werde eben doch ein gewisser Erfolgsbezug hergestellt, zugleich aber tatbestandlich die Gefährlichkeit der Tathandlungen nicht weiter konkretisiert. Dem Richter werde damit seitens des Gesetzgebers keine Beurteilungsgrundlage für die Feststellung der Schadenseignung eines Produkts zur Verfügung gestellt. Die Abgrenzung (noch) sozial verträglicher Risiken und durch den Verbraucher selbst zu verantwortender Gefährdungslagen von rechtlich missbilligten Gefährdungshandlungen obliege damit allein ihm. Entsprechend sei die mangelnde Rezeption der Vorschrift nicht weiter verwunderlich.[482] Die Feststellung der Produktgefährlichkeit werfe außerdem mitunter

---

479 Zu diesem Ergebnis gelangt auch *Kuhlen*, FG BGH Bd. IV, S. 647 (647) in Bezug auf die Gründe der Bedeutungslosigkeit der §§ 319, 320 StGB a.F.

480 *Holtermann*, S. 169 f.; *Kuhlen*, Fragen einer strafrechtlichen Produkthaftung, S. 169 f.

481 Vgl. *Holtermann*, S. 169 f. Die Problematik stellt sich insoweit hier ähnlich wie im Bereich des Nebenstrafrechts, siehe hierzu 3. Teil § 2 A. II.

482 Diese Argumentationslinie findet sich bei *Bosch*, S. 509 f., der darüber hinaus die Vermutung äußert, dass die Norm aufgrund ihrer hohen Strafandrohung teilweise

ebenso große (Beweis-)Schwierigkeiten auf wie die einer Kausalitätsbeziehung zwischen Produktanwendung und Rechtsgutverletzung.[483] Ferner dürfte auch das subjektive Vorsatzerfordernis ein Grund für die geringe Beachtung in der strafgerichtlichen Praxis sein. Praktisch wird ein Großteil der Produkthaftungsfälle im Bereich der Fahrlässigkeit angesiedelt sein.[484] Dies gilt insbesondere mit Blick auf das Merkmal der Eignung zur Gesundheitsschädigung. Warum der Fahrlässigkeitstatbestand des § 320 StGB a. F. im Zuge des 6. Strafrechtsreformgesetzes 1998[485] gestrichen wurde, lässt sich der Gesetzesbegründung nicht entnehmen.[486]

Damit wird man den weit divergierenden Meinungen zur Bedeutung des § 314 Abs. 1 Nr. 2 StGB jeweils partiell Recht geben können. Durch die Beseitigung der oben genannten Mängel könnte die Vorschrift zwar deutlich wirkmächtiger sein und auf diese Weise durchaus eine zentrale Bedeutung für die strafrechtliche Produktverantwortlichkeit spielen. Aus diversen Gründen entfaltet sie aber in ihrer aktuellen Fassung kaum praktische Relevanz.

C. Zwischenergebnis

Weder das Nebenstrafrecht noch der § 314 Abs. 1 Nr. 2 StGB erfassen das Unterlassen von Gefahrabwendungsmaßnahmen durch den Hersteller hinreichend, so dass eine strafrechtliche Neuregelung zu begrüßen wäre. Aufgrund der Nachteile, die die Regelungstechnik des Nebenstrafrechts mit sich bringt, erscheint es hierbei sinnvoll, diese im Kernstrafrecht zu verorten.

§ 3 Ergebnis

Die Schaffung einer neuen Strafvorschrift, die das Unterlassen von Gefahrabwendungsmaßnahmen durch den Produkthersteller sanktioniert, ist unter den Aspekten der Strafwürdigkeit und der Strafbedürftigkeit legitimierbar. Ferner bestehen de lege lata jenseits des unechten Unterlassens keine Möglichkeiten, ein entsprechendes Fehlverhalten des Produktherstellers angemessen zu sanktionieren, so

---

bewusst ignoriert werde. Dies zumindest legten die Sanktionen in strafrechtlichen Produkthaftungsfällen nahe. Die Angeklagten im Mandelbienenstich-Fall etwa seien wegen vorsätzlicher Körperverletzung in Tateinheit mit vorsätzlichem Inverkehrbringen verdorbener Lebensmittel lediglich zu Geldstrafen verurteilt worden, obwohl 109 Personen mitunter lebensgefährlich verletzt wurden.

483 *Bosch*, S. 510. Siehe zum Problem der generellen Kausalität unten, 5. Teil § 1 A. I.

484 Siehe auch 5. Teil § 4.

485 Siehe 4. Teil § 1.

486 Vgl. BT-Drucks. 13/8587, S. 50 f.

dass eine solche Spezialvorschrift auch erforderlich erscheint. Eine Sanktionierung über § 13 StGB in Verbindung mit den Begehungstatbeständen ist zwar möglich, da eine Garantenstellung des Produktherstellers aus dessen Gefahrquellenverantwortung erwächst. Aufgrund der anhaltenden Diskussion hierum ist allerdings schon aus Klarstellungsgründen eine ausdrückliche gesetzliche Regelung wünschenswert. Darüber hinaus bestehen im Rahmen des unechten Unterlassens mehrere Kausalitätsprobleme, denen durch die Schaffung einer Spezialvorschrift möglicherweise abgeholfen werden kann. Dies wird im Lauf der Untersuchung noch erörtert werden.[487]

487 5. Teil § 1.

4. Teil Verortung einer Spezialregelung im Kernstrafrecht

Anschließend an die Feststellung der Notwendigkeit einer kernstrafrechtlichen Spezialregelung und bevor deren inhaltliche Anforderungen bestimmt werden, stellt sich die Frage nach dem Regelungsstandort innerhalb des Strafgesetzbuches. Da mit § 314 StGB bereits eine kernstrafrechtliche Norm mit Produktverantwortungsbezug existiert, ist es naheliegend, auch das Unterlassen von Gefahrabwendungsmaßnahmen im Umfeld dieser Norm zu platzieren. Zwar scheint der zu schlagende Bogen von der „Brunnenvergiftung“, um die es ursprünglich bei dem Tatbestand einmal ging, zu den Gefahrabwendungspflichten eines Produktverantwortlichen sehr weit zu sein. Vergegenwärtigt man sich aber den historischen Hintergrund der Norm und die seit der Ursprungsfassung durchlaufene gesellschaftliche Entwicklung, so offenbart sich, dass es sich um unterschiedliche Ausprägungen derselben Regelungsmaterie handelt. Entstehungsgeschichtliche Erwägungen helfen auch bei der Ausräumung systematischer Bedenken. Diese rühren daher, dass bislang in Fällen, in denen ein Produkt nicht oder nicht rechtzeitig zurückgerufen wurde und ein Schaden tatsächlich feststellbar war, fast ausschließlich die Vorschriften zum Schutz von Leib und Leben Anwendung fanden. Teilweise wird die Ansicht vertreten, allein im 17. Abschnitt könne eine umfassende Regelung der strafrechtlichen Produktverantwortlichkeit erfolgen.[488] Ob die Verschiebung zumindest eines Teils dieser Fälle in die Gruppe der gemeingefährlichen Delikte sachgemäß ist, soll nun vor dem Hintergrund von Entstehungsgeschichte und Systematik untersucht werden.

§ 1 Entstehungsgeschichte des § 314 StGB

Dem heutigen § 314 StGB vergleichbare Normen fanden sich erstmals in § 870 ff. des Preußischen Allgemeinen Landrechts (Preuß. ALR). Diesen zufolge standen das Vergiften von Brunnen, Gewässern, Speisen, Getränken, Kleidungsstücken oder anderen zum Gebrauch von Mehreren bestimmten Sachen unter Strafe. Dabei wurde differenziert, ob es tatsächlich zur Tötung von Menschen kam (§ 870 Preuß. ALR) oder ob Menschen lediglich gesundheitlich geschädigt oder auch gar nicht geschädigt wurden (§§ 871, 872 Preuß. ALR). Interessanterweise fanden sich diese Normen noch im 11. Gesetzesabschnitt über

488 So *Domeier*, S. 298 ff.

Körperverletzungen, obwohl das Gesetz den Begriff der Gemeingefährlichkeit bereits verwendete. Der entsprechende Abschnitt „Von Beschädigungen mit gemeiner Gefahr“ enthielt Verletzungsdelikte, die mit weiterer Gefahr verbunden waren. Im Fokus stand folglich noch die Individualverletzung, die erstmalige Verwendung des Begriffs in der Gesetzgebung war aber impulsgebend für den sich ab der zweiten Hälfte des 19. Jahrhunderts durchsetzenden Gedanken einer selbständigen Gruppe von gemeingefährlichen Delikten.[489]

Ähnlich gefasste Normen[490] enthielten auch die anderen Partikulargesetze des 19. Jahrhunderts.[491] Meist waren die Normen wie im Preuß. ALR bei den Verbrechen gegen Leib und Leben zu finden, teilweise in Abschnitten über spezifisch gemeinschaftswidrige Delikte, gemeingefährliche Verbrechen oder Delikte gegen die „Sicherheit im Staate“.[492] Das darauffolgende Reichsstrafgesetzbuch enthielt mit § 324 RStGB einen den gemeingefährlichen Delikten zugeordneten Verbrechenstatbestand, der bis zu zehn Jahre Zuchthausstrafe für denjenigen vorsah, der „vorsätzlich Brunnen- oder Wasserbehälter, welche zum Gebrauche anderer dienen, oder Gegenstände, welche zum öffentlichen Verkaufe oder Verbrauche bestimmt sind, vergiftet oder denselben Stoffe beimischt, von denen ihm bekannt ist, daß [sic] sie die menschliche Gesundheit zu zerstören geeignet sind, ingleichen, wer solche vergiftete oder mit gefährlichen Stoffen vermischte Sachen willentlich und mit Verschweigen dieser Eigenschaft verkauft, feilhält oder sonst in Verkehr bringt“.[493] Wurde hierdurch der Tod eines Menschen verursacht, drohte eine Zuchthausstrafe nicht unter zehn Jahren, schlimmstenfalls sogar lebenslänglich. § 324 RStGB wurde mit dem 18. Strafrechtsänderungsgesetz, dem „Gesetz zur Bekämpfung der Umweltkriminalität“ vom 18. März 1980, umbenannt in § 319 StGB.[494] Weitreichende Änderungen erfuhr dieser dann im Zuge des 6. Strafrechtsreformgesetzes vom 26. Januar 1998. Nicht nur erfolgte erneut eine

---

489 *Landry*, S. 59 Fn. 2.

490 Siehe Art. 155 StGB für die Herzoglich-Oldenburgischen Lande v. 10.09.1814; Art. 179 Königlich sächsisches Kriminalgesetzbuch v. 30.03.1838; Art. 190 Criminalgesetzbuch für das Königreich Hannover v. 08.08.1840; §§ 159 Abs. 1, 162 Criminalgesetzbuch für das Herzogtum Braunschweig v. 10.07.1840; Art. 241 StGB für das Königreich Wuerttemberg v. 01.03.1839; Art. 168 Thüringisches StGB v. 1848/1849; Art. 277 StGB für das Großherzogtum Hessen v. 17.09.1841; Art. 270 StGB für das Großherzogtum Nassau v. 14.04.1849; §§ 246, 247 StGB für das Großherzogtum Baden. Aufzählung der Normen nach *Landry*, S. 60.

491 *Holtermann*, S. 70.

492 *Landry*, S. 60.

493 *Holtermann*, S. 71.

494 BGBl. 1980 I S. 373, 374.

Umnummerierung in jetzt § 314 StGB, sondern man versuchte auch den Tatbestand durch modernere Formulierungen, eine übersichtlichere Gestaltung und eine Anpassung des Schutzgegenstandes der „Brunnen- und Wasserbehälter“[495] zeitgemäßer zu gestalten. Darüber hinaus wurden das Erfordernis des Bekanntseins und des Verschweigens der Eigenschaft als entbehrlich gestrichen und die „Eignung zur Gesundheitszerstörung“ ersetzt durch „gesundheitsschädliche Stoffe“.[496] Der Straftatbestand der fahrlässigen Gemeingefährdung § 320 StGB a.F., der fest mit dem § 319 StGB a.F. verbunden war, entfiel komplett.[497] Die Intentionen des Gesetzgebers diesbezüglich blieben mangels Ausführungen in der Gesetzesbegründung allerdings unklar.

Die Entstehungsgeschichte des § 314 StGB macht deutlich, dass von Ver- und Gebrauchsgütern ausgehende Gefahren für das Leben oder die Gesundheit von Menschen schon früh als regelungsbedürftig erkannt wurden. Wie sich auch anhand der Partikulargesetze zeigt, erhöhte sich die Schutzbedürftigkeit der Menschen diesbezüglich mit zunehmender Arbeitsteilung in der Gesellschaft, welche im Zuge der Industrialisierung ein bis dahin ungeahntes Ausmaß erreichte.[498] Die Menschen kamen im Rahmen ihres alltäglichen Lebens immer mehr mit teilweise lebensnotwendigen Konsumgütern in Berührung, auf deren Ungefährlichkeit sie vertrauen mussten. Insofern ergibt sich das hohe Gefahrpotenzial heute wie damals zum einen aus der großen Anzahl potenziell gefährdeter Menschen und zum anderen aus der Arglosigkeit von Verbrauchern im Hinblick auf Ver- und Gebrauchsgüter.

Abgesehen von diesen Parallelen hat sich die Lebensrealität allerdings in vielfacher Hinsicht verändert. So spielen beispielsweise gefasste Quellen (§ 314 Abs. 1 Nr. 1 Alt. 1 StGB) für die Trinkwasserversorgung kaum noch eine Rolle.[499] Insofern muss man in Bezug auf den § 314 Abs. 1 Nr. 1 StGB zum einen

---

495 Nunmehr erfasst § 314 Abs. 1 Nr. 1 StGB Wasser in gefassten Quellen, in Brunnen, Leitungen oder Trinkwasserspeichern.

496 BT-Drucks. 13/8587, S. 51.

497 *Holtermann*, S. 71.

498 Vgl. auch *Prittwitz*, StV 1991, 435 (438), der auf die mit dem technischen Fortschritt der Industriegesellschaft verbundene Entwicklung neuer Großgefahren und das darin liegende Potential zur Selbstzerstörung hinweist.

499 Ganz anders als in den Städten des Mittelalters. So verwundert es auch wenig, dass bereits im 14. Jahrhundert erstmals ein Delikt der Brunnenvergiftung auftauchte. Zu dieser Zeit wütete die Pest in Europa. Unter der Beschuldigung, die Seuche durch Vergiftung der Brunnen hervorgerufen zu haben, kam es daraufhin zu grauenhaften Judenverfolgungen, *Landry*, S. 53.

die Frage nach der Sinnhaftigkeit einer solchen jedenfalls teilweise historisch überholten Regelung[500] aufwerfen, zum anderen aber – noch dringlicher – den Einfluss der allein der historischen Entwicklung geschuldeten Tatobjekte[501] auf die gesamte Norm anerkennen. Die Tatobjekte legen mittelbar die tatbestandlichen Begehungsmittel fest, denn insoweit besteht ein denklogischer Zusammenhang. Während das Vergiften und Beimischen gesundheitsschädlicher Stoffe das Risikopotenzial der in Abs. 1 Nr. 1 genannten Tatobjekte vollständig erfassen mag, ergeben sich durch die Tathandlungen in Bezug auf die in Abs. 1 Nr. 2 genannten Ver- und Gebrauchsgüter Einschränkungen,[502] die in der heutigen Zeit kaum mehr sachlich zu rechtfertigen sind.[503] Ziel einer Rechtsordnung muss jedoch sein, den tatsächlichen Lebensumständen Rechnung zu tragen. Da die von komplexen Produktzusammensetzungen und Herstellungsverfahren ausgehenden Gefahren heute gegenüber der klassischen Vergiftung die ungleich größere Rolle spielen, müssen diese Fälle mithilfe kernstrafrechtlicher Normen angemessen erfassbar sein. Andernfalls findet eine nahezu vollständige Verlagerung in das Nebenstrafrecht statt,[504] das die entstehenden Strafbarkeitslücken nicht angemessen schließen kann.[505]

§ 2 Systematische Wertungen

Die Anwendung der Unterlassungsdogmatik des Allgemeinen Teils führt bei der strafrechtlichen Aufarbeitung produkthaftungsrechtlicher Sachverhalte in der Regel in den 16. und 17. Abschnitt des Strafgesetzbuches, zu den Straftaten gegen das Leben und die körperliche Unversehrtheit. Ob diese Zuordnung für eine zu schaffende Spezialvorschrift unter systematischen Gesichtspunkten zwingend ist oder ob eine Verortung bei den gemeingefährlichen Delikten im 28. Abschnitt ebenfalls in Betracht kommt, wird im Folgenden geklärt. Hierbei wird zunächst die Rechtsnatur der gemeingefährlichen Delikte beleuchtet und sodann untersucht, welchem Schutzgut die Spezialvorschrift primär dienen soll. Insbesondere wird § 314 StGB als thematisch verwandte Norm in den Blick genommen.

---

500 *Bosch*, S. 503.
501 *Geerds*, FS Tröndle, S. 241 (243).
502 Vgl. *Geerds*, FS Tröndle, S. 241 (251).
503 3. Teil § 2 B. IV.
504 *Geerds*, FS Tröndle, S. 241 (256 f.).
505 Siehe zur problembehafteten Regelungstechnik des Nebenstrafrechts den 3. Teil § 2 A. II.

A. Rechtsnatur der gemeingefährlichen Delikte

Gesetzlicher Ausgangspunkt der Dogmatik der gemeingefährlichen Straftaten ist der 28. Abschnitt des Strafgesetzbuches, der die dort angesiedelten Verbrechen und Vergehen explizit unter diesem Begriff zusammenfasst.[506] Die Bezeichnung als „Gemeingefährliche Straftaten" verrät allerdings zunächst nicht mehr über die Deliktsgruppe, als dass es um Tatbestände geht, die einen Bezug zur Allgemeinheit aufweisen und nicht bloß zum individuellen Rechtsgutsträger.[507] Wo sich früher in § 315 Abs. 3 StGB a.F. eine Definition der Gemeingefahr unter anderem als „Gefahr für Leib oder Leben, sei es auch nur eines einzelnen Menschen"[508] fand, schweigt das Gesetz in der aktuellen Fassung. Hinzu kommt die zunehmende praktische Bedeutungslosigkeit des Begriffs, da die meisten in den 28. Abschnitt eingestellten Delikte die „Gemeingefahr" nicht mehr als Tatbestandsmerkmal enthalten.[509]

Grundsätzlich ist bei der Bestimmung der Rechtsnatur des gemeingefährlichen Deliktes zwischen verschiedenen Bedeutungsebenen zu unterscheiden. Vor allen Dingen muss begrifflich differenziert werden zwischen der (konkreten) Gemeingefahr und der (abstrakten) Gemeingefährlichkeit.[510]

Die Gemeingefahr im Sinne des § 323c StGB wird meist als Sonderfall einer *konkreten* Gefährdung behandelt und als ein Zustand beschrieben, „bei dem die Möglichkeit eines erheblichen Schadens an Leib und Leben oder an bedeutenden Sachwerten für unbestimmt viele Personen naheliegt".[511] Die Festlegung, wie viele Personen betroffen sein müssen, damit ihre Beeinträchtigung als Gefährdung der Allgemeinheit anzusehen ist, bereitet aber erhebliche Schwierigkeiten. Um dem Problem der Festlegung einer Mindestzahl Gefährdeter zu begegnen, wurde vorgeschlagen, den Fokus von der Unbestimmtheit der Personenzahl auf die Unbestimmtheit des Individuums zu verschieben. Demzufolge soll es lediglich darauf ankommen, dass aus einer Vielzahl von Personen eine individuell unbestimmte Person betroffen ist, welche die Allgemeinheit repräsentiert.[512] Soweit es um die konkrete Gefährdung eines unbestimmten Individuums geht, ist der

---

506 *Klesczewski*, GS Seebode, S. 117 (121).

507 MüKoStGB/*Radtke*, Vorbemerkung § 306 Rn. 2.

508 RGBl. I S. 839.

509 MüKoStGB/*Radtke*, Vorbemerkung § 306 Rn. 2. Allein § 323c StGB nennt als eine Voraussetzung der Hilfspflicht noch das Vorliegen einer „gemeinen Gefahr".

510 *Klesczewski*, GS Seebode, S. 117 (121).

511 *Klesczewski*, GS Seebode, S. 117 (121); Lackner/Kühl/*Heger*, § 323c Rn. 3; MüKoStGB/*Radtke*, Vorbemerkung § 306 Rn. 2.

512 *Klesczewski*, GS Seebode, S. 117 (123).

Rekurs auf den Repräsentationsgedanken jedoch widersprüchlich. Wenn im Einzelfall Umstände vorliegen, welche die Annahme einer konkreten Gefahr für ein Rechtsgut rechtfertigen, ist dieses zwangsläufig bereits individualisiert und damit von anderen abgegrenzt.[513]

Die Allgemeinheit kann aber nicht nur konkret, sondern auch *abstrakt* gefährdet werden. Hier wird das Augenmerk auf den Umstand gelegt, dass der Täter bei einer gemeingefährlichen Straftat Kräfte entfesselt, die er nicht oder nur unzureichend beherrscht.[514] Daran anknüpfend war im „Entwurf eines Strafgesetzbuches von 1962" bei den gemeingefährlichen Delikten der maßgebliche Gedanke, dass der Täter zu Mitteln greift, die ihrer Art nach geeignet sind, eine Vielzahl von Menschen und bedeutender Sachwerte zu gefährden, und deren Auswirkung der Täter, wenn er sich ihrer einmal zu bedienen beginnt, regelmäßig nicht mehr in der Hand hat.[515] Hiernach kommt es nicht darauf an, dass das Täterverhalten im Einzelfall geeignet ist, andere zu gefährden. Ausreichend ist die *typischerweise* (nach allgemeiner Lebenserfahrung in einer Anzahl von Fällen) bestehende Gefahr, eine Vielzahl unbestimmter individueller Rechtsgüter zu verletzen.[516]

Da der Begriff der Gemeingefahr bzw. Gemeingefährlichkeit für das inhaltliche Verständnis der einzelnen Delikte des 28. Abschnitts aber wie gesehen kaum praktische Relevanz hat, ist der Fokus auf seine Funktion insbesondere für die abstrakten Gefährdungsdelikte zu lenken. Deren verfassungsrechtliche Legitimität bedarf insbesondere im Hinblick auf den Schuldgrundsatz gesonderter Begründung.[517] Dies folgt daraus, dass es im Rahmen abstrakter Gefährdungsdelikte keiner konkreten Rechtsgutsgefährdung bedarf, so dass eine Tatbestandsverwirklichung auch in Fällen denkbar ist, in denen ex-post eine Beeinträchtigung geschützter Rechtsgüter sicher ausgeschlossen ist.[518] Nach teilweise vertretener Auffassung

513 *Klesczewski*, GS Seebode, S. 117 (124). Die ebenfalls auf dem Repräsentationsgedanken fußende Legaldefinition des § 315 Abs. 3 StGB a.F. litt darüber hinaus an der Unklarheit, ob der gefährdete einzelne Mensch überhaupt unbestimmt sein muss. Dem Wortlaut war diesbezüglich nichts zu entnehmen, spätere Interpretationen liefen in völlig entgegengesetzte Richtungen. Letztlich wurde damit die konkrete Gemeingefahr herabgestuft zu einer konkreten Individualgefahr; vgl. hierzu *Radtke*, S. 130 ff.

514 *Klesczewski*, GS Seebode, S. 117 (122 f.).

515 BT-Drucks. IV/650, S. 497.

516 *Klesczewski*, GS Seebode, S. 117 (122 f.).

517 Eine ausführliche Darstellung der Diskussion um die Legitimität der abstrakten Gefährdungsdelikte findet sich bei *Wohlers*, S. 286 ff.

518 NK-StGB/*Kargl*, Vor §§ 306 ff. Rn. 25 f.; MüKoStGB/*Radtke*, Vorbemerkung § 306 Rn. 7; *Wohlers*, S. 286 f.

legitimiere aber auch in diesen Fällen die Gemeingefährlichkeit der Tathandlung die Strafandrohung, so dass der Tatbestand dennoch verwirklicht sei.[519]

Die systematische Bedeutung der Gemeingefährlichkeit im Gesamtgefüge des Strafgesetzbuches beschränkt sich indes auf das oben bereits Gesagte. Es handelt sich um eine Zusammenfassung all jener Delikte, die nicht nur einen individuellen Rechtsgutsträger (potenziell) gefährden oder beeinträchtigen, sondern einen größeren, häufig unbestimmten Personenkreis.[520] Gemeingefährlich sind die entsprechenden Delikte allein wegen ihrer Handlungstendenz und nicht aufgrund eines bestimmten Gefährdungserfolges.[521]

Damit die zu schaffende Spezialnorm ihrer Rechtsnatur nach als gemeingefährliches Delikt angesehen werden kann, müsste ihr daher die genannte Handlungstendenz innewohnen. Dies wäre der Fall, wenn das Unterlassen von Gefahrabwendungsmaßnahmen durch den Produkthersteller die potenzielle Gefährdung einer unbestimmten Vielzahl von Personen und die Entfesselung unkontrollierbarer Kräfte nach sich zöge. Dass der Problematik der Gefahrabwendungspflichten des Herstellers vielfach genau die Aspekte der großen Reichweite der Produkte und der damit verbundenen geringen Kontrollmöglichkeiten hinsichtlich bestehender Gefahren zugrunde liegen, haben schon die Schwierigkeiten bei der Begründung einer Garantenstellung gezeigt.[522] Deutlich wird der Allgemeinbezug des Unterlassens von Gefahrabwendungsmaßnahmen auch an anderer Stelle, wenn es nämlich im Rahmen der Erfolgsverletzungsdelikte um die Feststellung der (hypothetischen) Kausalität geht. Hier bestehende Probleme[523] werden teilweise mit dem Argument überwunden, es sei in diesen Fällen nicht auf einzelne Gesundheitsbeeinträchtigungen, sondern vielmehr auf den Gesamtumfang zu verzeichnender Gesundheitsschäden als tatbestandlichen

---

519 *Koriath*, GA 2001, 51 (66 ff.); *Radtke*, S. 249 ff.; MüKoStGB/*ders.*, Vorbemerkung § 306 Rn. 7; a.A. Schönke/Schröder/*Heine/Bosch*, § 306a Rn. 2 m.w.N. Der BGH hat die Frage, ob in Fällen, in denen eine Rechtsgutsgefährdung mit Sicherheit ausgeschlossen werden kann, eine teleologische Reduktion vorgenommen werden muss, bislang offengelassen, BGH v. 14.11.2013 – 3 StR 336/13 = NStZ 2014, 404 (406) m.w.N. aus der Rspr.

520 MüKoStGB/*Radtke*, Vorbemerkung § 306 Rn. 2; dieser Umstand, so der explizite Hinweis von *Zieschang*, Die Gefährdungsdelikte, S. 263 f. ändert nichts an der individualrechtsgüterschützenden Funktion der gemeingefährlichen Delikte.

521 *Otto*, Grundkurs Strafrecht, § 78 Rn. 1 f.

522 Siehe hierzu ausführlich 2. Teil § 2.

523 Siehe die ausführliche Auseinandersetzung im 5. Teil § 1 A. II.

Erfolg abzustellen.[524] Der Umstand, dass es typischerweise bei strafrechtlichen Produkthaftungsfällen nicht um eine einzelne, sondern eine Vielzahl von Rechtsgutsverletzungen geht, wird damit auch hier stark in den Vordergrund gerückt.

Allgemein von der Rechtsnatur der gemeingefährlichen Straftaten als Deliktsgruppe ausgehend, bestehen daher keine Bedenken gegen den 28. Abschnitt als Standort eines Handlungsgebots für Produzenten hinsichtlich bereits in Verkehr gebrachter Produkte.[525]

B. Bedeutung des geschützten Rechtsguts

Aus den Ausführungen zur Rechtsnatur der gemeingefährlichen Delikte folgt auch, dass die gemeingefährlichen Delikte kein gemeinsames Schutzgut aufweisen. Denkbar wäre zwar, zu fordern, dass sich der Allgemeinbezug der dort gesammelten Delikte auch darin niederschlagen müsse, dass sie zumindest auch irgendein Universalrechtsgut schützen. Dass dies nicht der Fall ist, zeigt sich jedoch unter anderem an § 314 Abs. 1 StGB, der ebenfalls allein dem Individualrechtsgüterschutz dient. Angesichts des gemeingefährlichen Charakters einer Tat kann zwar der Schutz eines Universalrechtsgutes intendiert sein (beispielsweise die Sicherheit des Straßenverkehrs bei den Straßenverkehrsdelikten gemäß §§ 315 ff. StGB). Dies ist jedoch nicht notwendige Voraussetzung, um einer Tat ihren gemeingefährlichen Charakter zu verleihen.

Da folglich der Einordnung als gemeingefährliches Delikt hinsichtlich der Frage, ob Individual- oder Universalrechtsgüter geschützt werden sollen, keine Aussage entnommen werden kann, kann ein Delikt des 28. Abschnitts des Strafgesetzbuches dem Individualrechtsgüterschutz ebenso gut Rechnung tragen wie eines, das im 16. oder 17. Abschnitt verortet ist.

---

524 So *Mayer*, PharmR 2008, 236 (251); in eine ähnliche Richtung geht auch *Kuhlen*, Fragen einer strafrechtlichen Produkthaftung, S. 62, der eine Individualisierung des verletzten Rechtsguts für entbehrlich und es für ausreichend hält, anhand einer signifikanten Erhöhung der Wahrscheinlichkeit bestimmter Gesundheitsschädigungen die Kausalität einer Handlung für irgendwelche einer Vielzahl eingetretener Schäden zu bejahen.

525 *Domeier*, S. 298 ff. vertritt demgegenüber die Ansicht, eine umfassende Regelung der strafrechtlichen Produktverantwortlichkeit für von Waren ausgehende Gesundheitsgefahren könne allein im 17. Abschnitt gewährleistet werden, da ansonsten Schutzlücken in den Fällen drohten, in denen lediglich eine einzelne Person von der Gefährdung betroffen sei. Für die hier zu regelnde Materie spielen solche Fälle jedenfalls aber keine Rolle, so dass auf eine vertiefte Auseinandersetzung verzichtet werden kann.

C. Zwischenergebnis

Die Gemeingefährlichkeit eines Delikts ergibt sich aus dessen Tendenz, nicht nur einen einzelnen Rechtsgutsträger zu gefährden oder zu schädigen, sondern einen größeren, häufig unbestimmten Personenkreis. Dem steht es nicht entgegen, dass das Delikt den Schutz von Individualrechtsgütern bezweckt. Dies zeigt sich beispielhaft an § 314 Abs.1 StGB, der nicht ein Universalrechtsgut Volksgesundheit, sondern Leib und Leben von Menschen schützt.

§ 3 Ergebnis und Fortgang der Untersuchung

Die Verortung der zu schaffenden Spezialvorschrift im 28. Abschnitt und die unmittelbare Angliederung an § 314 StGB ist vor dem Hintergrund von dessen Entstehungsgeschichte und unter systematischen Wertungen schlüssig und sachgemäß. § 314 StGB enthält mit Abs. 1 Nr. 2 bereits einen auf Produkthaftungssachverhalte zugeschnittenen Tatbestand. Dieser weist ebenso wie die zu schaffende Spezialvorschrift einen gemeingefährlichen Charakter auf. Die Gemeingefährlichkeit eines Delikts ergibt sich aus dessen Tendenz, nicht nur einen einzelnen Rechtsgutsträger zu gefährden oder zu schädigen, sondern einen größeren, häufig unbestimmten Personenkreis. Schutzzweck eines gemeingefährlichen Delikts kann daher auch ein Individualrechtsgut sein. Dies zeigt sich beispielhaft an § 314 Abs.1 StGB, der nicht ein Universalrechtsgut der Volksgesundheit, sondern Leib und Leben von Menschen schützt.

Formell ergeben sich für eine Spezialregelung der Gefahrabwendungspflichten des Produktverantwortlichen de lege ferenda damit zwei Möglichkeiten. Nach dem oben Erläuterten läge es nahe, § 314 StGB erneut komplett zu reformieren und im Zuge dessen den Tatbestand zu bereinigen bzw. an den problematischen Stellen abzuändern. Konkret würde dies zunächst bedeuten, die Tatobjekte des Abs. 1 Nr. 1 zu streichen und so eine den heutigen gesellschaftlichen Bedürfnissen entsprechende spezielle Produkthaftungsnorm zu schaffen. Daran anknüpfend könnten die Tathandlungen um das Herstellen gesundheitsgefährdender Produkte erweitert werden. Dadurch ließe sich zum einen der aktuell willkürlich anmutenden Begrenzung des Anwendungsbereiches auf Erzeugnisse, wie sie typischerweise aus der Arzneimittel-, Chemie-, und Lebensmittelproduktion hervorgehen, entgegenwirken. Zum anderen würden sich dadurch die Auslegungsschwierigkeiten rund um den Zeitpunkt erübrigen, an dem das Produkt seine Gefährlichkeit erlangen muss. Darüber hinaus wäre das Eignungsmerkmal zumindest zu hinterfragen. Auch wenn sich die Schwierigkeiten hier wohl nicht ohne Weiteres eliminieren lassen, könnte dies zumindest Anlass zu einer

Diskussion um eine weitergehende Konkretisierung der Tathandlungen geben. Zu guter Letzt wäre es im Hinblick auf die tatsächlichen Gegebenheiten sinnvoll, die Norm nicht als reines Vorsatzdelikt auszugestalten, sondern auch eine fahrlässige oder jedenfalls leichtfertige Begehungsweise ausreichen zu lassen. Die Pflicht zur Vornahme von Gefahrabwendungsmaßnahmen ließe sich in einen solchen, neu gefassten § 314 StGB integrieren, was jedenfalls den Vorzug der systematischen Klarheit mit sich brächte.[526]

Solange § 314 StGB aber als „gemeingefährliche Vergiftung“ bezeichnet[527] und tatbestandlich entsprechend aufgestellt ist, fügen sich die Gefahrabwendungspflichten jedoch nicht sauber in die Norm ein. Nicht zuletzt ist dies auch dem Umstand geschuldet, dass § 314 StGB sich de lege lata eindeutig nur auf ein aktives Tun bezieht und dementsprechend die Frage einer etwaigen Unterlassungsverantwortlichkeit überhaupt nicht adressiert wird.

Da eine umfassende Umgestaltung des § 314 StGB nicht Thema der vorliegenden Arbeit ist, soll hier eine eigenständige Regelung formuliert werden, die lediglich an § 314 StGB in seiner aktuellen Fassung anschließt. Die Schlüssigkeit dieser Verortung unter historischen, systematischen und teleologischen Gesichtspunkten ergibt sich aus den obigen Darlegungen. Der Übersichtlichkeit halber soll diese neue Norm als § 314a StGB an die gemeingefährliche Vergiftung anschließen, wodurch der aktuelle § 314a StGB, die Regelung der „Tätige[n] Reue“, zu § 314b StGB würde.

---

526 Eine solche Neufassung würde sich in die Richtung des Gesetzesvorschlages von *Geerds*, FS Tröndle, S. 241 (263) bewegen. Dieser sollte so aussehen: *§ a (I) Wer zum allgemeinen Ver- oder Gebrauch bestimmte Gegenstände so herstellt oder behandelt, dass sie bei bestimmungsgemäßer Verwendung geeignet sind, die menschliche Gesundheit zu schädigen, wird... (II) Ebenso wird bestraft, wer solche gesundheitsschädlichen Gegenstände (Abs. I) feilhält, anbietet oder sonst unter Verschweigen der Beschaffenheit in Verkehr bringt. § b (I) Wer die in § a bezeichnete Tat fahrlässig begeht, wird... (II) In besonders schweren Fällen, insb. wenn durch die Tat der Tod eines Menschen verursacht wird, ist auf...zu erkennen.*

527 Schon *Geerds*, FS Tröndle, S. 241 (258) weist darauf hin, dass diese Bezeichnung den Unrechtsgehalt der Norm nicht hinreichend prägnant beschreiben kann.

5. Teil Inhaltliche Anforderungen an eine Spezialregelung

Die Unterbreitung eines konkreten Gesetzesvorschlags setzt in erster Linie eine Auseinandersetzung mit den inhaltlichen Anforderungen an die Spezialregelung voraus. Dabei ist zunächst zu klären, welcher Deliktstypus am geeignetsten ist, die Gefahrabwendungspflichten des Herstellers zu erfassen.[528] Daran anschließend stellen sich auf der Ebene des objektiven Tatbestands drei Kernfragen, die in Orientierung an der bisherigen Diskussion über den Umfang der Garantenpflichten beantwortet werden sollen. Dabei ist insbesondere auf die Frage einzugehen, inwieweit die zivilrechtliche Judikatur im Strafrecht herangezogen werden kann.[529] Es muss zunächst geklärt werden, wann der Adressat des Handlungsgebots tätig werden muss. Dies setzt sowohl eine Auseinandersetzung mit dem Begriff der Gefahr im Sinne der Norm voraus[530] als auch mit der Frage, ab wann ein hinreichender Gefahrverdacht vorliegt.[531] Sodann ist festzulegen, was der Adressat bei Eintritt seiner Handlungspflicht konkret zu tun hat. Hierbei wird es in erster Linie darum gehen, ob der Hersteller zur Durchführung eines Rückrufs verpflichtet ist.[532] Ferner muss feststehen, an wen das Handlungsgebot sich richtet, wer also Adressat der Norm ist.[533] Nachdem diese inhaltlichen Fragen beantwortet sind, müssen die Anforderungen auf der subjektiven Tatbestandsebene festgelegt werden.[534]

§ 1 Deliktstypus

Fraglich ist zunächst, welchem Deliktstypus die Spezialregelung angehören soll. Die Norm könnte herkömmlich als Verletzungserfolgsdelikt, als konkretes Gefährdungsdelikt oder als abstraktes Gefährdungsdelikt ausgestaltet werden. Besondere Beachtung verdient bei der Auseinandersetzung mit der Frage, welcher Deliktstypus das verwirklichte Unrecht am besten abbildet, die bei

528 5. Teil § 1.
529 5. Teil § 2 A. I und 5. Teil § 2 A. II.
530 5. Teil § 2 B. I.
531 5. Teil § 2 B. II.
532 5. Teil § 2 C.
533 5. Teil § 3.
534 5. Teil § 4.

Produkthaftungsfällen in zweierlei Hinsicht bestehende Kausalitätsproblematik. Diese wird daher zunächst in ihren Grundzügen dargestellt.

A. Die Kausalitätsproblematik

Schwierigkeiten bei der Führung des Kausalitätsnachweises bestehen in den Produkthaftungsfällen auf zwei Ebenen: Der Ebene der generellen und der Ebene der individuellen Kausalität. Im Folgenden wird zunächst die Diskussion um die Feststellung der generellen Kausalität kursorisch dargestellt. Unter genereller Kausalität versteht man die Existenz einer gesetzmäßigen Verbindung zwischen einer Handlung und einem Erfolg. Erst wenn diese festgestellt ist, kann die individuelle Kausalität im konkreten Fall geprüft werden.[535] Auf der Ebene der individuellen Kausalität bestehen im Rahmen von Unterlassungsdelikten einige Besonderheiten, die ebenfalls näher beleuchtet werden.

I. Generelle Kausalität

Dem Täter kann ein Erfolg nur dann zugerechnet werden, wenn seine Handlung zu dem Erfolg in einem Verursachungszusammenhang steht. Das Strafrecht dient in erster Linie dem Rechtsgüterschutz. Deshalb wird derjenige, der Rechtsgüter beeinträchtigt, zur Verantwortung gezogen, während eine Bestrafung desjenigen ausscheidet, dessen Verhalten zu der Rechtsgutsbeeinträchtigung nicht beigetragen hat.[536] Überwiegend wird der erforderliche Ursachenzusammenhang mithilfe der sogenannten Bedingungstheorie festgestellt: ein Erfolg ist durch eine Handlung dann verursacht, wenn die Handlung nicht hinweggedacht werden kann, ohne dass der Erfolg in seiner konkreten Gestalt[537] entfiele.[538] Um den Ursachenzusammenhang im Einzelfall herstellen zu können, bedarf es aber der Anwendung allgemeingültiger Kausalgesetze auf den konkreten Fall.[539] Daher findet in der Literatur die sogenannte Formel der gesetzmäßigen Bedingung großen Anklang, die danach fragt, „ob sich an eine Handlung zeitlich nachfolgende Veränderungen in der Außenwelt angeschlossen haben, die mit der

---

535 *Schmucker*, S. 63.

536 *Jescheck/Weigend*, § 28 I 1.

537 Dies ist entscheidend, da auch Modifikationen des Erfolgs „ursächlich" sind; *Joecks/Jäger*, Vor § 13 Rn. 24.

538 Siehe nur BGH v. 30.03.1993 – 5 StR 720/92= NJW 1993, 1723; BGH v. 08.11.1993 – 5 StR 632/98= NJW 2000, 443 (448); BGH v. 13.11.2003 – 5 StR 327/03= NJW 2004, 237 (238); Schönke/Schröder/*Eisele*, Vor §§ 13 ff. Rn. 73a; *Jescheck/Weigend*, § 28 II 1.; *Joecks/Jäger*, Vor § 13 Rn. 24.

539 *Kaufmann*, JZ 1971, 567 (572).

Handlung gesetzmäßig verbunden waren und sich als tatbestandsmäßiger Erfolg darstellen".[540] Ohne dass eine solche gesetzmäßige Verbindung festgestellt wurde, könne das Hinwegdenken einer Handlung im Rahmen der Anwendung der Bedingungsformel zu keinen Ergebnissen führen.[541]

In strafrechtlichen Produkthaftungsfällen steht häufig die Existenz eines solchen Kausalgesetzes in Frage.[542] So hatte sich das Landgericht Aachen im Contergan-Verfahren vor allen Dingen mit der Frage zu befassen, ob die Thalidomid-Einnahme mit der Entstehung von Missbildungen bzw. Nervenschäden grundsätzlich in einen Ursachenzusammenhang gebracht werden kann.[543] Häufig bestehen zwar Indizien dafür, dass irgendwelche Bestandteile oder Substanzen eines Produkts Gesundheitsschädigungen hervorrufen. Welches diese Teile sind oder von welchen weiteren Bedingungen eine Schädigung möglicherweise abhängt, ist allerdings ungewiss.[544] Das Problem lässt sich nicht einfach dadurch umgehen, dass man ein Kausalgesetz formuliert, welches das Produkt an sich als Ursache des Erfolges setzt. Ein solches würde etwa lauten: Contergan ruft Missbildungen bei ungeborenen Kindern hervor. Da ein Kausalgesetz aber stets allgemeingültig sein muss, dürfen in ihm keine Ausdrücke vorkommen, die sich auf Einzelfälle oder abgeschlossene Mengen beziehen. Das wäre bei einem Produkteigennamen aber der Fall.[545] Denn Contergan rief Missbildungen bei ungeborenen Kindern aufgrund des konkret enthaltenen Wirkstoffs Thalidomid hervor. Dieser wurde aber auch unter anderen Markennamen verkauft, zum Beispiel als „Softenon". Die Aussage „Contergan ruft Missbildungen bei ungeborenen Kindern hervor" ist damit unvollständig, da sie sich lediglich auf den Teil des Wirkstoffs Thalidomid bezieht, der als Contergan verkauft wurde und den Rest ausblendet, obwohl bei diesem die Wirkungen dieselben sind.

---

540 *Jescheck/Weigend*, § 28 II. 4.; so unter anderen auch *Eichinger*, S. 189; *Hilgendorf*, NStZ 1994, 561 (564); *Schaumann-Werder*, S. 31; *Schmucker*, S. 65.

541 *Hilgendorf*, NStZ 1994, 561 (564).

542 Auch wenn in der Diskussion bisweilen der Eindruck erweckt wird, die generelle Kausalität sei stets problematisch, gibt es natürlich auch Fälle, in denen der Wirkungszusammenhang ohne Schwierigkeiten bejaht werden kann. *Kuhlen*, FG BGH Bd. IV, S. 647 (655) verweist insoweit beispielsweise auf tödliche Unfälle infolge des Gebrauchs fehlerhafter Elektrostecker oder Autoreifen (Monza Steel) sowie Erkrankungen von Konsumenten verdorbener Lebensmittel (Mandelbienenstich).

543 *Kaufmann*, JZ 1971, 567 (572); siehe hierzu auch ausführlich in LG Aachen, JZ 1971, 507 (510 ff.).

544 NK-StGB/*Puppe/Grosse-Wilde*, Vor §§ 13 ff. Rn. 83.

545 NK-StGB/*Puppe/Grosse-Wilde*, Vor §§ 13 ff. Rn. 85.

Wenn ein solches allgemeingültiges Kausalgesetz nicht auffindbar ist, gleichwohl aber erhebliche Indizien für einen Ursachenzusammenhang sprechen, stellt sich die Frage, ob das fehlende Kausalgesetz im Wege der freien richterlichen Beweiswürdigung nach § 261 StPO überwunden werden kann. Dies hängt maßgeblich davon ab, ob man die generelle Kausalität im materiellen Recht verortet oder sie der prozessualen Tatfrage zuordnet.[546] Dies ist umstritten.

1. Materielle Rechtsfrage

Die Verortung im materiellen Recht basiert auf der Annahme, dass die Kausalität ein Merkmal des objektiven Tatbestands ist und als solches ein Blankett darstellt, welches durch naturwissenschaftliche Erkenntnisse ausgefüllt werden muss.[547] Dementsprechend seien die Kausalgesetze in den objektiven Tatbestand zu integrieren und der Sachverhalt darunter zu subsumieren. Da eine Subsumtion aber nur unter ein objektiv feststehendes Merkmal, hier das Kausalgesetz, erfolgen könne, sei die Frage der Existenz eines solchen der subjektiven Überzeugungsbildung entzogen.[548] Gebe es ein objektiv gewisses Kausalgesetz nicht, könne sich der Richter vom Tatbestandsmerkmal der Kausalität auch nicht auf andere Weise überzeugen. Eine Subsumtion sei dann nicht möglich oder führe zu falschen Ergebnissen.[549]

Diese Einordnung hat allerdings nur sehr vereinzelt Anklang gefunden.[550] Kritik erfährt sie zum einen dahingehend, dass durch eine Integration von Kausalgesetzen in den Tatbestand den empirischen Wissenschaften Kompetenzen erteilt würden, die allein dem parlamentarischen Gesetzgeber zustünden: Die Bestimmung von Straftatbeständen.[551] Zum anderen hätte diese Vorgehensweise zur Folge, dass der Richter naturwissenschaftliche Kausalgesetze im Wege der Auslegung zu ermitteln hätte. Ein weiteres, nicht von der Hand zu weisendes Argument ergibt sich aus dem Umstand, dass Kausalgesetze als empirische Sätze eine Aussage nur über tatsächliche Gegebenheiten treffen können.[552] Da diese aber dynamisch sind, bestünde somit auch die Möglichkeit, dass es später zu einer

---

546 *Beulke/Bachmann*, JuS 1992, 737 (738 f.).

547 *Kaufmann*, JZ 1971, 567 (574).

548 *Kaufmann*, JZ 1971, 567 (574).

549 *Kaufmann*, JZ 1971, 567 (574).

550 Zustimmung hat die Verortung auf materieller Ebene von *Bruns*, FS Maurach, S. 469 (479 f.) erfahren; *Jakobs*, Abschnitt 7 Rn. 12 Fn. 14 sieht die Lösung zumindest nicht zwingend auf prozessualer Ebene.

551 *Puppe*, JZ 1994, 1147 (1150); *Schmucker*, S. 69 f.

552 *Puppe*, JZ 1994, 1147 (1150).

Falsifizierung des Kausalgesetzes und damit des Tatbestandsmerkmals selbst käme.[553] Da Rechtssätze sich gerade durch ihren rein normativen Inhalt auszeichnen, kann dies im Ergebnis nicht richtig sein. Das Vorliegen von Kausalität ist daher als Tatsachenfrage grundsätzlich der prozessualen Ebene zuzuordnen.[554]

2. *Prozessuale Tatfrage*

Selbst wenn man die generelle Kausalität als Tatfrage einordnet, die der Beweiswürdigung nach § 261 StPO zugänglich ist, sind die Meinungen darüber geteilt, welche Möglichkeiten ein Richter in Bezug auf ungeklärte Kausalitätsfragen hat. Teilweise wird vertreten, dass er an anerkannte naturwissenschaftliche Gesetze zwar gebunden sei, daraus aber nicht der Umkehrschluss zu ziehen sei, dass nicht geklärte naturwissenschaftliche Fragen durch seine persönliche Überzeugung ersetzt werden dürften. Dies liege außerhalb der richterlichen Kompetenz.[555]

Diese Einschätzung ist jedoch keineswegs zwingend. Sofern allgemeine Erfahrungssätze gar nicht existieren, setzt sich der Richter auch nicht über solche hinweg, wenn er nach seiner persönlichen Überzeugung entscheidet.[556] Darin ist nicht notwendigerweise eine Kompetenzanmaßung im Hinblick auf empirische Zusammenhänge zu sehen. Begründet wird dies damit, dass die Differenz zwischen einer unentschiedenen naturwissenschaftlichen Antwort und einer bejahenden richterlichen Antwort normativer Natur ist, da jeweils unterschiedliche Standards hinsichtlich der Angemessenheit von Kausalerklärungen vorherrschen.[557] Das Fehlen von Kausalgesetzen hat daher nicht zur Folge, dass der Kausalzusammenhang per se nicht hergestellt werden kann. Es stellt insoweit lediglich ein Indiz dar, welches durch andere Indizien ersetzt werden kann.[558] Jedenfalls aber muss der Richter vom Vorliegen eines Kausalzusammenhangs überzeugt sein. Dabei wird richtigerweise darauf hingewiesen, dass sich das Gericht ebenso wie die Wissenschaft auch mit den Aspekten zu beschäftigen hat, die gegen einen Kausalitätsnachweis streiten. Entsprechend werde eine Bejahung der Kausalität, die im Widerspruch zu den Erkenntnissen der Wissenschaft stehe, niemals rechtsmittelfest gelingen.

---

553 *Deutscher/Körner*, wistra 1996, 292 (297).

554 So insbesondere auch die Rechtsprechung in den Leading Cases: BGH, NJW 1990, 2560 (2562); BGH, NJW 1995, 2930 (2932); LG Aachen, JZ 1971, 507 (510 ff.); aus der Literatur statt vieler *Eichinger*, S. 197; *Kuhlen*, NStZ 1990, 566 (567); *ders.*, FG BGH Bd. IV, S. 647 (653); *Schmucker*, S. 69 f.

555 So beispielsweise *Maiwald*, Kausalität und Strafrecht, S. 106 ff.

556 *Beulke/Bachmann*, JuS 1992, 737 (739).

557 *Kuhlen*, NStZ 1990, 566 (567); *ders.*, FG BGH Bd. IV, S. 647 (653).

558 So NK-StGB/*Puppe/Grosse-Wilde*, Vor §§ 13 ff. Rn. 84.

Eine freie Beweiswürdigung sei damit von vornherein nur in den Fällen denkbar, in denen sich die Wissenschaft noch kein abschließendes Urteil gebildet habe.[559] Auch wenn ein kontroverser wissenschaftlicher Meinungsstreit über das Bestehen eines Kausalgesetzes geführt wird, werde es häufig nicht gelingen, Zweifel vollständig auszuräumen.[560] Das ist richtig. Wenn aber sonstige Beweismittel und Indiztatsachen das Gericht trotz divergierender Sachverständigengutachten über die Wirkungszusammenhänge überzeugen können, ist dieses nicht gehindert, einen Kausalzusammenhang zu bejahen.[561] Diese Handhabung entspricht auch der gängigen gerichtlichen Praxis insbesondere im Umgang mit psychologischen und psychiatrischen Sachverständigengutachten, die sich häufig auf heftig umstrittene allgemeine Sätze – das heißt in diesem Fall erfahrungswissenschaftliche Schulen oder Theorien – beziehen. Schon durch die Auswahl des Sachverständigen und später bei Beweiswürdigung des Gutachtens fällt dem Richter die Kompetenz zu, den für diesen Prozess maßgeblichen Erfahrungssatz zu bestimmen. Dass hieran offenbar weder Rechtsprechung noch Wissenschaft Anstoß nehmen, dürfte darauf zurückzuführen sein, dass die forensische Nutzbarmachung empirischer Erkenntnisse allein auf diese Weise möglich ist.[562] Dies gilt jedoch nicht nur im Bereich der Psychologie und Psychiatrie, sondern auch der Chemie oder Toxikologie.[563]

3. *Ausblick*

Anhand der in Kurzform dargestellten Diskussion[564] wird deutlich, dass die Thematik der generellen Kausalität in Produkthaftungsfällen häufig zu erheblichen Problemen führt. Zwar hat sich gezeigt, dass die Annahme der generellen Kausalität nach zutreffender Ansicht auch dann möglich ist, wenn ein unumstrittenes Kausalgesetz nicht existiert, da der Richter sich auch auf andere Weise vom

559 *Schmucker*, S. 87; *Volk*, NStZ 1996, 105 (110).

560 *Volk*, NStZ 1996, 105 (110).

561 *Zieschang*, Die Gefährdungsdelikte, S. 116; so resümiert *Kühne*, NJW 1997, 1951 (1953) in Bezug auf die Feststellungen der Rechtsprechung in den bisher entschiedenen Leading Cases, dass trotz der dogmatisch wenig befriedigenden Herleitung die hohe Plausibilität der Urteile nicht verkannt werden dürfe, da in den jeweiligen Fällen die Schadenswirkung der Produkte förmlich mit Händen zu greifen gewesen wäre. Auch *Colussi*, S. 145 bezeichnet dies als den einzig gangbaren Weg.

562 *Puppe*, JZ 1994, 1147 (1150 f.).

563 *Puppe*, JZ 1994, 1147 (1151).

564 Ausführlich und übersichtlich wird diese zum Beispiel bei *Colussi*, S. 115 ff. und *Schmucker*, S. 68 ff. dargestellt.

Bestehen eines Wirkungszusammenhangs überzeugen kann.[565] Zum einen ist dies aber nach wie vor umstritten. Zum anderen sind die Anforderungen an den Nachweis der generellen Kausalität hoch und manche Verurteilung wird daran scheitern. Dies gilt unabhängig davon, welchen Grad an subjektiver Überzeugungsbildung man dem Richter zugesteht. Vor diesem Hintergrund drängt sich die Frage auf, ob allein über das rechtliche Einstehenmüssen im Sinne des § 13 StGB und die damit verbundene (faktische) Beschränkung auf die Erfolgsdelikte des 16. und 17. Abschnitts des Strafgesetzbuches sachgerechte Ergebnisse erzielt werden können und ob es gesetzgeberische Möglichkeiten gibt, dem Problem der generellen Kausalität wirksam zu begegnen. Inwieweit diesem Problem bereits durch vorhandene Regelungen begegnet werden kann und ob die generelle Kausalität überhaupt verzichtbar für strafbares Verhalten ist, wird an späterer Stelle noch thematisiert.[566]

II. Individuelle Kausalität unterlassener Maßnahmen

Die Handlung des Täters muss ferner im konkreten Fall für den Erfolg ursächlich geworden sein. Soweit die Kausalität eines positiven Tuns in Frage steht, stellen sich an dieser Stelle kaum Probleme. Ein solcher Fall liegt etwa dann vor, wenn ein Hersteller ein offensichtlich schädliches Produkt in Verkehr bringt. In aller Regel wird man hier unter Anwendung der Bedingungsformel zu dem Ergebnis gelangen können, dass ohne die Sorgfaltspflichtverletzung des Herstellers schädliche Produkte nicht in Verkehr gebracht worden und folglich auch keine Gesundheitsschädigungen eingetreten wären.[567] Ganz anders stellt sich die Situation dar, wenn es um die Ursächlichkeit eines Unterlassens geht. So bestehen bereits Bedenken, ob bei einem Unterlassen überhaupt von einer Verursachung gesprochen werden kann, da der Unterlassende lediglich den Dingen seinen Lauf lässt, ohne etwas zu unternehmen.[568] Überwiegend wird daher beim Unterlassen von einem norma-

565 Dieses Ergebnis ist vor allen Dingen in der Diskussion um einen möglichen Verzicht auf die generelle Kausalität argumentativ wertvoll, siehe insbesondere 5. Teil § 1 C. III. 2.

566 3. Teil § 2 B. IV und 5. Teil § 1 C. III. 2.

567 *Schmucker*, S. 170 f.

568 Schönke/Schröder/*Bosch*, § 13 Rn. 61; *Maiwald*, Kausalität und Strafrecht, S. 83 empfiehlt daher von Kausalität nur im Zusammenhang des positiven Tuns zu sprechen und damit dem Umstand Rechnung zu tragen, dass hiermit im Zusammenhang mit Unterlassungen lediglich ein bestimmter Modus der Zurechnung gemeint ist.

tiven Kausalitätsbegriff, der sogenannten Quasi-Kausalität, ausgegangen.[569] Die Bedingungstheorie wird hierzu insoweit umgekehrt, als die gebotene Handlung nicht hinzugedacht werden darf, ohne dass der Erfolg in seiner konkreten Gestalt entfiele. Dann bestehe der gesetzmäßige Zusammenhang zwischen Unterlassen und Erfolg, der bei einem positiven Tun die Kausalität ausmacht.[570] Unterlässt nun ein Hersteller die Maßnahmen zur Verhinderung von Schäden durch seine Produkte, bestehen hinsichtlich der Feststellung der Quasi-Kausalität gleich zwei Hürden. Zum einen wird eine Warnung hinsichtlich der Gefährlichkeit oder ein Produktrückruf nie alle Produktinhaber erreichen. Zum anderen hängt die Erfolgsabwendung selbst für den Fall, dass sämtliche Produktinhaber von der Gefährlichkeit Kenntnis erlangen, maßgeblich von deren Mitwirkung ab. Ob vor dem Hintergrund dieser Unsicherheiten ein quasi-kausaler Zusammenhang bejaht werden kann, hängt davon ab, welche Anforderungen an diesen zu stellen sind.

1. *Vermeidbarkeitslehre*

Die Rechtsprechung und weite Teile der Literatur verlangen, dass die Vornahme der gebotenen Handlung den Erfolgseintritt mit „an Sicherheit grenzender Wahrscheinlichkeit“ verhindert haben müsste.[571] Es müsse insoweit der Grundsatz in dubio pro reo Anwendung finden, dass Zweifel am Ergebnis der Kausalprüfung zugunsten des Täters wirken.[572] So könne der Maßstab, der an den Verursachungszusammenhang des Unterlassens anzulegen sei, demjenigen angeglichen werden, der beim positiven Tun herangezogen wird.[573]

Legt man diesen Maßstab bei Produkthaftungssachverhalten an, wird man die hypothetische Kausalität regelmäßig verneinen müssen.[574] Insbesondere, wenn

569 *B. Bock*, S. 73 f.; Schönke/Schröder/*Bosch*, § 13 Rn. 61; MüKoStGB/*Freund*, § 13 Rn. 213; *Kühl*, Strafrecht AT, § 18 Rn. 35; anders NK-StGB/*Puppe/Grosse-Wilde*, Vor §§ 13 ff. Rn. 119, die keinen Grund sehen, warum ein Unterlassen nicht Ursache im Sinne der Bedingungstheorie sein könne.

570 *Jescheck/Weigend*, § 59 III 3.

571 BGH v. 29.11.1985 – 2 StR 596/85= NStZ 1986, 217 (217); BGH v. 08.07.1987 – 2 StR 269/87= NJW 1987, 2940 (2940); BGH, NJW 1990, 2560 (2565); BGH v. 06.03.2007 – 3 StR 497/06= NStZ 2007, 469 (469); BGH v. 07.01.2010 – 4 StR 413/09= NStZ 2010, 407 (408); Schönke/Schröder/*Bosch*, § 13 Rn. 61; MüKoStGB/*Freund*, § 13 Rn. 213; *Jescheck/Weigend*, § 59 III 4; *Kühl*, Strafrecht AT, § 18 Rn. 38; *Ransiek*, JuS 2010, 490 (496).

572 Schönke/Schröder/*Bosch*, § 13 Rn. 61; *Jescheck/Weigend*, § 59 III 4.

573 Vgl. *Jescheck/Weigend*, § 59 III 4.

574 *Schmucker*, S. 191.

sich die Produkte nicht mehr beim Händler, sondern bereits beim Endverbraucher befinden, wird man weder mit der erforderlichen Wahrscheinlichkeit annehmen können, dass eine Warnung oder der Rückruf alle erreicht hätte, noch davon ausgehen dürfen, dass die Hinweise auch gewissenhaft befolgt worden wären.[575] Immer wieder wird in der Literatur darauf hingewiesen, dass Produktrückrufe eine Erfolgsquote von nicht mehr als 50% hätten.[576] Nun geht aus dieser Zahl alleine nicht hervor, ob die anderen 50% an der Mitwirkung der Produktinhaber oder an dem Umstand scheitern, dass diese von dem Rückruf gar nicht erst Kenntnis erlangen. Schon insofern können die Meinungen in der Literatur, die sich dem Problem allein unter dem Stichwort der psychisch vermittelten Kausalität nähern, allenfalls einen Teilbeitrag zur Lösung des Problems leisten. Selbst wenn man ein pflichtgemäßes bzw. eigene Interessen wahrendes Verhalten der Produktinhaber unterstellt,[577] wüsste man noch nicht, ob der Rückruf oder die Warnung die betroffene Person überhaupt erreicht hätte.[578] Eine solche Unterstellung begegnet darüber hinaus erheblichen Bedenken, da es allgemeingültige Regeln für menschliches Verhalten nicht gibt und eine Rechtspflicht zur Wahrung eigener Interessen nicht existiert.[579]

Teilweise wird daher versucht, das Problem zu umgehen, indem man im Rahmen der Kausalitätsfeststellung auf die Individualisierung des Geschädigten verzichtet und stattdessen den Gesamtumfang zu verzeichnender Gesundheitsschäden als tatbestandlichen Erfolg ansieht.[580] Dieser Verzicht sei ein Spezifikum

575 Vgl. *Kuhlen*, NStZ 1990, 566 (569), der in diesem Zusammenhang darauf hinweist, dass sich der Lederspray-Fall hinsichtlich der hypothetischen Kausalität insoweit relativ unproblematisch präsentierte, als die Ledersprays sich zum relevanten Unterlassungszeitpunkt zwar schon im Handel, aber eben noch nicht beim Verbraucher befanden.

576 *Alexander*, S. 75; *Mayer*, PharmR 2008, 236 (250); *Otto*, FS Hirsch, S. 291 (311); *Voigtel*, in: *Momsen/Grützner*, Wirtschafts- und Steuerstrafrecht, E. Produkthaftung und Strafrecht (76 f.).

577 So Schönke/Schröder/*Bosch*, § 13 Rn. 62.

578 Dies entspricht im Ergebnis auch der Aussage von *Mayer*, PharmR 2008, 236 (251), der die Eignung eines Rückrufs zur Erfolgsverhinderung allein vor dem Hintergrund als zweifelhaft erachtet, dass dieser niemals alle Produktinhaber erreichen wird. Die eigenverantwortliche Entscheidung, dem Rückruf trotz Kenntnis nicht nachzukommen, könne allenfalls im Wege einer normativen Wertung die Zurechenbarkeit ausscheiden lassen, berühre aber nicht die Kausalität.

579 *Puppe*, JR 1992, 27 (31).

580 *Kuhlen*, Fragen einer strafrechtlichen Produkthaftung, S. 62; *Mayer*, PharmR 2008, 236 (251).

des Strafrechts und insbesondere in Produkthaftungsfällen praktisch bedeutsam. Hier gebe es infolge industrieller Massenproduktion eine Vielzahl von Geschädigten, bei denen die Verursachung von Schädigungen durch die Untätigkeit des Herstellers zwar nicht auf ein feststehendes Kausalgesetz gestützt werden könne, wohl aber auf „statistische Korrelation".[581] Entsprechend könne man die hypothetische Kausalität schon auf der Grundlage bejahen, dass durch einen Rückruf oder eine Warnung der Großteil der Gesundheitsschädigungen mit an Sicherheit grenzender Wahrscheinlichkeit ausgeblieben wäre.[582] Legt man die in der Literatur immer wieder herangezogene Erfolgsquote von Produktrückrufen in Höhe von 50% zugrunde,[583] ist schon die Richtigkeit der Aussage für sich gesehen zweifelhaft, da wohl eine höhere Erfolgsquote erforderlich wäre, um apodiktisch das Ausbleiben eines Großteils der Schädigungen anzunehmen. Denn um überhaupt auf den Gedanken zu kommen, einen bestimmten Gesamtumfang verhinderter Schädigungen für die Bejahung der hypothetischen Kausalität im Einzelfall ausreichen zu lassen, müsste dieser Gesamtumfang so groß sein, dass man sich bezogen auf den Einzelfall zumindest nahe an der „an Sicherheit grenzenden Wahrscheinlichkeit" bewegt, so dass auch dieser Einzelfall zu den verhinderten Fällen gehört hätte. Vor diesem Hintergrund kann ein Großteil jedoch nicht als lediglich großer Teil verstanden werden, sondern nur als weit überwiegender Teil. Hiervon ist man bei 50% jedoch noch weit entfernt. Ferner muss festgehalten werden, dass der Ursachenzusammenhang stets zwischen Handlung bzw. Unterlassung und dem konkret eingetretenen Erfolg bestehen muss. Dieser Erfolg kann aber nur in der Verletzung des von der jeweiligen Norm geschützten Rechtsguts bestehen. Schützt die Norm nun aber ein Individualrechtsgut, muss auch der Wirkungszusammenhang in Bezug auf dieses individuell geschädigte Rechtsgut festgestellt werden. Eine Verschiebung des Bezugspunktes hin zu dem Gesamtumfang der eingetretenen Schäden würde de facto ein Abweichen vom allgemeingültigen Kausalitätsmaßstab bedeuten.[584]

2. *Risikoerhöhungslehre*

Im Schrifttum mehren sich in Anbetracht der Probleme bei der Feststellung des Verursachungszusammenhangs die Stimmen, die den Kausalitätsmaßstab insgesamt neu definieren möchten, statt Störgefühle hinsichtlich gefundener Ergebnisse

---

581 *Kuhlen*, Fragen einer strafrechtlichen Produkthaftung, S. 62.
582 *Mayer*, PharmR 2008, 236 (251).
583 Zur Erfolgsquote von Produktrückrufen ausführlich unten, 5. Teil § 2 C. II. 1. c) bb).
584 Hierzu in anderem Zusammenhang auch *Mayer*, PharmR 2008, 236 (251).

im Ausnahmeweg zu beseitigen. Sie wollen daher im Rahmen der hypothetischen Kausalität generell nicht auf die Vermeidbarkeit des Erfolgs abstellen, sondern darauf, dass durch das Untätigbleiben das Risiko des Erfolgseintritts wesentlich erhöht wurde.[585] Das Problem der Beweisbarkeit eines hypothetischen Kausalzusammenhangs werde auf diese Weise deutlich entschärft. Bei der hypothetischen Kausalitätsprüfung sei damit umgekehrt lediglich zu fragen, ob sich das Risiko des Erfolgseintritts durch ein Tätigwerden des verpflichteten Herstellers signifikant verringert hätte. Die Kausalität des Unterlassens soll sich daraus ergeben, dass es die Bedingung eines andersartigen Erfolgseintritts ist. Das Unterlassen habe den konkreten Kausalverlauf angestoßen, der schlussendlich den Erfolg herbeigeführt hat. Zwar bestehe die Möglichkeit, dass der Erfolg auch eingetreten wäre, wenn die gebotene Handlung vorgenommen worden wäre. Allerdings würde sich dann lediglich ein erlaubtes Restrisiko realisieren. Die Zurechnung des tatsächlich verwirklichten unerlaubten Risikos könne hierdurch nicht ausgeschlossen werden.[586]

Gegen die Risikoerhöhungslehre spricht allerdings eine ganze Reihe gewichtiger Argumente. Bei einer Verurteilung auf Basis bloßer Risikoerhöhung bleibt letztlich unklar, ob der Unterlassungstäter den Erfolg überhaupt hätte verhindern können. Wenn die Möglichkeit des Fehlens tatbestandsmäßiger Verhaltensfolgen aber ex-post bestehen bleibt, läuft die Verurteilung aus einem Erfolgsdelikt auf eine reine Verdachtsstrafe hinaus.[587] Nicht nur ist hierin ein Verstoß gegen den in dubio pro reo-Grundsatz zu sehen, sondern es wird auch ein Erfolgsdelikt contra legem in ein Gefährdungsdelikt umgewandelt.[588] Im Falle einer bloßen Risikoerhöhung mag zwar das Handlungsunrecht bzw. das „Unrecht des Untätigbleibens“[589] feststehen, nicht jedoch das Erfolgsunrecht einer eingetretenen Rechtsgutsverletzung.[590] Es wird daher darauf hingewiesen, dass der Gedanke der Risikoerhöhung zwar ergänzend bei der richterlichen Überzeugungsbildung herangezogen werden könne, aber nicht geeignet sei, das Kausalitätsgebot zu ersetzen.[591]

---

585 So etwa *Otto*, MDR 1989, 123 (126 f.); *Roxin*, Strafrecht Bd. 2, § 31 Rn. 54 ff.; *ders.*, GA 2009, 73 (77 f); *Stratenwerth/Kuhlen*, § 13 Rn. 54.

586 *Roxin*, GA 2009, 73 (77).

587 Schönke/Schröder/*Bosch*, § 13 Rn. 63; MüKoStGB/*Freund*, § 13 Rn. 223; *Kühl*, Strafrecht AT, § 18 Rn. 39; zur Problematik der Verdachtsstrafe vgl. auch *Cramer*, S. 58.

588 NK-StGB/*Gaede*, § 13 Rn. 15; *Ransiek*, JuS 2010, 490 (496).

589 Schönke/Schröder/*Bosch*, § 13 Rn. 63.

590 Schönke/Schröder/*Bosch*, § 13 Rn. 63.

591 *Kuhlen*, NStZ 1990, 566 (569); *Schmucker*, S. 180.

Entsprechend hat der BGH in der Lederspray-Entscheidung der Risikoerhöhungslehre abermals eine Absage erteilt.[592] Allerdings – und das zeigt einmal mehr das Dilemma – wird vielfach darauf hingewiesen, dass das Gericht sich trotz seines verbalen Festhaltens an der Vermeidbarkeitslehre in der Lederspray-Entscheidung deutlich an den Gedanken der Risikoerhöhung angenähert habe. Tatsächlich fällt auf, dass der BGH trotz der erheblichen Zweifel, die hinsichtlich der Erfolgsvermeidung in Rückruffällen bestehen, die diesbezüglichen Feststellungen des Instanzgerichtes nicht beanstandet hat.[593] Es scheint aber ein erhebliches Unbehagen zu bestehen, sich der Risikoerhöhungslehre ausdrücklich anzuschließen.[594]

3. *Stellungnahme*

Die Vermeidbarkeitslehre liefert keine kriminalpolitisch zufriedenstellenden Ergebnisse. Ihre dogmatisch saubere Anwendung muss in vielen Fällen zu einer Ablehnung der (Quasi-)Kausalität und damit der Strafbarkeit insgesamt führen. Die Risikoerhöhungslehre setzt zwar genau an dem Problem der unsicheren Kausalverläufe an und wäre insofern geeignet, dem Strafbarkeitsbedürfnis auch in diesen Fällen Rechnung zu tragen. Aufgrund der hypothetischen Betrachtungsweise würde das Kriterium der Risikoerhöhung bei den Unterlassungsdelikten letztlich jedoch stets den Strafbarkeitsrahmen erweitern. Es würden nicht nur die Fälle erfasst, in denen ein Verursachungszusammenhang zumindest hypothetisch festgestellt werden kann, sondern auch solche, in denen die Verursachung ungewiss bleibt. Eine ergänzende Heranziehung, wie sie in der Literatur vorgeschlagen wird, ist damit kaum denkbar.[595] Da das Gesetz bei den Erfolgsdelikten aber nun einmal von einer *Verursachung* spricht (so beispielsweise in den sehr relevanten §§ 222, 229 StGB), würde eine Überschreibung des Kausalitätserfordernisses mit dem Erfordernis einer bloßen Risikoerhöhung einen Verstoß gegen das Analogieverbot bedeuten. Insofern kann dieses Problem allenfalls auf legislativer Ebene gelöst werden, indem man hier das Kausalitätserfordernis im Rahmen eines Verletzungserfolgsdelikts überkommt oder für die Fälle der Produktverantwortlichkeit auf einen anderen Deliktstypus ausweicht.

592 BGH, NJW 1990, 2560 (2565).

593 *Mayer*, PharmR 2008, 236 (251); *Voigtel*, in: *Momsen/Grützner*, Wirtschafts- und Steuerstrafrecht, E. Produkthaftung und Strafrecht (76 f.); vgl. auch *Schmucker*, S. 183. *Roxin*, GA 2009, 73 (76) moniert, dass der BGH das Problem damit schlicht umgangen habe.

594 *Mayer*, PharmR 2008, 236 (251).

595 Vgl. auch *Kühl*, Strafrecht AT, § 18 Rn. 39 und *Schünemann*, StV 1985, 229 (232).

III. *Zwischenergebnis*

Eine Strafbarkeit des Unterlassens von Gefahrabwendungsmaßnahmen durch den Produkthersteller wird häufig am Nachweis der Kausalität scheitern, sofern man auf einen Verletzungserfolg abstellt. Insbesondere, wenn man die Vermeidbarkeitslehre ernst nimmt, wird man das Vorliegen des erforderlichen individuellen (Quasi-)Kausalzusammenhangs nur im Ausnahmefall bejahen können. Im Bereich des unechten Unterlassens, wo die Garantenstellung die Anwendung der Begehungstatbestände ermöglicht, führt dies unweigerlich zu Strafbarkeitslücken. Hier sind mit den Tötungs- und Körperverletzungsdelikten des 17. Abschnitts des Strafgesetzbuches ausschließlich Verletzungserfolgsdelikte einschlägig.

Vor diesem Hintergrund bedarf es einer Auseinandersetzung mit der Frage, welche Möglichkeiten für den Gesetzgeber bestehen, diesem Problem durch die Schaffung anderer Deliktstypen zu begegnen.

B. Bisherige Gesetzesvorschläge

Im Folgenden werden zunächst zwei Kategorien von in der Vergangenheit unterbreiteten Gesetzesvorschlägen dargestellt und eingeordnet, die für die Festlegung des Deliktstypus der Spezialregelung aufschlussreich sein können. Hierbei handelt es sich zum einen um die Idee, ein abstraktes Gefährdungsdelikt als Spezialregelung für strafrechtliche Produktverantwortung zu schaffen, um auf diese Weise sowohl die Kausalitätsprobleme als auch weitere in diesem Kontext bestehende Schwierigkeiten aufzulösen. Zum anderen handelt es sich um einen Vorstoß in die Richtung, das Erfordernis der Erfolgsverursachung durch die Einführung eines neuen Deliktstypus grundsätzlich obsolet zu machen.

I. *Abstraktes Gefährdungsdelikt*

Da sich gezeigt hat, dass eine Erfolgszurechnung erheblichen Schwierigkeiten begegnet, wurde bei dem Versuch, eine praktikable Spezialnorm für die Fälle der strafrechtlichen Produkthaftung zu schaffen, der Fokus weg von den Erfolgsdelikten und hin zu den Gefährdungsdelikten gelenkt.[596] Die konkreten Gefährdungsdelikte weisen allerdings bei genauerer Betrachtung in Bezug auf die Kausalität die gleiche Struktur auf wie Verletzungserfolgsdelikte. Lediglich verlangen sie statt einer Rechtsgutsverletzung eine konkrete Gefahr für das Rechtsgut.[597] Eine konkrete Gefahr liegt dann vor, wenn die Sicherheit des geschützten Rechtsguts

---

596 In diese Richtung gehen auch die auf genereller Ebene gestellten Reformforderungen u.a. von *Hilgendorf*, in: *Rotsch*, Criminal Compliance, § 10 (Rn. 89); *Reus*, S. 189.

597 *Ostendorf*, JuS 1982, 426 (428 f.).

bereits so stark beeinträchtigt ist, dass der Eintritt des Verletzungserfolgs allein vom Zufall abhängt.[598] Sie kann beispielsweise bereits dann zu verneinen sein, wenn der Rechtsgutsinhaber oder Dritte die Gefahr erkennen und deren Beseitigung noch möglich ist.[599] Denklogisch muss daher die generelle Kausalität genauso feststehen wie beim Verletzungserfolgsdelikt. Auch hinsichtlich der Quasi-Kausalität stellen sich die Probleme in ähnlicher Form wie bei den Verletzungserfolgsdelikten. Das Ausbleiben einer konkreten Gefahr bei Vornahme der geforderten Handlung wird sich ebenso wenig mit Sicherheit feststellen lassen wie das der eigentlichen Rechtsgutsverletzung. Auch hier bleibt eine als nicht gering einzuschätzende Möglichkeit bestehen, dass der Produktbesitzer trotz einer Rückruf- oder Warnaktion des Herstellers von dieser keine Kenntnis erlangt und damit keine bewussten Gefahrverhinderungsmaßnahmen mehr vorgenommen hätte, sondern vielmehr der Nicht-Eintritt der Verletzung nur noch vom Zufall abhängig gewesen wäre. Sowohl im Hinblick auf generelle Kausalitätsprobleme als auch solche der Quasi-Kausalität wäre daher nicht viel gewonnen, so dass vor allem die Einführung eines abstrakten Gefährdungsdelikts im Sinne eines schlichten Tätigkeitsdelikts[600] ohne Erfolgsbezug diskutiert wurde.

1. *Eichinger: Gefährdungshaftung*

Eichinger spricht sich für die Einführung eines abstrakten Gefährdungstatbestandes aus, der gegenüber den allgemeinen Erfolgsdelikten die Funktion eines Auffangtatbestandes einnimmt.[601] Aussehen könne dieser wie folgt:

> *§ X StGB*
>
> *(1) Wer ein Produkt herstellt oder vertreibt, das den berechtigten Sicherheitsinteressen des Verbrauchers nicht entspricht und Leben, Körper oder Gesundheit von Menschen mehr als nur unerheblich gefährdet, wird mit Freiheitsstrafe bis zu zwei Jahren oder mit Geldstrafe bestraft.*
>
> *(2) Ebenso wird bestraft, wer als Hersteller eines derartigen Produkts oder als dessen Repräsentant oder Vertreiber im Inland die gebotenen Maßnahmen zur Abwendung der in Absatz 1 genannten Gefahren unterlässt, nachdem er von ihnen sichere Kenntnis erlangt hat.*
>
> *[…]*

---

598 *Joecks/Jäger*, Vor § 306 Rn. 11; MüKoStGB/*Pegel*, § 315b Rn. 54.
599 *Ostendorf*, JuS 1982, 426 (429 f.).
600 Kritisch gegenüber einer solchen Gleichsetzung *Graul*, S. 110.
601 *Eichinger*, S. 350 ff.

(5) Wer eine der in Absatz 1 oder 2 genannten Handlungen fahrlässig vornimmt oder unterläßt, wird mit Freiheitsstrafe bis zu einem Jahr oder mit Geldstrafe bestraft.

Der von *Eichinger* vorgeschlagene Tatbestand fordert weder eine Schadensverursachung noch die Herbeiführung eines Gefährdungserfolgs. Er wäre vielmehr schon dann verwirklicht, wenn nach dem aktuellen Wissensstand in Fachkreisen über die generelle Schadenseignung einer bestimmten Substanz oder einer Produktzusammensetzung Einigkeit herrscht. Dadurch soll das Problem der generellen Kausalität „weitgehend entschärft“ werden.[602] Allerdings zeigt sich bei genauerem Hinsehen, dass die Problematik bei dieser Ausgestaltung des Tatbestands auch ohne die Notwendigkeit einer Erfolgszurechnung virulent wird.[603] Denn auch wenn die generelle Kausalität in Folge der Ausgestaltung als abstraktes Gefährdungsdelikt keine Vorfrage der Erfolgszurechnung mehr ist, bleibt das Problem bestehen. Nun muss nämlich festgestellt werden, dass das Produkt Leben oder Körper oder Gesundheit von Menschen mehr als nur unerheblich gefährdet. Hinter dieser Formulierung verbirgt sich nichts weiter als das Erfordernis der Schädigungs*eignung*,[604] hinsichtlich dessen im Rahmen des § 314 StGB bereits festgestellt wurde, dass es nahezu dieselben Schwierigkeiten aufwirft wie eine Erfolgszurechnung.[605] Im Hinblick auf die generelle Kausalität würde der Vorschlag somit jedenfalls nur bedingt Vereinfachungen mit sich bringen.

Einen weiteren Vorzug seines Vorschlags sieht *Eichinger* in der Aufnahme des echten Unterlassungstatbestandes in Absatz 2. Dieser enthält ein Handlungsgebot dergestalt, dass der Hersteller (oder dessen Repräsentant oder Vertreiber im Inland) die gebotenen Maßnahmen zu ergreifen hat, nachdem er sichere Kenntnis von der Produktgefährlichkeit[606] erlangt hat. Damit würden auch die Streitfragen im Zusammenhang mit den hypothetischen Kausalitätserwägungen und der Begründung einer Garantenstellung überflüssig gemacht.[607]

602 *Eichinger*, S. 351.
603 *Bosch*, S. 504 kritisiert in diesem Zusammenhang sogar, dass überhaupt nicht ersichtlich sei, worin die Entschärfung des Problems liegen solle.
604 Siehe daher die abweichende Einordnung unten, 5. Teil § 1 C. III. 1.
605 Siehe oben, 3. Teil § 2 B. IV.
606 Siehe zum Merkmal der sicheren Kenntnis unten, 5. Teil § 2 B. II.
607 *Eichinger*, S. 351.

2. *Freund: Vorschlag eines neuen § 231 StGB*

Ein konkreter Gesetzesvorschlag wurde auch von *Freund* unterbreitet.[608] Dieser Vorschlag steht unter der Zielsetzung, die strafrechtliche Produktverantwortung insgesamt auf eine tragfähige gesetzliche Grundlage zu stellen. Die Handhabung der Materie de lege lata sei defizitär, da die Verletzungsdelikte nicht zur Anwendung gelangten, wenn der Kausal- oder Quasikausalzusammenhang zwischen dem gefahrverdächtigen Produkt und den eingetretenen Schäden nicht zweifelsfrei nachzuweisen sei. Dieses Problem lasse sich nicht durch dogmatische Kunstgriffe, sondern allein durch die Schaffung eines eigenständigen Gefährdungsdelikts beseitigen.[609] In Anlehnung an § 95 Abs. 1 Nr. 1 AMG werde daher folgender Vorschlag zu einer gesetzlichen Neuregelung unterbreitet:

> *§ 231 StGB (Lebens- und Gesundheitsgefährdung durch Produkte)*
>
> *(1) Wer zu verantworten hat, dass ein Gegenstand in Verkehr gelangt oder bleibt oder zum Inverkehrbringen bereitgehalten wird, obwohl dieser geeignet oder dringend verdächtig ist, andere widerrechtlich an Leib oder Leben zu schädigen, wird mit Freiheitsstrafe bis zu fünf Jahren oder mit Geldstrafe bestraft.*
>
> *(2) Wer in den Fällen des Absatzes 1 fahrlässig handelt, wird mit Freiheitsstrafe bis zu drei Jahren oder mit Geldstrafe bestraft.*

Die Vorzüge dieses Vorschlags werden zum einen darin gesehen, dass der Tatbestand sich nicht auf konkrete Handlungsformen beschränkt, sondern sich mit der Formulierung „wer zu verantworten hat" begnügt. Durch den Verzicht einer Anknüpfung an das Inverkehrbringen oder vergleichbar explizite Handlungsformen könnten sachwidrige Strafbarkeitsausschlüsse vermieden werden, wie dies beispielsweise bei Sabotagehandlungen der Fall wäre.[610] Außerdem könnten so auch problemlos Unterlassungen erfasst werden. Darüber hinaus sei bei Anwendung des § 231 StGB weder der Nachweis einer Schadensverursachung noch einer Eignung hierzu erforderlich, da die Lebens- und Gesundheitsgefährdung bereits über die Produktbedenklichkeit erfasst werde. Ein Gegenstand müsse

608 Siehe *Freund*, ZStW 1997, 455 (479); *ders.*, in: *Freund/Rostalski*, Strafrechtliche Verantwortlichkeit für Produktgefahren, S. 141 (151 f.); ausführlich mit dem Gesetzesvorschlag auseinandergesetzt haben sich außerdem *Reus*, S. 171 ff. und *Domeier*, S. 300 ff., die beide überwiegend zustimmen. Auch *Hilgendorf*, ZLR 2011, 303 (308) sieht vor dem Hintergrund der Reformbedürftigkeit des Lebensmittelstrafrechts in dem Vorschlag ein „sehr beachtliche[s] Modell".

609 *Freund*, ZStW 1997, 455 (478 f.).

610 *Reus*, S. 172; vgl. auch *Domeier*, S. 301.

solcher Gefährdungen schließlich lediglich „dringend verdächtig" sein.[611] Durch die Anknüpfung an die bloße Produktbedenklichkeit könnten unter anderem auch die Fälle erfasst werden, in denen trotz zahlreicher und massiver Schadensmeldungen ein Produkt weiter hergestellt und vertrieben wird, auch wenn die generelle Kausalität später nicht festgestellt werden kann.[612] Gleichzeitig werde die Sanktionierung dennoch angemessen begrenzt, indem tatbestandlich ein *dringender* Verdacht gefordert werde.[613]

3. *Zusammenfassung und Stellungnahme*

Eichinger und *Freund* verlagern die Diskussion mit ihren Gesetzesvorschlägen in den Bereich der Gefährdungsdelikte. Dem ist grundsätzlich zuzustimmen, da die Zurechnung eines Schädigungserfolges ohne gesicherten Verursachungszusammenhang de lege lata nicht möglich ist. Offensichtlich ist auch, dass mittels Annahme eines konkreten Gefährdungsdelikts die bestehenden Kausalitätsprobleme nicht überwunden werden könnten. Die Anforderungen an das Merkmal der konkreten Gefahr sind so hoch, dass sich hier letztlich die gleichen Schwierigkeiten ergäben, wie bei Abstellen auf die Schädigung selbst.[614] Ausgehend von der klassischen Zweiteilung der Gefährdungsdelikte in konkret und abstrakt ist es konsequent, allein auf die abstrakte Gefährdung abzustellen und damit ein typischerweise gefährliches Verhalten zu sanktionieren.[615] Zur Überwindung der Kausalitätsprobleme wäre daher insbesondere der Vorschlag von *Freund* geeignet, der auf einen Erfolgsbezug vollständig verzichtet.

Es stellt sich jedoch die Frage, in welchem Fall das Unterlassen von Gefahrabwendungsmaßnahmen durch den Hersteller als typischerweise gefährlich anzusehen und damit schon für sich gesehen sanktionierbar sein soll. Ist dies nur dann

---

611 *Zieschang*, Die Gefährdungsdelikte, S. 386 Fn. 145 bezeichnet den Vorschlag von *Freund* daher auch als Risikodelikt. Zu dieser nicht einheitlich bezeichneten Deliktsform siehe sogleich im 5. Teil § 1 B. II.

612 *Freund*, ZStW 1997, 455 (479); *ders.*, in: *Freund/Rostalski*, Strafrechtliche Verantwortlichkeit für Produktgefahren, S. 141 (152).

613 *Reus*, S. 173.

614 Siehe hierzu 5. Teil § 1 B. I.

615 *Hilgendorf*, in: *Arzt/Weber/Heinrich/Hilgendorf*, § 1 Rn. 20, führt allgemein zur Schaffung von Straftatbeständen aus, ein „kluger Gesetzgeber wird Beweisprobleme antizipieren und durch entsprechenden Zuschnitt der Tatbestände entschärfen" Dem ist grundsätzlich zuzustimmen, allerdings muss sich auch der Gesetzgeber davor hüten, mit dem Ziel der Überwindung von Beweisproblemen die Legitimation einer Strafnorm zu ersetzen. Vgl. auch *Wohlers*, S. 312, der darauf hinweist, dass die Funktionalität einer Norm nicht mit ihrer Legitimität verwechselt werden darf.

der Fall, wenn ein Produkt sicher schädlich ist oder auch dann, wenn sich dies nicht mit Gewissheit sagen lässt. Was hier als lediglich marginaler Unterschied anmutet, ist tatsächlich eine Frage von höchst grundlegender Bedeutung. Man könnte sie auch so formulieren: Ist die generelle Kausalität im Hinblick auf die Strafwürdigkeit eines Verhaltens ein verzichtbares Kriterium? Stellt man allein auf einen möglichst effektiven Rechtsgüterschutz ab, ließe sich entsprechend argumentieren. Ein Verhalten, über dessen Gefährlichkeit Zweifel bestehen, kann jedenfalls möglicherweise zu einer Beeinträchtigung von Rechtsgütern führen, so dass ein größtmöglicher Schutz dadurch erreicht wird, dass dieses Verhalten im Falle eines aktiven Tuns untersagt oder im Falle eines Unterlassens gefordert wird. Es muss allerdings irgendwo die Grenze gezogen werden zwischen einem abstrakt gefährlichen Verhalten, welches strafwürdig ist, und einem solchen, das erlaubt und damit straflos ist. Vor Augen führen muss man sich dabei insbesondere, dass der Mensch als ein isoliertes Wesen, das mit der Rechtssphäre anderer nicht in Berührung kommt, kaum oder zumindest nur ausnahmsweise denkbar ist. Vielmehr steht menschliches Handeln in aller Regel in vielfältiger Verbindung zu den Belangen anderer.[616] Das Feld der möglicherweise gefährlichen Aktivitäten ist damit derart weit, dass – um die Argumentation ad absurdum zu führen – zu überlegen wäre, ob im Dienste eines effektiven Rechtsgüterschutzes nicht jegliches Verhalten zu untersagen sei.[617] Dies führt zu der Erkenntnis, dass der Rechtsgüterschutz kein absolutes Ziel sein kann, sondern gewisse Gefährdungen zu tolerieren sind, um überhaupt ein gesellschaftliches Leben zu ermöglichen.[618] Angesichts dessen ist aber nicht nachvollziehbar, wie die Bestrafung eines im konkreten Fall *ungefährlichen* Verhaltens legitim sein soll.

Unabhängig hiervon bestehen – wie bereits im Zusammenhang mit der Regelungstechnik des Nebenstrafrechts angesprochen wurde[619] – generelle Bedenken gegen den vermehrten Rückgriff auf abstrakte Gefährdungsdelikte. Durch einen Verzicht auf die generelle Kausalität (zumindest in Form einer allgemeinen Schadenseignung des Verhaltens, in der sie bei *Eichinger* Eingang in den Tatbestand findet) verschärfen diese Bedenken sich weiter. Die weite Vorverlagerung der Strafbarkeit ist schon hinsichtlich der rechtsgüterschützenden Funktion des Strafrechts zweifelhaft, da die Verbindung zwischen inkriminiertem Verhalten und

616 *Cramer*, S. 60.

617 So auch *Große Vorholt*, S. 95 f.

618 Vgl. *Schlehofer*, NJW 1989, 2017 (2021).

619 Siehe 3. Teil § 2 A. II.

Rechtsgutsverletzung aufgelöst wird.[620] Überdies ist fraglich, in welchem Maß dem Normadressaten dann noch individuelle Schuld zugewiesen werden kann.[621] Auf kriminalpolitischer Ebene lässt sich außerdem der Einwand vorbringen, dass schon die bestehenden Möglichkeiten der Sanktionierung aufgrund abstrakter Gefährdungen nicht ausgeschöpft werden und weitere Regelungen in dem Bereich sich insoweit als überflüssiges „more of the same" präsentieren.[622] Insofern kann hier festgehalten werden, dass der Rückgriff auf abstrakte Gefährdungsdelikte ohnehin schon kompromissbehaftet ist. Die Frage, ob auch auf die generelle Kausalität verzichtet werden kann, sollte daher erst gestellt werden, wenn sich keine gangbare Alternative zum abstrakten Gefährdungsdelikt findet.

II. Neuer Deliktstypus des Risikodelikts

Armin Kaufmann und *Schünemann* haben das Kausalitätsproblem nicht im Rahmen einer Spezialregelung der strafrechtlichen Produkthaftung adressiert, sondern auf grundsätzlicherer Ebene. Durch die Einführung einer neuen Deliktsart soll das Problem nicht nur punktuell im Produktbereich umgangen werden, sondern es sollen alle Fälle erfasst werden, in denen der Ursachenzusammenhang nicht mit Sicherheit festgestellt werden kann.

1. Armin Kaufmann: Verzicht auf Erfolgsverursachung

Die Grundprämisse der rechtspolitischen Forderung *Armin Kaufmanns* ist die, dass das Kausalitätsprinzip die Grenzen seiner Leistungsfähigkeit erreicht bzw. überschritten hat.[623] Zu dieser Einschätzung gelangte er wohlgemerkt bereits 1971 im Nachgang zum Contergan-Verfahren als erstem in einer Reihe von Produkthaftungsverfahren vor den deutschen Strafgerichten.[624] Die längst vollzogene Durchbrechung des Kausalitätsprinzips zeige sich bei den Vorsatzdelikten bereits deutlich an der Möglichkeit der Bestrafung wegen Versuchs. Umso eklatanter präsentierten sich die Unzulänglichkeiten des Gesetzes jedoch im Bereich der Fahrlässigkeit. Hier müsse der Gesetzgeber tätig werden und Strafschutz unabhängig

620 *Hassemer*, NStZ 1989, 553 (558); kritisch weist auch *Cramer*, S. 54 darauf hin, dass Strafgesetze weder Selbstzweck noch dazu da sind, das Volk im Gehorsam zu üben. Die Funktion von Strafgesetzen sei Rechtsgüterschutz und insofern sei es wenig sinnvoll, jedwede Beziehung zur Rechtsgüterwelt aufzulösen.

621 *Zieschang*, Die Gefährdungsdelikte, S. 367.

622 *Bosch*, S. 503 f. in Fn. 1605.

623 *Kaufmann*, JZ 1971, 567 (575).

624 Siehe zu den Leading Cases oben, 1. Teil § 2 A.

von einer feststehenden Erfolgsverursachung gewährleisten.[625] Dies sei auf zwei Arten denkbar. Entweder könne man die abstrakten Gefährdungsdelikte im Hinblick auf ihren kriminellen Gehalt aufwerten. Bislang führten diese nämlich ein Kümmerdasein, sowohl was den Strafrahmen als auch die gesellschaftliche Einschätzung betreffe. Eine Erhöhung des Strafrahmens würde aber zugleich die Aufnahme von Tatbestandsmerkmalen erfordern, die typischerweise mit einer Gefährdung von Leib und Leben verbunden sind. Ansonsten wäre eine Verschärfung der Strafe nicht gerechtfertigt.[626] Als andere Möglichkeit des Gesetzgebers sieht *Armin Kaufmann* die Schaffung eines neuen Typus des Risikodelikts, dessen Tatbestand den Wegfall der anerkannten generellen Kausalität unmittelbar erkennen lasse. Ein solches Risikodelikt müsse sämtliche Verletzungen und konkreten Gefährdungen erfassen, sich dabei aber auch auf die Fälle erstrecken, in denen nach dem aktuellen Wissenschaftsstand nicht aufgeklärt werden kann, ob die jeweilige Gefährdung die Rechtsgutsverletzung überhaupt herbeizuführen in der Lage ist.[627]

2. Schünemann: Orientierung an Risikoerhöhungstheorie

Schünemann hält eine Reform insbesondere im Hinblick auf das Erfordernis der Quasi-Kausalität für überfällig. Bereits für das geltende Recht werde eine Einbeziehung des Risikoerhöhungsgedankens in die Zurechnung bei den Unterlassungsdelikten mit beachtlichen Argumenten gefordert. Diese seien zwar dogmatisch nicht ganz ausreichend,[628] sollten aber doch umso mehr Anlass dazu geben, den Gedanken in die Reformdiskussion miteinzubeziehen.[629] Strafwürdigkeit und Strafbedürftigkeit erforderten eine Ausdehnung geradezu, da ansonsten keine Mittel zur Verfügung stünden, einen Täter in ungewissen Situationen zu einer Erfolgsabwendung zu bewegen. Auch Legitimationsbedenken ergäben sich keine, da die Schuld des Unterlassungstäters sich ohnehin stets nur auf das Auslassen einer Rettungschance beziehen könne. Dies ergebe sich schon daraus, dass der Erfolg immer auch von einer gewissen Zufallskomponente abhänge.[630]

Diese Überlegungen führen nach Ansicht *Schünemanns* dazu, dass statt auf die Quasi-Kausalität auf eine Risikoerhöhung abzustellen sei.[631] Da die Zurech-

625 *Kaufmann*, JZ 1971, 567 (575).
626 *Kaufmann*, JZ 1971, 567 (576).
627 *Kaufmann*, JZ 1971, 567 (576).
628 Siehe hierzu *Schünemann*, StV 1985, 229 (232).
629 *Schünemann*, Unternehmenskriminalität und Strafrecht, S. 207.
630 *Schünemann*, Unternehmenskriminalität und Strafrecht, S. 207.
631 *Schünemann*, Unternehmenskriminalität und Strafrecht, S. 207.

nung eines Erfolges bei Nichtwahrnehmung einer ungewissen Rettungschance aber eine Beweislastumkehr zu Lasten des Beschuldigten bedeute und damit zu einem Konflikt mit dem in dubio pro reo-Grundsatz führe, habe ein Rückgriff auf den Risikoerhöhungsgedanken stets eine strafbarkeitsausdehnende Wirkung.[632] Aufgrund des Gesetzeswortlauts, der eine Verursachung des Erfolgs beziehungsweise eine Nicht-Abwendung des Erfolgs fordert, könne allein ein Tätigwerden des Gesetzgebers den Vorwurf eines Verstoßes gegen das Analogieverbot des Art. 103 Abs. 2 GG beseitigen.[633] Es biete sich hierfür die Einfügung eines zweiten Absatzes in den § 13 StGB an:

> *§ 13 StGB*
>
> *[...]*
>
> *(2) Wird der Erfolg durch weisungsgebundenes Handeln für einen Betrieb oder mit einem gefährlichen Gegenstand des Betriebsvermögens herbeigeführt, so findet § 13 Abs. 1 auf den Weisungsberechtigten auch dann Anwendung, wenn die Tat bei ordnungsgemäßer Kontrolle wesentlich erschwert worden wäre.*

Schünemanns Reformvorschlag bezieht sich auf die Handhabung des Quasi-Kausalitätsproblems im Rahmen der Garantenhaftung und hat dabei insbesondere die Verantwortlichkeit eines Unternehmers für Straftaten seiner Untergebenen im Blick. Die grundlegenden Überlegungen sind jedoch auch auf ein echtes Unterlassungsdelikt für Warn- bzw. Rückruffälle übertragbar.[634] Der Vorschlag *Schünemanns* läuft im Ergebnis auf eine gesetzliche Verankerung der Risikoerhöhungslehre hinaus. Auf diese Weise könnte ein eingetretener Schädigungserfolg quasi-kausal auf das Unterlassen von Gefahrabwendungsmaßnahmen zurückgeführt werden, auch wenn nicht klar ist, ob diese Maßnahmen den Betroffenen überhaupt erreicht hätten.[635]

---

632 *Schünemann*, StV 1985, 229 (232).

633 *Schünemann*, StV 1985, 229 (232).

634 *Schünemann*, Unternehmenskriminalität und Strafrecht, S. 101 vertrat ursprünglich noch die Auffassung, dass die Verletzung einer etwaigen Rückrufpflicht grundsätzlich keine Begehungsäquivalenz begründen könne, da der Unternehmer keine Herrschaft in Bezug auf Produkte habe, die seinen Betrieb bereits verlassen haben.

635 5. Teil § 1 A. II. 2.

3. *Zusammenfassung und Stellungnahme*

Sowohl *Armin Kaufmann* als auch *Schünemann* versuchen den Kausalitätsproblemen zu begegnen, indem sie den Verursachungszusammenhang mit dem Risikoerhöhungsprinzip überschreiben. Während *Armin Kaufmann* dabei das Problem der generellen Kausalität in den Vordergrund rückt, sind für Schünemann insbesondere die sich stellenden Hürden bei der Feststellung der Quasi-Kausalität[636] Hintergrund des Reformbedarfs. Beiden Ansätzen ist dabei gemein, dass sie einen Schädigungs- oder konkreten Gefährdungserfolg zurechnen, von dem nicht sicher gesagt werden kann, ob er durch das Täterverhalten herbeigeführt wurde. Dadurch würde die Risikoerhöhungslehre Gesetz.[637] Zwar sind die zugrundeliegenden Bestrebungen nachvollziehbar, die erheblichen rechtsstaatlichen Bedenken überwiegen jedoch. Denn selbst wenn durch eine entsprechende gesetzliche Regelung de lege ferenda der Verstoß gegen das Analogieverbot ausgeräumt werden könnte, würde die Zurechnung eines Verletzungserfolgs auf Basis einer bloßen Risikoerhöhung auch in kodifizierter Form auf eine Verdachtsstrafe hinauslaufen. Dies ist mit dem Schuldprinzip nicht vereinbar.[638]

III. *Übertragung der Erkenntnisse auf den Untersuchungsgegenstand*

Es kann somit festgehalten werden, dass im Rahmen eines Verletzungserfolgsdeliktes auf einen Verursachungszusammenhang weder de lege lata noch de lege ferenda verzichtet werden darf. Auch besteht bei der Schaffung einer Spezialregelung hierfür keine Notwendigkeit, da auf die Gefährdungsdelikte ausgewichen werden kann. Im herkömmlichen zweigeteilten System der Gefährdungsdelikte verspricht vor allen Dingen der Rückgriff auf die abstrakten Gefährdungsdelikte eine Verbesserung, da bei diesen die Handlung den Schlusspunkt des Tatbestandes bildet.[639] Unabhängig davon, ob man hierbei auf die generelle Kausalität verzichten will (*Freund*) oder nicht (*Eichinger*),[640] stellt sich allerdings die Frage, ob die Sanktionierung des lediglich typischerweise gefährlichen Verhaltens ohne konkreten Rechtsgutsbezug zum einen angemessen ist und zum anderen in den

---

636 Die sich in dem von ihm thematisierten Kontext der Geschäftsherrenhaftung in ähnlicher Weise stellen wie bei dem Unterlassen von Maßnahmen in Bezug auf im Verkehr befindliche Produkte.

637 Siehe auch 5. Teil § 1 A. II. 2.

638 Vgl. auch *Frister*, S. 77 f.

639 Vgl. zu dieser Definition der schlichten Tätigkeitsdelikte, als die die abstrakten Gefährdungsdelikte hier verstanden werden *Graul*, S. 20; siehe auch *Horn*, Konkrete Gefährdungsdelikte, S. 8.

640 Siehe zur Frage des Verzichts auf die generelle Kausalität unten, 5. Teil § 1 C. III. 2.

meisten Fällen nicht hinter dem tatsächlich anzulastenden Unrecht zurückbliebe. Ein Untätigbleiben des Herstellers ist meist eben nicht nur typischerweise, sondern für die Besitzer des jeweiligen Produkts konkret gefährlich, da ihnen die Möglichkeit genommen wird, auf die Produktgefahr angemessen zu reagieren. Dies gilt selbst in Anbetracht der Möglichkeit, dass von einer hypothetisch gedachten Warnung oder einem Rückruf seitens der Betroffenen keine Kenntnis genommen wird oder diese die jeweilige Maßnahme nicht befolgen. Insofern stellt sich die Frage, ob es über abstrakte und konkrete Gefährdungsdelikte hinaus noch weitere Gefährdungsdeliktstypen gibt, die die vorliegende Konstellation besser erfassen können.

C. Weitere Kategorien von Gefährdungsdelikten

Die Zweiteilung der Gefährdungsdelikte in konkrete und abstrakte Gefährdungsdelikte ist nicht zwingend. Im Schrifttum wird teilweise darauf hingewiesen, dass der Struktur eine Zwischenstufe fehle, die mit weiteren Deliktstypen zu füllen sei.[641]

I. Gefährlichkeitsdelikte als Zwischenstufe der Gefährdungsdelikte

Es wird vorgeschlagen, diese Zwischenstufe durch die Schaffung von sogenannten Gefährlichkeitsdelikten auszufüllen. Das Defizit bei der herkömmlichen Zweiteilung ergebe sich laut den Befürwortern eines solchen Deliktstypus gerade daraus, dass beim konkreten Gefährdungsdelikt die Rechtsgutsbeeinträchtigung unmittelbar bevorstehe und allenfalls durch Zufall noch ausbleibe,[642] beim abstrakten Gefährdungsdelikt ein Rechtsgutsbezug demgegenüber überhaupt nicht auszumachen sei, da lediglich ein abstrakt bzw. typischerweise gefährliches Verhalten sanktioniert werde. Es seien aber Sachverhalte denkbar, in denen ein Verhalten nicht nur typischerweise, sondern im Einzelfall gefährlich sei, ohne dass sich hieraus zwingend eine konkrete Gefahr im Sinne der konkreten Gefährdungsdelikte entwickele. Ein solches konkret gefährliches Verhalten liege vor, wenn aus Sicht einer sich in der Situation des Handelnden befindlichen, objektiven Maßstabsperson[643] ein Schaden an dem von der Strafnorm geschützten Rechtsgut nicht ausgeschlossen werden könne.[644] Das zu schaffende Gefährlichkeitsdelikt würde hieran

641 *Zieschang,* Die Gefährdungsdelikte, S. 64; Kritik an der Zweiteilung der Gefährdungsdelikte übt auch *Hoyer*, JA 1990, 183 (183).

642 Vgl. hierzu auch *Ostendorf*, JuS 1982, 426 (429 f.).

643 Siehe hierzu auch 5. Teil § 2 A. II. 3.

644 *Hirsch,* FS Kaufmann, S. 545 (558); *Zieschang,* Die Gefährdungsdelikte, S. 54.

anknüpfen, so dass sein Unwerturteil geprägt wäre durch ein Handeln bzw. ein Untätigbleiben in einer Situation, die bezüglich ihres Gefahrpotenzials ungewiss ist.[645] Insofern bestehe hier kein signifikanter Unterschied zu den Anforderungen, die im Rahmen eines abstrakten Gefährdungsdelikts gestellt werden.[646] Es könnten durch die konkrete Betrachtungsweise aber solche Fälle ausgenommen werden, in denen das Verhalten im Einzelfall aufgrund besonderer Umstände völlig ungefährlich sei.[647]

Ob diese Konstruktion aber tatsächlich einen Mehrwert bietet, ist anzuzweifeln. Da auch bei einem Gefährlichkeitsdelikt kein tatbestandlicher Erfolg eintreten muss und damit allein das Handlungsunrecht sanktioniert wird, bietet ein solches gegenüber einem abstrakten Gefährdungsdelikt kaum einen Vorteil.

II. Potenzielle Gefährdungsdelikte als Gefährdungserfolgsdelikte

Einer weiteren im Schrifttum vorgeschlagenen Deliktskategorie liegt die Prämisse zugrunde, dass gefährliches Verhalten sich nicht zwingend in einer konkreten Gefahr oder einem Schaden niederschlagen müsse, um einen Gefährdungserfolg aufzuweisen. Es sei möglich, dass der Eintritt einer konkreten Gefahr oder eines Schadens durch ein rechtzeitiges Eingreifen Dritter verhindert werde oder andere glückliche Fügungen den gefahrträchtigen Geschehensablauf noch rechtzeitig eindämmen. Ebenso könne es sein, dass eine konkrete Gefahr oder ein Schaden zwar eintreten, letztlich aber nicht zurechenbar sind. In beiden Konstellationen könne man jedoch nicht sagen, dass das vorhergehende Verhalten gänzlich ohne Konsequenzen geblieben sei. Vielmehr manifestiere sich auch in diesen Fällen das gefährliche Verhalten bereits objektiv und ziehe einen konkret gefährlichen Zustand nach sich, auch wenn die Voraussetzungen einer konkreten Gefahr (noch) nicht vorlägen. *Zieschang* entwickelt aus dieser Erkenntnis eine

645 *Zieschang,* Die Gefährdungsdelikte, S. 62.

646 *Hirsch,* FS Kaufmann, S. 545 (559) weist in diesem Zusammenhang darauf hin, dass bei genauerem Hinsehen ein Großteil der unter abstrakte Gefährdungen gefassten Handlungen in Wahrheit konkrete Gefährlichkeitshandlungen seien; ähnlich auch *Wohlers,* S. 305 f.

647 *Zieschang,* Die Gefährdungsdelikte, S. 383; andere wollen dieses Ergebnis über eine an verfassungsrechtlichen Vorgaben ausgerichtete und ratio-orientierte Gesetzeskonkretisierung erreichen, siehe etwa *Reus,* S. 138; oder aber den Weg einer teleologischen Reduktion gehen, vgl. statt vieler Schönke/Schröder/*Heine/Bosch,* Vorbemerkungen §§ 306 ff. Rn. 6a.

eigene Gefährdungsdeliktsstruktur, die er als „potenzielles Gefährdungsdelikt“[648] bezeichnet.[649]

1. *Herbeiführung eines konkret gefährlichen Zustands*

Die Herbeiführung eines konkret gefährlichen Zustands grenzt nach *Zieschangs* Konzeption nicht nur das tatbestandliche konkret gefährliche Verhalten ein, sondern ist zugleich spezifischer Tatbestandserfolg der potenziellen Gefährdungsdelikte.[650] Der konkret gefährliche Zustand sei darüber hinaus als Vorstufe zur konkreten Gefahr zu begreifen. Wesenskern sei damit die „Wahrscheinlichkeit einer konkreten Gefahr“.[651] Die Beurteilung des Vorliegens eines konkret gefährlichen Zustandes habe dabei aus dem Blickwinkel des Tatobjekts zu erfolgen. Die durch das Verhalten des Täters herbeigeführte Situation müsse so beschaffen sein, dass der Eintritt einer konkreten Gefahr für ein Rechtsgutsobjekt naheliegend erscheine. Das Wahrscheinlichkeitsurteil sei dabei ex-ante nach Abschluss des jeweiligen gefährlichen Verhaltens zu fällen.[652]

Will man diese Überlegungen auf die Situation des Herstellers übertragen, dann müsste durch das Unterlassen der erforderlichen Maßnahmen ein konkret gefährlicher Zustand für die geschützten Rechtsgüter herbeigeführt worden sein. Die Herbeiführung ist dabei im Sinne der Quasi-Kausalität so zu verstehen, dass der konkret gefährliche Zustand bei Vornahme der erforderlichen Maßnahmen mit an Sicherheit grenzender Wahrscheinlichkeit nicht bestanden hätte.

Bleibt ein gefährliches Produkt ungehindert im Verkehr bzw. bei den jeweiligen Produktbesitzern, besteht jederzeit die Möglichkeit, dass dieses auch verwendet bzw. konsumiert wird. Spätestens ab dem Zeitpunkt der Verwendung bzw. des Konsums wird man im jeweiligen Einzelfall von einer konkreten Gefahr ausgehen können, da das jeweilige geschützte Rechtsgut vollständig exponiert ist und der Eintritt einer Schädigung ab diesem Zeitpunkt jedenfalls jeder bewussten

---

648 Der Begriff „potenzielle Gefährdungsdelikte“ wird auch für solche Delikte verwendet, deren Tatbestand die Schadenseignung beinhaltet; siehe hierzu 3. Teil § 2 B. I.

649 Zum gesamten Gedankengang *Zieschang*, Die Gefährdungsdelikte, S. 64 ff.

650 *Zieschang*, Die Gefährdungsdelikte, S. 65.

651 *Zieschang*, Die Gefährdungsdelikte, S. 66 f.

652 *Zieschang*, Die Gefährdungsdelikte, S. 66 f. spricht in diesem Zusammenhang zwar überwiegend von einer konkret gefährlichen Handlung, es kann aber ebenso um eine Nicht-Handlung trotz entsprechender Pflicht gehen; den Ausführungen von *Gimbernat Ordeig*, GS Kaufmann, S. 159 (161 ff.) folgend kann Verhalten entweder eine Handlung sein (=aktives Verhalten) oder ein Nichttun (=passives Verhalten); so auch LK/*Walter*, Vor §§ 13 Rn. 30.

Einwirkungsmöglichkeit entzogen ist. Ob eine Gesundheitsschädigung dann wirklich eintritt oder nicht, ist nicht mehr steuerbar und insofern allein vom Zufall abhängig. Indem der Hersteller es unterlässt, das betroffene Produkt aus dem Verkehr zu ziehen oder zumindest vor der Gefährlichkeit zu warnen[653], wird der Eintritt einer solchen konkreten Gefahrsituation im oben beschriebenen Sinne wahrscheinlich: Der betroffene Produktbesitzer wird nicht in die Lage versetzt, sein Verhalten der Gefährlichkeit entsprechend anzupassen, so dass er – von der Ungefährlichkeit des Produkts ausgehend – dieses weiter gebrauchen oder konsumieren wird. Da zu diesem Zeitpunkt die Möglichkeit besteht, dass das Produkt ausgemustert oder aus anderen Gründen nicht verwendet wird oder dass trotz einer ausbleibenden Information durch den Hersteller die Gefährlichkeit des Produkts erkannt und entsprechend entgegengewirkt wird, kann eine konkrete Gefahr in aller Regel noch nicht bejaht werden. Der Eintritt einer konkreten Gefahr ist aber naheliegend. Das Unterlassen von Gefahrabwendungsmaßnahmen ist dementsprechend nicht lediglich abstrakt gefährlich, sondern führt zu einem Erfolg in Gestalt eines konkret gefährlichen Zustands.

2. *Konkret gefährlicher Zustand und generelle Kausalität*

Wie die Auseinandersetzung mit den bisherigen Gesetzesvorschlägen gezeigt hat,[654] erfolgt der Rückgriff auf die (abstrakten) Gefährdungsdelikte vor allen Dingen aufgrund der Schwierigkeiten bei der Feststellung der generellen Kausalität. Ob die Ausgestaltung des Delikts als potenzielles Gefährdungsdelikt hier Vorteile verspricht, hängt davon ab, inwieweit das Fehlen von Kausalgesetzen sich auf das Vorliegen eines konkret gefährlichen Zustands auswirkt.

Maßgeblich zur Beantwortung der Frage, ob die generelle Kausalität zwingende Voraussetzung eines konkret gefährlichen Zustands ist, sind die Basistatsachen, auf deren Grundlage die Prognoseentscheidung über die Wahrscheinlichkeit eines Schadenseintritts vorgenommen werden muss. Die Basistatsachen, die der Prognoseentscheidung zugrunde liegen, sind dem Beweis zugängliche Tatsachenfragen. Der Richter muss in einer späteren Hauptverhandlung davon überzeugt sein, dass diese Basistatsachen bereits nach Abschluss der Tathandlung vorlagen.[655] Ist er dies nicht, ist hier der Grundsatz in dubio pro reo anzuwenden.[656] Entscheidend

---

653 Siehe zum Umfang der Gefahrabwendungspflichten unten, 5. Teil § 2 C. II.

654 5. Teil § 1 B.

655 *Zieschang,* Die Gefährdungsdelikte, S. 119 f.; vgl. auch MüKoStPO/*Kudlich,* Einleitung Rn. 202; KK-StPO/*Tiemann,* § 261 Rn. 62.

656 *Zieschang,* Die Gefährdungsdelikte, S. 120; siehe zur Unterscheidung von Prognoseentscheidung und Prognosebasis auch *Graul,* S. 353.

ist daher, ob im Falle von unterlassenen Gefahrabwendungsmaßnahmen eines Herstellers der konkret gefährliche Zustand – also die Wahrscheinlichkeit eines Schadenseintritts –, allein durch eine (feststehende) Ursache-Wirkung-Beziehung zwischen Produkt und Schaden begründet wird oder ob nicht bereits die bestehende Ungewissheit hinsichtlich der kausalen Verknüpfung ein spezifisches Risiko darstellt, welches durch statistische Korrelationen indiziert wird.[657] Sieht man die Kausalbeziehung zwischen Produkt und Schaden als notwendige Basistatsache für eine Wahrscheinlichkeitsprognose an, verschiebt sich das Problem der generellen Kausalität lediglich. Es wäre dann in Bezug auf diesen Problemkreis auch durch die Schaffung eines potenziellen Gefährdungsdelikts nichts gewonnen.

Zu überlegen wäre allenfalls, ob *Zieschangs* Ansatz einer Modifikation zugänglich ist. Er begreift den konkret gefährlichen Zustand als Vorstufe zur konkreten Gefahr und diese wiederum als Vorstufe zur Rechtsgutsverletzung.[658] Bei dieser Einordnung kann ersichtlich auf die generelle Kausalität nicht verzichtet werden, da die verschiedenen Stufen (konkret gefährlicher Zustand, konkrete Gefahr, Schaden) sich in Bezug auf die zugrunde liegenden Basistatsachen lediglich quantitativ, nicht aber qualitativ unterscheiden. Möglicherweise kann ein konkret gefährlicher Zustand aber auch qualitativ von der konkreten Gefahr und dem Schaden abzugrenzen sein. So könnte die Wahrscheinlichkeit als bloß naheliegende *Möglichkeit* eines Schadenseintritts auch in solchen Fällen zu bejahen sein, in denen nicht abschließend festgestellt werden kann, ob ein bestimmtes Verhalten einen Schaden hervorrufen kann. Aus einer ex-ante Perspektive könnte sich die Wahrscheinlichkeit eines Schadenseintritts auch daraus ergeben, dass ein Produkt im Umlauf bleibt, von dem angenommen werden muss, dass es bereits Schäden verursacht hat und weitere verursachen wird – auch wenn die Gefährlichkeit (noch) ungewiss ist. Insofern wäre die Basistatsache der Wahrscheinlichkeitsprognose allein die Ungewissheit hinsichtlich der Gesundheitsschädlichkeit des Produkts.

Diese Überlegung überzeugt jedoch nicht, da hierdurch die Unterscheidung zum lediglich konkret gefährlichen Verhalten verwässert würde. Der Ungewissheit über die Gesundheitsschädlichkeit eines Produkts ist, wenn überhaupt, bei

---

657 Es stellt sich insofern hier die gleiche Frage wie schon beim abstrakten Gefährdungsdelikt, siehe 5. Teil § 1 B. I. 3. Fehlt die generelle Kausalität besteht rein objektiv betrachtet weder die Wahrscheinlichkeit eines Schadenseintritts noch handelt es sich um ein auch nur typischerweise gefährliches Verhalten. Schlussendlich läuft es in beiden Fällen daher darauf hinaus, zu bewerten, ob auf Basis einer bloßen Vermutung strafrechtliche Sanktionen verhängt werden können.

658 *Zieschang*, Die Gefährdungsdelikte, S. 66.

der Frage Rechnung zu tragen, bei welchem Kenntnisstand von dem Produktverantwortlichen ein Einschreiten verlangt wird.[659] Hier lässt sich argumentieren, dass ein Verhalten, das die Möglichkeit eines Schadenseintritts in sich birgt, riskant und damit zu unterlassen ist. Da diese Bewertung rein tätigkeitsbezogen ist, befindet man sich damit aber im Bereich eines bloß konkret gefährlichen Verhaltens.[660] Der konkret gefährliche Zustand ist aber als Erfolg dieses Handelns tatobjektsbezogen und kann nur an den objektiven Gegebenheiten gemessen werden.[661] Zwar mag es verwerflich sein, ein Produkt in Umlauf zu belassen, von welchem niemand genau sagen kann, ob es schädliche Eigenschaften aufweist oder nicht. Die objektiven Gegebenheiten werden hiervon aber nicht beeinflusst.[662] Eine gesetzmäßige Bedingung ist Teil der Wirklichkeit und damit in ihrem Bestand völlig unabhängig davon, ob sich irgendjemand davon Kenntnis verschaffen kann.[663] Wenn aber ein Produkt objektiv keine gesundheitsschädlichen Eigenschaften aufweist, besteht auch keine naheliegende Möglichkeit eines Schadenseintritts. Insofern kann auch nicht durch eine Verschiebung der Prognosegrundlage ein anderes Ergebnis herbeigeführt werden. Die generelle Kausalität ist folglich zwingende Voraussetzung für die Annahme eines konkret gefährlichen Zustands.

3. *Konkret gefährlicher Zustand und Quasi-Kausalität*

Möglicherweise kann die Schaffung eines potenziellen Gefährdungsdelikts aber das Problem der Quasi-Kausalität entschärfen. Im Grundsatz bleibt es dabei, dass das konkret gefährliche Verhalten für den konkret gefährlichen Zustand (quasi-) kausal sein muss. Die hypothetisch gedachte Vornahme der geforderten Gefahrabwendungsmaßnahmen durch den Hersteller müsste also dazu geführt haben, dass der konkret gefährliche Zustand beseitigt wird und die Wahrscheinlichkeit des Eintritts einer konkreten Gefahr bzw. eines Schadens nicht mehr besteht.

Im Rahmen der Untersuchung der hypothetischen Kausalität bei den Verletzungserfolgsdelikten hat sich jedoch gezeigt, dass stets die Möglichkeit besteht, dass eine Warnung oder ein Rückruf einen Produktbesitzer entweder

659 5. Teil § 2 B. II.

660 Vgl. *Hirsch,* FS Kaufmann, S. 545 (558).

661 *Hirsch,* FS Kaufmann, S. 545 (558); *Zieschang,* Die Gefährdungsdelikte, S. 66 f.

662 Vgl. *Kaspar,* in: *Leitner/Rosenau,* Wirtschafts- und Steuerstrafrecht, Vor § 15 (Rn. 23), der richtigerweise darauf hinweist, dass bei Zweifeln an der generellen Kausalität auch eine Risikoerhöhung nicht sicher festgestellt werden kann. Auch eine noch so deutliche statistische Korrelation könne sich als Scheinkorrelation erweisen.

663 *Schmucker,* S. 74.

überhaupt nicht erreicht oder er diesem nicht Folge leistet.[664] In der Regel wird man daher davon ausgehen müssen, dass zumindest die Möglichkeit des Eintritts einer konkreten Gefahr oder eines Schadens auch dann besteht, wenn der Hersteller die jeweiligen Maßnahmen wie gefordert durchführt. Bei Anwendung der conditio sine qua non-Formel müsste man daher streng genommen zu dem Ergebnis gelangen, dass das Unterlassen des Herstellers nicht (quasi-)kausal für den konkret gefährlichen Zustand ist. Dass die Gefahrabwendungsmaßnahmen zumindest einen Teil der betroffenen Verbraucher erreichen und damit insgesamt betrachtet der Schaden verringert wird, indem weniger Menschen den Produktgefahren ausgesetzt bleiben, vermag hieran nichts zu ändern. Denn wie bereits erörtert wurde, ist der Gesamtumfang des Schadens nicht relevant bei der Bewertung, ob ein konkretes Individualrechtsgut beeinträchtigt wird.[665]

Dies würde zumindest dann gelten, wenn das Vorliegen eines konkret gefährlichen Zustands als spezifischer Erfolg zwingend in Abgrenzung zu einem ungefährlichen Zustand zu bestimmen wäre. Selbst die erheblichste Risikosteigerung müsste dann außer Betracht bleiben. Eine solche Sichtweise würde zugleich implizieren, dass es die Wahrscheinlichkeit eines Schadenseintritts als fest definierte Größe gibt, die entweder vorliegt oder eben nicht. Abstufungen in Form von verschiedenen Wahrscheinlichkeitsgraden dürfte es demnach nicht geben bzw. solche dürften nicht berücksichtigt werden, da für die Kausalitätsfrage stets auf den Erfolg in seiner konkreten Gestalt abzustellen wäre.

Zieschang geht im Grundsatz davon aus, dass der konkret gefährliche Zustand sich vom ungefährlichen Zustand dadurch unterscheidet, dass der Täter durch sein Verhalten eine Situation geschaffen hat, die zur Schädigung eines Rechtsguts führen kann, während diese Möglichkeit bei einem ungefährlichen Zustand nicht bestünde. Allerdings schränkt er diesen Grundsatz dahingehend ein, dass bei Vorliegen einer lediglich geringen Möglichkeit eines Schadenseintritts nicht von einer Wahrscheinlichkeit die Rede sein könne, so dass auch in diesem Fall kein konkret gefährlicher Zustand vorliege. Vielmehr sei es auch in diesem Fall „(eher) unwahrscheinlich“, dass es zu einem Schaden komme. Zu fordern sei zur Bejahung eines konkret gefährlichen Zustandes vielmehr, dass beim ungestörten Fortgang des Geschehensverlaufs der Eintritt eines Schadens naheliege.[666]

---

664 5. Teil § 1 A. II.
665 5. Teil § 1 A. II.
666 *Zieschang*, S. 74 ff.

Diese Überlegungen zeigen, dass klare Grenzziehungen bei der Bestimmung des konkret gefährlichen Zustands kaum möglich sind. Denn ab welchem Schwellenwert die Möglichkeit eines Schadenseintritts nicht mehr lediglich existent, sondern naheliegend ist, wird sich nicht absolut beantworten lassen. Hinzu kommt, dass die Wahrscheinlichkeit eines Schadenseintritts kein statischer Zustand ist, sondern auf dem Weg hin zur Schadensverwirklichung viele verschiedene Stadien durchschreiten kann, da ein Kausalverlauf von diversen Außeneinflüssen verändert werden kann.

Es gibt vor diesem Hintergrund nicht *die* Wahrscheinlichkeit eines Schadenseintritts, sondern verschiedene Wahrscheinlichkeitsgrade. Es muss daher die Frage gestellt werden, ob es sachgemäß ist, allein auf eine originäre Risiko*schaffung* abzustellen und damit zwingend den konkret gefährlichen Zustand in Abgrenzung zum ungefährlichen Zustand zu bestimmen, oder ob es nicht eigentlich die Risiko*erhöhung* ist, die der Sanktion bedarf. Tatbestandlicher Erfolg wäre sodann der konkret gefährliche Zustand in Form eines bestimmten Wahrscheinlichkeitsgrades.

Für eine solche Sichtweise spricht, dass die signifikante Erhöhung einer bereits bestehenden Wahrscheinlichkeit eines Schadenseintritts denselben Erfolgsunwert verwirklicht wie die Herbeiführung dieser Wahrscheinlichkeit. Denn eine Wahrscheinlichkeit von 90% ist auch qualitativ etwas völlig anderes als eine Wahrscheinlichkeit von 30%, obwohl es in beiden Fällen nicht völlig fernliegend ist, dass es zu einem Schadenseintritt kommt. Damit wäre das Vorliegen eines konkret gefährlichen Zustands in beiden Fällen anzunehmen, so dass die Risikoerhöhung unberücksichtigt bleiben müsste. Mit Blick auf das verwirklichte Erfolgsunrecht erscheint es jedoch willkürlich, eine so beträchtliche Risikosteigerung außer Acht zu lassen, während im Grenzbereich von einem „(eher) unwahrscheinlich[en]“[667] und (eher) wahrscheinlichen Schadenseintritt bereits deutlich geringere Risikoerhöhungen zu einer Tatbestandsverwirklichung führen würden.

Legt man ein solches Verständnis zugrunde, ist der tatbestandliche Erfolg also ein konkret gefährlicher Zustand in Gestalt eines bestimmten Wahrscheinlichkeitsgrades. Hierin liegt ein wesentlicher Unterschied zu den konkreten Gefährdungsdelikten und insbesondere den Verletzungserfolgsdelikten, bei denen eine solche Vielgestaltigkeit des tatbestandlichen Erfolgs nicht denkbar ist.[668]

---

667 *Zieschang*, S. 74.

668 Zu der Unschärfe des Begriffs der Wahrscheinlichkeit auch *Zieschang*, S. 74 ff. Er grenzt aber lediglich den konkret gefährlichen Zustand vom ungefährlichen Zustand ab und äußert sich nicht zu Fällen der bloßen Steigerung einer bereits bestehenden Wahrscheinlichkeit des Eintritts einer konkreten Gefahr.

Auf den Fall des Unterlassens von Gefahrabwendungsmaßnahmen durch den Produkthersteller übertragen bedeutet dies Folgendes: Zur Ermittlung des (quasi-)kausalen Zusammenhangs mithilfe der conditio sine qua non-Formel ist zu fragen, ob der Erfolg in seiner *konkreten Gestalt* entfallen würde, wenn man das Unterlassen des Herstellers hinzudächte. Nach dem oben Dargelegten ist dies nicht nur mit Blick auf das Kollektiv, also den Gesamtumfang der Schäden, sondern auch im jeweiligen Einzelfall zu bejahen: Hätte der Hersteller die geforderten Gefahrabwendungsmaßnahmen ergriffen, wäre die Wahrscheinlichkeit des Schadenseintritts graduell eine andere (nämlich geringere) gewesen, da für die meisten Produktnutzer jedenfalls die Möglichkeit bestanden hätte, von der Produktgefährlichkeit Kenntnis zu nehmen und das eigene Verhalten entsprechend auszurichten. Dies gilt unabhängig davon, ob die Gefahrabwendungsmaßnahmen den konkreten Verbraucher tatsächlich erreichen oder nicht. Denn die Wahrscheinlichkeit, dass infolge eines Rückrufs oder einer Warnung eine Schädigung schlussendlich ausbleibt, setzt denklogisch voraus, dass eine entsprechende Maßnahme überhaupt erst einmal ergriffen wurde. Die Vornahme von Gefahrabwendungsmaßnahmen ist damit die erste logische Bedingung in der auf die Schadensvermeidung ausgerichteten Kausalkette. Unterlässt ein Produkthersteller es, einen Rückruf zu starten oder vor den Gefahren seines Produkts zu warnen, schafft er einen Zustand, in dem die äußerst naheliegende Möglichkeit besteht, dass es später zu einer konkreten Gefahr für die betroffenen Rechtsgüter kommt. Dieser konkrete Zustand bestünde nicht, wenn der Produkthersteller die Maßnahmen vorgenommen hätte. Denn dann wäre mit Blick auf einen Großteil der Produktnutzer die Ausgangsbedingung für eine Kenntnisnahme von der Produktgefahr geschaffen worden, so dass eine deutlich höhere Wahrscheinlichkeit bestanden hätte, dass die Gefahrenlage sich nicht in einem Schaden realisiert.

Die Möglichkeit, dass die Gefahrabwendungsmaßnahmen einzelne Produktnutzer nicht erreichen und sie sich folglich im weiteren Kausalverlauf nicht niederschlagen, betrifft dabei im Regelfall lediglich die Quasi-Kausalität des Unterlassens für den Eintritt einer konkreten Gefahr oder der Schädigung, nicht jedoch für den konkret gefährlichen Zustand. Ausnahmen hierzu sind im Einzelfall aber denkbar, wenn es nach den Umständen des Einzelfalles ausgeschlossen erscheint, dass der Produktnutzer Kenntnis von einer Rückrufaktion hätte nehmen können. Dies wäre etwa dann der Fall, wenn der Produktnutzer an einen Ort verzogen wäre, der gänzlich außerhalb der Reichweite der Gefahrabwendungsmaßnahmen liegt, so dass davon ausgegangen werden muss, dass von vornherein keine Chance bestanden hätte, dass ein Rückruf oder eine Warnung ihn erreicht. Denn in diesem Fall stünde im maßgeblichen Zeitpunkt des Unterlassens der

Gefahrabwendungsmaßnahmen bereits fest, dass diese nicht fruchten werden. Ein zurechenbarer konkret gefährlicher Zustand im Sinne einer gesteigerten Wahrscheinlichkeit einer Verletzung könnte dann nicht angenommen werden.[669]

Durch die Anerkennung der lediglich gesteigerten Wahrscheinlichkeit als Tatbestandserfolg kann dem Grundgedanken der Risikoerhöhungslehre doch noch Geltung verschafft werden. Die hierbei herangezogenen Wertungen entsprechen dabei im Wesentlichen denjenigen von *Roxin*, der als einer der prominentesten Vertreter der Risikoerhöhungslehre das Wesen der Quasi-Kausalität darin begründet sieht, dass das tatbestandsmäßige Unterlassen die Bedingung eines andersartigen Erfolgseintritts ist. Dass der Erfolg möglicherweise auch dann eingetreten wäre, wenn die geforderte Handlung vorgenommen worden wäre, sei ein „erlaubtes Restrisiko, das die Zurechnung des real verwirklichten unerlaubten Risikos nicht ausschließen kann".[670] Dass *Roxin* für den Fall, dass ein Produktrückruf oder eine sonstige Maßnahme den Produktnutzer nicht erreicht hätte, die Quasi-Kausalität ablehnt, steht hierzu nicht im Widerspruch. Nach hiesigem Verständnis ist dieses Ergebnis lediglich eine Folge dessen, dass er sich inhaltlich mit der Zurechnung von Verletzungs- bzw. konkreten Gefährdungserfolgen beschäftigte.[671] Denn Gefahrabwendungsmaßnahmen können richtigerweise nur dann auf den Eintritt bzw. Nichteintritt einer konkreten Gefahr oder eines Schadens Einfluss nehmen, wenn sie den Rechtsgutsträger auch erreichen.

Anders ist dies jedoch, wenn es wie hier um die Zurechnung eines konkret gefährlichen Zustands geht, der der konkreten Gefahr für ein Rechtsgut vorgelagert ist. Die Vornahme von Gefahrabwendungsmaßnahmen führt dazu, dass der daran anschließende konkret gefährliche Zustand ein anderer ist als derjenige, der bestünde, wenn die Maßnahmen nicht vorgenommen worden wären. Zwar besteht in beiden Fällen die Möglichkeit, dass es zum Eintritt einer konkreten Gefahr für die Gesundheit der betroffenen Produktnutzer kommt. Im einen Fall, weil keine Gefahrabwendungsmaßnahmen ergriffen wurden, im anderen Fall, weil die ergriffenen Gefahrabwendungsmaßnahmen den jeweiligen Produktnutzer vielleicht nicht erreichen. Die Wahrscheinlichkeit ist aber eine andere, da im Falle des Unterlassens von Gefahrabwendungsmaßnahmen schon das erste Glied in der auf Erfolgsvermeidung gerichteten Kausalkette fehlt und damit der Eintritt einer konkreten Gefahr deutlich naheliegender ist. Auch in dieser gesteigerten Wahrscheinlichkeit ist ein eigenständiger konkret gefährlicher Zustand zu erblicken.

---

669 Vgl. *Zieschang*, S. 93 ff.

670 Hierzu und zum Vorherigen *Roxin*, Strafrecht Bd. 2, § 31 Rn. 55; *ders.* GA 2009, 73 (77).

671 Siehe *Roxin*, GA 2009, 73 (77 f.).

Vergleicht man diesen mit dem Zustand, der herrschen würde, wenn die Gefahrabwendungsmaßnahmen vorgenommen worden wären, handelt es sich diesem gegenüber um einen *andersartigen* Erfolg. Ob die Maßnahme den Produktnutzer überhaupt erreicht hätte oder nicht, spielt für diesen Zustand keine Rolle, sondern wirkt sich erst bei der anschließenden Entwicklung hin zu einer konkreten Gefahr aus. Denn der Sinn der potenziellen Gefährdungsdelikte besteht gerade darin, die Schaffung eines gefährlichen Zustandes zu pönalisieren, ohne dass es auf den Eintritt einer konkreten Gefahr oder einer Verletzung zwingend ankommt.[672]

Veranschaulichen lässt sich dies anhand des folgenden Beispiels: Ein Produkthersteller hat ein neuartiges Hautpflegeprodukt auf den Markt gebracht. Einige Zeit später gehen bei ihm Schadensmeldungen ein, eine Vielzahl von Anwendern berichtet von Hautverätzungen nach Anwendung des Produkts. Der Hersteller entscheidet sich daraufhin für eine umfassende Rückrufaktion. Diese beinhaltet unter anderem Aushänge mit einer Produktwarnung in sämtlichen Drogerien, die das Hautpflegeprodukt verkaufen. Ein Erwerber des Produkts geht zwar regelmäßig in einer dieser Drogerien einkaufen, übersieht aber den Aushang. Er wendet das Hautpflegeprodukt daher an, nachdem der Rückruf bereits erfolgt war, und zieht sich schwere Verätzungen zu. Man wird nun nicht sagen können, dass die Verletzungswahrscheinlichkeit dieselbe gewesen wäre, wenn der Produkthersteller die Gefahrabwendungsmaßnahmen unterlassen und es dementsprechend die Aushänge nicht gegeben hätte. Durch die Aushänge in den Drogerien war es naheliegend, dass der betroffene Produktnutzer von der Warnung Kenntnis nimmt. Dass dies nicht geschehen ist, war insofern ein unglücklicher Zufall, der jedoch nichts daran ändert, dass die Möglichkeit einer Verletzung weniger naheliegend war als in dem Fall, in dem es die Aushänge überhaupt nicht gegeben hätte. Legt man dies nun als hypothetisches Szenario bei der Ermittlung der Quasi-Kausalität eines Unterlassens zugrunde, ergibt sich, dass zwar der *Verletzungs*erfolg nicht auf das Unterlassen der Gefahrabwendungsmaßnahmen zurückgeführt werden kann, da dieser auch eingetreten wäre, wenn der Hersteller eine Rückrufaktion durchgeführt hätte. Etwas anderes gilt aber für die vorgelagerte Wahrscheinlichkeit des Schadenseintritts und damit den konkret gefährlichen Zustand. Denn hätte der Hersteller die Gefahrabwendungsmaßnahmen vorgenommen, wäre es zweifellos wahrscheinlicher gewesen, dass der Produktnutzer von der Gefährlichkeit Kenntnis erlangt und das Produkt nicht benutzt, so dass auch die Verletzung ausgeblieben wäre.

672 *Zieschang*, S. 93 f.

Die Ausfüllung des tatbestandlichen Erfolgs durch den konkret gefährlichen Zustand kann dahingehend kritisiert werden, dass diese Konstruktion die hohen Anforderungen an die Quasi-Kausalität umgeht. Dieser Vorwurf verfängt jedoch aus dem Grund nicht, dass der konkret gefährliche Zustand einen eigenständigen Erfolgsunwert aufweist, da – anders als etwa bei den abstrakten Gefährdungsdelikten – ein konkreter Rechtsgutsbezug besteht, auch wenn lediglich die Risikoschaffung bzw. -erhöhung pönalisiert wird. Im Unterschied zur Risikoerhöhungslehre, wie sie im Bereich der konkreten Gefährdungsdelikte und Verletzungserfolgsdelikte teilweise vertreten wird und im Rahmen der vorliegenden Untersuchung abgelehnt wurde,[673] wird aber nicht der Kausalzusammenhang ersetzt und dadurch die Zurechnung einer konkreten Gefahr oder Verletzung erleichtert, sondern ein eigenständiger, der konkreten Gefahr und der Rechtsgutsverletzung vorgelagerter Erfolg erfasst und sanktioniert.

III. Vorteile eines potenziellen Gefährdungsdelikts gegenüber einem abstrakten Gefährdungsdelikt

Abschließend soll nun geklärt werden, ob und wenn ja, welchen Mehrwert ein solches potenzielles Gefährdungsdelikt gegenüber den von *Freund* und *Eichinger* vorgeschlagenen abstrakten Gefährdungsdelikten hätte.

1. Unklare Terminologie

Eine allgemeine vergleichende Gegenüberstellung von abstrakten und potenziellen Gefährdungsdelikten scheitert schon an dem uneinheitlichen Verständnis der verschiedenen Deliktskategorien. Zu der Frage, was ein absolutes Gefährdungsdelikt genau ist und welche Delikte unter diese Kategorie zu fassen sind, gibt es viele divergierende Meinungen.[674] Eindeutig abgrenzen lässt sich das potenzielle Gefährdungsdelikt zwar von dem abstrakten Gefährdungsdelikt in Form des reinen Risikodelikts[675], welches auf die generelle Kausalität verzichtet. Erhebliche Schwierigkeiten bestehen aber bei der richtigen Verortung von Delikten, die im weitesten Sinne ein Eignungsmerkmal beinhalten. So verlangt etwa *Eichinger* in seinem Gesetzesvorschlag „ein Produkt, welches Leben, Körper oder Gesundheit von Menschen mehr als nur unerheblich gefährdet".[676] Dies heißt nichts anderes, als dass das Produkt geeignet sein muss, die genannten Rechtsgüter zu

673 5. Teil § 1 A. II. 3.

674 Besonders eindrücklich zeigen dies die Ausführungen zur Abgrenzung verschiedener Deliktskategorien von *Graul*, S. 107 ff.

675 Siehe zu dieser Bezeichnung ausführlich *Graul*, S. 128.

676 5. Teil § 1 B. I. 1.

schädigen. Während die Eignungsdelikte teilweise als eigene Deliktskategorie betrachtet werden,[677] werden sie mitunter auch den abstrakten Gefährdungsdelikten zugeordnet.[678] Teilweise wird ferner die Ansicht vertreten, dass sich dem Eignungsmerkmal überhaupt keine Aussage hinsichtlich der Deliktskategorie entnehmen lasse.[679] Gezeigt hat sich diese Uneinheitlichkeit bereits bei dem Versuch, die Rechtsnatur des § 314 StGB zu bestimmen.[680] *Zieschang* kommt bei der Analyse des Tatbestands des § 314 StGB zu dem Schluss, dass es sich bei diesem in beiden Tatbestandsvarianten in Wahrheit um ein potenzielles Gefährdungsdelikt handele.[681] Ein Eignungsmerkmal könne auch im Sinne eines potenziellen Gefährdungsdelikts interpretiert werden.[682] Auch beim Gesetzesvorschlag von *Eichinger* spricht demzufolge vieles dafür, von dem Erfordernis eines konkret gefährlichen Zustands auszugehen. Dem widerspricht allerdings die Aussage *Eichingers* selbst, es sei einer der Vorteile eines abstrakten Gefährdungsdelikts, dass das Problem der generellen Kausalität entschärft werde,[683] was bei einem potenziellen Gefährdungsdelikt gerade nicht der Fall ist. In Anbetracht dieser Verwirrungen erscheint es in jedem Falle vorzugswürdig, das Erfordernis des konkret gefährlichen Zustands nicht über ein Eignungsmerkmal im weitesten Sinne in den Tatbestand aufzunehmen, sondern dieses klar zu benennen.

2. Kein Verzicht auf generelle Kausalität

Die generelle Kausalität ist nicht nur im Rahmen des potenziellen Gefährdungsdelikts unverzichtbar,[684] sondern sollte grundsätzlich Voraussetzung strafbaren Verhaltens sein. Verzichtet man hierauf und lässt die bloße Produktbedenklichkeit genügen, so bleibt dies eine Anknüpfung von Strafe an bloße Vermutungen, auch wenn es nicht um die Zurechnung eines Verletzungserfolgs geht.[685] Es bleibt die Möglichkeit bestehen, dass das Produkt von Anfang an völlig ungefährlich war. Wenn ein Verhalten aber schlicht nicht geeignet ist, ein Rechtsgut zu gefährden, besteht auch kein Anlass für eine strafrechtliche Sanktion.

---

677 So etwa *Hoyer*, JA 1990, 183 (186 ff.).
678 Siehe statt vieler NK-StGB/*Kargl*, Vor §§ 306 ff. Rn. 24.
679 *Zieschang*, Die Gefährdungsdelikte, S. 205.
680 Siehe hierzu 3. Teil § 2 B. I.
681 *Zieschang*, Die Gefährdungsdelikte, S. 268.
682 *Zieschang*, Die Gefährdungsdelikte, S. 203 f.
683 *Eichinger*, S. 351.
684 5. Teil § 1 C. II. 2.
685 Vgl. *Zieschang*, Die Gefährdungsdelikte, S. 385 f.

Das Unwerturteil bezieht sich in den Fällen unterlassener Gefahrabwendungsmaßnahmen nicht primär auf das Verhalten des Herstellers. Dies verdeutlicht folgendes Beispiel: Man stelle sich einen Sachverhalt vor, in dem ein Hersteller auf eingegangene Schadensmeldungen nicht reagiert. Er hält das Produkt für ungefährlich und die aufgetretenen Schäden für eine zufällige Korrelation. Später stellt sich heraus, dass tatsächlich nicht das zunächst verdächtigte Produkt die Schäden verursacht hat, sondern diese eine völlig andere Ursache hatten. Würde man das Verhalten des Herstellers dann immer noch als strafwürdig betrachten? Nur wenn das Unwerturteil auch in einem solchen Fall bestehen bliebe, wäre es konsequent, das gefahrverdächtige Verhalten als solches zu bestrafen. Dass dies nicht der Fall ist, legt schon der Umstand nahe, dass erst die Probleme beim Nachweis der generellen Kausalität überhaupt das rechtspolitische Bedürfnis nach einer reinen Verhaltensstrafbarkeit zu erzeugen scheinen.[686] Gäbe es diese Probleme nicht, käme wohl niemand auf die Idee, dass zusätzlich auch die Fälle zu kriminalisieren seien, in denen der Gefahrverdacht sich später nachweislich als falsch herausstellt.

Damit bewahrheitet sich der Verdacht, dass es bei der Sanktionierung eines Verhaltens, dessen Gefährlichkeit ungewiss ist, primär darum geht, die für präventive Programme hinderliche Zurechnung zu umgehen.[687] Die Anknüpfung einer Strafe an den bloßen Verdacht der Gefährlichkeit würde damit die Kapitulation tragender strafrechtlicher Grundprinzipien vor der Unvollkommenheit menschlichen Wissens bedeuten. Denn Nachweisschwierigkeiten allein sind nicht geeignet, eine Kriminalstrafe zu legitimieren.[688] Da die generelle Kausalität grundsätzlich auch dann bejaht werden kann, wenn ein unumstrittenes Kausalgesetz zwar nicht existiert, der Richter aber im Rahmen seiner Beweiswürdigung dennoch zur Überzeugung des Bestehens eines Wirkungszusammenhangs gelangt,[689]

---

686 Dies zeigt sich nicht zuletzt an den bisher unterbreiteten Gesetzesvorschlägen, 5. Teil § 1 B.

687 Vgl. *Hassemer*, NStZ 1989, 553 (558). *Silva Sánchez*, S. 85 ff., vertritt in diesem Zusammenhang die These, dass im Falle der Androhung von Freiheitsstrafe aufgrund des Verhältnismäßigkeitsgrundsatzes an den strengen Zurechnungskriterien des Strafrechts zwingend festgehalten werden muss, eine Aufweichung aber dort möglich erscheint, wo Strafen verhängt werden, die verwaltungsrechtlichen Sanktionen näherstehen.

688 *Zieschang*, Die Gefährdungsdelikte, S. 385 f.

689 5. Teil § 1 A. I. 2.

kann weder an der Notwendigkeit noch an der Praktikabilität[690] der generellen Kausalität ein Zweifel bestehen.

Ferner muss man sich stets vor Augen führen, dass die Rechtsordnung über eine Vielzahl anderer Präventionsinstrumente verfügt.[691] Die reine Gefahrabwendung fällt vor allen Dingen in den Bereich des polizeilichen Ordnungsrechts, welches sich sowohl in seiner Zwecksetzung als auch seinen Voraussetzungen vom repressiven Strafrecht unterscheidet.[692] Zwar ist eine saubere Abgrenzung zwischen den verschiedenen Rechtsbereichen nicht immer möglich.[693] Um das Prinzip der Subsidiarität des Strafrechts aber nicht auszuhöhlen,[694] sollte man sich davor hüten, die Grenzen durch eine Vorverlagerung der Strafbarkeit auf ein Verhalten, über dessen Gefährlichkeit keine Gewissheit besteht, völlig zu verwischen.[695]

3. *Vorteile des potenziellen Gefährdungsdelikts*

Ein potenzielles Gefährdungsdelikt bietet gegenüber dem abstrakten Gefährdungsdelikt mehrere Vorteile. Anders als bei einem abstrakten Gefährdungsdelikt in Form eines Risikodelikts, welches auf die generelle Kausalität verzichtet, werden die spezifische Funktion des Strafrechts, nämlich als ultima ratio Rechtsgüterschutz zu gewährleisten, und die Grundprinzipien strafrechtlicher Verantwortlichkeit gewahrt, indem die Strafbarkeit nicht an einen reinen Formalverstoß anknüpft. Gleichzeitig wird aber auch dem Rechtsgüterschutz hinreichend Rechnung getragen, indem eine Bestrafung aus vollendetem Delikt nicht erst dann in Betracht kommt, wenn es nur noch vom Zufall abhängt, ob eine Rechtsgutsverletzung eintritt oder nicht (konkrete Gefahr). Sie greift vielmehr bereits dann, wenn

---

690 Vgl. *Colussi*, S. 235. Dieser sieht in der regelmäßigen Umsetzung einer solchen Sichtweise durch die Gerichte eine notwendige Veränderung, um dem erstaunlich geringen gerichtlichen Output in strafrechtlichen Produkthaftungsverfahren entgegenzuwirken.

691 Siehe speziell zu den verschiedenen zur Verfügung stehenden Instrumenten in Bezug auf die Gewährleistung von Produktsicherheit die Abhandlung von *Weiß*, Die rechtliche Gewährleistung der Produktsicherheit, S. 252 ff.

692 *Stächelin*, ZRP 1996, 430 (431); *Zieschang*, Die Gefährdungsdelikte, S. 386; *ders.*, ZRP 1996, 427 (428 f.). Siehe zu den verwaltungsrechtlichen Regelungen auch 3. Teil § 1 C. II.

693 Zur Annäherung des Strafrechts an das präventive Polizeirecht unter den Prämissen der positiven Generalprävention etwa *Calliess*, NJW 1989, 1338 (1340).

694 Nur ein subsidiäres Strafrecht kann seine „hervorgehobene Wertigkeit" bewahren, *Frehsee*, StV 1996, 222 (229).

695 *Zieschang*, Die Gefährdungsdelikte, S. 386.

die Risikoschaffung sich in einem konkret gefährlichen Zustand manifestiert hat. Das potenzielle Gefährdungsdelikt ermöglicht somit eine maßvolle und angemessene Reaktion auf die Risikoschaffung für die geschützten Rechtsgüter.[696]

Die zur Tatbestandserfüllung erforderliche Verwirklichung eines Erfolgsunrechts legitimiert darüber hinaus die Androhung höherer Strafen. Auch wenn das verwirklichte Verhaltensunrecht das grundlegende straftatkonstituierende Element ist und der Täter vor allen Dingen hierfür strafrechtlich zur Verantwortung gezogen wird, können bestimmte Fehlverhaltensfolgen auf der Ebene der Sanktionsnorm eine Rolle für das Strafbedürfnis spielen.[697] Nicht nur markiert der Erfolgseintritt äußerlich wahrnehmbar eine reaktionsbedürftige Rechtsfriedensstörung,[698] sondern auch das Ausmaß der Erschütterung des Rechtsfriedens und der durch die Tat eingetretenen Verunsicherung hängen maßgeblich von den eingetretenen Folgen ab. Entsprechend muss die Reaktion bei besonders gravierenden Tatfolgen auch nachdrücklicher ausfallen, um den Geltungsanspruch der Rechtsordnung aufrechtzuerhalten.[699] In Produkthaftungssachverhalten erschöpft sich das eigentliche Handlungsunrecht bisweilen darin, dass eine unternehmerische Entscheidung zu spät getroffen wird. Das Handlungsunrecht ist dann vergleichsweise gering. Demgegenüber ist das Erfolgsunrecht in der Tendenz aber schon durch die große Anzahl der potenziell Gefährdeten hoch. Das potenzielle Gefährdungsdelikt kann dieser Gemengelage Rechnung tragen.[700]

D. Ergebnis

Es bleibt damit festzuhalten, dass das Spezialdelikt am sachgemäßesten als potenzielles Gefährdungsdelikt auszugestalten ist. Dieses kann anders als ein schlichtes Tätigkeitsdelikt einen unmittelbaren Bezug zum gefährdeten Rechtsgut herstellen. Das Erfordernis der Herbeiführung eines konkret gefährlichen Zustands setzt zwar – anders als dies beim Vorschlag von *Freund* der Fall ist – voraus, dass die Produktschädlichkeit und damit die generelle Kausalität feststeht. Hierdurch wird aber gerade die spezifisch strafrechtliche Funktionalität gesichert. An dieser Stelle dürften gegenüber dem Vorschlag *Eichingers* keine großen Abweichungen bestehen, sofern man das in seinem Tatbestand enthaltene Merkmal

---

696 *Zieschang*, Die Gefährdungsdelikte, S. 389.

697 *Reus*, S. 98 f.

698 *Wolters/Beckschäfer*, FS Herzberg, S. 141 (145).

699 *Frisch*, Tatbestandsmäßiges Verhalten und Zurechnung des Erfolgs, S. 516 f.; *Lüderssen*, FS Herzberg, S. 109 (121).

700 Vgl. *Kuhlen*, FG BGH Bd. IV, S. 647 (649); *Schroth*, S. 95.

der Produktgefährlichkeit, welches im weitesten Sinne ein Eignungsmerkmal darstellt, als Forderung nach einem konkret gefährlichen Zustand interpretiert. In diesem Fall würde es sich bei seinem Vorschlag allerdings nicht um ein lediglich *abstraktes* Gefährdungsdelikt handeln. Der Klarheit halber ist es jedenfalls vorzugswürdig, statt eines Eignungsmerkmals den erforderlichen Erfolg konkret zu benennen. Gleichzeitig kann die Schaffung eines potenziellen Gefährdungsdelikts einen wesentlichen Beitrag dazu leisten, das strafwürdige Verhalten des Produktherstellers sowohl im Hinblick auf das verwirklichte Erfolgs- als auch das Handlungsunrecht zu sanktionieren, ohne hierbei auf die Quasi-Kausalität als wesentliches strafrechtliches Zurechnungsprinzip zu verzichten oder dieses bedenklich zu überdehnen. Denn der Umstand, dass häufig nicht auszuschließen sein wird, dass Gefahrabwendungsmaßnahmen einen Produktnutzer überhaupt nicht erreicht hätten, wirkt sich auf die Schaffung des konkret gefährlichen Zustands in Form eines gesteigerten Wahrscheinlichkeitsgrades nicht aus.

§ 2 Eintritt und Inhalt der Handlungspflicht

Der künftige § 314a StGB soll als echtes Unterlassungsdelikt die Verletzung eines Handlungsgebots unter Strafe stellen. Der Tatbestand muss daher das erwartete Verhalten beschreiben, gegen das der Hersteller durch sein Untätigbleiben verstößt.[701] Dem Tatbestand muss sich zum einen entnehmen lassen, unter welchen Voraussetzungen die Pflicht zum Handeln eintritt, zum anderen, worin sie inhaltlich besteht. Denn der durch die Spezialnorm zu sanktionierende Verhaltenspflichtverstoß ergibt sich erst aus einem Vergleich des tatsächlichen Handelns des Verantwortlichen mit der aufgestellten Verhaltensnorm.[702] Die Vielgestaltigkeit der zu erfassenden Lebenssachverhalte erschwert eine allgemeingültige Festlegung der Anforderungen, die an das Verhalten des Produzenten gestellt werden. Eine präzise Beschreibung sämtlicher Verhaltensweisen, deren Unterlassen zu einem gefährlichen Zustand für die geschützten Rechtsgüter führt und entsprechend sanktioniert werden soll, wäre eine Überforderung des Gesetzgebers.[703] Daher wird zwangsläufig der Tatbestand ein hohes Abstraktionsniveau aufweisen müssen, um möglichst alle denkbaren Konstellationen erfassen zu können.[704] Andernfalls drohte der Spezialregelung das Schicksal vieler nebenstrafrechtlicher Regelungen, die in ihrem Bemühen, alle Verhaltenspflichten tatbestandlich

701 Schönke/Schröder/*Bosch*, Vor. § 13 ff. Rn. 146.

702 Vgl. *Contreras*, S. 118.

703 *Reus*, S. 85.

704 Vgl. *Freund*, Erfolgsdelikt und Unterlassen, S. 112 f.; *Reus*, S. 147.

möglichst konkret zu beschreiben, im Ergebnis zu einer lückenhaften und häufig willkürlichen Strafbarkeit gelangen.[705] Das Handlungsgebot muss vor diesem Hintergrund aber zumindest anhand allgemeiner Kriterien konkretisierbar sein, da für den Normadressaten ansonsten keine Möglichkeit besteht, sein Verhalten entsprechend anzupassen.

A. Mittel der Pflichtenkonkretisierung

Es ist naheliegend, bei der Konkretisierung des Handlungsgebots auf die in der Kasuistik herausgearbeiteten Sorgfaltspflichten des Herstellers zurückzugreifen.[706] Die bisher ergangenen strafrechtlichen Entscheidungen bieten diesbezüglich zwar einen Orientierungsansatz, sind aber bis heute vereinzelt geblieben.[707] Es stellt sich daher zunächst die Frage, ob nicht die dezidiertere Rechtsprechung der Zivilgerichte zu den Verkehrssicherungspflichten des Produzenten bei der Pflichtenkonkretisierung herangezogen werden kann, da sich hier im Laufe der Zeit ein klareres Bild der Herstellerpflichten ergeben hat als dies im Strafrecht der Fall ist. Die Frage der Übertragbarkeit der zivilrechtlichen Judikatur in das Strafrecht wird bislang insbesondere im Rahmen der dogmatischen Begründung von Garantenstellungen diskutiert. Richtigerweise ist dies aber keine Frage der Legitimation, sondern in erster Linie der Ausgestaltung des Handlungsgebots.[708]

I. Transfer zivilrechtlicher Verkehrssicherungspflichten ins Strafrecht

Zunächst soll hier auf das Verhältnis von Handlungs- und Sorgfaltspflichten im Allgemeinen eingegangen und anschließend erörtert werden, unter welchen Prämissen die zivilrechtlichen Verkehrssicherungspflichten auch bei der Pflichtenkonkretisierung im Strafrecht Geltung für sich beanspruchen können.

1. Verhältnis von Handlungs- und Sorgfaltspflichten

Insbesondere im Zusammenhang mit fahrlässigen (unechten) Unterlassungsdelikten wird die Frage nach dem Verhältnis von Garantenpflichten und der

---

705 *Reus*, S. 153 f. Siehe hierzu 3. Teil § 2 A. II.

706 *Hilgendorf*, Strafrechtliche Produzentenhaftung in der „Risikogesellschaft“, S. 147 sieht die Aufgabe der Rechtsdogmatik bei der Festlegung der objektiven Sorgfalt im Rahmen der Fahrlässigkeitsdelikte insofern als darauf beschränkt an, zweckmäßige Strukturen für eine gegliederte Prüfung der Fahrlässigkeit zur Verfügung zu stellen.

707 Dies wird an der sehr übersichtlichen Darstellung der die Dogmatik prägenden Leading Cases deutlich, siehe 1. Teil § 2 A.

708 Siehe hierzu bereits 2. Teil § 2 A. III.

objektiven Sorgfaltswidrigkeit diskutiert.[709] In beiden Fällen geht es um die Erfüllung einer bestimmten Verhaltenserwartung, die sich auf ein aktives Tätigwerden bezieht, so dass Garantenpflichten und Sorgfaltsanforderungen sich an dieser Stelle überschneiden.[710] Da hier die Sorgfaltspflicht außerdem ihren Ursprung ebenso in der Garantenstellung hat wie die Garantenpflicht, kann das Maß der gebotenen Sorgfalt grundsätzlich nicht über die Grenzen der Garantenpflicht hinausgehen. Im Bereich des fahrlässigen Unterlassungsdelikts bedeutet dies folglich, dass die Garantenpflicht gleichzeitig Sorgfaltspflicht ist.[711]

Auch wenn es diesen zwingenden Gleichlauf bei den Handlungspflichten eines gesetzlich normierten Unterlassungsdelikts nicht gibt, geht es auch hier um die Erfüllung einer bestimmten Verhaltenserwartung, die sich auf ein aktives Tätigwerden bezieht. Der Rückgriff auf die zivilrechtlichen Verkehrssicherungspflichten, die sich als spezifische Ausprägung des allgemeinen Sorgfaltsmaßstabs präsentieren, wäre damit auch hier logisch konsistent. Darüber hinaus zeigt die Parallele zu den Sorgfaltspflichten einen interessanten Ansatz für die kriteriengeleitete Bestimmung von Verhaltensanforderungen[712] auf.[713]

2. *Schwierigkeiten eines Transfers*

Ein Transfer zivilrechtlicher Verkehrssicherungspflichten in das Strafrecht wird üblicherweise im Zusammenhang mit den unechten Unterlassungsdelikten bei der Frage der Begründung der Garantenstellung diskutiert.[714] Dort ist zunächst die Übertragung außerstrafrechtlicher Pflichten an ihrer Vereinbarkeit mit § 13 StGB (etwa hinsichtlich des Wortlauts oder des Willens des historischen Gesetzgebers)

---

709 Siehe nur Schönke/Schröder/*Sternberg-Lieben/Schuster*, § 15 Rn. 132a.

710 Dem entspricht auch die Beschreibung von *Jähnke*, GS Schlüchter, S. 99 (101), dass in jeder Fahrlässigkeit auch ein Stück Unterlassung stecke. Ihm zufolge sei es daher nahe liegend, den Inhalt der einzelnen Garantenpflichten als Maßstab zur Konkretisierung der Sorgfaltspflichten heranzuziehen; zur Doppelfunktion der Verkehrssicherungspflichten im Strafrecht auch *Beulke/Bachmann*, JuS 1992, 737 (740).

711 *Gallas*, Die strafrechtliche Verantwortlichkeit der am Bau Beteiligten, S. 32; allerdings weisen Schönke/Schröder/*Sternberg-Lieben/Schuster*, § 15 Rn. 132a zutreffend darauf hin, dass zur genauen Bestimmung der Grenzen des sorgfaltswidrigen Verhaltens die Unterscheidung trotz der teilweisen Übereinstimmung beibehalten werden muss und daher die Annahme einer Garantenstellung mit den damit verbundenen Garantenpflichten nicht die gesonderte Prüfung der Sorgfaltswidrigkeit ersetzt.

712 Vgl. *Freund*, NStZ 2002, 421 (424).

713 Ausführlich hierzu 5. Teil § 2 A. II.

714 2. Teil § 2 A. III. 2.

sowie dem Analogieverbot nach Art. 103 Abs. 2 GG zu messen.[715] Da es vorliegend aber um die Festlegung von Handlungspflichten im Rahmen eines echten Unterlassungsdelikts de lege ferenda geht, spielen diese Erwägungen keine übergeordnete Rolle. Allenfalls wenn man die Pflichtenkonkretisierung auch auf die Fälle des unechten Unterlassens durch einen Garanten übertragen wollte, müsste die Kompatibilität nochmals geprüft werden. Entscheidend sind hier aber teleologische Erwägungen. Primär geht es damit um die Frage, ob die durch die zivilrechtliche Judikatur entwickelten, komplexen Sorgfaltsanforderungen im Strafrecht angemessen sind.[716] Dabei ist stets zu beachten, dass strafrechtliche Regelungen in besonders drastischer Weise in die Handlungsfreiheit des Einzelnen eingreifen, da sein Verhalten bei einem Verstoß nicht lediglich als „regel- oder ordnungswidrig, sondern [als] unerträglich" bewertet wird.[717]

In Rechtsprechung und Schrifttum besteht weitgehender Konsens, dass sich eine unbesehene Übernahme zivilrechtlicher Verkehrssicherungspflichten in das Strafrecht verbietet.[718] Vor allen Dingen ist dies auf die unterschiedlichen Funktionen der beiden Rechtsgebiete zurückzuführen. Das Zivilrecht bzw. speziell das Deliktsrecht erfüllt in erster Linie eine Ausgleichsfunktion. Es geht darum, Risiken angemessen zu verteilen und verschiedene Interessen in einen adäquaten Ausgleich zu bringen. Auch sozialpolitische Erwägungen und solche der Verteilungsgerechtigkeit spielen im Zuge dessen eine Rolle.[719] So werden bei der zivilrechtlichen Haftungsbegründung die Leistungsfähigkeit des Haftenden, die gesamtgesellschaftlich optimale Haftungsverteilung sowie die Versicherbarkeit von Risiken berücksichtigt.[720] Dadurch wird die deliktische Verschuldenshaftung in dem Sinne „entindividualisiert", dass der Fokus zunehmend auf die Bedürfnisse des Verkehrs und der potenziell geschädigten Person statt auf individuelle Momente seitens des Schädigers gerichtet wird.[721] Diese Bedürfnisse sind in erster

---

715 *B. Bock*, S. 113 ff.

716 Vgl. *Kuhlen*, Fragen einer strafrechtlichen Produkthaftung, S. 90.

717 *Prittwitz*, in: *Kempf/Lüderssen/Volk*, Die Handlungsfreiheit des Unternehmers, S. 53 (53).

718 BGH, NJW 1990, 2560 (2562); *Alexander*, S. 66; *Eidam*, Unternehmen und Strafe, S. 300; *Kuhlen*, NStZ 1990, 566 (567); *Mayer*, PharmR 2008, 236 (242); *Scholl*, NJW 1981, 2737 (2737); weniger kritisch sieht dies *Hilgendorf*, Strafrechtliche Produzentenhaftung in der „Risikogesellschaft", S. 161 ff. Auch er räumt allerdings ein, dass es Unterschiede geben kann.

719 *Spitz*, S. 112.

720 *Mayer*, PharmR 2008, 236 (242); vgl. auch *Jähnke*, GS Schlüchter, S. 99 (103).

721 *Spitz*, S. 116 f.

Linie auf einen Lastenausgleich gerichtet. Gerade im Bereich der industriellen Produktion geht ein höheres Gewinnstreben seitens des Produzenten einher mit gesteigerten Gefahren für die Verbraucher, so dass in der Konsequenz der Weg zur reinen Gefährdungshaftung geebnet wird.[722] Die im Zivilrecht entwickelten Sorgfaltsmaßstäbe sind auf diese Weise so umfangreich und streng geworden, dass ihnen teilweise selbst gebietsintern „Wildwuchs" attestiert wird.[723]

Für Überlegungen der ökonomischen Leistungsfähigkeit und einer fairen Lastenverteilung ist im Strafrecht indes kein Raum.[724] Hier stehen die individuelle Schuld des Täters und das sozialethische Unwerturteil über das Täterverhalten im Mittelpunkt.[725] Eine Vereinheitlichung der delikts- und strafrechtlichen Haftungsgrundlage bärge die Gefahr in sich, sachlich begründete Differenzierungen einzuebnen und damit diesen Zweck zu verfehlen.[726] Jedenfalls im Ergebnis müssen sich die Sorgfalts- und damit auch Handlungspflichten im Strafrecht von denen des Zivilrechts unterscheiden. Dies bedeutet vor allen Dingen, dass ihnen ein individueller Sorgfaltsmaßstab zugrunde zu legen ist.[727] Nur so kann sichergestellt werden, dass das Strafrecht seine Funktion, ein individuelles Fehlverhalten zu sanktionieren, auch erfüllt. Der rein normative und tendenziell ausufernde zivilrechtliche Sorgfaltsmaßstab kann im Zuge dessen allenfalls zur Ermittlung objektiv zu erfüllender Anforderungen herangezogen werden, die dann einer nochmaligen individuellen Korrektur unterworfen werden.[728]

Die zivilrechtlichen Verkehrssicherungspflichten können damit zwar zur Orientierung bei der Pflichtenbestimmung im Strafrecht herangezogen werden.[729] Sie müssen jedoch ihrer haftungszurechnenden Funktion entkleidet werden. Dies bedeutet zum einen, dass das individuelle Fehlverhalten in den Mittelpunkt gerückt und damit Fragen der Zumutbarkeit und der tatsächlichen Beherrschbarkeit von Risiken deutlich stärker berücksichtigt werden müssen.[730] Der strafrechtliche

---

722 *Schmucker*, S. 160 f.; so im Ergebnis auch *Beulke/Bachmann*, JuS 1992, 737 (740); *Kuhlen*, Fragen einer strafrechtlichen Produkthaftung, S. 91 f.; *Mayer*, PharmR 2008, 236 (242); *B. Bock*, S. 125 f.

723 *Spindler*, in: *Fleischer*, Handbuch des Vorstandsrechts, § 15 (Rn. 73).

724 *Kuhlen*, Fragen einer strafrechtlichen Produkthaftung, S. 91 f.

725 *Mayer*, PharmR 2008, 236 (242); *Spitz*, S. 123 ff. Siehe auch 3. Teil § 1 A.

726 Vgl. *Otto*, FS Hirsch, S. 291 (293 ff.).

727 *B. Bock*, S. 125.

728 Vgl. *Schmucker*, S. 160 f.

729 Mit Verweis auf die Einheit der Rechtsordnung hält *Hilgendorf*, in: *Freund/Rostalski*, Strafrechtliche Verantwortlichkeit für Produktgefahren, S. 47 (51) dies sogar für zwingend erforderlich.

730 *Spindler*, in: *Fleischer*, Handbuch des Vorstandsrechts, § 15 (Rn. 74).

Schuldvorwurf besteht gerade darin, dass der Täter die bestehende Möglichkeit rechtskonformen Verhaltens nicht wahrgenommen hat. Hat diese rechtskonforme Handlungsmöglichkeit aber aus tatsächlichen Gründen gar nicht bestanden, läuft auch der Vorwurf ins Leere.[731] Aus strafrechtlicher Perspektive muss dem Produzenten außerdem ein weiterer Beurteilungsspielraum eingeräumt werden als dies im Zivilrecht der Fall ist.[732] Das innovationshemmende Potenzial ist damit höher, weil strafrechtliche Haftungsrisiken nicht versicherbar sind. Indem Produkthaftungsrisiken versichert werden können, wird nicht nur im Einzelfall die Haftung erträglicher. Es kann auch der Schaden finanziell auf die Verbraucher abgewälzt werden, indem die Versicherungsprämien schlicht in die Produktkosten eingepreist werden. Eine strengere Haftung wirft insoweit keine Gerechtigkeitsprobleme auf.[733] Eine vergleichbar weitreichende Versicherungsmöglichkeit besteht im Strafrecht nicht. Zwar gibt es mittlerweile auch Straf-Rechtsschutzversicherungen. Diese übernehmen im Haftungsfall aber lediglich die Kosten des Verfahrens und der Verteidigung.[734] Das Risiko der Bestrafung selbst sowie des damit einhergehenden sozialethischen Unwerturteils kann durch eine Versicherung nicht gedeckt werden.[735] Vor diesem Hintergrund dürfen an den Hersteller strafrechtlich aber auch keine zu hohen Anforderungen gestellt werden, die er unter Umständen in der konkreten Situation gar nicht erfüllen kann. Um gerade in diesem sensiblen Bereich Rückschauverzerrungen zu vermeiden, ist es unabdingbar, der komplexen Entscheidungssituation Rechnung zu tragen und dem Hersteller einen gewissen Beurteilungsspielraum einzuräumen.[736]

3. *Konsequenzen*

Im Ergebnis bedeutet dies, dass zivilrechtliche Verkehrssicherungspflichten im Strafrecht zwar eine Orientierungsfunktion einnehmen, eine schlichte Übernahme der dort geltenden Anforderungen aber ausscheidet. Schon die Subsidiarität des Strafrechts als ultima ratio und der Umstand, dass in der zivilrechtlichen Judikatur eine Tendenz zur Ausweitung der Verkehrssicherungspflichten in Richtung einer Gefährdungshaftung besteht, machen deutlich, dass die zivilrechtlichen

---

731 *Spitz*, S. 156 f.; der außerdem darauf hinweist, dass diese tatsächliche Betrachtungsweise es dem Strafrecht erlaubt, tatsächlich gleiche Sachverhalte materiell auch gleich zu behandeln.

732 *Spindler*, in: *Fleischer*, Handbuch des Vorstandsrechts, § 15 (Rn. 74).

733 *Kuhlen*, Fragen einer strafrechtlichen Produkthaftung, S. 91.

734 *Winkelbauer*, in: *Foerste/v. Westphalen*, Produkthaftungshandbuch, § 80 (Rn. 19).

735 *Spitz*, S. 125 f.

736 Vgl. *Alexander*, S. 66.

Verkehrssicherungspflichten lediglich die äußerste Grenze des strafrechtlich erwartbaren Verhaltens bilden können.[737] Es muss im Übrigen stets geprüft werden, ob die Auferlegung einer bestimmten Pflicht vor dem Hintergrund der vom Strafrecht verfolgten Zwecke angemessen ist. Hierbei ist insbesondere zu beachten, dass eine strafrechtliche Sanktion zwingend an ein individuelles Fehlverhalten anknüpft.

II. Eingrenzungskriterien im Strafrecht

Will man sich bei der Konkretisierung der strafrechtlichen Handlungspflichten an der zivilrechtlichen Judikatur orientieren, erfordert dies eine besonders kritische Prüfung des Vorliegens eines Verhaltensfehlers. Diesbezüglich ist zu befürchten, dass im Rahmen zivilrechtlicher Produkthaftungsprozesse gefundene Ergebnisse den Anforderungen des Strafrechts nicht genügen. Um festzulegen, was das richtige Verhalten des Herstellers bei Aufkommen eines Gefahrverdachts ist, wird zunächst abstrakt dargestellt, welche Kriterien bei der strafrechtlichen Bewertung des Herstellerverhaltens Eingang finden müssen. Dabei soll auf die Rechtsfigur des erlaubten Risikos[738] eingegangen und hiermit zusammenhängend die Bedeutung von Maß- oder Modellfiguren, bestimmten Sondernormen, behördlichen Stellungnahmen und nicht zuletzt des Vertrauensgrundsatzes sowie des Eigenverantwortlichkeitsprinzips erläutert werden.

1. Erlaubtes Risiko

Ausgangspunkt der Überlegungen, wann ein aus strafrechtlicher Perspektive fehlerhaftes Verhalten vorliegt, ist die Erkenntnis, dass Risiken sich nicht völlig vermeiden lassen. Eine vollständige Gefahrvermeidung müsste fast zwangsläufig zu einer Ausschaltung jeder sozialer Interaktion führen und wäre damit eine „unerträgliche Einschränkung der Handlungsfreiheit".[739] Da dies selbstverständlich nicht das Ziel einer Rechtsordnung sein kann, gibt es erlaubte Risiken bzw. erlaubte gefährliche Verhaltensweisen[740], die zugunsten anderer Interessen akzeptiert und von der Rechtsordnung trotz ihrer Gefährlichkeit nicht missbilligt werden.

---

737 Siehe auch *Große Vorholt*, S. 165 f.; *Mayer*, PharmR 2008, 236 (242); Schönke/Schröder/*Sternberg-Lieben/Schuster*, § 15 Rn. 216; *Tiedemann*, FS Hirsch, S. 765 (773).

738 Zum „unklaren dogmatischen Status" des erlaubten Risikos siehe *Mitsch*, JuS 2018, 1161 (1161 f.).

739 *Frisch*, Tatbestandsmäßiges Verhalten und Zurechnung des Erfolgs, S. 72.

740 Insofern ist *Pastor Muñoz*, GA 2021, 16 (23) zuzustimmen, die in Fn. 43 auf die terminologische Vorzugswürdigkeit dieser Bezeichnung hinweist. So werde klar, dass

Grundlage der Entscheidung, ein bestimmtes Risiko als erlaubt anzusehen, ist eine Interessenabwägung. Maßgeblich ist hierbei, inwieweit die mit einem risikobehafteten Verhalten verbundenen gesellschaftlichen Vorteile in Anbetracht der Schwere und Wahrscheinlichkeit der befürchteten Rechtsgutsverletzungen überwiegen.[741] In die Abwägung fließen im Falle der Produktion von Konsumgütern auf Verbraucherseite primär deren erhebliche Schutzinteressen ein. Die Verbraucher möchten durch den Gebrauch der Produkte keine Rechtsgutsverletzungen erleiden. Über diese individuelle Ebene hinaus hat das Verbraucherschutzinteresse aber auch eine gesamtgesellschaftliche Dimension. In unserer Wirtschaftsordnung, die auf den Grundsätzen der sozialen Marktwirtschaft aufbaut, kommt ihm die Funktion eines Korrektivs zur grundsätzlich uneingeschränkten Freigabe des Konsumgüterbereichs für private Produzenten zu, deren Handeln primär auf Gewinnoptimierung abzielt.[742] Auf der Seite des Produzenten bestehen vor allen Dingen Vertriebsinteressen. Zwar muss im Strafrecht besonders berücksichtigt werden, welche Folgen sich für denjenigen ergeben, der die gesteigerten Sorgfaltsanforderungen zu erfüllen hat. Dies sind namentlich die Einschränkung seiner Handlungsfreiheit sowie die Kosten der Pflichtbefolgung.[743] Diese Individualinteressen können im Rahmen der Zumutbarkeit der Normbefolgung berücksichtigt werden. Im Rahmen des erlaubten Risikos ist der makroökonomische bzw. gesamtgesellschaftliche Aspekt aber wichtiger. Die Produktion und der Vertrieb neuartiger Produkte nehmen einen beträchtlichen Anteil an der Entwicklung der modernen Industriegesellschaft und sind entsprechend sozial nicht nur toleriert, sondern sogar erwünscht.[744] Produkthersteller werden entsprechend zu technischer Innovation und der damit notwendigerweise verbundenen Risikofreude ermuntert. Dies muss auch bei der Auferlegung bestimmter Sorgfalts- oder Handlungspflichten berücksichtigt werden. Hierdurch werden Hersteller nicht nur wirtschaftlich belastet, sondern auch generell in ihrer Handlungsfreiheit bei der Ausübung einer auch die Allgemeinheit fördernden Tätigkeit eingeschränkt und für etwaige Fehler zur Rechenschaft gezogen, die ihnen bei solchen Risikoentscheidungen unterlaufen.[745]

---

es um die Beachtung bestimmter Verhaltensstandards geht, die die strafrechtliche Irrelevanz des Verhaltens bzw. seiner Folgen nach sich zieht.

741 MüKoStGB/*Duttge*, § 15 Rn. 136; *Mitsch*, JuS 2018, 1161 (1164); *Schmucker*, S. 161 f.; *Tiedemann*, FS Hirsch, S. 765 (776).

742 *Große Vorholt*, S. 86.

743 *Kuhlen*, Fragen einer strafrechtlichen Produkthaftung, S. 94.

744 *Große Vorholt*, S. 87 f.

745 Vgl. *Kuhlen*, Fragen einer strafrechtlichen Produkthaftung, S. 94.

Die Interessenabwägung kann aber lediglich als abstrakte Wertung bei der Frage der Auferlegung bestimmter Handlungspflichten berücksichtigt werden. Für sich gesehen führt sie zu keinen justiziablen Ergebnissen.[746] Bei der Bestimmung des erlaubten Verhaltens sind daher, auch wenn Rechtsgüter gefährdet oder sogar geschädigt werden, Maßstäbe oder Kriterien heranzuziehen, durch die die Interessenabwägung angemessen zum Ausdruck kommt.[747] Solche „Meta-Regeln" zur Beurteilung einer erlaubten Gefahrschaffung[748] lassen sich der Lehre zur objektiven Sorgfaltswidrigkeit, teilweise auch der objektiven Zurechnung entnehmen. Die objektive Zurechnung ist insbesondere bei der Abgrenzung verschiedener Verantwortungsbereiche bedeutsam.

2. *Vorhersehbarkeit*

Eine Verhaltenserwartung muss sich stets am Zeitpunkt des Handlungs- bzw. Unterlassungsvollzugs ausrichten, denn „nur ein Verhalten, das ex-ante gesehen richtig ist, kann geboten, nur ein Verhalten, das ex-ante gesehen unrichtig ist, kann verboten sein".[749] Wesentliche Voraussetzung für ein unerlaubtes Verhalten ist daher die Vorhersehbarkeit der Tatbestandsverwirklichung. Ein tatbestandlicher Erfolg, der nicht vorhersehbar ist, kann bei der Verhaltenssteuerung nicht miteinbezogen werden.[750] Eine sich hieraus ergebende, vermeintliche Selbstverständlichkeit – die Maßgeblichkeit eines ex-ante-Urteils bei der Beurteilung einer Gefahr[751] – wirft in der nachträglichen Bewertung praktisch allerdings Probleme auf.[752] Entscheidende Bedeutung kommt dem Kriterium der Vorhersehbarkeit bei der Bestimmung des für den Eintritt von Handlungspflichten erforderlichen Gefahrverdachtsgrades zu.[753]

---

746 Eine konkrete Interessenabwägung vorzunehmen wäre demgegenüber unpraktikabel, siehe hierzu *Pastor Muñoz*, GA 2021, 16 (27).

747 Abzulehnen ist insoweit die Ansicht von *Hilgendorf*, in: *Freund/Rostalski*, Strafrechtliche Verantwortlichkeit für Produktgefahren, S. 47 (58 f.), dass die Figur des erlaubten Risikos zur Begrenzung der Pflichten nach Inverkehrgabe grundsätzlich nicht herangezogen werden dürfe.

748 *Sauer*, S. 78.

749 *Engisch*, FS zum hundertjährigen Bestehen des Deutschen Juristentages, S. 401 (419).

750 Vgl. Schönke/Schröder/*Sternberg-Lieben/Schuster*, § 15 Rn. 125.

751 *Frisch*, Tatbestandsmäßiges Verhalten und Zurechnung des Erfolgs, S. 71 f.

752 Zum Forschungsstand im Hinblick auf die Existenz von Rückschaufehlern ausführlich *Linnenbank*, S. 31 ff.

753 5. Teil § 2 B. II.

3. *Maßfiguren*

Eine Möglichkeit zur Bestimmung des sorgfaltsgemäßen und damit erwartbaren Verhaltens ist die Orientierung an Maßfiguren. Als Maßstab zur Bewertung des konkreten Verhaltens wird dabei ein besonnener und gewissenhafter Verkehrsteilnehmer herangezogen.[754] Auf diese Weise soll verhindert werden, dass die Festlegung von Sorgfaltspflichten rein normativ erfolgt. Vielmehr sollen auch empirische Elemente Eingang in die Frage finden, welches Verhalten einen sozialethischen Tadel verdient. Wenn kein vernünftiger Mensch bzw. Verkehrsteilnehmer in der konkreten Situation die schadensverhütende Handlung vorgenommen hätte, besteht für eine strafrechtliche Reaktion regelmäßig keine Grundlage.[755] Der Nutzen der Heranziehung von Maßfiguren ist dabei umso größer, je mehr man sie den wirklichen Akteuren eines bestimmten Verkehrskreises angleicht. Allerdings gleicht sich so auch die von Rechts wegen im Verkehr geforderte Sorgfalt sukzessive der im Verkehr tatsächlich geübten Sorgfalt an und ist insofern nur noch deskriptiv. Entfernen sich die Maßfiguren jedoch zu sehr von den wirklichen Akteuren des jeweiligen Verkehrskreises, verliert der Rückgriff auf sie seinen Nutzen für die Bestimmung der Sorgfaltsanforderungen.[756] Trotz dieses Dilemmas kann aber die Heranziehung von Maßfiguren einen sinnvollen Beitrag zur Konkretisierung der Sorgfaltspflichten leisten. Hierzu sollte man diese als „methodische[s] Prinzip" begreifen und das zu beurteilende konkrete Verhalten mit dem gedachten Verhalten einer Modellperson vergleichen, die man sich in der gleichen Lage wie den Handelnden selbst vorstellt.[757] Um die erforderliche Distanz zur bloßen Verkehrsüblichkeit zu wahren, ist diese Modellperson normativ zu bestimmen.[758] So ist sie zwar anhand ihres Verhaltens in bestimmten Situationen zu definieren, es darf dabei aber nicht um die gleiche Situation gehen wie diejenige, die es zu bewerten gilt. Andernfalls liefe man Gefahr, die Verkehrsanforderungen aus sich selbst heraus zu ermitteln. Bei der Definition der Maßfigur ist stets darauf zu achten, dass der empirische Bezug gewahrt bleibt. Es darf nicht auf einen idealen Verkehrsteilnehmer abgestellt werden, der keine Schnittmenge mit den realen

---

754 Siehe nur *Alexander*, S. 100; *Burgstaller*, S. 55; *Kuhlen*, Fragen einer strafrechtlichen Produkthaftung, S. 101 ff.; *Schwartz*, S. 76.

755 *Sauer*, S. 79 f.

756 *Kuhlen*, Fragen einer strafrechtlichen Produkthaftung, S. 102.

757 *Kuhlen*, Fragen einer strafrechtlichen Produkthaftung, S. 102 f.

758 Laut *Burgstaller*, S. 55 ff. ist die Maßfigur daher nichts anderes als eine „Personifizierung der Rechtsordnung in der konkreten Situation".

Angehörigen eines Verkehrskreises mehr aufweist.[759] Insofern findet hier auch der Aspekt der Zumutbarkeit Berücksichtigung. Da allerdings die Möglichkeit besteht, dass auch das Verhalten von gewissenhaften und besonnenen Verkehrsteilnehmern in einer bestimmten Situation einen Missstand darstellt und damit nicht das rechtlich zu fordernde Verhalten repräsentieren kann, sind in solchen Fällen Ausnahmen zu machen.[760]

Während die reine Interessenorientierung und das Merkmal der Vorhersehbarkeit zu derart umfangreichen Handlungspflichten führen, dass sich gegenüber jenen der zivilrechtlichen Judikatur meist kein Unterschied ergeben dürfte, fallen die unter Heranziehung von Maßfiguren ermittelten Sorgfaltsanforderungen tendenziell weniger anspruchsvoll aus.[761] Dies ist aus strafrechtlicher Perspektive auch angemessen. Die Bestrafung eines Verhaltens, das selbst besonnene und gewissenhafte Verkehrsteilnehmer für unproblematisch halten, wäre logisch inkonsistent und unter Berücksichtigung des Strafzwecks zu streng.[762]

4. *Sondernormen*

Diskutiert wird auch immer wieder die Rolle von Sondernormen bei der Bestimmung objektiver Sorgfaltspflichten. Es besteht hier ein normatives Konkurrenzverhältnis dergestalt, dass solche Sondernormen zum einen zwar eine aus strafrechtlicher Perspektive unproblematische Regulierungsfunktion haben, zum anderen aber auch die Absicht verfolgen, die Verletzung eben jener Rechtsgüter zu vermeiden, die durch Strafvorschriften geschützt werden.[763] Allgemeingültige Aussagen zur Auflösung dieses Konkurrenzverhältnisses lassen sich kaum treffen, da es sich bei dem Begriff der Sondernormen um einen Sammelbegriff unterschiedlicher Regelwerke handelt,[764] die auch einer unterschiedlichen Behandlung bedürfen. Insbesondere ist zu differenzieren zwischen Normen ohne und mit Rechtssatzqualität.

---

759 *Kuhlen*, Fragen einer strafrechtlichen Produkthaftung, S. 103 f.; vgl. auch *Duttge*, RW 2019, 153 (158 f.). Insofern ist die Wahrung des empirischen Bezugs zumindest im Strafrecht zwingend. Im Zivilrecht mag das aufgrund der abweichenden Zweckverfolgung anders sein. Insofern ist die Kritik von *Hilgendorf*, Strafrechtliche Produzentenhaftung in der „Risikogesellschaft", S. 156 f. nicht gerechtfertigt.

760 Hierzu ausführlich *Kuhlen*, Fragen einer strafrechtlichen Produkthaftung, S. 106 ff.

761 *Kuhlen*, Fragen einer strafrechtlichen Produkthaftung, S. 109; zu einem anderen Ergebnis kommt bei im Kern aber gleicher Argumentation *Schwartz*, S. 77 f.

762 *Kuhlen*, Fragen einer strafrechtlichen Produkthaftung, S. 110 f.

763 *Bohnert*, JR 1982, 6 (6 f.).

764 *Bohnert*, JR 1982, 6 (6 f.) spricht hier von dem Problem „formeller Uneinheitlichkeit".

Sondernormen ohne Rechtssatzqualität sind etwa DIN- oder VDE-Normen (sogenannte Technische Normen[765]), Unfallverhütungsvorschriften oder auch die „anerkannten Regeln der Technik", selbst wenn diese nicht verschriftlicht sind.[766] Nach überwiegender Ansicht im Schrifttum und der Rechtsprechung kommt diesen lediglich eine Indikationswirkung zu.[767] Damit besteht im Prozess eine widerlegliche Vermutung dahingehend, dass bei Einhaltung der jeweiligen Sondernorm das Verhalten sorgfaltsgemäß war.[768] Insofern sind die Sondernormen nichts weiter als die „Dokumentation der redlichen Praxis"[769], so dass hier nichts anderes gilt als bei der Orientierung an Maßfiguren.[770] Die Verkehrsüblichkeit muss aber nicht zwingend deckungsgleich mit dem vom Recht Gewollten sein. Der Richter ist entsprechend rechtlich bei der Konkretisierung des Sorgfaltsmaßstabes nicht an die Sondernormen als Ausdruck der Empfehlungen der Fachpersonen gebunden. Gleichwohl wird er nur in Ausnahmefällen – namentlich bei Vorliegen eines Missstandes – von ihnen abweichen.[771] Besondere prozessuale Bedeutung kann Sondernormen darüber hinaus im Bereich der subjektiven Vorhersehbarkeit zukommen. Dies gilt insbesondere dort, wo es dem einzelnen Handelnden angesichts komplizierter technischer oder medizinischer Situationen oft gar nicht möglich ist, eine eigene Gefährlichkeitsprognose vorzunehmen. Hier kann zumindest die Warnfunktion der Sondernormen betont werden.[772]

Anderes gilt für Sondernormen mit Rechtssatzqualität. Zu denken ist hier insbesondere an Vorschriften aus dem Verwaltungsrecht, die Sorgfaltsanforderungen für einen bestimmten Lebensbereich festlegen.[773] Diese Festlegung des

---

765 Zum Wesen der Technischen Normen als Regelwerk privatrechtlicher Interessenverbände ausführlich *Lenckner,* FS Engisch, S. 490 (490 ff.); sowie *Schünemann,* FS Lackner, S. 367 (381 f.).

766 Vgl. *Esser/Keuten,* NStZ 2011, 314 (318).

767 Siehe nur BGH v. 25.09.1990 – 5 StR 187/90= NStZ 1991, 31; *D. Bock,* S. 540; *Große Vorholt,* S. 108; *Holtermann,* S. 158 f.; *Kuhlen,* Fragen einer strafrechtlichen Produkthaftung, S. 115; *Vogel,* GA 1990, 241 (260) gelangt aus kriminologischer Perspektive zu dem Ergebnis, dass sich aus dem Zusammenspiel zwischen den (privaten) Sondernormen, die eine hohe gesellschaftliche Akzeptanz genießen, und der Rechtsprechung eine eigene Form der Sozialkontrolle ergibt.

768 *Kuhlen,* Fragen einer strafrechtlichen Produkthaftung, S. 115.

769 *Schünemann,* FS Lackner, S. 367 (386).

770 5. Teil § 2 A. II. 3.

771 Vgl. *Kuhlen,* Fragen einer strafrechtlichen Produkthaftung, S. 121; *Schünemann,* FS Lackner, S. 367 (386).

772 *Bohnert,* JR 1982, 6 (10).

773 *Krüger,* LMuR 2013, 1 (4).

Sorgfaltsmaßstabs ist verbindlich und hat eine limitierende Wirkung: Es dürfen im Einzelfall keine über diese Vorgabe hinausgehenden Sorgfaltsanforderungen aufgestellt werden.[774] Würde man auch bei Einhaltung rechtsverbindlicher Normen einen Sorgfaltspflichtverstoß annehmen, würde dies zu kaum auflösbaren Normwidersprüchen führen.[775]

5. *Behördliche Genehmigungen und Stellungnahmen*

Restriktive Konkretisierungen des strafrechtlichen Pflichtenumfangs könnten sich auch dort ergeben, wo es neben dem Hersteller noch andere kompetente und dem Verbraucherschutz verpflichtete Akteure gibt. Hierbei ist vor allen Dingen an die Schaffung von Vertrauenstatbeständen durch behördliche Genehmigungen oder sonstige Stellungnahmen zu denken. Bekannt ist die Diskussion um die Legalisierungswirkung behördlicher Genehmigungen vor allen Dingen aus dem Umweltstrafrecht, welches in weiten Teilen als verwaltungsakzessorische Materie ausgestaltet ist.[776] So ist etwa wegen Gewässerverunreinigung nach § 324 StGB nur der „unbefugt" Handelnde strafbar, sprich derjenige, der keine behördliche Genehmigung innehat. Auch jenseits dieser tatbestandlichen Ausgestaltung ist aber fraglich, ob eine Ausrichtung des Verhaltens an behördlichen Genehmigungen oder sonstigen Stellungnahmen nicht dazu führen muss, dass sich aus solchem Verhalten ergebende Gefährdungen als erlaubte Risiken einzustufen und damit aus der Verbotsmaterie herauszunehmen sind.[777]

Die Aussage des BGH im Lederspray-Urteil, „die Aufgabe, in wirksamer Weise dafür zu sorgen, daß [sic] gesundheitsgefährdende Erzeugnisse, die in den Handel gelangt sind, keinen Schaden anrichten, obliegt – unabhängig davon, was die zuständigen Behörden für geboten erachten – den für Herstellung und Vertrieb dieser Produkte Verantwortlichen"[778], ist jedenfalls in ihrer Pauschalität nicht haltbar.[779] Als Argument für die Unbeachtlichkeit behördlicher Genehmigungen und Stellungnahmen wird üblicherweise angeführt, dass den Behörden zum einen

---

774 *Bohnert*, JR 1982, 6 (7 f.).

775 *Kuhlen*, Fragen einer strafrechtlichen Produkthaftung, S. 115 f.

776 Vgl. *Schmidt*, NJW 1994, 2514 (2514) m.w.N.; siehe auch *Sach*, S. 245 ff. zur Bedeutung der immissionsschutzrechtlichen Genehmigung im Umweltstrafrecht.

777 Konsequenz daraus ist nicht, dass der Behörde die Kompetenz zugesprochen wird, Rechtsgutsverletzungen zu gestatten; vgl. *Mayer*, MedR 2008, 595 (595).

778 BGH, NJW 1990, 2560 (2564).

779 Im Ergebnis übereinstimmend *Kuhlen*, FG BGH Bd. IV, S. 647 (660); *Mayer*, Strafrechtliche Produktverantwortung bei Arzneimittelschäden, S. 572 f.; *ders.*, MedR 2008, 595 (595); *Schmucker*, S. 169 f.; *Vogel*, FS Lorenz, S. 65 (70); *Voigtel*,

schon die Sachkompetenz fehle, eine sachgerechte Gefahrenentscheidung vorzunehmen, und zum anderen diese Entscheidung auch nicht in den staatlichen Verantwortungsbereich, sondern allein in denjenigen des Produzenten falle.[780] Gerade im Produktbereich ist dem deutlich zu widersprechen. Hier werden als Überwachungsbehörden hochqualifizierte Fachbehörden tätig, bei denen grundsätzlich davon auszugehen ist, dass sie über eine ausreichende Fachkompetenz verfügen, um sachgerechte Risikoeinschätzungen vorzunehmen. So verfügen sie über eigene Forschungseinrichtungen und Fachpersonal, welches auf allen Gebieten der Gesundheitsforschung eine qualifizierte Erfassung von Problemfällen sicherstellt. Im Regelfall kann daher davon ausgegangen werden, dass die behördliche Stellungnahme auf Basis des aktuellen Stands der Wissenschaft erfolgt und damit typischerweise das Optimum an verfügbarem Wissen wiedergibt.[781] In Form dieser hochqualifizierten Fachbehörden installiert sich der Staat als Kontrollinstanz bzw. nimmt zumindest die Kompetenz einer neutralen Beobachterposition in Anspruch. Es ist daher nur folgerichtig, dass das von ihm geforderte Verhalten als Verhaltensrichtlinie aufgefasst wird.[782] Das Ziel behördlicher Stellungnahmen egal welcher Form ist die Verhaltenssteuerung in eine bestimmte Richtung. Wird aber später eben dieses angestrebte und von der Behörde in der Entscheidungssituation für richtig gehaltene Verhalten für strafrechtlich relevantes Fehlverhalten erklärt, liegt hierin nicht nur eine widersprüchliche staatliche Wertung,[783] sondern es liegt auch der Verdacht nahe, dass die Verwaltung sich im Falle falscher Prognosen aus der Verantwortung stiehlt.[784]

Der Vertrauenstatbestand kann aber nur so weit reichen, wie tatsächlich schutzwürdiges Vertrauen besteht. Insofern ist zunächst entscheidend, welcher Prüfumfang einer behördlichen Stellungnahme zugrunde liegt.[785] Nur auf Basis

---

in: *Momsen/Grützner*, Wirtschafts- und Steuerstrafrecht, E. Produkthaftung und Strafrecht (Rn. 49); *Weiß*, S. 506.

780 Siehe zu diesen allgemein für die Irrelevanz behördlicher Entscheidungen angeführten Argumente *Große Vorholt*, 50 f.

781 Zu diesem gesamten Gedankengang *Große Vorholt*, S. 197.

782 *D. Bock*, S. 545.

783 Vor solchen widersprüchlichen Wertungen muss der Bürger aber geschützt werden. So *Prittwitz,* Strafrecht und Risiko, S. 287 in Bezug auf staatliche Empfehlungen im Hinblick auf Schutzmaßnahmen bei Vornahme des Geschlechtsverkehrs durch einen HIV-Virusträger.

784 *D. Bock*, S. 545.

785 *Kuhlen*, in: *Achenbach/Ransiek/Rönnau*, Handbuch Wirtschaftsstrafrecht, S. 107 (Rn. 36) weist hier richtigerweise darauf hin, dass behördliche Entscheidungen nicht notwendigerweise das Urteil beinhalten, dass ein Produkt unbedenklich sei.

dieses Prüfumfangs erfolgt überhaupt eine Risikoeinschätzung. Werden bestimmte Aspekte hierbei gar nicht miteinbezogen, sei es, weil der Prüfumfang sich darauf nicht erstreckt oder der Behörde schlicht Informationen fehlen, kann bezüglich dieser Aspekte auch keine Entlastung des Herstellers erfolgen. Um schutzwürdiges Vertrauen in Anspruch nehmen zu können, muss dieser daher dafür Sorge tragen, dass die Behörde stets über aktuelles Risikowissen verfügt und alle dem Hersteller zur Verfügung stehenden Informationen ebenfalls in die Risikoeinschätzung miteinbeziehen kann.[786] Die Grenze des schutzwürdigen Vertrauens ist in jedem Fall dort erreicht, wo der Hersteller über Sonderwissen verfügt, welches nahe legt, dass es die von der Behörde vorgenommene oder vorzunehmende Risikoeinschätzung verändern würde, läge es ihr denn vor.[787]

6. *Vertrauensgrundsatz*

Weitere Einschränkungen können sich bei der Pflichtenbestimmung durch Anwendung des Vertrauensgrundsatzes ergeben.[788] Der Vertrauensgrundsatz besagt, dass derjenige, der sich im Verkehr ordnungsgemäß verhält, darauf vertrauen darf, dass andere dies auch tun, solange nicht konkrete Anhaltspunkte für die gegenteilige Annahme vorliegen.[789] Von dem Einzelnen kann nicht erwartet werden, dass er sein Verhalten im Alltag nach den für ihn geltenden Sorgfaltsmaßstäben ausrichtet und dabei zugleich allen Personen, mit denen er interagiert, prinzipielles Misstrauen entgegenbringt und ihr Fehlverhalten miteinkalkuliert. Dies würde das gesellschaftliche Zusammenleben massiv behindern.[790] Von außerhalb kommende Gefährdungsmomente dürfen bei der Konkretisierung der Sorgfaltsregel somit außer Betracht gelassen werden, soweit sie auf fehlerhaftes Verhalten anderer zurückzuführen sind.[791] Während ursprünglich der Vertrauensgrundsatz ausschließlich im Bereich des Straßenverkehrs angewandt wurde, besteht heute

---

786 Vgl. *Mayer*, MedR 2008, 595 (598).

787 *Alexander*, S. 87; *Gerst*, NStZ, 136 (140); *Kuhlen*, FG BGH Bd. IV, S. 647 (662); *Mayer*, Strafrechtliche Produktverantwortung bei Arzneimittelschäden, S. 577; *Tiedemann*, FS Hirsch, S. 765 (778); *Vogel*, FS Lorenz, S. 65 (70); *Voigtel*, in: *Momsen/Grützner*, Wirtschafts- und Steuerstrafrecht, E. Produkthaftung und Strafrecht, (Rn. 49); *Weiß*, S. 508 f; vgl. auch *Sach*, S. 262. Insofern können hier die Ausführungen zur Einschränkung des Vertrauensgrundsatzes entsprechend herangezogen werden, 5. Teil § 2 A. II. 6.

788 Instruktiv hierzu *Kuhlen*, Fragen einer strafrechtlichen Produkthaftung, S. 144 f.

789 *Roxin/Greco*, Strafrecht Bd. 1, § 24 Rn. 21.

790 *Eidam*, JA 2011, 912 (913).

791 *Schürer-Mohr*, S. 117.

weitgehende Übereinstimmung dahingehend, dass der zugrundeliegende Gedanke auch in anderen Lebensbereichen herangezogen und allgemein zur Regelung von Sozialbeziehungen fruchtbar gemacht werden kann.[792] Relevant wird dies im Rahmen der Produktverantwortlichkeit vor allen Dingen bei der Frage, inwieweit sich die Verantwortlichkeit des Produzenten und damit seine Handlungspflichten auch auf fremdes Fehlverhalten erstrecken.

Der Vertrauensgrundsatz ist ein Fall des erlaubten Risikos.[793] Er ist Ausdruck des Interesses einer liberalen Gesellschaft an möglichst weitreichender individueller Handlungsfreiheit und den damit verbundenen Vorteilen, zum Beispiel der flächendeckenden Verteilung von Gütern, Innovation etc.[794] Das Strafrecht soll gerade das soziale Leben mit all diesen individuellen Handlungsmöglichkeiten ermöglichen.[795] Hierfür ist ein gewisser Grad an Erwartungssicherheit unabdingbar.[796] Die ökonomische Betrachtungsweise des Zivilrechts kann es demgegenüber unter Umständen bei umfassender Interessenabwägung vertretbar erscheinen lassen, der individuellen Handlungsfreiheit nur einen geringen Stellenwert einzuräumen. Die Beeinträchtigungen sind hier schon aufgrund der Versicherbarkeit von Haftungsrisiken und der Möglichkeit zur Umlegung von Versicherungskosten geringer.[797] Strafrechtliche Sanktionen lassen sich nicht in vergleichbarer Weise abfedern und treffen den Betroffenen daher deutlich empfindlicher.[798] Aufgrund dieses Unterschieds ist es angemessen, mithilfe des Vertrauensgrundsatzes den strafrechtlichen Pflichtenkreis des Produzenten gegenüber dem zivilrechtlichen strenger einzugrenzen.[799]

Auch im Strafrecht kann der Vertrauensgrundsatz aber nicht uneingeschränkt gelten. Zumindest dann, wenn mit einem verkehrsgerechten Verhalten nicht gerechnet werden kann, besteht kein Anlass, den Betroffenen von seiner

---

792 MüKoStGB/*Duttge*, § 15 Rn. 143; *Roxin/Greco*, Strafrecht Bd. 1, § 24 Rn. 21 ff.; Schönke/Schröder/*Sternberg-Lieben/Schuster*, § 15 Rn. 151; kritisch sehen dies etwa *Stratenwerth/Kuhlen*, § 15 Rn. 65.

793 *Roxin/Greco*, Strafrecht Bd. 1, § 24 Rn. 22; Schönke/Schröder/*Sternberg-Lieben/Schuster*, § 15 Rn. 144.

794 Vgl. *Kuhlen*, Fragen einer strafrechtlichen Produkthaftung, S. 133.

795 Als Schutzrecht kann das Strafrecht folglich nur insofern verstanden werden, als es mittels Repression Verhaltensnormen stabilisiert und so größtmögliche Handlungsfreiheit für jeden Einzelnen ermöglicht, vgl. *Vogel*, GA 1990, 241 (254 f.).

796 *Große Vorholt*, S. 98.

797 *Kuhlen*, Fragen einer strafrechtlichen Produkthaftung, S. 138 f. Siehe hierzu auch 5. Teil § 2 A. I. 2.

798 Vgl. auch *Holtermann*, S. 58 f.

799 *Kuhlen*, Fragen einer strafrechtlichen Produkthaftung, S. 138 f.

Verantwortlichkeit zu befreien. So findet der Vertrauensgrundsatz seine Grenze etwa unstreitig im Hinblick auf nicht voll verantwortlich handelnde Personen und dann, wenn ausnahmsweise ein konkreter Anlass dazu besteht, von einem sorgfaltswidrigen Verhalten eines anderen auszugehen.[800] So könnte man etwa den Eingang von Schadensmeldungen im Zusammenhang mit unsorgfältigem Produktgebrauch als konkreten Anlass begreifen, der den Vertrauensgrundsatz durchbricht.[801] Grund für die Durchbrechung des Vertrauensgrundsatzes aus konkretem Anlass ist aber, dass er in bestimmten Situationen als Orientierungspunkt schlicht nicht gebraucht wird. Diese Situationen zeichnen sich dadurch aus, dass mehrere Personen miteinander interagieren und im Rahmen dieser Interaktion tatsächliche Erkenntnisse über das Verhalten ihres Gegenübers gewinnen können. Handelt eine an der Interaktion beteiligte Person nicht sorgfaltsgemäß, können die anderen sich hierauf einstellen und ihr Verhalten entsprechend anpassen. Da der Produkthaftungsbereich aber gerade durch die anonyme Beziehung zwischen Hersteller und Verbraucher geprägt wird und es im Regelfall zu überhaupt keiner unmittelbaren Interaktion kommt, gibt es für eine solche Ausnahme aus konkretem Anlass hier kaum einen Anwendungsbereich.[802] Insbesondere kann kein konkreter Anlass zum Misstrauen gegenüber einzelnen Produktnutzern das Vertrauen des Herstellers gegenüber der unbestimmten Allgemeinheit erschüttern und so seine Handlungspflichten definieren.[803] Gerade das Beispiel von Schadensmeldungen im Zusammenhang mit unsorgfältigem Produktgebrauch macht daher deutlich, wie wichtig die umfassende Geltung des Vertrauensgrundsatzes ist, um die sich aus der Anonymität der Beziehung ergebenden Unwägbarkeiten zu überbrücken.[804]

Etwas unklarer gestaltet sich demgegenüber die Beantwortung der Frage, ob der Vertrauensgrundsatzes auch dort entkräftet wird, wo lediglich allgemein

800 Siehe nur MüKoStGB/*Duttge*, § 15 Rn. 146; *Kuhlen,* Fragen einer strafrechtlichen Produkthaftung, S. 140 ff; *Roxin/Greco,* Strafrecht Bd. 1, § 24 Rn. 23.

801 *Timpe*, HRRS 2017, 272 (278 f.) etwa begründet eine Rückrufpflicht des Herstellers damit, dass dieser, wenn nach Durchführung einer Warnaktion weitere Schadensmeldungen eingehen, nicht mehr darauf vertrauen dürfe, dass die Produktnutzer der Warnung Folge leisten. Siehe zur Rückrufpflicht ausführlich unten, 5. Teil § 2 C. II. 1. c).

802 Zum Gedankengang insgesamt *Kuhlen,* Fragen einer strafrechtlichen Produkthaftung, S. 140 f.

803 *Kuhlen,* Fragen einer strafrechtlichen Produkthaftung, S. 143.

804 Vgl. *Kuhlen,* Fragen einer strafrechtlichen Produkthaftung, S. 140 f.

Anlass zur Annahme besteht, dass andere sich verkehrswidrig verhalten.[805] Für den Produkthaftungsbereich ist daher primär zu klären, ob die Sorgfaltspflichten des Herstellers sich auch auf unsorgfältigen oder zweckwidrigen Produktgebrauch beziehen.[806] Insbesondere im Bereich der Alltagsprodukte ist aufgrund der großen Verteilungsbreite von vornherein nicht davon auszugehen, dass sämtliche Verwender das Produkt in der dafür vorgesehenen Art und Weise nutzen, so dass eine Ausnahme vom Vertrauensgrundsatz aus allgemeinem Anlass zumindest denkbar ist. *Kuhlen*, der sich ausgiebig mit einer Eingrenzung der strafrechtlichen Handlungspflichten anhand des Vertrauensgrundsatzes auseinandersetzt, will Ausnahmen aus allgemeinem Anlass nur in engen Grenzen zulassen, da die Anwendung des Vertrauensgrundsatzes sich nicht allein auf den Vorhersehbarkeitsgedanken reduzieren dürfe. Dass ein bestimmter Fehlgebrauch lediglich *nicht unüblich* ist, genüge folglich nicht. Im Prinzip bedeute dies nichts anderes, als dass er *vorhersehbar* sei. Um dem Gedanken der eigenverantwortlichen Selbstgefährdung hinreichend Rechnung zu tragen, sei daher eine weitere normative Einschränkung vorzunehmen. Naheliegend sei es, eine Ausnahme vom Vertrauensgrundsatz nur für ein solches Fehlverhalten zu machen, bei dem davon ausgegangen werden müsse, dass es auch dem ansonsten besonnenen und im Allgemeinen sorgfaltsgemäß Handelnden unterläuft.[807]

Dieser restriktiven Handhabung von Ausnahmen aus allgemeinem Anlass ist zuzustimmen. Zweck des Vertrauensgrundsatzes kann nur sein, die Sorgfaltspflicht des Einzelnen zu bestimmen und so das Maß dessen sichtbar werden zu lassen, was von ihm innerhalb seines eigenbeherrschten Handlungsbereichs verlangt wird.[808] Wurde eine Sorgfaltspflichtverletzung festgestellt, stellt der Vertrauensgrundsatz kein Korrektiv in der Verantwortungsverteilung dar, mit dessen Hilfe die Verantwortungsbereiche verschoben werden können.[809] Da nicht voll verantwortlich handelnde Personen einen gesonderten Ausnahmetatbestand bilden, ist daher im Grundsatz die Eigenverantwortlichkeit der Produktverwender zu betonen, die sich bewusst für oder gegen eine ordnungsgemäße Verwendung des Produkts entscheiden können.[810] Im alltäglichen Leben kann vom Produktverwender aber auch keine übermäßige Sorgfältigkeit verlangt werden, so dass die

---

805 *Kuhlen,* Fragen einer strafrechtlichen Produkthaftung, S. 140 ff.
806 Vgl. MüKoStGB/*Duttge,* § 15 Rn. 145 f.
807 Hierzu und zum Vorherigen *Kuhlen,* Fragen einer strafrechtlichen Produkthaftung, S. 144 f.
808 MüKoStGB/*Duttge,* § 15 Rn. 145 f.
809 Vgl. NK-StGB/*Puppe/Grosse-Wilde,* Vor §§ 13 ff. Rn. 165.
810 Siehe hierzu sogleich 5. Teil § 2 A. II. 7.

Grenze dort zu ziehen ist, wo zu erwarten ist, dass auch sonst besonnene und allgemein sorgfältig handelnde Verbraucher Fehler machen werden. Denn häufig fehlt den Verbrauchern das Bewusstsein für Gefahren. Entsprechend wäre es angesichts des bestehenden Informationsgefälles an dieser Stelle unbillig, diese Risiken ihrer alleinigen Verantwortungssphäre zuzuordnen.

7. Eigenverantwortlichkeitsprinzip

Im Strafrecht in besonderer Weise zu beachten ist ferner das Eigenverantwortlichkeitsprinzip.[811] Dieses ist als Korrelat der individuellen Selbstbestimmung ein allgemeines Rechtsprinzip und liefert als solches eine wichtige Orientierung bei der Verantwortungszuweisung.[812] Die Entscheidung, in welcher Weise der Einzelne von seiner grundrechtlich eingeräumten Handlungsfreiheit Gebrauch machen möchte, liegt allein bei ihm selbst. Spiegelbildlich damit einher geht aber auch, die Folgen dieser Entscheidung zu tragen und diese nicht auf andere abzuwälzen.[813] Grundvoraussetzung eigenverantwortlichen Handelns ist damit die Fähigkeit zur Selbstbestimmung.[814] Ist diese grundsätzlich gegeben, bedarf es darüber hinaus der Einsichtsfähigkeit in die Folgen des jeweiligen konkreten Verhaltens.[815] Insbesondere in dem auch hier relevanten Bereich der Selbstgefährdungen spielt die Einsichtsfähigkeit eine ganz entscheidende Rolle. Gerade bei technisch oder chemisch komplexen Produkten haben Produktnutzer typischerweise keine Kenntnisse oder Erfahrungswerte, aufgrund derer sie ein realistisches Risikobewusstsein entwickeln können. Aufgrund dieses Informationsgefälles verschieben sich im Produktbereich die Verantwortungsbereiche merklich zu Lasten des Herstellers. Die Instruktionspflichten des Herstellers dienen insoweit nichts anderem als der Schaffung von Einsichtsfähigkeit.

Das Eigenverantwortlichkeitsprinzip ist folglich ein elementarer Bestandteil der Verantwortungszuweisung bzw. der Abgrenzung von Verantwortungsbereichen und muss bei der Einordnung eines Verhaltens als rechtlich missbilligenswert

---

811 *B. Bock*, S. 127.

812 *Matthes-Wegfrass*, S. 86; vgl. auch *Hillgruber*, in: *Riesenhuber*, Das Prinzip der Selbstverantwortung (S. 171).

813 *Hillgruber*, in: *Riesenhuber*, Das Prinzip der Selbstverantwortung (S. 167).

814 *Hillgruber*, in: *Riesenhuber*, Das Prinzip der Selbstverantwortung (S. 171). Dem wird im Zivilrecht etwa durch die Regelungen zur Geschäfts- und Deliktsfähigkeit gemäß §§ 104 ff., 828 Abs. 3 BGB oder im Strafrecht durch die Regelung der Schuldfähigkeit in §§ 20, 21 StGB Rechnung getragen.

815 *Matthes-Wegfrass*, S. 208.

entsprechend berücksichtigt werden.[816] Grundsätzlich lässt sich daher feststellen, dass ein Produktverwender, der sich bewusst einer bestimmten, ihm bekannten Gefahr aussetzt, sich erst einmal innerhalb seines eigenen Verantwortungsbereiches bewegt. Dem Hersteller ist hieraus auch im Falle der Realisierung einer Gefahr kein Vorwurf zu machen.[817] Die Anwendung des Vertrauensgrundsatzes ist daher in einem erheblichen Teil seiner Anwendungsfälle fest mit dem Gedanken der Eigenverantwortlichkeit verknüpft. Darüber hinaus ermöglicht das Eigenverantwortlichkeitsprinzip aber eine sachgerechte Eingrenzung der Handlungspflichten des Herstellers auch dort, wo Gefahren bei bestimmungsgemäßem Gebrauch bestehen, dem Produktnutzer folglich kein fehlerhaftes Verhalten vorgeworfen werden kann, dieser von der Gefährlichkeit aber Kenntnis hat.[818] Und auch bei der Frage, in welcher Form der Hersteller zur Gefahrabwendung tätig werden muss, spielt es eine wesentliche Rolle.[819]

8. *Zusammenfassung*

Welche strafbewehrten Sorgfalts- bzw. Handlungspflichten die Rechtsordnung einer Person auferlegt, hängt maßgeblich davon ab, unter welchen Umständen ein Verhalten als von der Rechtsordnung missbilligenswert einzuordnen ist. Die Risikoschaffung für sich gesehen reicht hierfür jedenfalls nicht aus. Insofern sind gewisse Risiken von der Rechtsordnung als erlaubt anzusehen. Wertungsgrundlage ist dabei eine umfassende Abwägung zwischen sozialem Nutzen eines riskanten Verhaltens und den zu befürchtenden Rechtsgutsbeeinträchtigungen. Diese Interessenabwägung erfolgt aber lediglich abstrakt und wird nicht für jeden Einzelfall gesondert vorgenommen. Die Bestimmung des strafrechtlich fehlerhaften Verhaltens im Einzelfall muss vielmehr kriteriengeleitet erfolgen. Zwingend für einen Verhaltensvorwurf ist dabei zunächst die Vorhersehbarkeit des tatbestandlichen Erfolgs, da diese Voraussetzung für dessen Vermeidbarkeit ist. Die Anforderungen an das erwartbare Verhalten müssen darüber hinaus stets einen Bezug zu den realen Gegebenheiten wahren. Sie sind regelmäßig durch die Heranziehung eines besonnenen und gewissenhaften Verkehrsteilnehmers als Maßfigur einzugrenzen. Die Einhaltung bestimmter Sondernormen ist demgegenüber lediglich ein Indiz dafür, dass auch auf strafrechtlicher Ebene kein Verhaltensvorwurf erhoben wird.

---

816 Siehe zur Rolle der Selbstverantwortung bei der Festlegung deliktischer Verkehrspflichten *Schaub*, in: *Riesenhuber*, Das Prinzip der Selbstverantwortung (S. 286 ff.).

817 Siehe ausführlich 5. Teil § 2 B. I.

818 Sei es, weil es sich um allgemein bekannte und tolerierte Gefahren handelt oder weil es entsprechende Instruktionen bzw. Warnhinweise des Herstellers gab.

819 5. Teil § 2 C. II.

Hier bestehen jedoch gewisse Überschneidungen mit der Orientierung an Maßfiguren, da Sondernormen häufig das verkehrsübliche Verhalten dokumentieren. Zu berücksichtigen sind demgegenüber Vertrauenstatbestände, die in gewissen Grenzen durch behördliche Stellungnahmen geschaffen werden. Regelmäßig keinen Niederschlag findet bei der Festlegung des Sorgfaltsmaßstabes fremdes Fehlverhalten, da hier der Vertrauensgrundsatz anzuwenden ist. Insbesondere ist hierbei auch das Eigenverantwortlichkeitsprinzip zu beachten, so dass Risiken nicht ausgeschaltet werden müssen, die allein in den Verantwortungsbereich des Gefährdeten oder Geschädigten selbst fallen.

III. Zwischenergebnis

Bei der Konkretisierung des tatbestandlichen Handlungsgebots können die zivilrechtlichen Verkehrssicherungspflichten insofern zur Orientierung herangezogen werden, als sie die äußerste Grenze des strafrechtlich Erwartbaren markieren. Im Übrigen sind die Handlungspflichten aber anhand spezifisch strafrechtlicher Kriterien zu bestimmen.

B. Eintritt der Handlungspflicht

Anknüpfungspunkt des Handlungsgebots ist das Bestehen einer Gefahr für Leib oder Leben von Menschen. Da der (strafrechtliche) Verantwortungsbereich des Herstellers aber nicht unbegrenzt weit reichen kann, kann nicht jede denkbare Gefahr im Zusammenhang mit einem Produkt eine Handlungspflicht des Herstellers auslösen. Vielmehr ist der Gefahrbegriff dem Verantwortungsbereich des Herstellers entsprechend einzuschränken. Darüber hinaus ist zu ermitteln, wie fundiert ein Gefahrverdacht bereits sein muss, um die Handlungspflicht auszulösen.

I. Einschränkung des Gefahrbegriffs

Ausgangspunkt einer sachgerechten Eingrenzung des Gefahrbegriffs sollen hier die produktsicherheitsrechtlichen Maßstäbe sein, denen allgemeine Anforderungen an das Bereitstellen von Produkten am Markt zu entnehmen sind.[820] Da diese aber ebenso wenig wie die zivilrechtlichen Verkehrssicherungspflichten ungeprüft ins Strafrecht übernommen werden können, ist sodann anhand der oben dargestellten Kriterien der objektiven Sorgfaltswidrigkeit[821] deren strafrechtliche Angemessenheit zu überprüfen.

---

820 Siehe hierzu auch 3. Teil § 2 A. I. 1.

821 5. Teil § 2 A. II.

Eine *absolute* Sicherheit von Produkten wird auch im Produktsicherheitsrecht nicht gefordert. Als sicher gelten (Verbraucher-)Produkte nach der sogenannten Allgemeinen Produktsicherheitsrichtlinie (RL 2001/95/EG) vielmehr bereits, wenn sie „bei normaler oder vernünftigerweise vorhersehbarer Verwendung keine oder nur geringe, mit der jeweiligen Verwendung zu vereinbarende und unter Wahrung eines hohen Schutzniveaus für die Gesundheit und Sicherheit von Personen vertretbare Gefahren“ bergen.[822] Entsprechend liegt Gefährlichkeit erst vor, wenn diese Anforderungen nicht erfüllt sind.[823] Hieraus lässt sich zunächst auch für das Strafrecht ableiten, dass die Gefährlichkeit eine gewisse Erheblichkeitsschwelle überschreiten muss. Bei Bagatellgefahren, bei denen sich Eintrittswahrscheinlichkeit und mögliches Schadensausmaß im Rahmen des Alltäglichen bewegen, liegt keine Gefährlichkeit vor, die in den Verantwortungsbereich des Produktverantwortlichen fällt. Solche Gefahren sind vom einzelnen Verwender oder Konsumenten hinzunehmen.[824] Hierin kann man eine Ausprägung des Umstandes erkennen, dass es sich jeweils um *rechtlich missbilligte* Gefahren handeln muss.[825]

Die rechtliche Missbilligung fehlt aber nicht nur bei Bagatellgefahren, sondern auch bei Produkten mit höherem Gefahrenpotenzial, bei denen die Gefährlichkeit untrennbar mit dem vorgesehenen Verwendungszweck verbunden ist. Als Beispiele wären hier Kraftfahrzeuge, Küchenmesser oder Motorsägen zu nennen. Hier ist die Gefährlichkeit gerade die Kehrseite der spezifischen Funktionalität und damit produktimmanent.[826] Dabei ist zu berücksichtigen, dass das Interesse der jeweiligen Rechtsgutsinhaber die Legitimationsbasis jedweder Ver- und Gebote ist und daher bei der Verantwortungszuweisung miteinzubeziehen ist.[827] Für das Recht besteht kein Anlass, Rechtsgüterschutz zu betreiben, wenn daran in einer konkreten Situation seitens des Inhabers gar kein Interesse besteht.[828] Die Frage ist daher insbesondere, worauf das Verbraucherinteresse im Hinblick auf den Produktgebrauch gerichtet ist. Ein Verbot sämtlicher Produkte, die

---

822 *Schucht*, NVwZ 2015, 852 (853).

823 *Schucht*, NVwZ 2015, 852 (853).

824 *Schumann*, S. 95. So müsse beispielsweise jeder damit rechnen, sich mit neuen Schuhen Blasen zu laufen oder sich infolge ungeschickter Handhabung an einer Papierkante zu schneiden.

825 *Reus*, S. 172; vgl. auch *Schmucker*, S. 161; *Weiß*, S. 500.

826 *Schumann*, S. 95.

827 *Frisch*, NStZ 1992, 1 (6).

828 *Lenckner*, GA 1985, 295 (302); dieses Prinzip des „mangelnden Interesses“ kann natürlich nur im Bereich der disponiblen Rechtsgüter zur Anwendung kommen.

rechtsgutsgefährdend sein können, entspräche diesem Interesse jedenfalls nicht. Konsequenz dessen wäre nämlich zum einen, dass die Verbraucher im Ergebnis von einem beträchtlichen Teil von Gütern und Leistungen abgeschnitten wären, weil diese nicht mehr produziert werden könnten.[829] Produktimmanente Gefahren etwa sind schlichtweg nicht zu beseitigen. Zum anderen wäre die Produktion absolut sicherer Produkte technisch so aufwendig,[830] dass sich dies zwangsläufig in einer signifikanten Steigerung der Produktionskosten und damit auch der Verkaufspreise niederschlüge.[831] Damit würden auch zur Lebensführung notwendige Produkte derart teuer werden, dass den Verbrauchern der Erwerb nicht mehr möglich wäre.[832]

Auch *Eichinger* nimmt in seinem Gesetzesvorschlag[833] die Verbraucherinteressen als Anknüpfungspunkt einer Einschränkung. So erfasst der Tatbestand die Produktgefährlichkeit durch das Merkmal eines „Produkt[s] […], das den berechtigten Sicherheitsinteressen des Verbrauchers nicht entspricht“[834] und Leben, Körper oder Gesundheit von Menschen mehr als nur unerheblich gefährdet. Wann ein Produkt den berechtigten Sicherheitsinteressen nicht entspricht, wird in Absatz 4 der Norm festgelegt. Unter anderem heißt es dort, dass ein Produkt nicht den berechtigten Sicherheitsinteressen entspricht, wenn es nicht diejenige Sicherheit bietet, die unter Berücksichtigung aller Umstände berechtigterweise erwartet werden kann. Als einer dieser zu berücksichtigenden Umstände wird der Gebrauch genannt, mit dem billigerweise gerechnet werden kann.[835] Dies entspricht der produktsicherheitsrechtlichen Vorgabe, dass insbesondere die Art und Weise der Verwendung in die Gefahrbewertung miteinzubeziehen ist. Für nahezu jedes Produkt ist eine Form der Verwendung oder des Konsums denkbar, die erhebliche Gefahren mit sich bringt. Man denke nur an den zu einiger Berühmtheit gelangten

829 *Frisch*, NStZ 1992, 1 (6); *Große Vorholt*, S. 77 sieht als deutlichstes Beispiel des breiten gesellschaftlichen Konsenses über die Inkaufnahme bestimmter Gefährdungen den Straßenverkehr. Jedes Jahr stürben Tausende von Opfern durch zugelassene Kraftfahrzeuge. Die Sicherheitsbestimmungen seien evident unzureichend oder zumindest optimierbar. Dennoch nehme die Rechtsordnung, um der großen Vorteile der individuellen Mobilität willen, diese Opferzahlen hin.

830 Und selbst dann ließen sich Gefahren, die sich aus missbräuchlicher Verwendung ergeben, nicht gänzlich eliminieren.

831 *Contreras*, S. 204; *Schumann*, S. 93 f.

832 *Drexl*, S. 253; vgl. auch *Große Vorholt*, S. 76.

833 Siehe hierzu die Ausführungen im 5. Teil § 1 B. I. 1.

834 *Eichinger*, S. 350.

835 *Eichinger*, S. 350 ff.

Pudel in der Mikrowelle. Dieses absurde Beispiel[836] zeigt besonders deutlich, dass unter Zugrundelegung insbesondere des Kriteriums der Vorhersehbarkeit[837] und des Vertrauensgrundsatzes[838] die Produktverantwortung nicht unbegrenzt weit reichen kann. Fälle evidenten Produktmissbrauchs fallen jedenfalls nicht in den Verantwortungsbereich des Produktverantwortlichen. Die sich hieraus ergebenden Risiken betreffen die alleinige Verantwortungssphäre des Verbrauchers. Es handelt sich damit um Fälle eigenverantwortlicher Selbstgefährdung.[839] Eine solche kann aber auch außerhalb eines evidenten Produktmissbrauchs gegeben sein. Zu denken ist hier an eine zweckwidrige oder unsorgfältige, aber noch nicht missbräuchliche Verwendung.[840] Zur Abgrenzung der Verantwortungsbereiche muss daher festgelegt werden, wann ein ausnahmsweise für den Produktverantwortlichen beachtliches Fehlverhalten des Verwenders in diesem Sinne vorliegt.

Im Folgenden wird daran anknüpfend dargestellt, welche Ge- und Verbrauchsweisen eine Produktgefahr begründen, für die der Produktverantwortliche gefahrabwendend tätig werden muss und wann etwaige Schäden allein dem Verantwortungsbereich des jeweiligen Verbrauchers zuzuordnen sind.

1. Sorgfältiger bestimmungsgemäßer Gebrauch

Verbraucher setzen bei Produkten, die sie ihrer Bestimmung und den Instruktionen entsprechend verwenden, voraus, dass sie sich hierdurch keinen Gefahren aussetzen. Hinsichtlich nicht ausschließbarer Gefahren herrscht jedenfalls die Erwartung, dass diese Erwähnung finden.[841] Dies ist Teil der Leistung, die durch

---

836 Das Beispiel ist nicht nur absurd, sondern entspringt wohl auch dem Reich der Mythen. Ein Gerichtsverfahren, in dem es tatsächlich um einen solchen Fall gegangen wäre, ist nicht bekannt. Der dennoch häufig im Zusammenhang mit amerikanischen Produkthaftungsfällen erzählten Geschichte nach setzte eine alte Dame ihren nassen Pudel zum Trocknen in die Mikrowelle. Das Tier verstarb. Die Frau zog gegen den Hersteller daraufhin vor Gericht; https://www1.wdr.de/fernsehen/aktuelle-stunde/skurrile-gerichtsurteile-100.html (Stand: 02.12.2020).

837 5. Teil § 2 A. II. 2.

838 5. Teil § 2 A. II. 6.

839 In diesem Spannungsfeld bewegen sich auch die zivilgerichtlichen Entscheidungen des LG Mönchengladbach v. 24.04.2002 – 3 O 217/01= NJW-RR 2002, 896; OLG Düsseldorf v. 20.12.2002 = BeckRS 2003, 7429; LG Essen v. 12.05.2005 – 16 O 265/01= NJW 2005, 2713 (2714).

840 Vgl. nochmals *Kuhlen,* Fragen einer strafrechtlichen Produkthaftung, S. 145 f.

841 *Frisch,* Tatbestandsmäßiges Verhalten und Zurechnung des Erfolgs, S. 199.

die Bezahlung des Kaufpreises honoriert wird.[842] Der Hersteller legt selbst den Verwendungszweck seiner Produkte fest und hat die Möglichkeit, diesen durch Gebrauchsanweisungen oder auch Werbung näher zu definieren und publik zu machen. Mindestens innerhalb dieses Rahmens fallen die nicht vertretbaren Gefahren damit auch in dessen Verantwortungsbereich.[843]

2. *Sozial üblicher Fehlgebrauch*

Schwieriger zu beantworten ist indessen die Frage, ob und falls ja, inwieweit, der Produzent auch für solche Gefahren verantwortlich ist, die sich bei nicht bestimmungsgemäßer Verwendung ergeben. Ein Fehlgebrauch von Produkten fällt grundsätzlich erst einmal in den Einflussbereich des Verwenders.[844] Allein dieser hat die Kontrolle darüber, wie und wofür er ein Produkt gebraucht. Streng genommen müsste man damit jede Form des Fehlgebrauchs auch der Verantwortung des Verwenders unterstellen. Allerdings ist es nicht unüblich, dass Alltagsgegenstände auch jenseits ihres spezifischen Verwendungszwecks genutzt werden. Die Verbraucher entwickeln damit den bestimmungsgemäßen Gebrauch gewissermaßen weiter.[845] Handelt es sich bei der Zweckentfremdung um eine nicht völlig unwahrscheinliche und damit vernünftigerweise vorhersehbare Form der Verwendung, gebietet es der effektive Verbraucherschutz bei Einnahme einer produktsicherheitsrechtlichen Perspektive, sich hieraus ergebende Gefahren herstellerseits möglichst zu reduzieren oder zumindest auf sie hinzuweisen.[846] Hierauf erstreckt sich auch die Verbrauchererwartung.[847] Auch im Rahmen einer strafrechtlichen Verantwortungsabgrenzung ist entscheidend, dass die Verwender eines Produkts in die Lage versetzt werden, eine informierte Entscheidung darüber zu treffen, ob sie sich einem Risiko bei der Produktnutzung aussetzen wollen oder nicht. Auf diese Weise wird der Verwender erst befähigt, seinen Verantwortungsbereich eigenverantwortlich mit allen Konsequenzen auszufüllen.[848] Dafür ist es erforderlich, die Instruktionen oder Warnhinweise an den

842 Siehe *Contreras*, S. 203; *Frisch*, Tatbestandsmäßiges Verhalten und Zurechnung des Erfolgs, S. 201.
843 *Contreras*, S. 203.
844 Vgl. *Frisch*, Tatbestandsmäßiges Verhalten und Zurechnung des Erfolgs, S. 187.
845 *Schumann*, S. 97.
846 *Schumann*, S. 98.
847 *Contreras*, S. 203.
848 Vgl. zur materiellen Abgrenzung der Verantwortungsbereiche bei Regelabweichung durch das Opfer selbst *Frisch*, Tatbestandsmäßiges Verhalten und Zurechnung des Erfolgs, S. 186 ff.

Verständnismöglichkeiten der potenziellen Verwender oder Konsumenten auszurichten.[849] Je nach Zielgruppe können sich die Anforderungen folglich verschieben.[850] Sind bestimmte Verwendungsformen bereits vorhersehbar, die außerhalb des Bestimmungszwecks eines Produkts liegen, ist es daher sachgerecht, diese miteinzubeziehen, um dem Verwender eine informierte Entscheidung zu ermöglichen. Anderenfalls hätte der Hersteller die Möglichkeit, sich seiner Verantwortlichkeit zumindest partiell zu entziehen, indem er willkürlich den Anwendungsbereich seiner Produkte verkürzt.[851] Wenn seitens des Produktverantwortlichen eine solche Informationsbasis geschaffen wurde, darf dieser auch darauf vertrauen, dass der Verbraucher das Produkt nur im sicheren Rahmen des Bestimmungszwecks verwendet. Der Verwender gefährdet sich dann eigenverantwortlich selbst, wenn er dennoch das Produkt entgegen dem Bestimmungszweck nutzt.[852]

Wann ein solcher vernünftigerweise vorhersehbarer Fehlgebrauch vorliegt, ist eine Wertungsentscheidung, die im Hinblick auf das einzelne Produkt getroffen werden muss. Hierbei sind insbesondere die soziale Üblichkeit einer Verwendung und die sich aus allgemeiner Lebens- oder Berufserfahrung ergebenden Kenntnisse zu berücksichtigen.[853] Eine nicht bestimmungsgemäße Verwendung ist umso weniger vorhersehbar, je weiter sie sich vom bestimmungsgemäßen Gebrauch wegbewegt. Damit lässt sich eine grobe Kategorisierung in naheliegenden Fehlgebrauch und atypischen Fehlgebrauch vornehmen und so zumindest ein erster Anknüpfungspunkt schaffen.[854] Ist ein bestimmtes Fehlverhalten naheliegend, ist daran anschließend zu fragen, ob davon auszugehen ist, dass es auch einem besonnenen und sich allgemein sorgfältig verhaltenden Produktverwender unterläuft.[855]

---

849 *Hilgendorf*, in: *Rotsch*, Criminal Compliance, § 10 (Rn. 84).

850 Sind bestimmte Personengruppe in ihren Selbstschutzmöglichkeiten eingeschränkt, ist diesem Umstand mit einem höheren Sicherheitsniveau Rechnung zu tragen. Dies kann insbesondere bei Kindern und Behinderten, aber auch bei älteren Menschen der Fall sein, *Schumann*, S. 100 f.

851 *Schumann*, S. 98.

852 Vgl. hierzu *Timpe*, HRRS 2017, 272 (274).

853 *Schumann*, S. 98.

854 Vgl. *Schumann*, S. 99; naheliegend sind diesem zufolge z.B. die Fehlmontage eines Bausatzes oder das Verschlucken von Kinderspielzeug, atypisch demgegenüber die Verwendung eines gewöhnlichen PKWs in schwerem Gelände oder eines Kältemittels zum Berauschen.

855 Siehe zu dieser normativen Einschränkung bei Anwendung des Vertrauensgrundsatzes in 5. Teil § 2 A. II. 6.

Ist dies zu bejahen, ist von einer sozial adäquaten Fehlverwendung auszugehen, die noch in den Verantwortungsbereich des Herstellers fällt.

Werden also Schäden gemeldet, die bei einer sozial adäquaten Fehlverwendung aufgetreten sind, ist danach zu differenzieren, ob die Gefahr eines Eintritts dieser konkreten Schäden im Rahmen der Instruktionen bereits bedacht wurde. Ist dies der Fall, ist insoweit von einem unsorgfältigen Verhalten des Verwenders auszugehen, welches in dessen eigene Verantwortung fällt. Wurden entsprechende Hinweise jedoch mangels Kenntnis entweder noch gar nicht erteilt oder weicht der eingetretene Schaden qualitativ oder quantitativ von dem vorhergesehenen Risikoausmaß ab, kann dies eine Handlungspflicht des Herstellers auslösen.[856] Zur Verdeutlichung soll hier ein von *Kuhlen* gebildetes Beispiel[857] etwas abgewandelt werden: Angenommen der Hersteller eines Haushaltsklebstoffs versieht die Packungsbeilage mit dem Hinweis, der Klebstoff sei nur mit Gummihandschuhen zu verwenden, da er allergische Reaktionen auslösen könne. Später sammeln sich bei ihm Schadensmeldungen von schweren Verätzungen der Haut, die bei Verwendung des Klebstoffs ohne Gummihandschuhe aufgetreten sind. Dieses Schadenspotenzial war bislang unerkannt. Zwar liegt in diesem Fall ein unsorgfältiges Verhalten des Verwenders vor, mit einem solchen ist aber erfahrungsgemäß auch bei einem sonst besonnen und sorgfaltsmäßig handelnden Produktverwender zu rechnen. Der Hersteller müsste daher zum einen seine Instruktionen verbessern bzw. korrigieren, darüber hinaus aber auch hinsichtlich des bereits verkauften Klebstoffs tätig werden.

3. *Irrationaler Fehlgebrauch*

Die Verantwortungsgrenze des Herstellers ist erreicht bei einem atypischen bzw. zwar naheliegenden, aber irrationalen Fehlgebrauch. Schon das Interesse des Durchschnittskonsumenten ist regelmäßig nicht darauf gerichtet, dass ausschließlich „narrensichere" Produkte auf dem Markt erhältlich sind.[858] Dass einzelne Personen hierzu einen anderen Standpunkt vertreten, ist freilich nicht ausgeschlossen. Hegt ein Verwender aber ein Interesse daran, nur Produkte zu erwerben, die beispielsweise auch bei Missachtung der Gebrauchsanleitung gefahrfrei sind oder die es ihm erlauben, bei bestimmten gefahrträchtigen Arbeiten zu rauchen, so muss er sich darum kümmern, Produkte zu finden, die ihm dies

856 Vgl. *Hilgendorf*, in: *Rotsch*, Criminal Compliance, § 10 (Rn. 84).
857 *Kuhlen*, Fragen einer strafrechtlichen Produkthaftung, S. 145.
858 Siehe hierzu schon die Ausführungen im 5. Teil § 2 B. I.

ermöglichen und es aufgrund seiner atypischen Interessen unter Umständen hinnehmen, dass die Warenproduktion hieran vorbeigeht.[859]

Indem der Verwender sowohl den Bereich des bestimmungsgemäßen als auch des vernünftigerweise vorhersehbaren Gebrauchs verlässt, gibt er die berechtigte Erwartung auf, sich in einem hinsichtlich möglicher Risiken geprüften Bereich zu bewegen. Der irrationale Fehlgebrauch enthält damit zugleich eine bewusste Risikoübernahmeentscheidung. Diese Erwägungen lassen sich gleichfalls auf im Missbrauchsfall gefährliche Genussmittel übertragen, sofern man in übermäßigem Konsum einen Fehlgebrauch sieht. Typischerweise geht es dabei um Tabakwaren und alkoholische Getränke, die für jeden erkennbar erhebliche Gesundheitsbeeinträchtigungen hervorrufen können.[860] So sterben nach Angaben des Bundesgesundheitsministeriums jährlich über 120.000 Menschen an den Folgen des Tabakkonsums, der damit als das größte vermeidbare Gesundheitsrisiko in Deutschland einzustufen sei.[861] Insbesondere bei Tabakwaren stellt sich allerdings die Frage, wo ein übermäßiger Konsum beginnt und ob dieser als irrational bezeichnet werden kann, da vieles dafür spricht, dass Tabakprodukte aufgrund ihres erheblichen Suchtpotenzials bestimmungsgemäß in großer Regelmäßigkeit konsumiert werden. Die Diskussion wäre dann in den Bereich der produktimmanenten Risiken zu verlagern.[862]

Darüber hinaus bestehen Gesundheitsgefahren beispielsweise auch bei übermäßigem Verzehr von Nahrungsmitteln mit hohem Fett- oder Zuckergehalt. Diese können zu Übergewicht, Diabetes, Zahnschäden etc. führen. Hier besteht aber zum einen seitens der Verbraucher kein Interesse an einer Gefahrreduzierung in Form einer rechtlichen Missbilligung von Herstellung und Inverkehrgabe.[863] Zum anderen sind die durch Tabakwaren, Alkohol und ungesunde Ernährung hervorgerufenen Gesundheitsgefahren seit langem allgemein bekannt, so dass es jedem Verbraucher möglich ist, eine informierte Entscheidung hinsichtlich des risikobehafteten Konsums zu treffen.[864] Ob man dabei der Gesundheit oder dem Genuss einen höheren Stellenwert einräumt, ist Gegenstand der persönlichen Freiheit ebenso wie der Selbstverantwortung.[865]

---

859 *Frisch*, NStZ 1992, 1 (6).

860 Vgl. *Contreras*, S. 204 f.

861 https://www.bundesgesundheitsministerium.de/service/begriffe-von-a-z/r/rauchen.html (Stand: 09.12.2020).

862 Siehe oben 5. Teil § 2 B. I.

863 *Contreras*, S. 204 f.

864 *Hilgendorf*, in: *Rotsch*, Criminal Compliance, § 10 (Rn. 84).

865 Vgl. OLG Düsseldorf, BeckRS 2003, 7429 (Rn. 36).

Erst recht ist die Grenze der Produktverantwortlichkeit erreicht, wenn der Fehlgebrauch sich in einem deliktischen Verhalten verwirklicht und damit im eigentlichen Sinne missbräuchlich ist. Hier lassen sich die im Zusammenhang der Beihilfe durch berufstypische Handlungen angestellten Erwägungen heranziehen. Zwar überzeugt die restriktive Auffassung nicht, die eine klare Trennung der Verantwortungsbereiche fordert und dementsprechend die Verfolgung eines deliktischen Zwecks grundsätzlich alleine dem Täter anlastet.[866] Allerdings ergibt sich übertragen auf den Hersteller auch dann nichts anderes, wenn man mit der wohl herrschenden Meinung auf den erkennbaren deliktischen Sinnbezug der jeweiligen Handlung abstellt.[867] Denn zum einen ist ein solcher eindeutiger deliktischer Sinnbezug beim Inverkehrbringen von Waren von vornherein nur vereinzelt denkbar (z.B. bei Waffen oder gefährlichen Werkzeugen). Zum anderen steht der Hersteller mit seinen Endkunden für gewöhnlich in keinem Kontakt, so dass er von deliktischen Absichten eines Endabnehmers seiner Produkte jedenfalls keine Kenntnis haben wird und entsprechend dem Vertrauensgrundsatz davon ausgehen darf, dass solche nicht bestehen.

Im Ergebnis lässt sich daher festhalten, dass Gefahren, die im Zusammenhang mit einem irrationalen Fehlgebrauch von Produkten auftreten, keine Handlungspflichten beim Produktverantwortlichen auslösen.

4. *Zwischenergebnis*

Eine Gefahr, die Handlungspflichten des Produktverantwortlichen auslösen kann, liegt nur dann vor, wenn sie in den Verantwortungsbereich des Herstellers fällt und rechtlich missbilligt ist. Damit scheiden sogenannte Bagatellgefahren und produktimmanente Gefahren aus. Im Übrigen ist eine Abgrenzung der Verantwortungsbereiche von Hersteller und Produktverwender vorzunehmen. Maßgeblich hierfür ist insbesondere die Art und Weise der Verwendung. Gefahren, die im Rahmen eines bestimmungsgemäßen Gebrauchs oder eines sozial adäquaten Fehlgebrauchs auftreten, fallen in den Verantwortungsbereich des Produzenten und sind von diesem daher auch nachträglich zu reduzieren, sofern sie noch nicht im Rahmen der Produktinstruktionen Berücksichtigung gefunden haben. Das kann auch bei einem zwar bestimmungsgemäßen, aber unsorgfältigen Produktgebrauch gelten, wenn die Instruktionen ein bestimmtes Gefahrausmaß nicht hinreichend deutlich erkennen lassen. Kommt es indes zu Schädigungen

866 *Murmann*, JuS 1999, 548 (552); *Timpe*, JA 2010, 514 (518 ff.).

867 *Freund/Rostalski*, Strafrecht Allgemeiner Teil, § 10 Rn. 138; *Rengier*, § 45 Rn. 109 ff.; *Roxin*, Strafrecht Bd. 2, § 26 Rn. 224.

im Zusammenhang mit irrationalem Fehlgebrauch bzw. offenem Produktmissbrauch, betrifft dies die Verantwortungssphäre des Herstellers nicht mehr. Ein Handlungsgebot besteht bezüglich solcher Gefahren nicht.

II. Grad des Gefahrverdachts

Die Abgrenzung der Verantwortungsbereiche hinsichtlich der Art der Produktverwendung gelingt noch vergleichsweise eindeutig. Indes bestehen erhebliche Präzisierungsschwierigkeiten bei der Bestimmung des Verdachtsgrades, der im Hinblick auf die Produktgefährlichkeit gegeben sein muss.[868] Wie sich im Rahmen der Kausalitätsproblematik gezeigt hat, ist in vielen Fällen nicht einmal im Nachhinein mit letzter Sicherheit feststellbar, ob ein bestimmtes Produkt schädliche Eigenschaften aufweist.[869] Noch viel weniger aber werden solche gesicherten Kenntnisse im Regelfall in der Situation bestehen, in der etwaigen weiteren Schäden noch vorgebeugt werden kann. Dann aber fällt es schwer, einen konkreten Zeitpunkt zu bestimmen, ab dem vom Verantwortlichen eine Reaktion zu erwarten ist. Hinzu kommt, dass gerade bei solchen Risikoentscheidungen eine Tendenz besteht, den Geschehensverlauf im Nachhinein als einen zwangsläufigen zu begreifen und dabei auszublenden, dass der Produkthersteller ex-ante nur begrenzte Erkenntniskapazitäten hatte.[870] Bei Eintritt eines Schadens herrscht somit häufig wenig Verständnis für eingegangene Risiken, während diese später eher als zu klein eingeschätzt werden, wenn nichts passiert ist.[871] In typischen Produkthaftungsfällen wird dieser Effekt noch dadurch verstärkt, dass unter Umständen eine Vielzahl von Personen betroffen ist und die gesundheitlichen Schäden äußerst gravierend sind.[872]

Einerseits kann ersichtlich nicht jeder aufkeimende Verdacht der Gefährlichkeit ausreichen, um strafbewehrte Handlungspflichten auszulösen. Aufgrund der weiten Verbreitung von Massenprodukten werden auch bei völlig harmlosen Produkten Korrelationen zwischen der Benutzung bzw. dem Konsum eines

---

868 Dabei geht es anders formuliert um die Frage der Produktbedenklichkeit. *Kuhlen*, FG BGH Bd. IV, S. 647 (656) hält diese sowohl theoretisch als auch praktisch für noch bedeutsamer als die der generellen Kausalität. Siehe hierzu auch *Alexander*, S. 79 ff.

869 Hierzu ausführlich 5. Teil § 1 A. I.

870 *Duttge*, RW 2019, 153 (166).

871 *Duttge*, RW 2019, 153 (166 f.); *Große Vorholt*, S. 96 f.; *Kuhlen*, FG BGH Bd. IV, S. 647 (657 f.).

872 *Kuhlen*, FG BGH Bd. IV, S. 647 (657 f.).

bestimmten Produkts und gesundheitlichen Beeinträchtigungen feststellbar sein.[873] Ließe man daher jeden Verdacht der Gefährlichkeit zur Auslösung der Handlungspflicht genügen, würde dies nahezu jeden Produktvertrieb früher oder später lahmlegen. Der Verbraucher wäre darüber hinaus einer solchen Schwemme von Warnungen ausgesetzt, dass diese ihre Dringlichkeit verlören, wenn wirklich einmal ein schädliches Produkt in Umlauf wäre.[874] Andererseits können aber die Anforderungen angesichts der möglicherweise zahlreichen drohenden Schädigungen[875] auch nicht zu hoch angesiedelt werden, da ein effektiver Rechtsgüterschutz ansonsten nicht möglich ist.

Das Spannungsfeld zwischen möglichst umfassendem Rechtsgüterschutz und den wirtschaftlichen, unter Umständen existenziellen Interessen des Unternehmers wird noch dadurch erweitert, dass eine Vielzahl von Produkten – insbesondere im medizinischen Bereich – eine Verbesserung des Gesundheitszustandes bewirken.[876] Eine voreilige und unbegründete Warn- oder Rückrufaktion kann hier das Vertrauen in ein Produkt nachhaltig schädigen und damit ihrerseits zu Schäden der Rechtsgüter Leib und Leben führen.[877] Besonders deutlich zeigte sich dies in der Coronapandemie. Die deutsche Bundesregierung verkündete am 15. März 2021 einen vorübergehenden Impfstopp für die Vakzine eines bestimmten Herstellers. Dieser wurde zwar nur wenige Tage später nach Prüfungen durch die Europäische Arzneimittelbehörde (EMA) wieder aufgehoben, der Vertrauensverlust in der Bevölkerung blieb aber.

Schon die Vielzahl an zu berücksichtigenden Faktoren macht deutlich, dass die Festlegung eines konkreten Zeitpunktes, ab dem ein Hersteller grundsätzlich tätig werden muss, unmöglich ist.[878] Die Rechtsprechung hat zwar Leitlinien entwickelt. An diesen werden im Schrifttum jedoch mit Blick auf ihre Tauglichkeit zur Verhaltenssteuerung Zweifel geäußert.

1. *Leitlinien des Contergan-Beschlusses*

Als Ansatzpunkt der Überlegungen zur erforderlichen Qualität eines Gefahrverdachts sollen die vom Landgericht Aachen im Contergan-Beschluss gemachten

---

873 Vgl. zum Phänomen der Scheinkorrelation *Kaspar*, in: *Leitner/Rosenau*, Wirtschafts- und Steuerstrafrecht, Vor § 15 (Rn. 23).

874 Vgl. *Große Vorholt*, S. 112; *Steffen*, NJW 1996, 3062 (3062) geht sogar so weit, zu sagen, dass jedes Zuviel an Warnpflichten das Gefahrpotenzial für Verbraucher erhöht.

875 Vgl. hierzu auch *B. Bock*, S. 141 f.

876 *Lege*, S. 41.

877 Vgl. *Mayer*, PharmR 2008, 236 (249).

878 Siehe hierzu 5. Teil § 2.

Ausführungen dienen. Das Gericht ging hier davon aus, dass der Arzneimittelhersteller nicht nur dann zum Handeln verpflichtet sei, wenn schädliche Nebenwirkungen eines seiner Produkte nachgewiesen werden, sondern bereits dann, wenn solche lediglich aufgrund eines „ernstzunehmenden Verdachts" zu befürchten seien.[879] Erforderlich, aber zugleich ausreichend, sei hierfür das Vorliegen mehrerer ernst zu nehmender Schadensmeldungen. Dabei lasse sich ein genereller Maßstab nicht formulieren. Vielmehr müssten die jeweiligen Umstände des Einzelfalls berücksichtigt werden. Insbesondere sei die Schwere der in Rede stehenden Gesundheitsschädigung von wesentlicher Bedeutung: Der Verantwortliche müsse umso eher handeln, je schwerer die durch sein Präparat drohenden Schäden seien. Bei leichteren Schäden könne es im Einzelfall noch vertretbar sein, dass ein Arzneimittelhersteller zunächst versucht, den Verdacht durch gezielte Prüfungen zu widerlegen, und erst dann Maßnahmen ergreift, wenn ihm dies nicht gelingt und auf Grund einer größeren Anzahl an Schadensmeldungen eine größere Wahrscheinlichkeit dafür besteht, dass der Verdacht zutreffend ist. Bei schweren Schäden müssten Schutzmaßnahmen demgegenüber schon bei vergleichsweise geringem Verdachtsgrad getroffen werden.[880] Auch die Häufigkeit der auftretenden Schäden könne ein maßgeblicher Faktor sein. Träten diese regelmäßig oder zumindest zahlreich auf, sei der Arzneimittelhersteller bereits bei einem geringeren Verdachtsgrad zum Einschreiten verpflichtet als bei einem lediglich vereinzelten Auftreten.[881] Weiterhin zu berücksichtigen sei gegebenenfalls der therapeutische Nutzen eines Arzneimittels. Ist ein Präparat besonders wirksam und nicht ohne Weiteres ersetzbar, so könnten schwerere gesundheitsschädigende Nebenwirkungen eher in Kauf genommen werden als bei weniger wichtigen oder leicht ersetzbaren Medikamenten.[882] Diese Ausführungen des Landgerichts Aachen waren instruktiv für die Auseinandersetzung mit der Problematik und die entwickelten Leitlinien sind bis heute maßgebend.[883] Auch im Lederspray-Verfahren lautete die Feststellung, dass von dem Lederspray eine *ernstzunehmende* Gefahr ausging und der Hersteller entsprechend zum

879 LG Aachen, JZ 1971, 507 (515).

880 LG Aachen, JZ 1971, 507 (516).

881 LG Aachen, JZ 1971, 507 (516). *Prittwitz*, Strafrecht und Risiko, S. 66 sieht in der „Berechnung" eines Risikos aus der Gewichtigkeit eines möglicherweise eintretenden Schadens und der Wahrscheinlichkeit des Schadenseintritts eine fast schon zum Allgemeingut gewordene Risikoformel.

882 LG Aachen, JZ 1971, 507 (516).

883 *Fehn/Meyer*, PharmR 2014, 135 (139); *Große Vorholt*, S. 97 f.; *Kuhlen*, FG BGH Bd. IV, S. 647 (657); *Mayer*, PharmR 2008, 236 (249).

Einschreiten verpflichtet war. Dies habe die Schadensentwicklung bis zu diesem Zeitpunkt gezeigt.[884] Ähnliche Formulierungen finden sich auch im einschlägigen Schrifttum. So ist davon die Rede, dass an den Hersteller die Erwartung gerichtet sei, Schadensmeldungen zu sammeln und einzuschreiten, wenn sich der Verdacht bezüglich der Schädlichkeit des Produkts „verdichte"[885] oder wenn es „verstärkte Verdachtsmomente" gäbe[886].

2. *Kritik*

An der Vorgehensweise wird aber auch deutliche Kritik geübt. So wird darauf hingewiesen, dass der Hersteller erst dann zum Einschreiten verpflichtet sein könne, wenn er sichere Kenntnis über die Gefährlichkeit seines Produkts habe.[887] Er dürfe sich insoweit auf den aktuellen Stand der Wissenschaft und Technik[888] verlassen. Wenn diese aber nicht in der Lage seien, eine einheitliche Linie zu finden und lediglich vereinzelt vage Äußerungen hinsichtlich einer etwaigen Schädlichkeit eines Produkts einträfen, könne dem Hersteller aus seiner eigenen Unwissenheit heraus kein (Fahrlässigkeits-)Vorwurf gemacht werden.[889] Eine Einzelfallbetrachtung, wie sie das Landgericht Aachen vornehme, setze sich hierzu in Widerspruch. Sie habe zur Folge, dass selbst ein pflichtgetreuer Hersteller sich niemals sorglos wähnen könne und somit letztlich der Willkür des Gerichtes ausgeliefert sei.[890] Für den Betroffenen müssten strafbewehrte Handlungspflichten aber stets ex-ante klar erkennbar sein.[891] Diese Erkennbarkeit sei bei Zugrundelegung eines ernstzunehmenden Gefahrverdachts nicht gegeben: Wo die Grenze zwischen einem normalen und einem ernstzunehmenden Verdacht verlaufen soll, sei nicht nur völlig unklar, sondern werde sich in einer pluralistischen Gesellschaft auch niemals festlegen lassen.[892]

---

884 BGH, NJW 1990, 2560 (2564).

885 *B. Bock*, S. 142.

886 *Eichinger*, S. 157.

887 *Schmucker*, S. 161 f.; eine restriktive Haltung nimmt hinsichtlich der Anforderungen an den Gefahrverdacht auch *Kuhlen*, FG BGH Bd. IV, S. 647 (657 f.) ein.

888 Hierzu auch 5. Teil § 2 A. II. 4.

889 *Schmucker*, S. 161 f.

890 *Schmucker*, S. 161 f.

891 *Kuhlen*, FG BGH Bd. IV, S. 647 (657); vgl. auch *Reus*, S. 82.

892 *Schmucker*, S. 161 f.

3. *Stellungnahme*

Der Kritik ist insoweit Recht zu geben, als eine Präzisierung der Handlungspflichten auf der einen Seite unabdingbar ist, um die verhaltenssteuernde Funktion und die damit bezweckte rechtsgüterschützende Wirksamkeit einer daran anknüpfenden strafrechtlichen Sanktionsnorm zu sichern.[893] Ebenso wird man allerdings anerkennen müssen, dass aufgrund der Vielgestaltigkeit der zu erfassenden Sachverhalte kaum konkrete normative Vorgaben gemacht werden können. Unter reinen Bestimmtheitsaspekten wäre es sicherlich vorzugswürdig, im Falle eines bloßen Gefahrverdachts keine Handlungspflichten aufzuerlegen, sondern allein an sichere Kenntnis anzuknüpfen. Allerdings bliebe bei einer solchen Handhabung häufig der Rechtsgüterschutz auf der Strecke. Die Erlangung sicherer Kenntnis über die Gefährlichkeit eines Produkts kann wertvolle Zeit kosten, in der bereits – sollte sich der Gefahrverdacht bestätigen – weitere Schädigungen verhindert werden könnten.[894] Eine Reaktionspflicht ist aus diesem Grunde bereits bei Vorliegen einer bloßen Schädigungsmöglichkeit grundsätzlich legitimierbar, da eine Bedrohung von Schutzgütern auch bei komplexen und noch ungewissen Schädigungspotenzialen gegeben ist.[895] Somit sind auch strafbewehrte Handlungspflichten in einer von Unsicherheit geprägten Entscheidungssituation[896] des Produktverantwortlichen im Dienste des effektiven Rechtsgüterschutzes nicht verzichtbar.[897]

Die bestehende Unsicherheit ist aber zumindest im Hinblick auf die Voraussetzungen einer möglicherweise drohenden Strafbarkeit auf das erreichbare Minimum zu reduzieren.[898] Es soll daher zumindest der Versuch unternommen werden, anhand der vorhandenen Kriterien und kasuistischen Erkenntnisse ein

---

893 *Contreras*, S. 118.

894 Vgl. LG Aachen, JZ 1971, 507 (515 f.); *Domeier*, S. 231 f.

895 *Reus*, S. 82. Vgl. hierzu auch Schönke/Schröder/*Bosch*, Vor. § 13 ff. Rn. 149, der darauf hinweist, dass die Frage der Kausalität lediglich im Rahmen der Erfolgszurechnung eine Rolle spielt und für das Vorliegen einer Handlungspflicht nicht ausschlaggebend ist.

896 Gerade hierin sieht *Kuhlen*, FG BGH Bd. IV, S. 647 (648 f.) ein besonderes Spezifikum produkthaftungsrechtlicher Sachverhalte.

897 An dieser Stelle kann nur nochmals betont werden, dass Effektivitätserwägungen zwar bei der inhaltlichen Ausgestaltung des Handlungsgebots berücksichtigt werden können, dieses jedoch allein nicht zu legitimieren vermögen.

898 *Weik*, in: *Müller-Gugenberger/Gruhl/Hadamitzky*, Wirtschaftsstrafrecht, Produkthaftung (56.99) meint zwar, es gäbe Kriterien, nach denen Betriebe sich richten könnten und entsprechend sei der Begriff des ernstzunehmenden Risikos handhabbar, benennt diese Kriterien leider aber nicht.

Orientierungsraster zu entwickeln, innerhalb dessen ein konkreter Fall verortet werden kann, um so Rückschlüsse hinsichtlich der Frage zu ziehen, ab wann von einem ernstzunehmenden Gefahrverdacht ausgegangen werden muss.

4. Orientierung an Fallgruppen

Eine der wesentlichen Schwierigkeiten dabei, die Handlungspflichten des Herstellers bei Aufkommen eines Gefahrverdachts zu konkretisieren, ist der Umstand, dass eine objektiv richtige Lageeinschätzung in der konkreten Entscheidungssituation häufig (noch) gar nicht möglich ist.[899] In einer solchen von Unsicherheit geprägten Situation aber das „richtige" Verhalten zu bestimmen, ohne sich dabei von erst später gewonnenen Erkenntnissen beeinflussen zu lassen, ist naturgemäß schwierig.[900] Umso wichtiger ist es, zumindest Orientierungsregeln für das richtige Verhalten des Herstellers festzulegen, an denen dieser sein Verhalten ex-ante ausrichten kann und die auch später den Bewertungsmaßstab bilden.[901] Dabei müssen sämtliche betroffenen Interessen in angemessener Weise berücksichtigt werden. Im Folgenden werden daher als Ergänzung der Leitlinien des Contergan-Beschlusses Fallgruppen gebildet[902] und anhand dieser die Anforderungen an den ernstzunehmenden Gefahrverdacht diskutiert. Die Bewertung richtet sich dabei im Grundsatz immer danach, mit welcher Wahrscheinlichkeit Gesundheitsschädigungen drohen und welche Intensität diese aufweisen.

Diese Grundkriterien werden auch bei der Risikobewertung anhand der Leitlinien von RAPEX (Rapid Exchange of Information System) verwendet. Diese Bewertungsmethode wurde für die europäischen Marktüberwachungsbehörden konzipiert und dient einem zügigen und leichten Informationsaustausch über unsichere Produkte und Gefahrabwendungsmaßnahmen. Die Vornahme einer Risikobewertung anhand der RAPEX-Leitlinien kann aber auch für den Hersteller selbst in der Praxis sehr hilfreich sein, um zu einer realistischen Risikoeinschätzung zu gelangen.[903]

Zwar kann auch bei einer Fallgruppenbetrachtung auf Spezifika des Einzelfalles nicht eingegangen werden. Hinzu kommt, dass die Fallgruppen nicht scharf abgrenzbar sind, sondern verschiedene Sachverhaltskonstellationen sich mehreren

---

899 Siehe zur „komplexen Entscheidungssituation" *Große Vorholt*, S. 84 f.

900 Hierzu schon oben, 5. Teil § 2 B. II.

901 Vgl. *Kuhlen,* FG BGH Bd. IV, S. 647 (657).

902 *Kuhlen,* FG BGH Bd. IV, S. 647 (659 f.) hält die Ausdifferenzierung verschiedener Fallgruppen für die Pflichtenkonkretisierung des Herstellers im Allgemeinen für erforderlich; Zustimmung findet dies auch bei *Alexander*, S. 66.

903 *Klindt/Wende*, NVwZ 2011, 602 (603); *Reusch*, BB 2017, 2248 (2253).

Gruppen zuordnen lassen werden und somit häufig ein Zusammenspiel verschiedener Fallgruppen vorliegen wird. Zumindest wird aber eine Orientierung im Hinblick auf bestehende rechtliche Erwartungen ermöglicht.

a) Einzelmeinungen in der Wissenschaft

Ein ernstzunehmender Gefahrverdacht liegt nicht bereits dann vor, wenn einzelne Stimmen in der Wissenschaft ein Produkt oder einen Bestandteil dieses Produkts als gefährlich einstufen. Die Gefährlichkeit eines Produkts muss dann zwar zumindest als Möglichkeit in Betracht gezogen werden,[904] die Schwelle zur strafbewehrten Pflicht zur Vornahme von Gefahrabwendungsmaßnahmen ist aber jedenfalls noch nicht erreicht. In einer pluralistischen Gesellschaft sind divergierende Meinungsbilder auch in der Wissenschaft erwartbar und können eine wichtige Rolle im öffentlichen Diskurs spielen.[905] Würde man aber bereits an Einzelmeinungen so weitreichende Herstellerpflichten knüpfen, käme der Markt in weiten Teilen zum Erliegen. Ein unter Gefahrverdacht geratener Stoff befindet sich üblicherweise nicht lediglich im Produkt eines, sondern unter Umständen hunderter Hersteller. So war Amalgam lange Zeit das Standardmaterial für Zahnfüllungen[906] und auch etwa das in jüngerer Zeit in Verruf geratene Glyphosat in Pflanzenschutzmitteln[907] oder Bisphenol A in Verpackungen[908] wird von einer Vielzahl von Herstellern verarbeitet.[909] Da die Pflicht zum Tätigwerden bei einem solchen Generalverdacht alle Hersteller gleichermaßen treffen müsste, hätte dies erhebliche ökonomische Konsequenzen. Hinzu kommt, dass unter Umständen

---

904 Siehe zu etwaigen Nachforschungspflichten des Herstellers 5. Teil § 2 C. I. 2.

905 *Alexander*, S. 80; *Kuhlen*, FG BGH Bd. IV, S. 647 (657 f.).

906 Ab dem 01.01.2025 soll nach der überarbeiteten Verordnung (EU) 2017/852 die Verwendung von Zahn-Amalgam in der Europäischen Union verboten sein, https://germany.representation.ec.europa.eu/news/giftiges-quecksilber-eu-kommission-verbietet-verwendung-von-zahn-amalgam-ab-2025-2023-07-14_de (Stand: 16.02.2024).

907 Siehe hierzu auch den Vortrag von *Mitsch* zum Thema „Glyphosat und Strafrecht", den er anlässlich der fünften Internationalen rechtsvergleichenden Konferenz in Potsdam am 13.12.2016 hielt; veröffentlicht auf https://www.uni-potsdam.de/fileadmin/projects/ls-mitsch/Vortr%C3%A4ge/Glyphosat_und_Strafrecht.pdf (Stand: 10.03.2021).

908 Siehe *Gerst*, NStZ, 136 (137).

909 Für den Privatgebrauch ist Glyphosat in Deutschland mittlerweile verboten. Ein geplantes vollständiges Verbot auf nationaler Ebene scheiterte jedoch, da die EU-Kommission am 28.11.2023 den Wirkstoff für weitere zehn Jahre genehmigt hat, siehe Art. 1 Durchführungsverordnung (EU) 2023/2660.

kein tauglicher Alternativstoff zur Verfügung stünde. Vor allen Dingen wäre aber ein Bereich der flächendeckenden präventiven Gefahrsteuerung betroffen, für den strafrechtliche Handlungspflichten nicht das passende Instrument darstellen.[910]

Im Übrigen entspricht dies auch der Linie der bisherigen strafrechtlichen Rechtsprechung. Bereits im Contergan-Beschluss wurde ausgeführt, dass man im Allgemeinen „einen durch mehrere ernst zu nehmende Meldungen verstärkten Verdacht fordern, aber auch ausreichen lassen" müsse.[911] In der Lederspray-Entscheidung wurde eine strafrechtliche Handlungspflicht ebenfalls erst nach dem Eingang von Schadensmeldungen, im Holzschutzmittelfall sogar erst nach einer in Bezug auf solche Schadensmeldungen ausgesprochenen behördlichen Warnung angenommen.[912] Auch wenn dies nicht bedeutet, dass Gefahrenpotenziale sich zwingend bereits verwirklicht haben müssen, um den Hersteller zum Handeln zu verpflichten, so wird doch sehr deutlich, dass nicht jeder in der Wissenschaft oder auch Öffentlichkeit diskutierte Gefahrverdacht ausreichend ist. Dies ist insbesondere aufgrund des Umstands bedeutsam, dass sich basierend auf solchen Einzelmeinungen regelrechte öffentliche Hysterien entwickeln können. Eindrücklich ist hier etwa das Beispiel der öffentlichen Fehleinschätzung der Gefährlichkeit des Telefons Anfang des 20. Jahrhunderts. Zu dieser Zeit herrschte bei vielen Menschen die Überzeugung, dass das Telefon nicht nur zu Gesundheitsbeeinträchtigungen wie Linksohrigkeit, Gehörschäden und Wahnsinn führen kann, sondern auch verantwortlich für die Verbreitung von Tuberkulose ist.[913] Durch solche Hysterien kann der Hersteller unter erheblichen Druck geraten. Zu einer Verdichtung eines Gefahrverdachts bzw. einem „verstärkten Verdachtsmoment"[914] führt dies allein jedoch nicht.[915] Die teilweise getätigte Aussage, der Hersteller dürfe sich auf den aktuellen Stand von Wissenschaft und Technik verlassen,[916] ist in ihrer Allgemeinheit freilich mit Vorsicht zu genießen, aber zumindest partiell richtig.

---

910 Vgl. hierzu *Tiedemann*, FS Hirsch, S. 765 (775).

911 LG Aachen, JZ 1971, 507 (516).

912 Vgl. den Urteilen insoweit zustimmend *Große Vorholt*, S. 97 f.

913 *Große Vorholt*, S. 82 f.

914 *Eichinger*, S. 157.

915 Vgl. *Eichinger*, S. 157; *Voigtel*, in: *Momsen/Grützner*, Wirtschafts- und Steuerstrafrecht, E. Produkthaftung und Strafrecht (39 f.).

916 Siehe *Schmucker*, S. 161 f.

b) Gefahren bei dauerhafter Niedrigexposition

Einzelnen Schadensmeldungen kann je nach Produkt und geltend gemachter Schädigung unterschiedliches Gewicht zukommen. So wird etwa bei durch technischen Defekt eines Autoreifens ausgelösten Verkehrsunfällen[917] die Identifikation des Schadensauslösers in aller Regel ohne größere Schwierigkeiten gelingen und dementsprechend werden bereits wenige bekannt gewordene Fälle genügen, um einen ernstzunehmenden Gefahrverdacht zu begründen. Weniger eindeutig stellt sich die Situation aber dar, wenn die Schadensursache nicht geklärt werden kann, weil es gar kein konkretes Schadensereignis gibt. Typischerweise geht es hierbei um Fälle, in denen Verbraucher einem Produkt in ihrem Alltag dauerhaft ausgesetzt sind und im zeitlichen Rahmen dieser Dauerexposition gesundheitliche Beeinträchtigungen auftreten.[918] Da es hierbei zwangsläufig zu beträchtlichen Zufallskorrelationen kommen wird, kommt einzelnen Schadensmeldungen in diesen Fällen ein geringeres Gewicht zu.[919] Umso mehr gilt dies dann, wenn die bekannt gewordenen Gesundheitsbeeinträchtigungen keinem einheitlichen Krankheitsbild entsprechen. So wurden beispielsweise mit Amalgamfüllungen orale Beschwerden wie Zahnfleischbluten sowie zentralnervöse und psychische Leiden wie Konzentrationsschwäche oder Schlaflosigkeit ebenso in Verbindung gebracht wie Nierenschwäche, Unfruchtbarkeit oder Parkinsonerkrankungen.[920] Ein hinreichend verdichteter Gefahrverdacht wird in diesen Fällen erst dann anzunehmen sein, wenn weitere Umstände hinzutreten, die nahe legen, dass die Gesundheitsbeeinträchtigungen tatsächlich auf das jeweilige Produkt zurückzuführen sind. Ein solcher Umstand kann in einer auffälligen Häufung von Schadensmeldungen bestehen, für die eine Alternativursache nicht ersichtlich oder zumindest unwahrscheinlich ist. Da es hier gerade nicht um einen strengen Kausalitätsnachweis, sondern die Bestimmung eines Verdachtsgrades geht, sind hier allerdings keine zu hohen Anforderungen zu stellen.[921]

---

917 So lag der Sachverhalt im Monza Steel-Fall, siehe 1. Teil § 2 A. II.

918 Dies war der Fall sowohl im Holzschutzmittel-Fall als auch im Amalgam-Fall, siehe 1. Teil § 2 A. V und 1. Teil § 2 A. VI.

919 *Kuhlen*, FG BGH Bd. IV, S. 647 (661); vgl. auch *Hamm*, StV 1997, 159 (163).

920 *Tiedemann*, FS Hirsch, S. 765 (767).

921 Vgl. zu den deutlich strengeren Anforderungen für die Feststellung der generellen Kausalität 5. Teil § 1 A. I.

c) Vorliegen einer behördlichen Genehmigung

Im Bereich der Arzneimittelproduktion besonders relevant ist die Frage, unter welchen Umständen von einem ernstzunehmenden Gefahrverdacht auszugehen ist, wenn das betreffende Produkt ein behördliches Zulassungsverfahren durchlaufen hat. Der Hersteller darf sich auf die Risikoeinschätzungen der Behörden, die insbesondere im Arzneimittelbereich mit hoher Fachkompetenz ausgestattet sind, grundsätzlich verlassen.[922] Dies gilt im Speziellen für die häufig langwierigen und aufwandsintensiven Zulassungsverfahren. Deren Koordinations- und Stabilisierungsfunktion im Bereich der Risikoprodukte würde konterkariert, wenn der Hersteller sich auf die Ergebnisse der Zulassungsprüfung nicht zumindest im Grundsatz verlassen dürfte.[923] Der durch eine Produktzulassung begründete Vertrauenstatbestand kann jedoch nur so weit reichen, wie vorliegende Informationen in die Risikobewertung bereits eingeflossen sind. Das Zulassungsverfahren ist als Unterlagenprüfung ausgestaltet. Daher schildert der Hersteller selbst das mögliche Gefahrenpotenzial des Produkts und stellt dies zur Genehmigung durch die Behörde. Entsprechend weiß er, dass sich die Gestattungswirkung auch nur auf die von ihm dargelegten Umstände beziehen kann.[924] Der Vertrauenstatbestand reicht daher genau so weit, wie der Hersteller in den von ihm eingereichten Unterlagen umfassende und korrekte Angaben gemacht hat. Auch wenn es eine sich zuspitzende öffentliche Debatte über die Gefährlichkeit des Produkts gibt,[925] darf er sich auf die behördliche Einschätzung verlassen. Wenn Hinweise auf eine Produktgefährlichkeit sich aber erst ergeben, nachdem das Produkt bereits zugelassen und vertrieben wurde, liegt ein Fall der „überholten Zulassung" vor.[926] Der Hersteller verfügt dann über nachträgliches Sonderwissen, welches

---

922 Siehe allgemein zur Schaffung eines Vertrauenstatbestands durch behördliche Stellungnahmen 5. Teil § 2 A. II. 5.

923 *Weiß*, S. 508.

924 *Mayer*, Strafrechtliche Produktverantwortung bei Arzneimittelschäden, S. 571. Eine fehlerhafte Zulassung geht demnach nur dann zu Lasten des Herstellers, wenn sie auf Falschangaben beruht, die er gemacht hat. Gelangt die Behörde auf der Basis richtiger Angaben zu einer fehlerhaften Risikoeinschätzung, fällt dies in ihren Verantwortungsbereich; vgl. hierzu auch *Georgy*, S. 128 f.

925 Siehe hierzu die Ausführungen zum Umgang mit Einzelmeinungen in der Wissenschaft, 5. Teil § 2 B. II. 4. a).

926 *Mayer*, Strafrechtliche Produktverantwortung bei Arzneimittelschäden, S. 568; solche Hinweise können etwa in Form von Schadensmeldungen auftreten, *Voigtel*, in: *Momsen/Grützner*, Wirtschafts- und Steuerstrafrecht, E. Produkthaftung und Strafrecht (Rn. 49).

vom Vertrauenstatbestand nicht erfasst wird. Für die Zukunft kann der Hersteller zwar den Vertrauenstatbestand wiederherstellen, indem er alle ihm neu verfügbaren Informationen an die Behörden weiterleitet und damit dafür Sorge trägt, dass diese über kongruentes Tatsachenwissen verfügen und gegebenenfalls ihre Bewertung ändern können. Ausschlaggebend ist, dass die Behörden stets in der Lage sein müssen, das Gefahrenpotenzial ebenso gut zu überblicken, wie es dem Hersteller selbst möglich ist.[927] Da dieser Prozess aber einige Zeit in Anspruch nehmen kann, muss der Hersteller in der Zwischenzeit dennoch eine eigenständige Entscheidung über den Umgang mit den neuen Risikohinweisen treffen. Diese können einen ernstzunehmenden Gefahrverdacht begründen, der einen Aufschub von Gegenmaßnahmen bis zur Aktualisierung der Risikobewertung seitens der Behörde nicht duldet. Die Gestattungswirkung der Zulassung strahlt aber auch hier noch aus, so dass die Anforderungen an einen ernstzunehmenden Gefahrverdacht sich erhöhen. Entsprechend wird nur bei Hinweisen auf besonders gravierende Nebenwirkungen zu fordern sein, dass der Hersteller umgehend tätig wird.[928] Auch aus diesem Grund wären strafrechtliche Handlungspflichten im Amalgam-Fall jedenfalls abzulehnen gewesen. Wenn die Verdachtsmomente aufgrund des aktuellen Stands der Wissenschaft nicht ausreichend sind, um einen ernstzunehmenden Gefahrverdacht zu begründen und dies durch eine Zulassung behördlich bestätigt wurde, müsste es einschneidende, vom bisherigen Wissensstand abweichende Erkenntnisse geben, um diesen Umständen zum Trotz strafrechtliche Handlungspflichten auszulösen. Solche Umstände lagen im Amalgam-Fall aber nicht vor.[929]

d) Vorliegen sonstiger behördlicher Stellungnahmen

Behördliche Stellungnahmen gibt es auch im Bereich der Publikumsprodukte, bei denen kein Zulassungsverfahren durchgeführt wird. Es handelt sich dann um informelles Verwaltungshandeln, mit dem zwar keine rechtsnormative Wirkung herbeigeführt, gleichwohl aber eine erhebliche Verhaltenssteuerung erreicht wird.[930] Die wohl bekannteste Form des informellen Verwaltungshandelns ist die

---

927 *Mayer,* Strafrechtliche Produktverantwortung bei Arzneimittelschäden, S. 573.

928 Zu einem ähnlichen Ergebnis gelangt *Tiedemann,* FS Hirsch, S. 765 (775 f.). Er plädiert dafür, bei zugelassenen Produkten den Rechtsmissbrauchsgedanken anzuwenden. Der Vertrauenstatbestand entfiele somit nur, wenn dem Hersteller bewusst ist, dass trotz der Zulassung die Verletzung von Individualrechtsgütern drohe.

929 So auch *Kuhlen,* FG BGH Bd. IV, S. 647 (662 f.); *Tiedemann,* FS Hirsch, S. 765 (775); *Vogel,* FS Lorenz, S. 65 (70); *Weiß,* S. 508.

930 Vgl. *Große Vorholt,* S. 189 f.

behördliche Warnung, mit der die Behörde über ihre Erkenntnisse hinsichtlich der Gefährlichkeit eines Produkts informiert.[931] Im Holzschutzmittel-Fall wurde der Ausspruch einer solchen behördlichen Warnung als der entscheidende Moment betrachtet, in dem die Haftungsposition der Verantwortlichen sich in einem solchen Maße verdichtete, dass diese spätestens ab diesem Zeitpunkt hätten tätig werden müssen.[932] Entsprechend stellt sich die Frage, inwieweit auch einer behördlichen Unbedenklichkeitserklärung eine risikokonkretisierende Wirkung zukommt. Die Unbedenklichkeitserklärung ist das inhaltliche Pendant zur behördlichen Warnung, sie enthält für einen bestimmten Fall die Bewertung, dass nach dem im Handlungszeitpunkt aktuellen Wissensstand von einer Gefährlichkeit nicht ausgegangen wird.[933] Dabei kann es sich um eine Stellungnahme sowohl zu einem konkreten Einzelfall als auch zu einem bestimmten abstrakten Gefährdungssachverhalt handeln. Letzteres dürfte in der Praxis insbesondere in Form von Unbedenklichkeitserklärungen bei Einhaltung bestimmter Grenzwerte eine Rolle spielen.[934]

Das Prüfprogramm erstreckt sich hier speziell auf die zu diesem Zeitpunkt bekannten Risikofaktoren. Nach den allgemeinen Grundsätzen zur Schaffung eines Vertrauenstatbestandes durch behördliche Stellungnahmen darf sich der Hersteller daher auf die Unbedenklichkeitserklärung der zuständigen Behörde verlassen, solange er nicht über Sonderwissen verfügt.[935] Dasselbe gilt auch hinsichtlich des Pflichtenumfangs, wenn die Behörde zwar keine Unbedenklichkeitserklärung erteilt, aber etwa – wie im Lederspray-Fall geschehen – weniger einschneidende Maßnahmen als einen Rückruf oder eine umfassende Warnaktion noch für ausreichend hält.[936] Auch solche Erklärungen darf der Betroffene so lange für verbindlich halten, wie er nicht über aktuellere Erkenntnisse verfügt, die andere Maßnahmen geboten erscheinen lassen. Ohnehin werden die Behörden in der Praxis mit entlastenden Erklärungen äußerst zurückhaltend sein, da sie hierzu nicht verpflichtet sind und auch sie in der ungewissen Situation nicht die Verantwortung übernehmen wollen.[937] Unter Präventionsgesichtspunkten wäre daher eher zu überlegen, ob es nicht sachgemäßer wäre, die Behörden zu verpflichten,

931 *Große Vorholt*, S. 191.

932 Siehe auch oben, 5. Teil § 2 B. II. 4. a).

933 *Große Vorholt*, S. 194.

934 Vgl. *Gerst*, NStZ, 136 (137), der sich in diesem Zusammenhang mit der (immer noch) aktuellen Diskussion um die Verwendung von Bisphenol A auseinandersetzt.

935 Siehe hierzu ausführlich 5. Teil § 2 A. II. 5

936 BGH, NJW 1990, 2560 (2564).

937 *D. Bock*, S. 545 f.

zumindest auf Anfrage des Herstellers eine Risikoeinschätzung abzugeben. Auf diese Weise könnte man nicht nur die bestehende Rechtsunsicherheit beseitigen, sondern auch dem Wettbewerbsdruck[938] begegnen, der unter Umständen einzelne Hersteller von einer frühzeitigen Ergreifung von Maßnahmen abhält. Da dies aber zur Institutionalisierung eines nachträglichen Prüfverfahrens für Publikumsprodukte durch die Behörden führen würde, ist davon auszugehen, dass ein solcher Vorschlag schon unter Wirtschaftlichkeitsaspekten wenig Anklang fände.

Festhalten lässt sich damit, dass die Behörden eine Unbedenklichkeitserklärung nur in den Fällen abgeben werden, in denen sie nach eigener Einschätzung die Sachlage umfassend überblicken.[939] Ist dies der Fall, muss sich aber auch der nicht über Sonderwissen verfügende Hersteller auf diese Einschätzung verlassen dürfen und nicht entgegen der behördlichen Einschätzung vom Vorliegen eines ernstzunehmenden Gefahrverdachts ausgehen.[940]

C. Inhalt der Handlungspflicht

Wurde ein ernstzunehmender Gefahrverdacht und damit die Notwendigkeit eines Einschreitens festgestellt, schließt sich die Frage danach an, welche Maßnahmen zur Gefahrabwendung zu ergreifen sind. Bei den unechten Unterlassungsdelikten hat der Garant grundsätzlich das zur Erfolgsabwendung Erforderliche zu tun. Dies muss ihm darüber hinaus möglich und zumutbar sein.[941] Welche Maßnahmen konkret zu ergreifen sind, hängt vom jeweiligen Einzelfall ab.[942] Auch bei Schaffung eines echten Unterlassungstatbestands werden sich viele Einzelfragen

---

938 Dieser spielt nicht nur rein ökonomisch, sondern auch rechtlich bei Verdachtswarnungen eine Rolle. Denn stellt sich später heraus, dass die Verdachtsmomente unzutreffend waren, steht im Falle einer öffentlichen Warnung durch einen einzelnen Hersteller eine unwahre Tatsachenbehauptung und damit ein Verstoß gegen §§ 4 Nr. 7, 8 bzw. 5, 6 UWG im Raum; siehe hierzu *Hartmann*, S. 253.

939 Dann gilt für die Verbindlichkeit der Risikoeinschätzung aber nichts anderes als im Falle einer Produktzulassung; vgl. zur erforderlichen Differenzierung zwischen verschiedenen behördlichen Stellungnahmen auch *Kuhlen*, FG BGH Bd. IV, S. 647 (662).

940 So auch *Große Vorholt*, S. 194; *Weiß*, S. 508.

941 Vgl. im Zusammenhang der unternehmensinternen Aufgabenverteilung *Kuhlen*, NStZ 1990, 566 (569); *Weißer*, S. 74; *Winkelbauer*, in: *Foerste/v. Westphalen*, Produkthaftungshandbuch, § 81 (Rn. 29). Ob die Zumutbarkeit ein Tatbestandsmerkmal darstellt oder erst auf Schuldebene zu berücksichtigen ist, ist umstritten, siehe nur NK-StGB/*Gaede*, § 13 Rn. 17; *Kühl*, Strafrecht AT, § 18 Rn. 33.

942 Schönke/Schröder/*Bosch*, § 13 Rn. 14.

rechtlich nicht allgemeinverbindlich beantworten lassen.[943] Zumindest was die grundsätzliche Geeignetheit und Erforderlichkeit bestimmter Gefahrabwendungsmaßnahmen angeht, lassen sich aber allgemeine Überlegungen anstellen. Ausgangspunkt soll hierbei der exemplarische Maßnahmenkatalog sein, den der BGH zum Schutz vor bakterienverseuchtem Kuchen im sogenannten Bienenstich-Urteil[944] aufgestellt hat. Die in diesem Urteil für erforderlich gehaltenen Maßnahmen lassen sich grob in betriebsinterne und betriebsexterne Pflichten einteilen. In ihrer Grundstruktur können diese Pflichten auf andere Fallkonstellationen übertragen[945] und auf diese Weise die Gefahrabwendungspflichten des Herstellers konkretisiert werden.

I. Betriebsinterne Pflichten

Betriebsinterne Pflichten beziehen sich auf unternehmensinterne Abläufe. Typischerweise betreffen sie den zeitlichen Bereich vor Auslieferung eines Produkts. Allerdings können in Anlehnung an die zivilrechtliche Produktbeobachtungspflicht betriebsinterne Pflichten auch hinsichtlich bereits in Verkehr gebrachter Produkte bestehen.

1. Umgang mit noch vorhandenen Warenbeständen

Möglicherweise erforderliche Maßnahmen vor Auslieferung können dem BGH zufolge sein: die Überprüfung der in Betracht kommenden Lagerbestände, die Aussonderung der betroffenen Ware, ihre Verbringung an einen abgesonderten Platz und schließlich die deutliche Kenntlichmachung ihrer Sperrung für den weiteren Vertrieb.[946] Diese Maßnahmen beziehen sich jedoch sämtlich auf noch nicht in Verkehr gebrachte Warenbestände. Verstöße des Herstellers führen hier dazu, dass ein anschließendes Inverkehrbringen pflichtwidrig[947] ist und man sich somit im Bereich des aktiven Tuns befindet. Insofern spielen die unternehmensinternen Pflichten in Bezug auf noch zugängliche Warenbestände keine Rolle.[948]

---

943 *Kuhlen*, FS Eser, S. 359 (368); *ders.*, in: *Achenbach/Ransiek/Rönnau*, Handbuch Wirtschaftsstrafrecht, S. 107 (Rn. 44). Siehe hierzu auch schon 5. Teil § 2.

944 Siehe hierzu 1. Teil § 2 A. III.

945 *Kassebohm/Malorny*, BB 1994, 1361 (1366); *Schmucker*, S. 153 f.

946 BGH, LMR 1988, 29.

947 Parallel hierzu liegt in dieser Konstellation auch deliktsrechtlich ein Verstoß gegen die Konstruktions-, Fabrikations- oder Instruktionspflichten vor, so dass es der Produktbeobachtungspflicht als Haftungskategorie nicht bedarf, *Michalski*, BB 1998, 961 (964).

948 Vgl. *Schmucker*, S. 153 f.

2. *Nachforschungspflicht*

Einen Sonderfall stellt demgegenüber die Nachforschungspflicht des Herstellers dar. Der Umfang, in dem der Produktverantwortliche verpflichtet ist, an der Aufklärung eines Gefahrverdachts mitzuwirken, ist auch für den Umgang mit bereits ausgelieferten Produkten von großer Relevanz. Dies liegt nicht zuletzt daran, dass die Pflicht zur Nachforschung bereits dann bestehen kann, wenn ein Gefahrverdacht die für *Reaktions*maßnahmen erforderliche Qualität noch gar nicht erreicht hat.[949] Die Nachforschungspflicht ist insofern keine eigenständige Handlungspflicht, sondern ist in das Merkmal des ernstzunehmenden Gefahrverdachts zu integrieren. Würde man bereits das Unterlassen der Nachforschungspflicht als Tathandlung erfassen, wäre dies dem sanktionierten Erfolg – Herbeiführung eines konkret gefährlichen Zustands für die Verbraucher – zu weit vorgelagert. Nicht die Verletzung der Nachforschungspflicht führt schließlich zu einem gesteigerten Risiko für die geschützten Rechtsgüter Leib und Leben, sondern erst das aus der Annahme der Ungefährlichkeit resultierende Unterlassen von Gefahrabwendungsmaßnahmen. Der Vorwurf liegt darin begründet, dass mangels Erforschung der Gefährlichkeit der Handlungsbedarf nicht erkannt werden konnte. Insofern ist es sachgemäß, die Wertung auf der Ebene des „Ernstnehmens" eines Verdachts vorzunehmen.[950] Damit ist die Nachforschungspflicht strafrechtsdogmatisch lediglich eine objektive Sorgfaltspflicht, die einen Fahrlässigkeitsvorwurf begründen kann.[951]

Ob ein Produkt als gefährlich eingestuft wird oder nicht, hängt maßgeblich von den wissenschaftlichen Erkenntnissen hierzu ab. Diese spielen auch bei der Bewertung eingehender Schadensmeldungen eine tragende Rolle. Liegen Erkenntnisse überhaupt nicht oder in nur unzureichendem Umfang vor, muss im Zweifel früher von einem ernstzunehmenden Verdacht ausgegangen werden. Die Alternative besteht darin, dem Hersteller die Zeit einzuräumen, bezüglich der

949 *Alexander*, S. 81.

950 Im Ergebnis deckt sich dies mit der Annahme von *Schmucker*, S. 166 ff., wenn sie vor dem Hintergrund ihrer Forderung von sicherer Kenntnis der Produktgefährlichkeit für die Bejahung einer Pflicht zur Vornahme von Reaktionsmaßnahmen zu dem Ergebnis gelangt, dass eine Erforschungspflicht des Herstellers zwar bestehe, wenn nach längerer Zeit unbeanstandeter Herstellung der Verdacht schädlicher Spätfolgen aufkeime, die Verletzung der Nachforschungspflicht sich aber allein in einem pflichtwidrigen Tun hinsichtlich der weiteren Produktion niederschlage.

951 So auch *Vogel*, FS Lorenz, S. 65 (75) mit dem Hinweis in Fn. 51, dass die Produktbeobachtungspflicht keine Garantenpflicht i. S. d. § 13 darstellt, sondern lediglich eine Sorgfaltspflicht des Herstellers; vgl. auch *Schmidt-Salzer*, NJW 1996, 1 (5).

Schadensursache nachzuforschen und auf Basis dieser Ergebnisse eine Bewertung der Situation vorzunehmen. Lässt er diese Gelegenheit jedoch ungenutzt, darf er sich nicht blind auf die Ungefährlichkeit des Produkts verlassen und muss im Zweifel früher tätig werden. In diesem Spannungsfeld zwischen effektivem Rechtsgüterschutz auf der einen und einer fairen Verantwortungszuschreibung auf der anderen Seite, die den nötigen Raum für Innovation und Fortschritt lässt,[952] bewegt sich die Auferlegung von Nachforschungspflichten.

So begründete der BGH den Fahrlässigkeitsvorwurf in seinem Holzschutzmittel-Urteil[953] damit, dass den Angeklagten beim Studium der toxikologischen Literatur hätte auffallen müssen, dass es über chronische Langzeitexpositionen im Niedrigdosisbereich praktisch keinerlei wissenschaftlich fundierte Erkenntnisse gab. Diese Forschungslücke hätten die Angeklagten füllen müssen. Dies gelte insbesondere vor dem Hintergrund, dass ihnen zur Erforschung der Schadensfälle die Forschungskapazitäten der damaligen Mitgesellschafterin, der Bayer AG, zur Verfügung standen.[954] Auch wenn der BGH damit im Holzschutzmittel-Urteil eine klare Linie bezüglich der Nachforschungspflicht vertrat, lassen sich Erkenntnisse aufgrund der einzelfallbezogenen Betrachtung erst einmal nur für den konkreten Fall, allenfalls für vergleichbar gelagerte Konstellationen, gewinnen. Das völlige Fehlen einer wissenschaftlichen Auseinandersetzung mit der Gefährlichkeit eines bestimmten Stoffes oder Materials ist aber nicht der einzige Fall, in dem erst Nachforschungen des Herstellers zum Vorliegen eines ernstzunehmenden Gefahrverdachts führen können. Häufig wird es zumindest Einzelmeinungen in den jeweiligen Fachbereichen geben, die sich mit der fraglichen Gefährlichkeitsthematik kritisch auseinandersetzen. Auch diese können Anlass zu eigenen Nachforschungen geben.[955] Es bedarf daher einer allgemeinen Regel, wann der Hersteller nicht mehr von der Ungefährlichkeit seines Produkts ausgehen darf, und in welchem Umfang er in diesem Fall zu eigenen Nachforschungen verpflichtet ist. Erkenntnisse lassen sich hier aus dem produkthaftungsrechtlichen Umgang mit Entwicklungsrisiken gewinnen. Gemäß § 1 Abs. 2 Nr. 5 ProdHaftG ist der Hersteller von der Haftung für Entwicklungsrisiken freigestellt. Dabei

952 So weist *Große Vorholt*, S. 82 f. darauf hin, dass in die Abwägungsentscheidung bei Aufkeimen eines Gefahrverdachts stets auch die Möglichkeit mit einbezogen werden muss, dass ein Verdacht sich als unzutreffend erweist und sich eine zu früh einsetzende Rückrufpflicht insofern als erhebliches Fortschrittshindernis erweisen könne.

953 Siehe hierzu 1. Teil § 2 A. V.

954 BGH, NJW 1995, 2930 (2933).

955 Siehe zu den Produktbeobachtungspflichten ausführlich 2. Teil § 2 A. III. 1. b).

kommt der Frage, ab wann die Gefährlichkeit eines Produkts erkennbar war, eine entscheidende Rolle zu, da ab diesem Moment in Verkehr gebrachte Produkte nicht mehr von der Haftungsprivilegierung erfasst sind. Aus diesem Grund wird die zivilrechtliche Produktbeobachtungspflicht auch als Gegengewicht zur Haftungsfreistellung für Entwicklungsrisiken betrachtet.[956] Die Erkennbarkeit einer Produktgefahr hängt von ihrer Vorhersehbarkeit sowie von der Zugänglichkeit des Risikowissens ab. Dabei wird ein strenger Maßstab angelegt, das heißt, sobald es auch nur eine zugängliche, nach anerkannten wissenschaftlichen Methoden gebildete Einzelmeinung zur Gefährlichkeit eines bestimmten Produkts oder Produktbestandteils gibt, ist die Gefährlichkeit grundsätzlich erkennbar.[957]

Die Schwelle zu einem ernstzunehmenden Gefahrverdacht wird regelmäßig allein durch die Erkennbarkeit nach diesen strengen Maßstäben noch nicht erreicht sein.[958] Zu bedenken sind stets auch die Risiken, die mit überstürzten und unbegründeten Warn- oder Rückrufaktionen verbunden sein können. Insbesondere im Bereich der pharmazeutischen Produkte könnten Patienten etwa aufgrund von angeblichen Nebenwirkungen vor der Anwendung eines an sich wirksamen Arzneimittels zurückschrecken und infolgedessen erhebliche gesundheitliche Beeinträchtigungen davontragen. Dem Produzenten ist daher mindestens Zeit zur sorgfältigen Prüfung einzuräumen.[959] Allerdings muss der Hersteller, wenn er im Rahmen der Produktbeobachtung auf eine solche Außenseitermeinung stößt, diese zumindest in seine Risikoanalyse miteinstellen, um seinen objektiven Sorgfaltspflichten im Hinblick auf die Aufklärung eines Gefahrverdachts zu genügen.[960] Damit kann auf Basis der grundsätzlichen Erkennbarkeit eines Produktrisikos aus strafrechtlicher Sicht bereits die Notwendigkeit eigener Nachforschungen bestehen.[961]

In der Ausgangslage kann hierbei zwischen der Überwindung spezifischen und unspezifischen Nichtwissens unterschieden werden. Das spezifische Nichtwissen zeichnet sich dadurch aus, dass zumindest Wissen darüber besteht, dass etwas unbekannt ist. Beim unspezifischen Nichtwissen fehlt es demgegenüber bereits an

---

956 *Becker/Rusch*, ZEuP 2000, 90 (92).

957 Siehe zur Erkennbarkeit eines Produktrisikos nach den produkthaftungsrechtlichen Maßstäben ausführlich *Meermann*, S. 178 ff.

958 5. Teil § 2 B. II.

959 *Mayer*, PharmR 2008, 236 (249).

960 Vgl. *Meermann*, S. 179.

961 Insbesondere ist eine Strafbarkeit dann nicht mehr mangels Vorhersehbarkeit per se ausgeschlossen, vgl. *Große Vorholt*, S. 40.

einem Nichtwissensverdacht, es wird vielmehr von vollständigen Erkenntnissen ausgegangen.[962]

Im Falle spezifischen Nichtwissens ist die Schwelle zur Auslösung von Nachforschungspflichten niedrig anzusetzen. Denn in diesem Fall bestehen bereits Anhaltspunkte dafür, dass die Risikokenntnisse unzulänglich und Gefahren deshalb bislang unerkannt geblieben sind. Dies wird allgemein umso mehr der Fall sein, je innovativer ein Produkt ist.[963] Hier liegt das Fehlen von Erfahrungswerten in der Natur der Sache. Auch beim Vertrieb von Produkten mit Inhaltsstoffen, deren grundsätzliche toxikologische Bedenklichkeit zwar außer Frage steht, die bei Unterschreitung gewisser Grenzwerte jedoch für unproblematisch gehalten werden, herrscht ein erhöhtes Risikobewusstsein. Denn es ist in diesem Fall bekannt, dass dem Produkt zumindest ein gewisses Potenzial an Gefährlichkeit innewohnt, auch wenn dieses durch Unterschreitung der Grenzwerte zunächst eingedämmt zu sein scheint. Es besteht aber auch hier die Möglichkeit, dass die festgelegten Grenzwerte sich als falsch erweisen. Der Hersteller hat sich dementsprechend in besonderem Maße mit dem Gefährdungspotenzial auseinanderzusetzen, so dass Forschungslücken ihm regelmäßig bekannt sein müssen. So bestand auch in den gerichtlichen Entscheidungen im Holzschutzmittel-Verfahren Einigkeit darüber, dass das vollständige Fehlen von Erkenntnissen zur chronischen Dauerexposition spätestens bei der Untersuchung der ersten Schadensfälle hätte auffallen müssen und der Hersteller diese Lücke zu füllen gehabt hätte.[964]

Anders ist die Ausgangslage, wenn ein Produkt jahrelang ohne Vorfälle vertrieben wurde und toxische Eigenschaften der Inhaltsstoffe nicht bekannt sind. So war die Sachlage etwa im Lederspray-Fall.[965] Das Nichtwissen ist hier unspezifisch. Da nicht bekannt ist, dass das Risikowissen unvollständig ist, muss eine Produktgefährlichkeit auch nicht vorsorglich in Betracht gezogen werden. Im Zivilrecht wird deshalb teilweise die Meinung vertreten, dass die Produktbeobachtungspflicht zeitlich begrenzt sei oder zumindest mit der Zeit graduell schwächer werde.[966] Es kann vom Hersteller jedenfalls nicht verlangt werden, ins Blaue hinein auf dem jeweiligen Gebiet wissenschaftliche Nachforschungen zu betreiben. Zwar muss einzelnen Schadensmeldungen auch hier nachgegangen werden, was bei der Suche nach der konkreten Schadensursache auch die Durchführung von

962 *Meermann*, S. 184.

963 Vgl. *Meermann*, S. 184.

964 BGH, NJW 1995, 2930 (2933); LG Frankfurt, v. 25.05.1993, zit. nach *Daunderer*, S. 9; siehe hierzu auch *Schmidt-Salzer*, NJW 1996, 1 (5).

965 1. Teil § 2 A. IV.

966 Staudinger/*Hager*, § 823 F Rn. 21 m.w.N.

Laborversuchen und ähnlichen Maßnahmen umfassen kann.[967] Der Hersteller darf sich dabei auf vorhandene wissenschaftliche Erkenntnisse, beispielsweise hinsichtlich der Ungefährlichkeit einer bestimmten Substanz, aber so lange verlassen, bis sich die Informationslage anderweitig zu einem ernstzunehmenden Gefahrverdacht verdichtet hat.[968]

Welche Nachforschungen der Hersteller konkret anstellen muss, lässt sich abstrakt nicht beantworten. Im Schrifttum ist diesbezüglich teilweise von der Durchführung oder der Beauftragung Dritter zur Durchführung von Versuchen[969] oder Studien bzw. Meta-Studien[970] die Rede. Letztlich sind auch hier die Pflichten im Einzelfall anhand des Verhältnismäßigkeitsschemas zu bestimmen. Die Forschungsmaßnahmen des Herstellers müssen also zunächst geeignet sein, einen Erkenntnisgewinn herbeizuführen. So forderte etwa das Landgericht Frankfurt a. M. im Holzschutzmittel-Verfahren, dass der Hersteller sämtlichen Schadensfällen im Wege einer umfassenden Nachuntersuchung hätte nachgehen müssen.[971] Angesichts der vollständigen Forschungslücke im Bereich der Langzeitfolgen wäre dies hier zwar tatsächlich ein geeigneter Schritt gewesen, um Erfahrungswerte hinsichtlich der gesundheitlichen Folgen einer Langzeitexposition im Niedrigdosisbereich zu erlangen.[972] Dies gilt jedoch schon dann nicht mehr, wenn die spezifische Problemstellung bereits empirisch untersucht wurde, ohne dass sich ein eindeutiges Bild ergeben hat. Eine Nachuntersuchung sämtlicher Schadensfälle verspricht dann keinen signifikanten Erkenntnisgewinn. So bezog sich etwa im Amalgam-Fall das spezifische Nichtwissen auf die generelle Kausalität zwischen dem Amalgam bzw. der Quecksilberbelastung und den gemeldeten Gesundheitsbeschwerden. Hierzu gab es bereits repräsentative Fallstudien, die eine statistisch signifikante Korrelation überwiegend nicht erkennen ließen. Eine weitere umfassende Nachuntersuchung der einzelnen Schadensfälle wäre daher nicht geeignet gewesen, den Gefahrverdacht aufzuklären und damit vom Hersteller auch nicht zu fordern gewesen.[973] Des Weiteren hängt die Art und der Umfang der Nachforschungen maßgeblich von Zumutbarkeitserwägungen ab. Nur wenn dem Hersteller die nötigen Forschungskapazitäten zur Verfügung stehen, kann

967 Vgl. zu einer Erforschungspflicht in diesem Sinne auch *Schmucker*, S. 166 ff.

968 5. Teil § 2 B. II.

969 *Schmidt-Salzer*, NJW 1996, 1 (5).

970 *Gerst*, NStZ, 136 (138 f.).

971 LG Frankfurt v. 25.05.1993 – 5/26 KLs 65= zit. nach *Daunderer*, Handbuch der Umweltgifte Ausgabe 6/2006, S. 5.

972 *Tiedemann*, FS Hirsch, S. 765 (771).

973 *Tiedemann*, FS Hirsch, S. 765 (771).

von ihm auch eine eigenständige Gefahrerforschung verlangt werden. Dies wird regelmäßig nur bei großen Unternehmen der Fall sein.[974] Hier wird man Nachforschungen in Gestalt derjenigen Instrumentarien verlangen können, die auch sonst in der Produktentwicklung Anwendung finden.

II. Betriebsexterne Pflichten

Als betriebsexterne Pflichten, die sich auf bereits in Verkehr gebrachte Produkte beziehen, sieht der Maßnahmenkatalog des BGH den Ausspruch einer Warnung an die Verbraucher vor und fordert darüber hinaus, dass gegebenenfalls eine umfassende Rückrufaktion durchzuführen ist.[975]

1. Rückrufaktion

Dass eine Pflicht des Herstellers zur Durchführung einer Rückrufaktion besteht, ist allerdings sowohl im Strafrecht als auch im Zivilrecht nicht unbestritten. Dabei wird die Diskussion schon dadurch erschwert, dass überhaupt nicht klar ist, welche Maßnahmen genau unter den Begriff des Rückrufs zu fassen sind.

a) Begriff des Rückrufs

Der Begriff des Rückrufs wird sowohl in der strafrechtlichen als auch der zivilrechtlichen Diskussion um die Herstellerpflichten freimütig verwendet, ohne dass es eine einheitliche Definition des Begriffs gäbe.[976] So kann unter einem Rückruf die kostenlose Reparatur eines nachträglich entdeckten Fehlers verstanden werden, was insbesondere der Praxis im Kfz-Bereich[977] entspricht. Ebenso kann damit aber gemeint sein, dass Produkte aus dem Verkehr gezogen[978] oder die Verbraucher lediglich vor der Verwendung oder dem Verzehr eines Produkts

---

974 Hierin liegt ein erheblicher Unterschied zur produkthaftungsrechtlichen Handhabung. Überwiegend wird dort dafür plädiert, subjektive Faktoren nicht zu berücksichtigen, vgl. *Meermann*, S. 185.

975 BGH, LMR 1988, 29.

976 *Lüftenegger*, Die Rückrufpflicht des Herstellers, S. 25; von einer „verworrenen Terminologie“ spricht auch *Michalski*, BB 1998, 961 (964).

977 Hier besteht seitens der Produktnutzer häufig die Erwartung einer kostenlosen Reparatur, auch wenn die Gewährleistungsfristen bereits abgelaufen sind, *Lüftenegger*, NJW 2018, 2087 (2087).

978 In diese Richtung geht auch das produktsicherheitsrechtliche Verständnis, vgl. Klindt/*Schucht*, § 26 Rn. 165. So wird gemäß § 2 Nr. 25 ProdSG unter einem Rückruf jede Maßnahme verstanden, „die darauf abzielt, die Rückgabe eines dem Endverbraucher bereitgestellten Produkts zu erwirken“.

gewarnt werden.[979] Dass die Diskussion durch die terminologischen Unklarheiten erheblich erschwert wird, zeigt sich etwa auch anhand des Lederspray-Urteils, in dem es lediglich heißt: „Weniger einschneidende Maßnahmen als der Rückruf reichten nicht aus. Ergänzungen und Verbesserungen der den Dosen aufgedruckten Gebrauchs- und Warnhinweise genügten schon deshalb nicht, weil solche Maßnahmen die bereits in den Handel gelangten Produkte nicht mehr erfassen konnten. Es kann daher dahingestellt bleiben, ob bei einer ‚strengeren', die Gefahren zutreffend aufzeigenden Fassung dieser Hinweise der Vertrieb der Ledersprays noch im Rahmen des rechtlich Zulässigen gelegen hätte".[980] Dabei bleibt offen, welche Maßnahmen die Betroffenen hätten ergreifen müssen. Der Hinweis auf die Unzulänglichkeit der Warnhinweise auf den Spraydosen ist insofern nicht ergiebig, da diese ersichtlich lediglich zur Erfüllung der Instruktionspflichten hinsichtlich der noch nicht in Verkehr gebrachten Produkte tauglich waren. Damit bleibt die Möglichkeit bestehen, dass im Urteilstext der Terminus „Rückruf" nur als Oberbegriff für die notwendige Gefahrsteuerung gebraucht wurde und auch eine Produktions- und Vertriebseinstellung sowie eine umfassende Warnung der Öffentlichkeit ausreichend gewesen wären, um den strafrechtlichen Vorwurf zu beseitigen. Auch eine Differenzierung zwischen kostenlosen und kostenpflichtigen Gefahrabwendungsmaßnahmen lässt sich anhand des Urteils nicht vornehmen, da der BGH sich zur Frage der Kostentragung nicht äußert.[981] Vor dem Hintergrund, dass die Lederspray-Entscheidung nicht nur innerhalb des Strafrechts ein Meilenstein war, sondern auch die Annahme einer Rückrufpflicht in der zivilrechtlichen Judikatur bedeutend mitprägte,[982] ist diese begriffliche Unschärfe bemerkenswert.[983]

---

979 *Bodewig*, S. 9.

980 BGH, NJW 1990, 2560 (2564).

981 *Lüftenegger*, Die Rückrufpflicht des Herstellers, S. 168.

982 So wurde beispielsweise in den Urteilen OLG Karlsruhe v. 02.04.1993 – 15 U 293/91= NJW-RR 1995, 594 (597) und LG Hamburg v. 21.07.1992 – 403 O 128/91 = zit. nach juris, zuletzt geprüft am 18.03.2021, ohne weitere Begründung mit Verweis auf das Lederspray-Urteil eine Rückrufpflicht, die auch eine kostenlose Reparatur bzw. Nachrüstung beinhalten sollte, angenommen. *Molitoris*, NJW 2009, 1049 (1051) moniert in diesem Zusammenhang eine Überinterpretation des Lederspray-Urteils auch im Schrifttum, da der BGH (selbstverständlich) zur Reichweite der deliktsrechtlichen Verkehrssicherungspflichten überhaupt keine Stellung bezogen habe; ebenso *Handorn*, MPR 2009, 37 (40).

983 *Foerste*, in: *Foerste/v. Westphalen*, Produkthaftungshandbuch, § 24 (Rn. 331) spricht davon, dass der BGH diese Frage in der Lederspray-Entscheidung „auf geradezu irritierende Weise übergangen" habe.

Letztlich dürfte schon der allgemeine Sprachgebrauch es nahelegen, zumindest Rückruf und Warnung begrifflich zu trennen. Denn die Warnung ist ihrem Wesen nach etwas anderes. Bei dieser wird auf das Produkt seitens des Herstellers überhaupt nicht eingewirkt.[984] Hingegen betrifft die Frage der Kostentragung letztlich den Umfang des Rückrufs. Daher bestehen grundsätzlich keine Bedenken, sowohl kostenlose als auch kostenpflichtige Rückrufmaßnahmen unter dem Begriff zu vereinen.[985] Auf Basis dieser begrifflichen Unterscheidung[986] soll im Folgenden geklärt werden, zu welchen Maßnahmen der Hersteller als Reaktion auf einen ernstzunehmenden Gefahrverdacht strafrechtlich verpflichtet sein soll.

b) Die (zivilrechtliche) Pflegebetten-Rechtsprechung des BGH

Anknüpfend an die weiter oben festgestellte Orientierungsfunktion der zivilrechtlichen Verkehrssicherungspflichten[987] führt bei der Konkretisierung der Gefahrabwendungspflichten des Herstellers kein Weg an dem Pflegebetten-Urteil des BGH aus dem Jahr 2008 vorbei.[988] Nicht nur handelte es sich bei diesem um eine „weitreichende und wichtige Grundsatzentscheidung“[989], sondern es war auch das erste Mal, dass sich der BGH hinsichtlich einer (deliktischen) Reaktionspflicht des Herstellers jenseits der Warnung überhaupt äußerte.[990] Für die Praxis ist diese Frage auch deshalb von besonderer Bedeutung, weil der gesetzliche Pflichtenumfang über die Kostenverteilung entscheidet. Zwar gibt es aus Unternehmersicht gute Gründe, die für einen Rückruf sprechen, auch ohne dazu gesetzlich verpflichtet zu sein.[991] Sowohl ein Regress bei einem mitverantwortlichen Zulieferer als auch die Inanspruchnahme einer Versicherung für die Kosten der Maßnahme hängen

---

984 Vgl. *Lüftenegger*, Die Rückrufpflicht des Herstellers, S. 27.

985 Im Regelfall wird der Rückruf aber zumindest das Angebot irgendeiner Leistung seitens des Herstellers beinhalten; vgl. *Rettenbeck*, S. 15.

986 So vorgenommen auch von *Kuhlen*, FS Eser, S. 359 (361).

987 5. Teil § 2 A. I.

988 BGH v. 16.12.2008 – VI ZR 170/07= NJW 2009, 1080.

989 *Molitoris*, NJW 2009, 1049 (1049).

990 *Lüftenegger*, NJW 2018, 2087 (2088).

991 So kann ein offensiver und großzügiger Umgang mit Sicherheitsmängeln von Produkten etwa zur gezielten Verbesserung des Sicherheitsimages eingesetzt werden, *Bodewig*, S. 98 In der Praxis sei dementsprechend vielfach zu beobachten, dass die Unternehmen über den rechtlich gebotenen Reaktionsumfang hinausgehen, *Molitoris*, NJW 2009, 1049 (1051).

aber zwingend davon ab, dass der Hersteller gesetzlich zu den entsprechenden Maßnahmen auch verpflichtet war.[992]

Dem Urteil lag folgender Sachverhalt zugrunde: Eine gesetzliche Pflegekasse nahm den Hersteller von Pflegebetten auf Ersatz von Nachrüstungskosten in Anspruch. Sie hatte 1995 elektrisch verstellbare Pflegebetten bei Sanitätshäusern gekauft und diese den bei ihr versicherten Pflegebedürftigen für die ambulante häusliche Pflege zur Verfügung gestellt. Im Mai 2001 informierten die zuständigen Behörden die Pflegekasse über Sicherheitsrisiken der Pflegebetten infolge konstruktiver Mängel. Konkret ging es dabei um die Gefahr von Bränden der Betten infolge des Eindringens von Feuchtigkeit in elektrische Antriebseinheiten sowie um Einklemmungen in den Seitengittern. Beigefügt waren detaillierte Checklisten und damit verbunden die Aufforderung, den jeweiligen Bestand zu überprüfen und gegebenenfalls nachrüsten zu lassen. Bezugnehmend darauf wandte sich der Hersteller einen Monat später mit dem Angebot eines Nachrüstsatzes einschließlich Einbaus für 350 bis 400 DM je Bett an seine Kunden, der geeignet sei, die von den Behörden aufgezeigten Sicherheitsrisiken zu beseitigen. Die Pflegekasse forderte zunächst vom Hersteller anzuerkennen, dass dieser zur Nachrüstung bzw. zum Austausch der Betten verpflichtet sei. Als dies ohne Erfolg blieb, veranlasste sie selbst die Nachrüstung der Betten und verlangte Ersatz der Kosten.

Der BGH entschied, dass vorliegend der Hinweis des Herstellers auf die bestehenden Gefahren, jedenfalls verbunden mit dem Angebot zur kostenpflichtigen Nachrüstung, zur Erfüllung der ihm obliegenden Gefahrabwendungspflichten genügte. Die Pflegekasse sei aufgrund ihrer sozialversicherungsrechtlichen Leistungsverpflichtung (insbesondere aus § 40 Abs. 3 S. 3 SGB XI) selbst zur Gefahrenabwehr verpflichtet gewesen, so dass der Hersteller sich darauf verlassen durfte, dass sie der Warnung Folge leisten und die Gefahr beseitigen würde.[993]

Der BGH äußerte sich in der Entscheidung auch zu grundlegenden Fragen. So führte er aus, dass eine Warnung im Regelfall ausreichend sei, der Umfang der Gefahrabwendungspflichten sich allerdings jeweils nur unter Berücksichtigung aller Umstände des Einzelfalls ermitteln lasse.[994] Das Bestehen weitreichenderer Pflichten, zum Beispiel zur Vornahme eines Rückrufs oder auch zur kostenlosen Nachrüstung, sei daher nicht ausgeschlossen. Dies könne etwa dann der Fall sein, wenn Grund zu der Annahme bestehe, dass selbst eine hinreichend deutliche und detaillierte Warnung es den Produktnutzern nicht ausreichend ermögliche,

---

992 Vgl. *Handorn*, MPR 2009, 37 (38); *Lüftenegger,* Die Rückrufpflicht des Herstellers, S. 30 f.

993 BGH, NJW 2009, 1080 (Rn. 16).

994 BGH, NJW 2009, 1080 (Rn. 13).

die bestehenden Gefahren einzuschätzen und ihr Verhalten darauf einzurichten. Ferner kämen weitergehende Sicherungspflichten in Betracht, wenn die Warnung zwar ausreichende Gefahrkenntnis bei den Produktnutzern herstelle, aber Grund zu der Annahme bestehe, diese würden sich, unter Umständen auch bewusst, darüber hinwegsetzen und dadurch Dritte gefährden.[995]

Die Entscheidung wurde im zivilrechtlichen Schrifttum überwiegend dahingehend rezipiert, dass der Produktnutzer stärker in die Verantwortung genommen werden soll.[996] Den Ausführungen lasse sich ein klares Regel-Ausnahme-Verhältnis entnehmen, so dass eine Warnung grundsätzlich genüge und es zur Annahme einer Rückrufpflicht zumindest einer gesonderten Begründung bedürfe.[997] Damit bestätigte der BGH die in dieser Frage zurückhaltende Tendenz der Instanzgerichte. Diese argumentierten gegen extensive Rückrufpflichten zum einen damit, dass die Wertungen des Gewährleistungsrechts nicht unterlaufen werden dürften. Dieses gebe aber vor, dass sich der Käufer und Dritte nach Ablauf der maßgeblichen Fristen mit dem mangelhaften Zustand des Produkts abfinden müssen, auch wenn die Mangelhaftigkeit Risiken in sich berge. Zum anderen wurde darauf hingewiesen, dass ein über die Produktgefährlichkeit informierter Verbraucher die Gefahr selbst beheben könne, indem er von der weiteren Nutzung des Produkts absehe. Insofern sei eine Warnung des Verbrauchers zum Schutz des Integritätsinteresses regelmäßig ausreichend.[998]

Unklarheiten verbleiben damit vor allen Dingen bei der Frage, wann ein solcher Ausnahmefall anzunehmen ist, in dem eine Warnung zur Gefahrenabwehr nicht mehr ausreicht. Die Ausführungen des BGH hierzu, die offensichtlich auf den Bereich der Verbraucherprodukte zugeschnittenen sind, fallen allenfalls vage aus.[999] Entsprechend werden die Implikationen des Urteils für den Bereich der Verbraucherprodukte unterschiedlich bewertet. Teilweise wird eine Pflicht zum

995 BGH, NJW 2009, 1080 (Rn. 11).

996 Dies ist allerdings mitnichten als höchstrichterlich eingeläutete „Kehrtwende“ in der Rechtsprechung zu den Reaktionspflichten zu begreifen; vgl. *Molitoris*, NJW 2009, 1049 (1051). Auch in vorangegangenen Urteilen zeigte sich die Zivilgerichte bereits zurückhaltend was die Annahme von Rückrufpflichten betraf; *Dietborn/Müller*, BB 2007, 2358 (2360). Eine ausführliche Darstellung zur Entwicklung der dem Pflegebetten-Urteil vorausgehenden Rechtsprechung findet sich bei *Lüftenegger*, Die Rückrufpflicht des Herstellers, S. 165 ff.

997 Vgl. *Lüftenegger*, NJW 2018, 2087 (2088).

998 *Lüftenegger*, Die Rückrufpflicht des Herstellers, S. 190 f. m.w.N. zu den entsprechenden Urteilen.

999 *Klindt*, BB 2009, 792 (794).

(kostenlosen) Rückruf im Bereich der Verbraucherprodukte bejaht. Zur Begründung wird die Effektivität der Gefahrenabwehr angeführt und darauf hingewiesen, dass der BGH sich in diesem Zusammenhang zumindest nicht eindeutig ablehnend geäußert habe.[1000] Es gibt hingegen auch eine ganze Reihe kritischer Auseinandersetzungen mit den Ausführungen des Pflegebettenurteils, die laut BGH auf den Verbraucherproduktebereich übertragbar sind. Insbesondere die Annahme einer Rückrufpflicht für den Fall, dass anzunehmen sei, Produktnutzer würden sich über eine ausgesprochene Warnung hinwegsetzen und dadurch möglicherweise Dritte gefährden, erfährt deutliche Ablehnung.[1001] Nicht nur von professionellen Anwendern, sondern auch vom mündigen Verbraucher dürfe ein rechtstreues Verhalten dahingehend erwartet werden, dass er andere Personen und sich selbst nicht gefährdet und daher einer Warnung oder Stilllegungsaufforderung Folge leistet. Insofern sei zu betonen, dass auch den Eigentümer bzw. Nutzer eines Produkts gegenüber Dritten deliktische Verkehrssicherungspflichten treffen.[1002] Es sei somit nicht ersichtlich, welcher Systemlogik es folge, wenn der Hersteller auch dann haften soll, wenn der Verbraucher eine Warnung ignoriert und auf Maßnahmen zum Eigenschutz verzichtet. Es gehe bei den Verkehrssicherungspflichten stets um objektivierbare Pflichten und nicht um die Kompensation subjektiver Bequemlichkeiten.[1003] Darüber hinaus sei die Mitwirkung des Verbrauchers auch im Rahmen einer Rückrufaktion erforderlich, so dass ein entsprechender Unwille in der Realität gar nicht nachsteuerbar sei. Insofern unterscheide sich ein Rückruf von einer Warnung oder einer Stilllegungsaufforderung überhaupt nicht.[1004]

Ohne dieser Kritik an dieser Stelle weiter nachzugehen, lässt sich festhalten, dass in der zivilrechtlichen Judikatur eine deliktische Rückrufpflicht des Herstellers nur restriktiv bejaht wird. Im Regelfall wird eine Warnung für ausreichend

---

1000 Vgl. *Burckhardt*, BB 2009, 627 (631); *Reusch*, BB 2017, 2248 (2252) weist ferner auf die trotz der Pflegebettenentscheidung im Fluss befindliche Rechtsprechung und die damit verbundenen Prognoseschwierigkeiten hin. Insofern müsse eine höchstrichterliche Entscheidung für den Bereich der nichtgewerblichen Produktnutzer abgewartet werden.

1001 Siehe nur *Klindt*, BB 2009, 792 (795); *Molitoris*, NJW 2009, 1049 (1050 f.).

1002 *Molitoris*, NJW 2009, 1049 (1050 f.).

1003 *Klindt*, BB 2009, 792 (794 f.).

1004 *Klindt*, BB 2009, 792 (795); ausdrücklich weist auch *Reusch*, BB 2017, 2248 (2252) darauf hin, dass sowohl der reinen Warnung als auch einem Rückruf in jedem Fall die Warnung innewohnt, dass eine weitere Nutzung des Produkts gefährlich ist. Der Erfolg beider Maßnahmen hänge insofern gleichermaßen davon ab, dass der Adressat von der Gefährlichkeit der Produktnutzung überzeugt werde.

erachtet. Von dieser Regel kann abzuweichen sein, wenn die effektive Gefahrenabwehr es erfordert. Beispielhaft nennt der BGH hierfür den Fall, dass Produktnutzer trotz hinreichend detaillierter und verständlicher Warnungen zur Gefahrsteuerung nicht in der Lage sind, oder aber Grund zu der Annahme besteht, die Nutzer würden sich über eine Warnung hinwegsetzen und so Dritte gefährden.

c) Konsequenzen für eine strafrechtliche Rückrufpflicht

Zu klären ist nun, welche Konsequenzen sich aus den Ausführungen des Pflegebetten-Urteils für die strafrechtlichen Reaktionspflichten des Herstellers ziehen lassen. Die Diskussion beschränkt sich hier bislang – von wenigen kritischen Stimmen abgesehen[1005] – überwiegend darauf, eine Rückrufpflicht zu bejahen, wenn weniger einschneidende Maßnahmen zur Gefahrenabwehr nicht ausreichend sind.[1006] Der Ausgangspunkt ist also derselbe wie im Deliktsrecht. Was zunächst völlig einleuchtend klingt, entpuppt sich aber letztlich als Leerformel. Interessant ist gerade die Frage, wann ein solcher Fall vorliegt, in dem aus strafrechtlicher Perspektive keine ausreichende Gefahrenabwehr durch eine Warnung gewährleistet werden kann. Die zivilrechtliche Judikatur gibt hier zumindest insofern Aufschluss, als eine Warnung im Regelfall für ausreichend erachtet wird. Da das Zivilrecht die äußerste Grenze des strafrechtlich Erwartbaren markiert, ist damit auch für eine strafrechtliche Rückrufpflicht ein restriktiver Rahmen vorgegeben. Aufgrund der subsidiären Funktion des Strafrechts kann es ein Verhalten nicht sanktionieren, welches zivilrechtlich für ausreichend erachtet wird.[1007] Vor diesem Hintergrund ist vor allen Dingen eine Auseinandersetzung mit den vom BGH benannten Ausnahmen interessant.

aa) Bewertung der Ausnahmekonstellationen

Es ist aus strafrechtlicher Perspektive zunächst die Konstellation zu bewerten, in der Grund zur Annahme besteht, dass eine Warnung seitens der Produktnutzer keine Beachtung findet. Schon die konsequente Anwendung des Eigenverantwortlichkeitsprinzips[1008] sowie des Vertrauensgrundsatzes[1009] muss hier zu dem

---

1005 *Timpe*, HRRS 2017, 272 (278); eine Rückrufpflicht generell ablehnend *Schmucker*, S. 154; *Schünemann*, FS Amelung, S. 303 (317) in Fn. 48.

1006 Siehe statt vieler *Alexander*, S. 81; *Kassebohm/Malorny*, BB 1994, 1361 (1366); *Lege*, S. 34 f.

1007 Siehe hierzu auch 5. Teil § 2 A. I. 3.

1008 5. Teil § 2 A. II. 7.

1009 5. Teil § 2 A. II. 6.

Ergebnis führen, dass kein Raum besteht für eine Ausnahme vom Regelfall einer ausreichenden Gefahrenabwehr durch eine Warnung. Die bereits im zivilrechtlichen Schrifttum vorgebrachte Kritik gilt in diesem Fall zwingend. Trifft ein über die Produktgefährlichkeit informierter Verbraucher die Entscheidung, sich über einen ausgesprochenen Warnhinweis bzw. die Aufforderung, ein Produkt nicht weiter zu benutzen, hinwegzusetzen, so tut er dies im Rahmen seiner eigenen Verantwortung.[1010] Wenn durch dieses eigenverantwortliche Verhalten Dritte gefährdet werden, so ist dies nunmehr allein dem Produktnutzer anzulasten. Der Zurechnungszusammenhang zum Hersteller ist unterbrochen.[1011] Dieser darf sich aufgrund des Vertrauensgrundsatzes auch darauf verlassen, dass die über die Gefährlichkeit eines Produkts in Kenntnis gesetzten Produktnutzer sich an die mit der Warnung verbundenen Instruktionen halten. Eine Ausnahme vom Vertrauensgrundsatz aus allgemeinem Anlass kommt nicht in Betracht. Zum einen sind solche Ausnahmen ohnehin nur in engen Grenzen zuzulassen.[1012] Zum anderen handelt es sich bei dem bewussten Hinwegsetzen über eine hinreichend deutliche Produktwarnung nicht um ein Verhalten, das von einem besonnenen und im Allgemeinen sorgfaltsgemäß Handelnden zu erwarten ist. Ein anderes Ergebnis lässt das Leitbild des informierten, rational entscheidenden Verbrauchers[1013] nicht zu. Dieser nimmt im Eigeninteresse Warnungen ernst und stellt die Nutzung eines Produkts nötigenfalls ein.[1014]

Eine andere Bewertung wäre allenfalls für den Fall denkbar, dass man von einer Weiternutzung des Produkts durch den Verbraucher deshalb ausgehen muss, weil trotz einer durchgeführten Warnaktion weiter Schadensmeldungen eingehen. Allerdings kann auch die Kenntnis des Herstellers darüber, dass einzelne unvernünftige Produktnutzer den mit einer Warnung verbundenen Verhaltensaufforderungen nicht nachkommen, nicht seinen allgemeinen Handlungsumfang bestimmen.[1015] Darüber hinaus ließe sich gerade in diesen Fällen durch einen

---

1010 So auch *Otto*, FS Hirsch, S. 291 (310); *Timpe*, HRRS 2017, 272 (278).

1011 Vgl. auch *Winkelbauer*, in: *Foerste/v. Westphalen*, Produkthaftungshandbuch, § 80 (Rn. 62).

1012 5. Teil § 2 A. II. 6.

1013 *Molitoris*, NJW 2009, 1049 (1050 f.) spricht in diesem Zusammenhang vom „mündigen“ Verbraucher.

1014 Vgl. hierzu auch *Timpe*, HRRS 2017, 272 (278), der in Fn. 57 auf die dysfunktionale Wirkung von Rückrufaktionen in einer auf diesem Verbraucherleitbild basierenden Wirtschaftsordnung hinweist.

1015 Siehe hierzu die Ausführungen zu der Ausnahme vom Vertrauensgrundsatz aus allgemeinem Anlass 5. Teil § 2 A. II. 6.

Rückruf realistischerweise keine Besserung erreichen. Diejenigen Verbraucher, die einer Warnung nicht Folge leisten, werden aller Voraussicht nach auch an einem Rückruf nicht partizipieren.[1016] Es könnte hier höchstens noch mit der Vermutung[1017] argumentiert werden, dass eine Rückrufaktion, die eine kostenlose Fehlerbehebung oder Kostenerstattung beinhaltet, auch ansonsten widerwillige Produktnutzer motivieren würde, das Produkt zurückzugeben und damit die Gefahr zu beseitigen. Etwas polemisch formuliert würde dies aber bedeuten, die unterlassene Setzung wirtschaftlicher Anreize zur Verhaltenssteuerung eigenverantwortlich handelnder (!) Dritter unter Strafe zu stellen und damit den Hersteller zu einem reinen Gefahrsteuerungsinstrument zu machen. Dies kann nicht richtig sein. Es ist daher festzustellen, dass aus strafrechtlicher Sicht eine Warnung auch dann ausreichend ist, wenn Grund zur Annahme besteht, dass Produktnutzer die Warnungen nicht beachten. Eine Ausnahme, die weiterreichende Pflichten begründen könnte, liegt damit nicht vor.[1018]

Als weiteren Fall, in dem über eine Warnung hinausgehende Gefahrabwendungspflichten in Betracht kommen, nennt der BGH im Pflegebetten-Urteil die begründete Annahme, dass selbst eine hinreichend deutliche und detaillierte Warnung es den Produktnutzern nicht ausreichend ermöglicht, zu einer richtigen Gefahreneinschätzung zu gelangen und ihr Verhalten darauf einzurichten.[1019] Es wird damit als Differenzierungskriterium die Kompetenz bzw. Verständigkeit der jeweiligen Produktnutzer herangezogen.[1020] Die Praktikabilität dieses Kriteriums ist allerdings zu bezweifeln. Produktnutzergruppen sind regelmäßig sehr heterogen, da sich in ihnen verschiedenste Risiko- und Rationalitätsprofile vereinen. Hier einen durchschnittlichen Grad der Kompetenz zu ermitteln, dürfte schwierig sein.[1021] Zu vermuten ist daher, dass der BGH eine bestimmte Nutzergruppe im Blick hatte: Verbraucher. Wenn man diese in Abgrenzung zu professionellen Produktnutzern (wie etwa im zu entscheidenden Fall Pflegekassen, Ärzten etc.) betrachtet, wird man durchaus sagen können, dass sie grundsätzlich weniger kompetent und verständig im Hinblick auf den Produktgebrauch sind. Auch hier

---

1016 Vgl. auch *Klindt*, BB 2009, 792 (795).

1017 Mehr als eine Vermutung ist dies bislang wohl nicht, vgl. 5. Teil § 2 C. II. 1. c) bb).

1018 Auch *Lüftenegger*, Die Rückrufpflicht des Herstellers, S. 236 kommt zu dem Ergebnis, dass die Ausführungen des BGH im Pflegebetten-Urteil sich an dieser Stelle in Widerspruch mit dem strafrechtlichen Vertrauensgrundsatz setzen.

1019 BGH, NJW 2009, 1080 (Rn. 11).

1020 *Wagner*, JZ 2009, 908 (910).

1021 Zu den sich praktisch bei diesem Unterfangen stellenden, teils absurden Fragen *Wagner*, JZ 2009, 908 (910).

kommt der Frage entscheidende Bedeutung zu, welchem Verbraucherbild man folgt und basierend darauf, wie viel Eigenverantwortung man allgemein nicht professionellen Produktnutzern zuspricht. Man wird aber davon ausgehen dürfen und müssen, dass die gesundheitliche Unversehrtheit im ureigensten Interesse eines jeden Menschen liegt und man aufgrund dessen auch erwarten darf, dass eine deutliche Warnung von Verbrauchern ernstgenommen und entsprechend befolgt wird.[1022] Letztlich unterscheidet sich hinsichtlich des erforderlichen Verständnishorizonts die Aufforderung, ein Produkt zurückzugeben, nicht von derjenigen, dieses nicht mehr zu nutzen bzw. zu entsorgen. Dass die Warnung hinreichend deutlich sein muss, ist auch in dieser Konstellation vorausgesetzt. Es drängt sich damit auch hier der Verdacht auf, dass es im Kern nicht um reine Gefahrabwendung geht, sondern dass die Verantwortungsbereiche mit dem Ziel eines als fair empfundenen wirtschaftlichen Lastenausgleichs verschoben werden. Wie bereits mehrfach festgestellt wurde,[1023] sind diese Erwägungen zwar nachvollziehbar, haben aber im Strafrecht keinen Platz. Bezüglich der Kompetenz bzw. Verständigkeit des Produktnutzers als Differenzierungskriterium für die Art der Gefahrabwendungsmaßnahme sind zwei Punkte Ausschlag gebend. Zum einen wohnt jedem Rückruf eine Warnung inne, nämlich der Hinweis auf die Gefährlichkeit des Produkts.[1024] Ob nun dazu aufgefordert wird, das Produkt zurückzugeben, kostenpflichtig oder kostenlos nachrüsten zu lassen oder schlicht nicht mehr zu nutzen: Die Befolgung der Maßnahme hängt stets von der Überwindung derselben kognitiven Hürden ab. Hinzu kommt, dass der Hersteller im Regelfall keine rein tatsächlich besseren Möglichkeiten der Gefahrsteuerung hat. Dies zeigt sich gerade in den Fällen, in denen einer Produktgefahr nicht einfach ausgewichen werden kann, weil etwa giftige Materialien in Wohnräumen verwendet wurden[1025] oder eingebaute Dachfenster einen gefährlichen Defekt

---

1022 Die Diskussion um sogenannte Verbraucherleitbilder findet vorwiegend im Lauterkeitsrecht statt. Hinsichtlich der Beurteilung von Werbeaussagen wurde früher in der Rechtsprechung auf das Leitbild des „flüchtigen Verbrauchers“ zurückgegriffen. Heute herrscht aber auch hier das Leitbild des „angemessen informierten, verständigen und situationsadäquat aufmerksamen Durchschnittsverbrauchers“ (BGH v. 06.10.2011 – I ZR 42/10= NJW-RR 2012, 499 (Rn.20)). Auch wenn sich hieraus keine zwingenden Implikationen für das hier zu bewertende Problem ergeben, lässt dies immerhin den Schluss zu, dass insgesamt ein Trend besteht, den Verbraucher mehr in die Verantwortung zu nehmen. Siehe zur Entwicklung der Verbraucherleitbilderlandschaft ausführlich *Weber*, VuR 2020, 9 (9 ff.).

1023 Vgl. hierzu nur 2. Teil § 2 A. I. 1. c) sowie 5. Teil § 2 A. I. 2.

1024 Vgl. *Reusch*, BB 2017, 2248 (2252).

1025 Staudinger/*Hager*, § 823 F Rn. 25.

aufweisen.[1026] Der Hersteller kann hier lediglich die Beseitigung der Materialien oder die Nachrüstung der defekten Fenster in Auftrag geben. Damit ist er aber allenfalls was die Finanzierung anbetrifft besser zur Gefahrsteuerung in der Lage als der jeweilige Verbraucher selbst. Da dies aber gerade eine Frage der wirtschaftlichen Lastenverteilung und damit aus strafrechtlicher Perspektive irrelevant ist, bleibt es auch hier dabei, dass eine deutliche Warnung des Produktnutzers genügt.[1027]

Damit ist in beiden vom BGH im Pflegebetten-Urteil genannten Fällen, in denen weiterreichende deliktische Pflichten bestehen können, im Strafrecht keine Ausnahme von dem Grundsatz zu machen, dass eine Warnung zur Gefahrabwendung ausreichend ist. Da es sich bei den vom BGH benannten Ausnahmen allerdings offensichtlich nicht um eine abschließende Aufzählung handelt, muss allgemein der Frage nachgegangen werden, ob Fälle denkbar sind, in denen auch die strafrechtlichen Bewertungsmaßstäbe zu einer Rückrufpflicht führen. Entscheidend ist hierfür letztlich, ob ein Rückruf tatsächlich bessere Ergebnisse bei der Gefahrenabwehr liefert und damit effektiver ist als eine bloße Warnaktion.

bb) Effektivität von Rückrufen

Dass ein Rückruf gegenüber einer Warnung nicht nur das eingriffsintensivere, sondern auch das effektivere Mittel zur Gefahrabwendung ist, wird sowohl im Zivil- als auch im Strafrecht mit erstaunlicher Selbstverständlichkeit vorausgesetzt. Dies ist besonders deshalb erstaunlich, weil zumindest in der Diskussion um die hypothetische Kausalität immer wieder darauf hingewiesen wird, dass Rückrufe eine Erfolgsquote von lediglich 50% aufweisen und daher keineswegs davon gesprochen werden könne, dass ein Rückruf den Verletzungserfolg mit an Sicherheit grenzender Wahrscheinlichkeit verhindert hätte.[1028] Obwohl nicht klar ist, woher diese Zahl überhaupt stammt, legt dies doch zumindest nahe, dass die Effektivität von Rückrufen nicht überschätzt werden darf. Eben dieser Eindruck wird in der Diskussion um die genaue Ausgestaltung der Reaktionspflichten allerdings erweckt.

Empirische Befunde zum Erfolg von Rückrufaktionen gibt es nur wenige und auch diese sind aufgrund der Vielgestaltigkeit von Rückrufkonstellationen und

---

1026 *Kuhlen,* FS Eser, S. 359 (365).

1027 Siehe hierzu 5. Teil § 2 C. II. 1. c) bb).

1028 Siehe hierzu ausführlich 5. Teil § 1 A. II. Zivilrechtlich kann diese Wertung anders ausfallen, da es dort ja gerade um einen gerechten Lastenausgleich geht.

der damit einhergehenden schlechten Vergleichbarkeit nur bedingt verwertbar.[1029] Sie deuten aber zumindest darauf hin, dass eine Erfolgsquote von 50% bereits als überdurchschnittlich hoch einzuschätzen wäre. Im Schrifttum ist mit Verweis auf Statistiken die Rede von durchschnittlichen Rücklaufquoten von 37%[1030], teilweise von nur 15 bis 20%[1031]. Teilweise wird sich auf Einzelstimmen aus der Beratungspraxis und dem Behördenumfeld bezogen, die jeweils von realistisch erwartbaren Zahlen im bloß einstelligen Bereich ausgehen.[1032] Zwar kann es bei der Ermittlung solcher Quoten zu einer systematisch bedingten Unterschätzung der Quote kommen. Insbesondere, wenn ein Rückruf erst geraume Zeit nach der Markteinführung stattfindet, werden sich viele Produkte bereits nicht mehr in Gebrauch befinden. Dieser Umstand wird in der Rücklaufquote nicht abgebildet, die schlicht die Anzahl der in Umlauf befindlichen, vom Rückruf betroffenen Produkte in Verhältnis zu dem jeweiligen Rücklauf setzt.[1033] Auch wird nicht berücksichtigt, dass es Produktnutzer gibt, die das Produkt selbst reparieren oder entsorgen und deshalb an dem Rückruf offiziell nicht teilnehmen.[1034] Aber auch wenn man diese Verzerrungsfaktoren pauschal miteinbezöge, bliebe die Erfolgsquote von Rückrufaktionen wohl ernüchternd.[1035] Soweit die Aussagekraft von durchschnittlichen Rücklaufquoten mit der These in Frage gestellt wird, dass Verbraucher in Gesundheitsfragen besonders sensibilisiert seien und daher einem Rückruf mehr Beachtung schenken würden,[1036] vermag dies mangels jedweder Belege nicht zu überzeugen. Eher scheint diese Überlegung die Aussagekraft der Durchschnittswerte noch zu bekräftigen, da ein Großteil der Rückrufaktionen auf drohende Gesundheitsschädigungen zurückgehen dürfte.

Entscheidend ist aber ohnehin nicht der absolute Erfolg von Rückrufaktionen, sondern der relative im Verhältnis zu reinen Warnaktionen. Empirische

1029 *Lüftenegger*, Die Rückrufpflicht des Herstellers, S. 35.

1030 *Lüftenegger*, Die Rückrufpflicht des Herstellers, S. 35 f.

1031 *Klindt/Wende*, Rückrufmanagement, 3. Aufl. 2014, zit. nach *Düker*, Junior Management Science 2019, 460 (463).

1032 Siehe *Lüftenegger*, Die Rückrufpflicht des Herstellers, S. 36, der sich auf ein Gespräch mit dem Produkthaftungsexperten einer deutschen Großkanzlei bezieht; sowie *Düker*, Junior Management Science 2019, 460 (463) mit Hinweis auf ein Experteninterview mit einem deutschen Behördenvertreter.

1033 Vgl. *van Venrooy*, S. 60.

1034 *Bodewig*, S. 91.

1035 Zu diesem Ergebnis gelangt auch *Bodewig*, S. 96 f.

1036 So *Jähnke*, Jura 2010, 582 (584).

Erkenntnisse hierzu gibt es – soweit ersichtlich – keine.[1037] Teilweise werden solche Erkenntnisse auch nicht für erforderlich gehalten, da der durch das Angebot einer Nachrüstung oder eines Austauschs herbeigeführte Sicherheitsgewinn evident sei. Es sei lebensfremd anzunehmen, dass eine Warnung im gleichen Maße Berücksichtigung finden würde wie eine Rückrufaktion.[1038] Dieser Verweis auf das Angebot einer Nachrüstung bzw. eines Austauschs und die hiermit verbundene Motivationssteigerung macht deutlich, dass nicht allein die reine Rücklaufquote, sondern vor allen Dingen auch die diese Quote bestimmenden Einflussfaktoren betrachtet werden müssen.[1039]

Ob eine Rückrufaktion erfolgreich verläuft, hängt maßgeblich von drei Faktoren ab. Von überragender Wichtigkeit ist die Erreichbarkeit der jeweiligen Produktnutzer. Nur wenn diese von einer Rückrufaktion Kenntnis erlangen, können sie auch daran teilnehmen. So lassen sich auch die auffallend hohen Rücklaufquoten in der Kfz-Branche erklären, die teilweise bei 70 bis 90% liegen. Der entscheidende Unterschied zu anderen Massenprodukten ist hier die Möglichkeit einer Halterabfrage bei der zuständigen Behörde (in diesem Fall dem Kraftfahrt-Bundesamt), die für einen Rückruf die Anschriften aller Halter von kennzeichenpflichtigen Fahrzeugen zur Verfügung stellen kann.[1040] Ein weiterer Faktor ist die Verständlichkeit der übermittelten Informationen. Die Gefahren müssen konkret und für Laien verständlich benannt werden, da ansonsten die Bereitschaft sinkt, an einer Rückrufaktion teilzunehmen. Zuletzt hängt eine möglichst hohe Rücklaufquote auch davon ab, ob und wie die Verbraucher zur Teilnahme an der Rückrufaktion motiviert werden. Anreize lassen sich hier in erster Linie durch Angebote der finanziellen Kompensation setzen.[1041] Auffällig ist nun, dass sich die beiden ersten Einflussfaktoren – Erreichbarkeit und Verständnis – überhaupt nicht verändern, wenn es statt um eine Rückrufaktion lediglich

---

1037 Teilweise werden solche Erkenntnisse aber auch nicht für erforderlich gehalten. So hält *Kuhlen,* FS Eser, S. 359 (365) den durch das Angebot einer Nachrüstung oder eines Austauschs herbeigeführten Sicherheitsgewinn für evident. Es sei lebensfremd anzunehmen, dass eine Warnung im gleichen Maße Berücksichtigung finden würde.

1038 *Kuhlen,* FS Eser, S. 359 (365).

1039 Vgl. hierzu und zum Folgenden *Düker*, Junior Management Science 2019, 460 (472 f.). In diese Betrachtung können daher auch die Faktoren einfließen, die von der reinen Quote nicht abgebildet werden können und daher womöglich zu deren systematischer Unterschätzung führen.

1040 *Düker*, Junior Management Science 2019, 460 (463); *Lüftenegger,* Die Rückrufpflicht des Herstellers, S. 36.

1041 *Düker*, Junior Management Science 2019, 460 (472 f.); siehe auch *Rettenbeck*, S. 71.

um eine Warnaktion geht. Beide Maßnahmen sind diesbezüglich deckungsgleich: Es muss ein Kommunikationsweg gefunden und dem Produktnutzer die Produktgefährlichkeit klar und deutlich offengelegt werden. Allein der letzte begünstigende Faktor – die Motivation zur Teilnahme – kann nur im Rahmen eines Rückrufs Berücksichtigung finden.[1042]

Entscheidend ist damit, ob eine erhöhte Effektivität der Gefahrabwendung[1043], die durch die wirtschaftliche Motivation der betroffenen Produktnutzer generiert wird, bei der Auferlegung strafrechtlicher Handlungspflichten zu berücksichtigen ist. Nimmt man das Eigenverantwortlichkeitsprinzip ernst, wird sich dies nur schwerlich bejahen lassen. Durch einen deutlichen Warnhinweis ist die Einsichtsfähigkeit jedenfalls hergestellt. Egal, ob sich ein Produktnutzer nun aus finanziellen oder sonstigen Erwägungen dafür entscheidet, das Produkt trotz der bekannten Gefahr weiter zu nutzen: Er trifft eine freie Entscheidung.

Legt man zugrunde, dass der Mensch zumindest partiell als rational nutzenmaximierender „homo oeconomicus" agiert, wird dieser Entscheidung häufig eine Kosten-Nutzen-Rechnung zugrunde liegen.[1044] Das bestehende Risiko wird in Verhältnis zu den Kosten des Verzichts auf das Produkt gesetzt und daraus ein individuelles Ergebnis abgeleitet. Wollte man nun den Hersteller unter Androhung von Strafe verpflichten, die Kosten des Verzichts auf die Produktnutzung zu senken, um so die Entscheidung des Verwenders zugunsten der Beachtung der Warnung zu beeinflussen, wäre dies im Mindesten befremdlich.[1045]

Nichts anderes gilt, wenn eine solche Kosten-Nutzen-Rechnung nicht stattfindet, der Produktnutzer das Produkt aber aus bloßer Nachlässigkeit oder Bequemlichkeit weiternutzt. Es kann nicht die strafbewehrte Pflicht eines Herstellers sein, die Verwender seines Produkts durch ein wirtschaftlich attraktives Angebot dazu zu motivieren, die Nutzung des Produkts zu ihrer eigenen Sicherheit

---

1042 Im Ergebnis stimmt dieser Befund mit der Annahme von *Bodewig*, S. 97 überein, dass bloße Warnungen aus dem Grund weniger effektiv sind als Rückrufaktionen, dass keine Anreize zu deren Beachtung gesetzt werden.

1043 Richtigerweise müsste man von möglicherweise erhöhter Effektivität sprechen, da es sich soweit ersichtlich dabei bislang nur um eine These handelt, vgl. auch *Handorn*, MPR 2009, 37 (43); *Reusch*, BB 2017, 2248 (2252).

1044 Siehe hierzu *Meermann*, S. 208.

1045 Vgl. auch *Klindt*, BB 2009, 792 (795), der schon in Bezug auf die deliktischen Verkehrssicherungspflichten darauf hinweist, dass die Risikoverteilung ihre Legitimität aus an objektiven Maßstäben zu messenden Sorgfaltspflichten zieht und nicht aus der an „subjektiver Lustlosigkeit ausgerichteten Kompensation von Sorglosigkeiten gewarnter Nutzer".

einzustellen. Die Frage eines fairen Lastenausgleichs und der Verantwortlichkeit für etwaige finanzielle Verluste ist eine solche des Zivilrechts und daher an dieser Stelle auszublenden.[1046]

Eine erhöhte Effektivität, die allein durch die Setzung wirtschaftlicher Anreize erreicht wird, kann folglich für die strafrechtlichen Handlungspflichten keine Rolle spielen.[1047] Dementsprechend ist für die strafrechtliche Bewertung davon auszugehen, dass ein Rückruf und die Durchführung einer Warnaktion im gleichen Maße effektiv zur Gefahrabwendung sind.

cc) Zwischenergebnis

Das Pflegebetten-Urteil des BGH gibt auch für das Strafrecht einen restriktiven Rahmen für die Annahme von Rückrufpflichten vor. Demzufolge ist im Zivilrecht zur Gefahrabwendung grundsätzlich eine Warnaktion ausreichend. Lediglich in Ausnahmefällen sind darüberhinausgehende Maßnahmen wie ein Produktrückruf erforderlich. Die Auseinandersetzung mit den explizit vom BGH benannten Ausnahmekonstellationen hat ergeben, dass strafrechtliche Maßstäbe eine abweichende Bewertung dieser Fälle gerade nicht gebieten. Da aus Sicht des betroffenen Herstellers eine Rückrufaktion gegenüber einer Warnaktion die eingriffsintensivere Maßnahme darstellt, müsste sie generell eine effektivere Gefahrabwendung gewährleisten, als eine Warnaktion dies tut. Anderenfalls handelt es sich nicht um das relativ mildeste Mittel. Der Blick auf die Einflussfaktoren, die über den Erfolg einer Rückrufaktion entscheiden, zeigt aber, dass allein der Faktor der Verbrauchermotivation der Rückrufaktion einen Effektivitätsvorteil verschafft, indem wirtschaftliche Anreize zur Teilnahme geschaffen werden. Aufgrund des im Strafrecht besonders hervorzuhebenden Eigenverantwortlichkeitsprinzips, kann diese Effektivitätssteigerung hier aber nicht berücksichtigt werden.[1048] Entsprechend ist davon auszugehen, dass ein Rückruf unter den entscheidenden Gesichtspunkten der Erreichbarkeit der Verbraucher und der Schaffung eines Verständnisses für die bestehenden Gefahren gegenüber einer umfassenden Warnaktion keine besseren Ergebnisse liefert. Damit ist die Durchführung einer Rückrufaktion nicht erforderlich und entsprechend vom Hersteller nicht zu verlangen.

1046 Siehe hierzu auch 5. Teil § 2 A. I.

1047 Anders *Kuhlen*, FS Eser, S. 359 (365 f.), für den dies eine Selbstverständlichkeit zu sein scheint.

1048 *Handorn*, MPR 2009, 37 (43) weist in diesem Zusammenhang zu Recht auch darauf hin, dass ansonsten ein kostenloser Rückruf stets das erforderliche Mittel im Sinne der anzustellenden Verhältnismäßigkeitsprüfung sein müsste, dieses Ergebnis aber absurd sei.

2. *Warnaktion*

Auch wenn der strafrechtliche Pflichtenumfang somit eine Präzisierung dahingehend erfahren hat, dass im äußersten Fall eine umfassende Warnaktion durchgeführt werden muss, bleiben ungeklärte Einzelfragen zurück.[1049] Denn eine allgemeingültige Festlegung aller Maßnahmen, die zu einer umfassenden Warnaktion gehören, gibt es nicht. Auch hier lassen sich die Pflichten im Einzelfall aber anhand der strafrechtlichen Eingrenzungskriterien (erlaubtes Risiko, Vorhersehbarkeit, Maßfiguren, Sondernormen, behördliche Genehmigungen und Stellungnahmen, Vertrauensgrundsatz, Eigenverantwortlichkeitsprinzip) ermitteln.[1050]

a) Adressat der Warnung

An wen sich die Warnung zu richten hat, hängt von den Vertriebsmodalitäten ab. Bestehen keine direkten Geschäftsbeziehungen zwischen dem Hersteller und den Endabnehmern des Produkts, ist zunächst der Zwischenhändler über die Gefährlichkeit zu informieren.[1051] Teilweise führen Händler Kundenkarteien oder haben anderweitige Möglichkeiten, um direkt mit den Besitzern des betreffenden Produkts in Kontakt zu treten. Da die Erreichbarkeit der Kunden den kritischsten Faktor für den Erfolg einer Maßnahme darstellt, ist der Weg der direkten Kontaktaufnahme am geeignetsten zur Gefahrabwendung und damit vorzugswürdig. Die Händler sind ihrerseits dann verpflichtet, die Warnung an ihre Kunden weiterzuleiten.[1052] Allerdings werden im Fall von Massenprodukten im Regelfall die Endabnehmer nicht ermittelbar sein. Es muss dann der Weg über die Öffentlichkeit gegangen werden.

b) Inhaltliche Ausgestaltung

Bei der Ausgestaltung der Warnaktion ist dem Hersteller ein Gestaltungsspielraum einzuräumen. Nur so kann dem abstrakten Regelungsdefizit und der damit verbundenen erschwerten Entscheidungsfindung Rechnung getragen werden. Würde man im Nachhinein die Handlungspflichten bis ins letzte Detail festlegen und das tatsächliche Verhalten des Herstellers daran messen, wäre eine Übereinstimmung letztlich Zufall. Mit einer fairen Verantwortungszuschreibung hätte dies nichts zu tun. Für den Betroffenen muss erkennbar und nachvollziehbar

---

1049 Vgl. *Kuhlen*, FS Eser, S. 359 (367).

1050 5. Teil § 2 A. II.

1051 *Schmucker*, S. 168 f.; vgl. auch *Michalski*, BB 1998, 961 (964).

1052 Vgl. OLG Karlsruhe v. 21.11.1980 – 1 Ss 97/80= NJW 1981, 1054. Siehe zu den Pflichten des Händlers auch 5. Teil § 3 B. III.

sein, was von ihm erwartet wird. Bestehen hierüber keine klaren Vorstellungen, weil die Verhaltenserwartungen sich je nach Einzelfall unterscheiden, muss auch dem Betroffenen eine gewisse Entscheidungsfreiheit zugestanden werden. Im Hinblick hierauf muss es ausreichen, dass die tatsächlich ergriffenen Maßnahmen im Hinblick auf den Rechtsgüterschutz als vertretbar erscheinen.[1053] Dabei muss in Orientierung an der Maßfigur eines sorgfältigen und gewissenhaften Verkehrsteilnehmers auch berücksichtigt werden, welche Mittel üblicherweise bei Produktwarnungen zur Erreichung der Öffentlichkeit genutzt werden.[1054] Theoretisch erfolgversprechend wäre es etwa, Briefe an alle deutschen Haushalte zu richten, Lautsprecherwagen durch Ortschaften fahren zu lassen oder öffentliche Plakate aufzuhängen. In der Praxis der Produktwarnungen sind solche Maßnahmen aber nicht gebräuchlich.[1055] Hierin ist auch kein Missstand, sondern vielmehr eine Konsequenz des Verhältnismäßigkeitsgrundsatzes zu erblicken. Es gilt damit auch hier, dass nur solche Maßnahmen vom Hersteller zu erwarten sind, die im Zusammenhang mit Produktwarnungen auch be- und anerkannt sind.

Im Zusammenhang mit öffentlichen Warnaktionen oder auch Rückrufen ist meist davon die Rede, dass im äußersten Falle Massenmedien wie Presse, Rundfunk und Fernsehen eingeschaltet werden müssen.[1056] Hier muss allerdings miteinbezogen werden, dass in der heutigen Zeit die Informationsgewinnung zunehmend über andere Kanäle stattfindet. Da vornehmliches Ziel einer Warnaktion die Erreichung möglichst vieler Verbraucher ist, müssen auch diese miteinbezogen werden. So gibt es beispielsweise spezielle Internetportale auf denen Produktwarnungen und -rückrufe veröffentlicht werden und die es Verbrauchern ermöglichen, sich gezielt zu informieren.[1057] Zwar werden die hier veröffentlich-

1053 *Kuhlen,* FS Eser, S. 359 (368); vgl. auch *Alexander*, S. 66.

1054 Hierzu auch 5. Teil § 2 A. II. 3.

1055 *Kuhlen,* FS Eser, S. 359 (367).

1056 Siehe nur *Eichinger*, S. 154; *Mayer*, PharmR 2008, 236 (250); *Schmucker*, S. 169.

1057 So gibt es eine Reihe von öffentlichen Portalen, auf denen die den Marktüberwachungsbehörden gemeldeten Rückrufe und Produktwarnungen veröffentlicht werden. Zu nennen wäre hier etwa die Produktsicherheitsdatenbank der Bundesanstalt für Arbeitsschutz und Arbeitsmedizin (BAuA) sowie das Webportal der Bundesländer und des Bundesamts für Verbraucherschutz und Lebensmittelsicherheit (BVL), www.lebensmittelwarnung.de, welches über Warnungen zu Lebensmitteln, kosmetischen Gegenständen und Bedarfsgegenständen informiert. Darüber hinaus gibt es auch private Verbraucherschutzportale wie www.produktrueckrufe.de oder www.produktwarnung.eu, die Produktwarnungen sammeln und veröffentlichen.

ten Warnungen teilweise von anderen Medien aufgegriffen,[1058] überwiegend bleiben die Informationen aber dennoch denjenigen Verbrauchern vorbehalten, die sich aktiv auf die Suche nach Produktwarnungen begeben. Darin liegt ein erheblicher Nachteil solcher Warnportale. Daran kann auch das zunehmende Angebot von Apps nichts ändern. Diese bieten durch die Möglichkeit der Zusendung sogenannter Push-Nachrichten auf das Smartphone zwar einen deutlich niederschwelligeren Zugang zu Informationen. Allerdings bleiben auch diese denjenigen vorbehalten, die sich mit dem Thema Produktsicherheit bereits bewusst auseinandergesetzt und entsprechende Vorkehrungen getroffen haben. Da das Erreichbarkeitsrisiko aber nicht auf den Verbraucher übergewälzt werden darf, müssen trotz dieser erweiterten technischen Möglichkeiten auch die herkömmlichen Wege genutzt werden, um die breite Öffentlichkeit und damit zugleich möglichst viele Produktverwender auf bestehende Gefahren aufmerksam zu machen. So wird es bei Produkten des täglichen Bedarfs grundsätzlich sinnvoll sein, große Aushänge in den jeweiligen Verkaufsgeschäften zu machen. Bei besonders gravierenden Gesundheitsgefahren wird es nach wie vor als erforderlich zu erachten sein, Zeitungen, Fachzeitschriften, Radio, Fernsehen sowie deren jeweilige Online-Redaktionen miteinzubeziehen.

Inhaltlich muss die Warnung jedenfalls hinreichend deutlich und die Gefahr auch für den Verbraucher als Laien unmissverständlich sein.[1059] In besonderem Maße gilt dies dann, wenn ein Produkt als besonders sicher oder harmlos beworben wurde.[1060] Nur so kann die Einsichtsfähigkeit der Produktnutzer als Grundlage eines eigenverantwortlichen Verhaltens hergestellt werden. Hinsichtlich der inhaltlichen Ausgestaltung von Warnungen können die von der zivilrechtlichen Judikatur entwickelten strengen Anforderungen herangezogen werden.[1061] Die bestehende Gefahr muss den Produktverwendern in ihrem vollen Umfang unmittelbar plausibel gemacht werden. Nicht ausreichend ist es, wenn das Risiko sich erst durch eigenes Nachdenken vollständig erschließt. In Fällen erheblicher Gesundheitsschädigungen müssen auch die Funktionszusammenhänge, die zur Gefährlichkeit des Produkts führen, deutlich gemacht werden. Insbesondere muss die Warnung eine konkrete Handlungsanweisung beinhalten. Dies können in weniger gravierenden Fällen Informationen über einen gefahrmindernden

---

1058 Auf der Website www.stern.de gibt es eine eigene Sektion „Rückrufe und Produktwarnungen", deren Beiträge jeweils auf der Quelle www.produktwarnung.eu beruhen (Stand: 21.04.2021).

1059 *Schmucker*, S. 168.

1060 *Kassebohm/Malorny*, BB 1994, 1361 (1366).

1061 *Bodewig*, S. 255 f. m.w.N.

Umgang mit dem jeweiligen Produkt sein. Drohen erhebliche Schäden, die auch unter Berücksichtigung des Nutzens eines Produkts nicht mehr tolerabel sind, muss deutlich zur Stilllegung des Produkts aufgefordert werden und es müssen nötigenfalls Hinweise zu einer sachgerechten Entsorgung bzw. sonstigen Gefahrbeseitigung gegeben werden.[1062]

§ 3 Normadressat

Zu klären ist weiterhin, an welchen Adressaten die Spezialnorm sich richtet. In der produktstrafrechtlichen Diskussion ist die Rede von Handlungspflichten des Herstellers, des Produzenten oder des Produktverantwortlichen, ohne dass jedoch geklärt wird, welcher Bedeutungsgehalt diesen Begriffen zukommt. Tatsächlich besteht hierfür auch keine Notwendigkeit, solange die Sonderverantwortlichkeit an die Bejahung einer Garantenstellung anknüpft, da diese nicht auf abstrakter Ebene, sondern im Einzelfall festzustellen ist. Die Ausgangssituation ist nun aber eine andere: Die Handlungspflichten sollen in einer allgemeingültigen Norm festgelegt werden. Dieser Norm muss entsprechend auch zu entnehmen sein, an wen sie sich richtet.[1063] Unabhängig davon, welcher der vorgenannten Begriffe im Gesetzestext verwendet wird, muss klar sein, welches strafrechtliche Verständnis dem zugrunde liegt.

Bei der Ermittlung eines solchen Verständnisses bietet die Begriffsbedeutung in anderen Rechtsbereichen Indikationen. Möglicherweise kann das Verständnis eines Begriffes in verschiedenen Rechtsbereichen sogar deckungsgleich sein. Zwingend ist dies jedoch nicht, da Begriffsbildungen stets teleologisch erfolgen und im Kontext der jeweiligen Rechtsmaterie beleuchtet und mit Inhalt gefüllt werden müssen.[1064]

A. Am Herstellungs- und Vertriebsprozess Beteiligte

Ist die Rede von Herstellern oder Produzenten, hat man wohl zunächst den Prototyp des Unternehmers vor Augen, der ein Produkt vollständig selbst entwickelt, fertigt und schließlich vermarktet. Typischerweise sind an einem Herstellungsprozess heutzutage aber mehrere Hersteller beteiligt. Durch die Komplexität der Produkte auf der einen Seite und den hohen Grad an Spezialisierung der Produktionen auf der anderen Seite werden vielfach einzelne Komponenten für

---

1062 *Bodewig*, S. 255 f. m.w.N.

1063 Vgl. Schönke/Schröder/*Bosch*, Vor. § 13 ff. Rn. 151.

1064 Ausführlich zur „Relativität der Begriffsbildung“ *Wank*, S. 110 ff.

ein späteres Produkt von Zulieferern bezogen. Auch der Vertrieb erfolgt nicht notwendigerweise durch den Hersteller selbst, teilweise noch nicht einmal unter dessen Namen.[1065] In Bezug auf Maßnahmen nach dem Inverkehrbringen gibt es demnach verschiedene mögliche Anknüpfungspunkte: Verpflichteter könnte jeder sein, der in irgendeiner Form am Herstellungs- und Vertriebsprozess beteiligt ist, oder jeweils nur derjenige, der das Endprodukt tatsächlich hergestellt und selbst in den Warenverkehr gebracht hat.

Definitionen des Herstellers finden sich im Produktsicherheitsrecht und im Produkthaftungsrecht. Das Produktsicherheitsgesetz legt in § 2 Nr.15 ProdSG fest, dass Hersteller jede natürliche oder juristische Person ist, die ein Produkt herstellt oder entwickeln oder herstellen lässt und dieses Produkt unter ihrem eigenen Namen oder ihrer eigenen Marke vermarktet.[1066] Darüber hinaus gilt derjenige als Hersteller, der geschäftsmäßig seinen Namen, seine Marke oder ein anderes unterscheidungskräftiges Kennzeichen an einem Produkt anbringt und sich dadurch als Hersteller ausgibt oder ein Produkt wiederaufarbeitet oder die Sicherheitseigenschaften eines Verbraucherprodukts beeinflusst und dieses anschließend auf dem Markt bereitstellt. Das Produkthaftungsgesetz definiert in § 4 Abs. 2 ProdHaftG, dass Hersteller im Sinne des Gesetzes ist, wer das Endprodukt, einen Grundstoff oder ein Teilprodukt hergestellt hat. Ferner gilt auch jeder als Hersteller, der sich durch das Anbringen seines Namens, seiner Marke oder eines anderen unterscheidungskräftigen Kennzeichens als Hersteller ausgibt. In beiden Rechtsgebieten herrscht damit ein weites Verständnis des Herstellerbegriffs, das nicht allein den Hersteller des Endprodukts erfasst.

Ob dieses Begriffsverständnis der strafrechtlichen Sonderverantwortlichkeit entspricht, wird im Folgenden anhand deren materieller Grundlage untersucht.

B. Strafrechtliche Sonderverantwortlichkeit

Um zu bestimmen, auf wen sich die Sonderverantwortlichkeit des Herstellers konkret bezieht, müssen die Wertungen herangezogen werden, die auch zu einer Garantenstellung geführt haben. Diese lassen sich – einmal losgelöst von der spezifischen Terminologie der Garantenlehre[1067] – folgendermaßen beschreiben:

1065 Vgl. auch *Fuchs*, JZ 1994, 533 (533).

1066 Über den Wortlaut hinaus können neben natürlichen und juristischen Personen auch teilrechtsfähige Personengesellschaften (z.B. OHG, KG oder GbR) Hersteller i.d.S. sein, Klindt/*Schucht*, § 2 Rn. 116.

1067 Siehe zur Begründung der Garantenstellung aus Gefahrquellenverantwortung 2. Teil § 2 A. IV.

Die Herstellung und der Vertrieb von Produkten bergen gewisse Risiken in sich, die auch bei Einhaltung aller Sorgfaltspflichten ex-ante nicht vollständig kontrollierbar oder auch nur erkennbar sind. Diese Risiken müssen in Kauf genommen werden, um Innovation und Warenwirtschaft nicht zum Erliegen zu bringen. Auf der anderen Seite sind aber die Hauptrisikoträger Verbraucher, die in besonderer Weise schutzbedürftig sind. Ihnen fehlen in der Regel sowohl die spezifischen Kenntnisse als auch die praktischen Möglichkeiten, um Produkte auf ihre Sicherheit hin zu überprüfen, bevor sie ihre Kaufentscheidung treffen bzw. das Produkt konsumieren oder gebrauchen. Insofern besteht bei ihnen ein erhebliches Bedürfnis an Fremdschutz, welches sich in einem – ob nun gerechtfertigten oder nicht – Vertrauen in den Hersteller dergestalt niederschlägt, dass dieser den Fremdschutz gewährleistet. Der Hersteller hat seinerseits durch das Inverkehrbringen eine Gefahr geschaffen, die auch noch dann in seinen sozialen Organisationsbereich fällt, wenn sich die Produkte bereits bei den Verbrauchern befinden. Denn obwohl die Produkte den unmittelbaren Einflussbereich des Herstellers bereits verlassen haben, ist dieser zumindest in gewissem Umfang zur Verwirklichung des Schutzes in der Lage.[1068] Dies ergibt sich zum einen aus seinen Erkenntnismöglichkeiten hinsichtlich der Gefährlichkeit eines Produkts, zum anderen aus seinen Kapazitäten bei der Schadensvermeidung.

Auf Basis dieser Erwägungen wird im Folgenden nun für die verschiedenen am Produktions- und Vertriebsprozess beteiligten Akteure untersucht, inwieweit sie eine strafrechtliche Pflicht zur Ergreifung von Gefahrabwendungsmaßnahmen trifft.

I. Hersteller des Endprodukts

In erster Linie richtet sich die Pflicht zur Ergreifung von Gefahrabwendungsmaßnahmen an den Hersteller des Endprodukts. An ihm orientiert sich die materielle Grundlage der Sonderverantwortlichkeit, damit sind in ihm auch alle diese begründenden Faktoren vereinigt.

II. Zulieferer

Ein Zulieferer ist ebenso Hersteller, nur produziert er nicht ein fertiges Endprodukt, sondern stellt Einzelteile her, die dann von den Abnehmern in größere Produkteinheiten eingebracht werden.[1069] Damit unterscheidet ihn formell betrachtet von einem Endhersteller nichts, so dass ihn grundsätzlich ebenfalls eine

---

1068 Vgl. *Weiß*, S. 502 f.

1069 *Rettenbeck*, S. 38.

zivilrechtliche Pflicht zur Produktbeobachtung trifft und er Träger eigenständiger Gefahrabwendungspflichten ist.[1070] Durch die Integrierung der Einzelteile in das Endprodukt findet auch keine Verantwortungsübernahme durch den Endhersteller statt. Vielmehr bleibt der Zulieferer für sein Teilprodukt verantwortlich und diese Verantwortlichkeit besteht neben der des Endherstellers für das Endprodukt fort.[1071]

Dass der Zulieferer grundsätzlich nicht durch die weitreichenden Pflichten des Endherstellers aus der Verantwortung zu entlassen ist, deckt sich auch mit den Wertungen des am 01. Januar 2023 in Kraft getretenen Lieferkettensorgfaltspflichtengesetzes (LkSG). Dieses verpflichtet Unternehmen dazu, in ihren Lieferketten menschenrechtliche und umweltbezogene Sorgfaltspflichten in angemessener Weise zu beachten mit dem Ziel, menschenrechtlichen oder umweltbezogenen Risiken vorzubeugen oder sie zu minimieren oder die Verletzung menschenrechtsbezogener oder umweltbezogener Pflichten zu beenden (siehe § 3 Abs. 1 S. 1 LkSG). Nach § 2 Abs. 5 LkSG bezieht sich die Lieferkette im Sinne des Gesetzes auf alle Produkte und Dienstleistungen eines Unternehmens und umfasst alle Schritte im In- und Ausland, die zur Herstellung der Produkte und zur Erbringung der Dienstleistungen erforderlich sind, angefangen von der Gewinnung der Rohstoffe bis zu der Lieferung an den Endkunden. Erfasst werden dabei das Handeln eines Unternehmens im eigenen Geschäftsbereich, das Handeln eines unmittelbaren Zulieferers und das Handeln eines mittelbaren Zulieferers. Diese Einbeziehung in die Lieferkette und damit in die Gesamtverantwortung des Endherstellers ändert aber nichts daran, dass ein Zulieferer von Teilprodukten in Bezug auf diese auch selbst verantwortlich bleibt.[1072]

Dieser Befund entspricht auch den strafrechtlichen Wertungen. Es wäre nicht nachvollziehbar, warum ein Zulieferer, der Kenntnis von der Gefährlichkeit seines (Teil-)Produkts erlangt, nachdem er dieses zur Weiterverarbeitung ausgeliefert hat, nicht genauso wie der Hersteller des Endprodukts verpflichtet sein sollte, drohende Schäden abzuwenden. Allerdings muss berücksichtigt werden, dass der Zulieferer häufig nicht dieselben Erkenntnis- und Gefahrabwendungsmöglichkeiten hat wie der Endhersteller.[1073] Dies gilt zumindest dann, wenn es sich nicht um

---

1070 *Bodewig*, S. 186 f.; für restriktivere Pflichten des Zulieferers allerdings *Rettenbeck*, S. 39.

1071 MüKoBGB/*Wagner*, § 823 Rn. 929.

1072 Hopt/*Leyens*, LkSG § 2 Rn. 6; *Schall*, NZG 2022, 787 (788).

1073 *Rettenbeck*, S. 39.

Einzelteile handelt, die auch eine eigenständige Marktbedeutung haben.[1074] Es ist schon fraglich, inwieweit ein Zulieferer überhaupt zur Produktbeobachtung in der Lage wäre. Produkte werden in der öffentlichen Wahrnehmung regelmäßig allein dem Endhersteller zugeordnet. Das Endprodukt wird insofern nicht als eine Summe von Einzelteilen von jeweils unterschiedlichen Herstellern betrachtet, sondern als Einheit. Dies ist schon allein dem Umstand geschuldet, dass dem Verbraucher in der Regel nur der Hersteller des Endprodukts bekannt sein wird. Entsprechend gehen Schadensmeldungen meist auch allein bei diesem Unternehmer ein.[1075] Diese verminderten Möglichkeiten der Gefahrerkennung sind bei der Bestimmung der objektiven Sorgfaltspflichten des Zulieferers zu berücksichtigen. Liegt ein ernstzunehmender Gefahrverdacht in Bezug auf das jeweilige (Teil-)Produkt aber vor, ist er verpflichtet, die erforderlichen Gefahrabwendungsmaßnahmen zu ergreifen. Am naheliegendsten ist es für ihn, sich hier der belieferten Endhersteller als Instrument zu bedienen. Eine Warnung durch den Endhersteller wird häufig das geeignetste Mittel zur Gefahrabwendung sein.[1076] Scheitert dies aber oder ist Eile geboten, weil gravierende Gesundheitsschäden drohen, ist auch der Zulieferer selbst zur Durchführung einer umfassenden Warnaktion verpflichtet.[1077] Auch hier können natürlich nur diejenigen Maßnahmen verlangt werden, zu denen der Zulieferer tatsächlich fähig ist. Den eingeschränkten Handlungsmöglichkeiten ist daher unter dem Gesichtspunkt der Zumutbarkeit Rechnung zu tragen.

III. Vertriebshändler

Vertriebshändler sind anders als Zulieferer am Herstellungsprozess nicht beteiligt, sondern lediglich für den Absatz des fertigen Produkts auf dem Markt zuständig.[1078] Im Zivilrecht werden die Pflichten des Händlers strikt von denen des Herstellers unterschieden.[1079] Zwar trifft auch den Händler eine passive Pro-

---

1074 Im Monza Steel-Fall wurden beispielsweise die Reifen sowohl an den Reifenhandel als auch an BMW zur Erstausrüstung von mehreren Kfz-Modellen geliefert; *Schmidt-Salzer*, Entscheidungssammlung Produkthaftung Band IV, S. 296. Monza-Steel war dementsprechend sowohl Zulieferer als auch Endhersteller und hatte daher hinsichtlich der Erkenntnis- und Gefahrabwendungsmöglichkeiten keine Defizite vorzuweisen.

1075 *Rettenbeck*, S. 39.

1076 So werden in der Automobilbranche Rückrufe in aller Regel durch den Endhersteller durchgeführt, obwohl der Fehler hier oft auf ein zugeliefertes Einzelteil zurückgeht, *Lüftenegger*, DAR 2016, 122 (122).

1077 Vgl. *Rettenbeck*, S. 39.

1078 BeckOK-BGB/*Förster*, § 823 Rn. 765.

1079 *Fuchs*, JZ 1994, 533 (539).

duktbeobachtungspflicht, das heißt er muss Schadensmeldungen sammeln und an den Hersteller weiterleiten. Darüber hinaus ist er verpflichtet, den Hersteller bei dessen Reaktionsmaßnahmen zu unterstützen. Eigenständige Produktbeobachtungs- und Warnpflichten des Händlers werden aber nur bejaht, wenn ein besonderer Anlass dazu besteht.[1080] Ein solcher Anlass wird zumindest dann angenommen, wenn der Händler sichere Kenntnis von der Gefährlichkeit eines von ihm verkauften Produkts hat oder sich zumindest konkrete Anhaltspunkte für einen Produktfehler ergeben und eine Pflichtverletzung durch den Hersteller selbst evident ist.[1081]

Auch hier lohnt sich wieder ein Blick auf das Lieferkettensorgfaltspflichtengesetz als Gegenstand der aktuellen Gesetzgebung. Den Gesetzesmaterialien lässt sich die Intention des Gesetzgebers entnehmen, auch Groß- und Einzelhändler in die Lieferkettenverantwortung miteinzubeziehen und entsprechend in die Pflicht zu nehmen.[1082] Diese Absicht hat jedoch im Wortlaut der Vorschriften keinen Niederschlag gefunden, so dass in der Literatur Zweifel angemeldet werden, ob reine Handelsketten vom Anwendungsbereich des Lieferkettensorgfaltspflichtengesetzes erfasst werden. Bei Handelswaren handele es sich nämlich nicht um „Produkte" des Händlers, sondern lediglich des produzierenden Unternehmens.[1083] Auch in der Sache mache es ferner einen gewichtigen Unterschied, ob einem Hersteller die Überwachung seines eigenen Produktionsprozesses auferlegt oder einem Händler die Verantwortung hinsichtlich seiner ganzen Produktpalette mit verschiedensten Herstellern aus aller Welt aufgebürdet wird.[1084] Ob dieser Auffassung in der Praxis gefolgt wird, muss sich erst noch zeigen. Es wird aber jedenfalls deutlich, dass Unbehagen besteht, Händler in Bezug auf die Einhaltung von Sorgfaltspflichten in der Lieferkette in gleicher Weise in die Pflicht zu nehmen wie einen Hersteller.

Aus strafrechtlicher Sicht bestehen ähnliche Bedenken. Die Sonderverantwortlichkeit des Herstellers im Strafrecht basiert überwiegend auf Erwägungen, die auf einen bloßen Vertriebshändler nicht zutreffen. Nicht nur hat dieser auf die Sicherheitseigenschaften des Produkts keinerlei Einfluss, sondern in der Regel ebenso wenig Einblick in die genaue Funktions- und Wirkweise wie ein

---

1080 BGH v. 11.02.2004 – VII ZR 386/02= NJW 2004, 1032 (1033); HB Vertriebsrecht/*Hess*, § 12 Rn. 59.

1081 *Foerste*, in: *Foerste/v. Westphalen*, Produkthaftungshandbuch, § 26 (Rn. 24 ff.).

1082 BT-Drucks. 19/28649, S. 23.

1083 *Schall*, NZG 2022, 787 (788); zumindest dem Wortlaut nach zustimmend NK-LkSG/*Gehne/Gabriel*, § 2 Rn. 153.

1084 *Schall*, NZG 2022, 787 (788).

Verbraucher. Der Händler ist insofern weder an der Schaffung der Gefahrquelle beteiligt noch in besonderer Weise mit dem Produkt als Gefahrenherd verbunden. Auch nimmt er regelmäßig keine besondere Vertrauensstellung gegenüber seinen Kunden ein. Für eine Gleichstellung der Verantwortlichkeit des Händlers mit der des Herstellers spräche daher allein der Umstand, dass auch er in gewissem Umfang zur Gefahrabwendung in der Lage ist. So kann er bestimmte Produkte bei erkannter Gefährlichkeit aus dem Verkauf nehmen und sich gegebenenfalls mit seinen Kunden in Verbindung setzen, um diese hinsichtlich der Gefährlichkeit bereits erworbener Produkte aufzuklären.[1085] Die bloße Handlungsmöglichkeit sagt allerdings über die Legitimation einer diesbezüglichen Pflicht nichts aus. Schon für den Hersteller ließ sich hieraus allein eine Sonderverantwortlichkeit nicht ableiten.[1086] Überdies ist das Maß an Kontrolle, das der Händler ausüben kann, gegenüber dem des Herstellers deutlich herabgesetzt.[1087] Ihm fehlt der Gesamtüberblick über die Wirkungen des Produkts auf dem Markt, der aber erforderlich ist, um realistische Gefahreinschätzungen zu treffen. Daher wird der Händler im Regelfall Kenntnis von der Gefährlichkeit des Produkts erst durch den Hersteller erlangen. Berücksichtigen muss man außerdem, dass Vertriebshändler häufig ein breites Warensortiment unterschiedlicher Hersteller führen und sich mit einzelnen Produkten nicht identifizieren. Die Auferlegung einer dem Hersteller vergleichbaren Sonderverantwortlichkeit würde damit zu einer ungerechtfertigten Kumulation von Verantwortung beim Händler führen, die seiner Rolle im Rahmen der Vermarktung eines Produkts nicht angemessen wäre. Trotz der aufgezeigten Schnittmengen muss daher festgestellt werden, dass die Verantwortlichkeit des Händlers regelmäßig nicht mit der Sonderverantwortlichkeit des Herstellers vergleichbar ist[1088] und Vertriebshändler damit grundsätzlich nicht Teil des Adressatenkreises des Handlungsgebots sind.[1089]

1085 Vgl. *Möllers*, JZ 1999, 24 (25) Allerdings wird sich auch hier in den meisten Fällen das Problem stellen, dass die Erwerber nicht bekannt sind.

1086 2. Teil § 2 A. IV.

1087 *Möllers*, JZ 1999, 24 (25); ebenso *Foerste*, in: *Foerste/v. Westphalen*, Produkthaftungshandbuch, § 26 (Rn. 3); vgl. auch die Ausführungen im Lederspray-Urteil des BGH, NJW 1990, 2560 (2564).

1088 Vgl. auch *Schroth*, S. 151.

1089 Davon unberührt bleibt die unter Umständen bestehende eigenständige strafrechtliche Verantwortlichkeit des Händlers; vgl. *Deutscher/Körner*, wistra 1996, 327 (330); *Eichinger*, S. 155; *Schroth*, S. 151 f.

Allerdings gilt dies nicht ausnahmslos. Aufgrund der Vielgestaltigkeit von Vertriebsstrukturen[1090] treffen die soeben angestellten Erwägungen nicht auf alle Händler zu. Es können besondere Umstände vorliegen, unter denen ein Vertriebshändler eine so hervorgehobene Position einnimmt, dass ihn eine dem Hersteller vergleichbare Sonderverantwortlichkeit für ein Produkt trifft.

1. Quasi-Hersteller und Importeur ausländischer Produkte

Eine vergleichbare Sonderverantwortlichkeit kann für den sogenannten Quasi-Hersteller[1091] oder den Importeur ausländischer Produkte bestehen. Nicht nur der Herstellungsprozess selbst, sondern auch der Vertrieb ist zunehmend von Arbeitsteilung geprägt. Dies kann dazu führen, dass ein Produkt dem ursprünglichen Hersteller gar nicht mehr ohne Weiteres zugeordnet werden kann. Dies ist etwa bei der Überlassung an einen Quasi-Hersteller, also jemanden, der fremde Ware unter eigenem Namen vertreibt, der Fall. Auch Importeure können bei grenzüberschreitendem Warenvertrieb eine Sonderposition einnehmen. Dies gilt insbesondere, wenn sie eine Monopolstellung auf dem inländischen Markt innehaben. Selbst wenn sie die Produkte nicht unter eigenem Namen vertreiben, sind sie dann die einzige Schnittstelle zwischen ausländischem Hersteller und inländischem Verbraucher.[1092] Bedeutung hat dies in erster Linie bei Importen aus außereuropäischen Ländern, die nicht von den europäischen Vorgaben zur Produktsicherheit erfasst werden, da hier die Sicherheitsstandards deutlich abweichen können. Dem wird auch im Produktsicherheitsgesetz Rechnung getragen. Dieses verpflichtet den Importeur in den §§ 6 Abs. 2, 24 Abs. 5 ProdSG dazu, sicherzustellen, dass die von ihm importierten ausländischen Produkte den nationalen und europäischen Sicherheitsanforderungen entsprechen. De facto wird von ihm also verlangt, dass er keine Produkte einführt, denen Risiken für Leib oder Leben anhaften.[1093] Auch wenn nach den Grundsätzen des Deliktsrechts sowohl der Quasi-Hersteller als auch der Importeur für die Sicherheit der Produkte nicht verantwortlich sind,[1094] können beide Verkehrssicherungspflichten treffen.[1095] Zumindest ist dem Grunde nach anerkannt, dass Instruktionspflichten

1090 Vgl. hierzu auch BeckOK-BGB/*Förster*, § 823 Rn. 765.

1091 Ein Begriff, der sich insbesondere in der zivilrechtlichen Produkthaftungsdiskussion etabliert hat, vgl. MüKoBGB/*Wagner*, § 823 Rn. 933.

1092 Vgl. BGH v. 09.12.1986 – VI ZR 65/86= NJW 1987, 1009 (1009).

1093 *Schroth*, S. 152 f.

1094 NK-BGB/*Katzenmeier*, § 823 Rn. 301; MüKoBGB/*Wagner*, § 823 Rn. 933.

1095 Zur individuellen Bestimmung der Verkehrssicherungspflichten der einzelnen Haftungssubjekte auch *Sieglitz*, S. 188.

und eine passive Produktbeobachtungspflicht bestehen.[1096] Ob sich aus letzterer auch die Verpflichtung zu Maßnahmen der Gefahrabwendung ableiten lässt, ist weniger klar, wird aber vielfach aufgrund eines besonderen Vertrauens angenommen, das der Quasi-Hersteller oder Importeur mit Monopolstellung in Anspruch nimmt.[1097]

Damit stellt sich die Frage, wie ihre jeweilige Rolle im strafrechtlichen Kontext zu bewerten ist. Ausgangspunkt der Überlegung ist der Umstand, dass sowohl der Quasi-Hersteller als auch der Importeur das Produkt dem (inländischen) Markt erst zugänglich machen und damit die potenzielle Gefahrquelle eröffnen. Dabei sind und bleiben sie – anders als gewöhnliche Vertriebshändler – in besonderer Art und Weise mit dem Produkt verbunden. Der Quasi-Hersteller erweckt dabei durch das Platzieren eines eigenen Firmen- oder Markenzeichens den Eindruck, tatsächlich der Hersteller zu sein. Mit dieser Kennzeichnung geht sowohl nach innen als auch nach außen eine Identifikation mit dem jeweiligen Produkt einher.[1098] Gerade diese Identifikation mit dem Produkt ist es, die bei dem Verbraucher ein erhöhtes Maß an Vertrauen schafft.[1099] Dies gilt insbesondere vor dem Hintergrund, dass dem Verbraucher häufig gar nicht bekannt sein wird, dass es sich um einen Fall der Quasi-Herstellung handelt.[1100] In vielen Fällen wird infolge dessen auch der Informationsfluss zwischen den Verbrauchern und dem tatsächlichen Hersteller abgeschnitten sein, da Schadensmeldungen und Beschwerden nur den Quasi-Hersteller erreichen.[1101] Vergleichbar ist die Situation beim Importeur ausländischer Produkte. Zwar gibt er zu erkennen, dass er das Produkt eines anderen Herstellers vertreibt.[1102] Damit ist aber aus Verbraucherperspektive noch nicht klar, ob und inwieweit der ausländische Produzent sein Produkt auf etwaige Gefährlichkeit hin beobachtet und bei bestehendem Gefahrverdacht zu den notwendigen Reaktionen bereit ist. Unter diesen Umständen bleibt der Herstellername bloße Worthülse. Der Endabnehmer wird im Zweifel davon ausgehen, dass der Importeur in Erfüllung seiner Schleuserfunktion in den europäischen

1096 Siehe nur BGH, NJW 1987, 1009 (1009); BGH v. 07.03.1993 – VI ZR 74/93= NJW 1994, 517 (519); BGH v. 06.12.1994 – VI ZR 229/93= NJW-RR 1995, 342 (343); HB Vertriebsrecht/*Hess,* § 12 Rn. 37.

1097 BGH, NJW-RR 1995, 342 (343); BGH, NJW 1994, 517 (518); *Foerste*, NJW 1994, 909 (910); *Lüftenegger,* Die Rückrufpflicht des Herstellers, S. 32.

1098 Vgl. BGH, NJW-RR 1995, 342 (343).

1099 MüKoBGB/*Wagner,* § 823 Rn. 933.

1100 Klindt/*Schucht,* § 2 Rn. 120.

1101 *Foerste*, in: *Foerste/v. Westphalen*, Produkthaftungshandbuch, § 26 (Rn. 55).

1102 Tut er dies nicht, liegt ein Fall der Quasi-Herstellung vor.

bzw. nationalen Wirtschafts- und damit Rechtsraum den bestehenden Sicherheitsinteressen der Verbraucher Rechnung trägt.[1103] Dies nicht zuletzt deshalb, weil jedenfalls dieser sich im Regelfall an die produktsicherheitsrechtlichen Vorschriften gebunden fühlen wird. Diese verpflichten ihn zu einer sorgfältigen Auswahl der ausländischen Hersteller, deren Waren er einführt. Eine solche setzt eine umfassende Risikoanalyse hinsichtlich des ausländischen Herstellerunternehmens voraus. Zu berücksichtigen sind hierbei neben dem allgemeinen und dem branchenspezifischen technisch-ökonomischen Niveau im Herstellerland und der Effizienz des dortigen Produktsicherheitsrechts insbesondere die Besonderheiten des Herstellerbetriebs. Hierbei spielt unter anderem die Präsenz des Unternehmens auf dem ausländischen Markt, seine Exporterfahrung und auch sein internationaler Ruf eine wichtige Rolle.[1104] Stellt der Importeur im Rahmen dieser Prüfung fest, dass der jeweilige Hersteller eine Aktivität auf dem europäischen Markt entweder gar nicht antizipiert hat oder zumindest infrastrukturell darauf nicht vorbereitet ist und entsprechend den Verkehrserwartungen nicht gerecht werden kann, muss er diesen Mangel ausgleichen.[1105] Das heißt nicht, dass der Hersteller aus der Verantwortung entlassen wird. Da aber bereits vorhersehbar ist, dass er seinen Verpflichtungen nicht nachkommen wird, ist die Verantwortlichkeit auf den Importeur auszudehnen. Der Gedanke der Beschränkung der Verantwortlichkeit des Herstellers auf Markenware, der als unbillig verworfen wurde,[1106] lebt somit in anderer Form im Zusammenhang mit dem Importeur wieder auf. Während der Hersteller unabhängig vom gewählten Vertriebsweg für seine Produkte zwar (theoretisch) verantwortlich ist, hängt die Pflichtenstellung des Importeurs davon ab, inwieweit tatsächlich davon ausgegangen werden kann, dass ein ausländischer Hersteller dieser Verantwortung im Hinblick auf in Europa in Verkehr gebrachte Produkte auch nachkommt. Dabei ist die Prognostizierbarkeit der ausschlaggebende Faktor, nicht das tatsächliche Unterlassen des Herstellers. Das ergibt sich schon daraus, dass die strafrechtliche Verpflichtung einer

---

1103 Auch auf zivilrechtlicher Ebene wird daher vorgeschlagen, die Pflichten des Importeurs von Produkten aus Nicht-EU-Staaten davon abhängig zu machen, inwieweit er durch die Einfuhr eine zusätzliche relevante Gefahr geschaffen hat, siehe *Fuchs*, JZ 1994, 533 (540).

1104 *Foerste*, in: *Foerste/v. Westphalen*, Produkthaftungshandbuch, § 26 (Rn. 63).

1105 Zu diesem Ergebnis kommt im Rahmen der deliktischen Haftung in Bezug auf den Alleinimporteur auch *Sieglitz*, S. 198 f., der als Grund für die besondere Verkehrssicherungspflicht die größere Nähe zum Hersteller und eine höhere Verantwortlichkeit für die Marktdurchdringung des Produkts nennt.

1106 Siehe 2. Teil § 2 A. II. 1.

Person ihre Legitimation nicht aus dem Umstand allein schöpfen kann, dass eine andere Person ihren Pflichten nicht nachkommt. Muss der Importeur aber von vornherein davon ausgehen, dass der Hersteller den Pflichten nicht nachkommen wird, rückt er aus den obigen Erwägungen heraus neben diesem in die Verantwortlichkeit mit ein. Während bei weltweit bekannten Marken die Erwartung gerechtfertigt sein wird, dass der Hersteller schon aus Imagegründen den Anforderungen des jeweiligen Fremdmarktes nachkommt, stellen sich diesbezüglich in Bezug auf weitgehend unbekannte Hersteller mindestens Zweifel ein.[1107] Diese sind auch für den Importeur erkennbar, so dass dieser einen Ausgleich für das praktische Verantwortungsdefizit zu leisten hat. Bei Vorliegen dieser besonderen Umstände gilt für den Importeur genauso wie für den Quasi-Hersteller, dass sie genau an der Stelle die Herstellerposition[1108] einnehmen, an der entsprechend der herangezogenen materiellen Kriterien die besondere Verantwortlichkeit begründet wird, und sie daher auch seine Sonderverantwortlichkeit teilen.

2. *Enge organisatorische Verbundenheit mit dem Hersteller*

Besondere Umstände, unter denen dem Vertriebshändler ausnahmsweise eine dem Hersteller vergleichbare Sonderverantwortlichkeit zukommt, liegen außerdem dann vor, wenn Hersteller und Vertriebsgesellschaft organisatorisch eng miteinander verbunden sind.[1109] In großen Unternehmen ist es durchaus üblich, den Vertrieb auf konzerneigene Vertriebsgesellschaften auszulagern.[1110] Trotz der rechtlichen Selbständigkeit sind diese häufig so eng mit dem Herstellerunternehmen verflochten, dass für eine Differenzierung hinsichtlich der Sonderverantwortlichkeit für bereits ausgelieferte Produkte keine sachliche Grundlage besteht. Dies gilt insbesondere, wenn die Mitglieder der Geschäftsführung oder andere Vertreter der Vertriebsgesellschaft am allgemeinen Erfahrungs- und

---

1107 So weist auch *Brüggemeier*, JZ 1994, 578 (579) zutreffend darauf hin, dass durch die Schwierigkeiten bei der Rechtsverfolgung von Drittstaatenherstellern die Anreize des (dort zivilrechtlichen) Haftungsrechts zur Gefahrenabwehr in weiten Teilen leerlaufen.

1108 Vgl. zur mit der Herstellerposition verbundenen Effektivität von Maßnahmen zur Gefahrabwendung auch *Lüftenegger*, Die Rückrufpflicht des Herstellers, S. 45.

1109 So war es auch im Lederspray-Verfahren: Angeklagt waren unter anderem die Geschäftsführer der beiden Vertriebsgesellschaften, vgl. BGH, NJW 1990, 2560 (2562).

1110 Damit verbunden ist neben der organisatorischen auch eine enge wirtschaftliche und rechtliche Verflechtung, NK-BGB/*Katzenmeier*, § 823 Rn. 302.

Meinungsaustausch hinsichtlich eines Produkts teilnehmen und insofern über alle entscheidungserheblichen Vorgänge informiert sind.[1111]

IV. Zwischenergebnis

Eine strafrechtliche Sonderverantwortlichkeit für bereits auf dem Markt befindliche Produkte kommt demnach primär dem Hersteller des Endprodukts sowie dem Hersteller von hierin verarbeiteten Teilprodukten zu. Vertriebshändler können eine dem Hersteller vergleichbare Sonderverantwortung tragen, wenn besondere Umstände vorliegen. Dies ist beim Quasi-Hersteller und unter Einschränkungen beim Importeur außereuropäischer Waren sowie bei besonderer organisatorischer Verbundenheit einer Vertriebsgesellschaft mit dem Hersteller der Fall.[1112]

C. Zusammenfassung

Normadressat eines neuen § 314a StGB ist der Hersteller von Teil- und Endprodukten. Auch Vertriebshändler können ausnahmsweise sonderverantwortlich sein. § 314a StGB muss daher seinem Wortlaut nach deutlich machen, dass es primär um die Herstellerverantwortung geht, die sich allerdings aufgrund moderner Vertriebsstrukturen auch auf Unternehmen erstrecken kann, die am eigentlichen Herstellungsprozess gar nicht beteiligt sind. Die alleinige Verwendung des Begriffs des Herstellers wäre daher irreführend. Dasselbe gilt für den Begriff des Produzenten. Um Normmissverständnissen vorzubeugen, muss daher klargestellt werden, dass auch solche Unternehmen Adressat des Handlungsgebots sind, die eine dem Hersteller vergleichbare materielle Verantwortung tragen.

§ 4 Subjektive Anforderungen

Zuletzt ist bei der Deliktsausgestaltung nach den Anforderungen auf der subjektiven Ebene des Tatbestandes zu fragen. Die Norm kann als Vorsatzdelikt ausgestaltet werden und damit die willentliche Verwirklichung des Tatbestands in Kenntnis aller objektiven Tatumstände[1113] erfassen oder als Fahrlässigkeitsdelikt,

---

1111 Bei Vorliegen solcher besonderen Umstände werden auch im Deliktsrecht Gefahrabwendungspflichten des Vertriebshändlers bejaht, siehe BGH v. 05.05.1981 – VI ZR 280/79 = NJW 1981, 2250 (2251); *Fuchs*, JZ 1994, 533 (539).

1112 Im Ergebnis deckt sich der Adressatenkreis somit auch mit dem des Gesetzesvorschlags von *Eichinger*, der eine Handlungspflicht für den Hersteller oder „dessen Repräsentant oder Vertreiber im Inland“ vorsieht, 5. Teil § 1 B. I. 1.

1113 *Rengier*, § 14 Rn. 5.

welches keinen subjektiven Tatbestand aufweist, sondern lediglich im Rahmen der Schuld die subjektive Vorwerfbarkeit fordert.[1114] Wirft man einen Blick auf die Gerichtspraxis in den Leading Cases[1115], so zeigt sich, dass überwiegend fahrlässige Begehungsweisen zur Diskussion standen.[1116] Es ist daher zu erörtern, aus welchem Grund vorsätzliche Tatverwirklichungen in Produkthaftungssachverhalten nur in geringem Umfang eine Rolle spielen und welche Rückschlüsse daraus für die Ausgestaltung der Spezialnorm zu ziehen sind.

A. Vorsätzliche Tatbegehung

I. Grundproblematik

Vorsatz des Herstellers setzt voraus, dass dieser auf kognitiver Ebene vom Vorliegen eines ernstzunehmenden Gefahrverdachts und damit von den Umständen Kenntnis hatte, die seine Handlungspflicht begründen.[1117] Zudem muss er erfasst haben, dass durch sein Unterlassen ein konkret gefährlicher Zustand fortbesteht. Letzteres schließt auch die Kenntnis der Produktgefährlichkeit mit ein. Demnach handelt der Hersteller auch dann nicht vorsätzlich, wenn er zwar von einem ernstzunehmenden Gefahrverdacht wusste, aber dennoch davon ausgegangen ist, dass dieser Verdacht zu Unrecht besteht, seine Produkte also ungefährlich sind.[1118] Auf kognitiver Ebene unterscheidet sich der Gefährdungsvorsatz insofern nicht von einem Schädigungsvorsatz.[1119]

Auf voluntativer Ebene muss der Hersteller wenigstens billigend in Kauf nehmen, dass sein Produkt einen konkret gefährlichen Zustand begründet. Hier werden an den Gefährdungsvorsatz nicht dieselben Anforderungen zu stellen sein wie an den Verletzungsvorsatz. Schon in Bezug auf die konkreten Gefährdungsdelikte wird davon ausgegangen, dass ein gleichgültiges Sich-Abfinden mit

---

1114 *Roxin/Greco,* Strafrecht Bd. 1, § 24 Rn. 76; *Schmucker,* S. 103.

1115 Siehe oben, 1. Teil § 2.

1116 *Deutscher/Körner,* wistra 1996, 292 (293).

1117 Die Handlungspflicht als solche ist demgegenüber nicht Teil des Tatbestands und muss daher auch nicht vom Vorsatz erfasst sein, vgl. Schönke/Schröder/*Sternberg-Lieben/Schuster,* § 15 Rn. 96.

1118 Die in diesem Punkt voneinander abweichenden Urteile des BGH im Lederspray- und Holzschutzmittelverfahren zeigen, dass die Abgrenzung zwischen bewusster Fahrlässigkeit und bedingtem Vorsatz auch hier zu den gewohnten Schwierigkeiten führt, *Vogel,* FS Lorenz, S. 65 (76 f.).

1119 Vgl. *Horn,* Konkrete Gefährdungsdelikte, S. 207 ff; Schönke/Schröder/*Sternberg-Lieben/Schuster,* § 15 Rn. 98a.

der Verletzung eines bestimmten Rechtsguts nicht gleichgesetzt werden kann mit dem Sich-Abfinden mit einer konkreten Gefährdung dieses Rechtsguts. So sei es im Einzelfall möglich, dass beispielsweise im Rahmen des § 306 Abs. 2 Nr. 1 StGB ein konkreter Gefährdungsvorsatz zwar festgestellt, gleichzeitig aber ein Tötungsvorsatz abgelehnt wird.[1120] Umso mehr muss dies gelten, wenn Bezugspunkt des Vorsatzes nicht eine bereits konkrete Gefahr für das Rechtsgut ist, sondern lediglich – einer Schädigung noch weiter vorgelagert – ein konkret gefährlicher Zustand.[1121]

Dennoch wird im Rahmen des potenziellen Gefährdungsdelikts eine vorsätzliche Begehung durch den Hersteller in vielen Fällen ebenso ausscheiden wie bei den Verletzungsdelikten.[1122] Denn im Zweifel wird man schon aufgrund der Interessenlage des Herstellers annehmen müssen, dass dieser, sofern wissenschaftlich gesicherte Erkenntnisse zur Schädlichkeit seines Produkts fehlen, davon ausgeht, dass dieses nicht gefährlich ist.[1123] Entgegen der landläufigen Annahme, dass die Verfolgung unternehmerischer Interessen mit einem hohen Maß an Rücksichtslosigkeit einhergeht und dem Hersteller die Schädigung von Verbrauchern daher gleichgültig ist, sind es nicht zuletzt Profiterwägungen, die eine Vermeidung von produktinduzierten Schäden gebieten. Die Kunden stellen die Ausgangsbasis des Verdienstes eines Herstellers dar – deren Schädigung fällt damit per se auf ihn zurück.[1124] Dies gilt im Falle eines Massenprodukts natürlich weniger für den Einzelfall als vielmehr für die mit einem solchen Skandal verbundenen Reputationsschäden und den Imageverlust. Langfristig ist es für den Hersteller daher meist vorteilhafter, möglichst transparent und kulant mit Produktrisiken umzugehen.[1125] Schon aus diesem Grunde wird im Zweifel davon auszugehen sein, dass der Hersteller, der angesichts eines ernstzunehmenden Gefahrverdachts nichts unternimmt, grundsätzlich darauf vertraut, dass von seinem Produkt keine Schädigungen ausgehen.[1126] Insbesondere auf voluntativer Ebene wird sich daher

---

1120 BGH v. 12.06.2008 – 4 StR 78/08 = NStZ-RR 2008, 309 (310); *Fischer*, § 15 Rn. 17; Schönke/Schröder/*Sternberg-Lieben/Schuster*, § 15 Rn. 98a m.w.N.

1121 5. Teil § 1 C. II. 1.

1122 Vgl. *Deutscher/Körner*, wistra 1996, 292 (293); *Winkelbauer*, in: *Foerste/v. Westphalen*, Produkthaftungshandbuch, § 80 (Rn. 22).

1123 Siehe hierzu die Ausführungen in Bezug auf die Feststellung von Vorsatz im vorinstanzlichen Lederspray-Urteil des LG Mainz bei *Schmucker*, S. 105.

1124 *Kühne*, NJW 1997, 1951 (1951).

1125 *Bodewig*, S. 98.

1126 Siehe hierzu auch die Ausführungen in BGH, NJW 1995, 2930 (2933).

regelmäßig nicht nachweisen lassen, dass der Hersteller sich mit der Herbeiführung eines konkret gefährlichen Zustands abgefunden hatte.[1127]

Trotz des vermutlich geringen praktischen Anwendungsbereichs ist die vorsätzliche Tatbegehung aber tatbestandlich zu erfassen. Auch wenn Unternehmerinteressen grundsätzlich gegen eine vorsätzliche Tatbegehung sprechen, gibt es natürlich auch hier Ausnahmen, in denen das verwirklichte Handlungsunrecht nach einer schärferen strafrechtlichen Reaktion verlangt.

Beispielhaft für einen besonders verwerflichen Fall unternehmerischer Kalkulation lässt sich der Ford-Pinto-Fall aus den USA anführen. Das Management erlangte hier Kenntnis von einer Fehlkonstruktion des Benzintanks der Modellreihe „Pinto", die dazu führte, dass der Tank bereits infolge leichter Auffahrunfälle platzen konnte. Die Autos waren zwar noch nicht in Verkehr gebracht, sondern lediglich die Produktion vorbereitet. Eine unternehmensinterne Kalkulation der nun drohenden Kosten ergab, dass die Produktionsumstellung deutlich höhere Kosten verursachen würde als möglicherweise drohende Schadensersatzverpflichtungen. Hierbei wurden der zu erwartende Schadensersatz und die Prozesskosten bei Zugrundelegung von 180 Toten und einer ebenso großen Anzahl Verletzter sowie 2100 zerstörten Fahrzeugen pro Jahr den Kosten gegenübergestellt, die bei Behebung des Fehlers in der Produktion bestünden.[1128] Die Verantwortlichen entschieden sich auf Basis ihrer Kalkulation dazu, keine Maßnahmen zur Gefahrabwendung zu ergreifen,[1129] woraufhin es zu einer ganzen Reihe teilweise tödlicher Unfälle kam. Zutreffend waren diese Berechnungen indes nicht, da zum einen ein zu niedriger Schadensersatzbetrag zugrunde gelegt und zum anderen die Möglichkeit der Verhängung von punitive damages nach US-amerikanischem Recht nicht einberechnet wurde. Dies zeigte sich in dem späteren Verfahren *Grimshaw v. Ford Motor Co.*, in dem das Unternehmen zu einer Zahlung von insgesamt 5,5 Millionen US-Dollar an nur einen einzigen Kläger verurteilt wurde.[1130]

1127 Vgl. *Eidam*, Unternehmen und Strafe, S. 303.

1128 *Lenk*, in: *Maring*, Fallstudien zur Ethik in Wissenschaft, Wirtschaft, Technik und Gesellschaft, S. 150. In der Kalkulation wurden Verletzte nur mit Schadensersatz i.H.v. 67.000 US-Dollar, Tote mit 200.000 US-Dollar pro Person berücksichtigt.

1129 Dass hier bereits das Inverkehrbringen pflichtwidrig war, wirkt sich bei der Bewertung des Vorsatzes nicht aus. Der Fall ist ebenso in der Konstellation denkbar, dass der Konstruktionsfehler vor Inverkehrbringen nicht erkennbar war und die Geschäftsführung entsprechend auch erst später Kenntnis hiervon erlangte.

1130 *Gildeggen*, Internationale Produkthaftung, S. 22.

In einem so extrem gelagerten Fall bereitet die Annahme von Vorsatz kaum Schwierigkeiten.[1131] Doch auch in weniger eindeutigen Konstellationen wird man sich mit der Frage auseinanderzusetzen haben, inwieweit der Hersteller tatsächlich auf einen guten Ausgang vertraut hat. Es bedarf stets einer Gesamtabwägung der konkreten Umstände des Einzelfalls. Denn die Überlegung, dass ein Unternehmen regelmäßig schon aus wirtschaftlichen Gründen ein Interesse daran hat, seine Kunden vor Schäden durch seine Produkte zu bewahren, führt nicht zwangsläufig dazu, dass jedenfalls bedingter Vorsatz nicht nachgewiesen werden kann. Insbesondere in Fällen, in denen hohe Kosten durch die Geltendmachung zivilrechtlicher Ansprüche drohen, kann hiervon nicht ohne Weiteres ausgegangen werden.

II. Strafbarkeit des untauglichen Versuchs

Strafwürdig ist im Falle der vorsätzlichen Tatbegehung nicht nur die vollendete Tat, sondern auch der Versuch, so dass auch dieser tatbestandlich erfasst werden soll. Zwar ist durch die Ausgestaltung als potenzielles Gefährdungsdelikt das Versuchsstadium deutlich verkürzt, da bereits die Schaffung eines konkret gefährlichen Zustands zur Vollendung der Tat genügt und es zu keiner Rechtsgutsverletzung kommen muss. Das bedeutet allerdings nicht, dass die Versuchsstrafbarkeit keine Relevanz hat. So eröffnet insbesondere die Strafbarkeit des untauglichen Versuchs die Möglichkeit, bestehendes Handlungsunrecht zu sanktionieren, auch wenn der objektive Tatbestand nicht vollständig erfüllt ist.

Ein untauglicher Versuch liegt etwa dann vor, wenn der Hersteller aufgrund einer Vielzahl von Schadensmeldungen im Zusammenhang mit der Verwendung seines Produkts zu der Überzeugung gelangt, dass dieses gefährlich ist. Trotz dieser Überzeugung wird er aber nicht tätig, da er fürchtet, dass sein Produkt in Verruf gerät, wenn er die Gefährlichkeit bekannt macht. Dabei findet er sich damit ab, dass Menschen zu Schaden kommen werden. Später stellt sich heraus, dass die Schadensfälle mit dem Produkt gar nicht in einem kausalen Zusammenhang standen, das Verhalten des Herstellers somit auch zu keiner Gefährdung führte. Es bleibt in einem solchen Fall dennoch bei einem strafbaren Versuch, da nach ganz überwiegender Ansicht die objektive Ungefährlichkeit eines Verhaltens die Annahme eines Versuchs nicht hindert, auch wenn sich dieser als untauglich erweist.[1132] Grund dafür ist, dass zwar das Erfolgsunrecht komplett entfällt, das Handlungsunrecht aber gleichwohl bestehen bleibt, so dass ein strafwürdiges

1131 So auch *Schmucker*, S. 106.

1132 Statt vieler BGH v. 29.04.1958 = NJW 1958, 1051 (1052); MüKoStGB/*Hoffmann-Holland*, § 22 Rn. 57; Lackner/Kühl/*Heger*, § 22 Rn. 12.

Verhalten vorliegt. Eine Sanktionierung ist mithin beim vorsätzlichen Unterlassen von Gefahrabwendungsmaßnahmen auch dann möglich, wenn es später nicht gelingen sollte, den Nachweis der generellen Kausalität zu führen.

B. Fahrlässige Tatbegehung

Im Fokus steht bei Produkthaftungsfällen die fahrlässige Tatbegehung. Eine Definition der Fahrlässigkeit weist das Strafgesetzbuch – anders als das Bürgerliche Gesetzbuch mit der Legaldefinition in § 276 Abs. 2 StGB – nicht auf.[1133] Überwiegend hat sich jedoch das Verständnis durchgesetzt, dass Fahrlässigkeit vorliegt, wenn die Tatbestandsverwirklichung auf einer objektiven Sorgfaltspflichtverletzung beruht und objektiv vorhersehbar und dem Täter überdies ein subjektiver Schuldvorwurf gemacht werden kann.[1134] In Bezug auf das Unterlassen von Gefahrabwendungsmaßnahmen kann sich die Fahrlässigkeit im Verkennen des ernstzunehmenden Gefahrverdachts bzw. der Produktgefährlichkeit[1135] ebenso niederschlagen wie in der fehlerhaften Auswahl oder Durchführung der erforderlichen Gefahrabwendungsmaßnahmen oder sonstigen Fehleinschätzungen der tatbestandsmäßigen Situation.[1136] Ob die Möglichkeit der Tatbestandsverwirklichung dabei überhaupt nicht in Betracht gezogen oder zwar erkannt, aber ernsthaft darauf vertraut wurde, dass sie ausbleiben werde, spielt keine Rolle.[1137] Terminologisch wird dieser Unterschied als die Abgrenzung zwischen unbewusster und bewusster Fahrlässigkeit erfasst. Da der Gesetzgeber diese Differenzierung allerdings nirgends abbildet, sind die Rechtsfolgen zumindest abstrakt dieselben. Die höhere Strafwürdigkeit der bewussten Fahrlässigkeit wirkt sich daher nur im Rahmen der konkreten Strafzumessung aus.[1138] Der Fahrlässigkeitsvorwurf knüpft an die im Rahmen der Produktbeobachtung bestehenden Sorgfaltspflichten an. Welche Schwierigkeiten hierbei schon die Gefahreinschätzung mangels klarer normativer Vorgaben bereiten kann, wurde bereits ausführlich erörtert.[1139] Zu der Komplexität der Entscheidung tritt in vielen Fällen noch ein kritisches

---

1133 *Fischer*, § 15 Rn. 19.

1134 Siehe nur BGH v. 26.05.2004 – 2 StR 505/03 = NJW 2004, 2458 (2460); *Fischer*, § 15 Rn. 19 f.; Lackner/Kühl/*Heger*, § 15 Rn. 36 ff.; NK-StGB/*Paeffgen/Böse/Eidam*, § 229 Rn. 6 ff.; Schönke/Schröder/*Sternberg-Lieben/Schuster*, § 15 Rn. 120 ff.

1135 Siehe zu dem bestehenden Unterschied 5. Teil § 4 A. I.

1136 Vgl. Schönke/Schröder/*Sternberg-Lieben/Schuster*, § 15 Rn. 132a.

1137 Lackner/Kühl/*Heger*, § 15 Rn. 53.

1138 Vgl. *Roxin*, Strafrecht Bd. 1, § 24 Rn. 68, der auf die „ceteris paribus“ höhere Strafwürdigkeit der bewussten Fahrlässigkeit hinweist.

1139 Siehe 5. Teil § 2 B. II und 5. Teil § 2 C. I. 2.

Zeitmoment hinzu, da die Konfrontation mit produktinduzierten Gesundheitsschäden häufig ein schnelles Handeln erfordert. Selbst größere Unternehmen können hier an ihre Grenzen stoßen.[1140]

Die geschilderten Schwierigkeiten, denen der Hersteller eines unter Gefahrverdacht geratenen Unternehmens begegnet, werfen die Frage auf, ob an die Fahrlässigkeit nicht höhere Anforderungen zu stellen sind. Denn ob bei den komplexen Sorgfaltsanforderungen, denen ein betroffenes Unternehmen zu genügen hat, auch bei bloß einfacher Fahrlässigkeit von strafwürdigem Unrecht auszugehen ist, ist zweifelhaft.[1141]

Die Unterscheidung nach verschiedenen Graden der Fahrlässigkeit ist im Strafrecht nicht der Regelfall. Meist wird tatbestandlich jede Form der Fahrlässigkeit erfasst und erst auf Ebene der Strafzumessung kann gegebenenfalls die Intensität des Fahrlässigkeitsverschuldens Berücksichtigung finden.[1142] Es gibt jedoch auch eine Reihe von Tatbeständen, die lediglich die *leichtfertige* Tatbegehung unter Strafe stellen. Im Kernstrafrecht findet sich das Merkmal der Leichtfertigkeit etwa im Grundtatbestand der §§ 97 Abs. 2, 138 Abs. 3, 109g Abs. 4, 261 Abs. 6, 264 Abs. 5, 345 Abs. 2 StGB sowie besonders häufig bei den erfolgsqualifizierten Delikten, zum Beispiel den §§ 176d, 178, 239a Abs. 3, 239b Abs. 2, 251, 283 Abs. 4 Nr. 2, 283 Abs. 5 Nr. 2, 306c, 316c Abs. 3 StGB.[1143]

Nach der Vorstellung des Gesetzgebers ist mit dem Begriff der Leichtfertigkeit eine grobe bzw. wesentlich gesteigerte Fahrlässigkeit gemeint.[1144] Der BGH beschreibt diese mit einem Verhalten, bei dem die im Verkehr erforderliche Sorgfalt aus besonderem Leichtsinn oder aus besonderer Gleichgültigkeit außer Acht gelassen wird, obwohl die Tatbestandsverwirklichung sich dem Täter hätte aufdrängen müssen.[1145] Trotz der unverkennbaren Parallele dieses Verständnisses zur groben Fahrlässigkeit im Sinne des Zivilrechts, kann diese mit der Leichtfertigkeit nicht gleichgesetzt werden.[1146] Zum einen bestünden hiergegen grundsätzliche Bedenken aufgrund der unterschiedlichen Zweckrichtung der beiden

---

1140 *Wagner/Ruttloff*, BB 2018, 1288 (1289).

1141 Vgl. *Koch*, S. 82 ff.

1142 Schönke/Schröder/*Sternberg-Lieben/Schuster,* § 15 Rn. 205.

1143 *Roxin/Greco,* Strafrecht Bd. 1, § 24 Rn. 81.

1144 BT-Drucks. IV/650, S. 132.

1145 BGH v. 09.11.1984 – 2 StR 257/84 = NJW 1985, 690; BGH v. 07.02.2001 – 5 StR 474/00 = NJW 2001, 1802 (1804); BGH v. 20.05.2010 – 5 StR 138/10 = NStZ-RR 2012, 311 (312).

1146 MüKoStGB/*Duttge,* § 15 Rn. 193; *Roxin/Greco,* Strafrecht Bd. 1, § 24 Rn. 82; *Steinberg*, ZStW 2019, 888 (889 ff.), der deshalb vorschlägt, bei der Leichtfertigkeit von einem sehr fahrlässigen Verhalten statt eines grob fahrlässigen Verhaltens zu sprechen.

Rechtsmaterien.[1147] Zum anderen müssen im Strafrecht zumindest auf der Schuldebene die individuellen Fähigkeiten des Täters berücksichtigt werden, was im Zivilrecht nicht der Fall ist.[1148]

In Rechtsprechung[1149] und Literatur[1150] findet sich immer wieder der Hinweis, dass sich die Leichtfertigkeit durch ihre besondere Vorsatznähe auszeichne, es mithin um Fälle gehe, die an eine vorsätzliche Begehung grenzen. Dies als richtig unterstellt, könnte Leichtfertigkeit allein im Bereich der bewussten Fahrlässigkeit angenommen werden. Denn da es nach herrschender Meinung gerade das voluntative Element ist, das den Vorsatz von der Fahrlässigkeit qualitativ unterscheidet,[1151] ließe sich die Vorsatznähe der Leichtfertigkeit allenfalls am Vorliegen eines besonders hohen Grades an Erfolgswissen festmachen.[1152] Dies kann aufgrund der grundsätzlichen Gleichwertigkeit von bewusster und unbewusster Fahrlässigkeit[1153] jedoch nicht überzeugen.[1154] Folglich kann es ebenso bewusste und unbewusste Leichtfertigkeit geben.

Fraglich ist nun, ob eine Strafbarkeit des Produktherstellers lediglich bei leichtfertigem Unterlassen von Gefahrabwendungsmaßnahmen zu kriminalpolitisch sachgerechten Ergebnissen führt. Maßgeblich hierfür ist, ob bei bloß einfach fahrlässigem Verhalten strafwürdiges Handlungsunrecht vorliegt.[1155]

Berücksichtigt werden muss, dass bei der Vielzahl an Sorgfaltsanforderungen, denen ein Hersteller von Produkten genügen muss, Fehler praktisch kaum vermeidbar sind.[1156] Dies gilt umso mehr, als die Sorgfaltspflichten eines Produktherstellers nirgends explizit und umfassend gesetzlich festgeschrieben sind, so dass diesbezüglich ein erheblicher Interpretationsspielraum besteht, der sich auch durch eine gesteigerte Fehleranfälligkeit auszeichnet. Gezeigt hat sich dies besonders

---

1147 Siehe hierzu schon 5. Teil § 2 A. I.

1148 MüKoStGB/*Duttge*, § 15 Rn. 193; *Roxin/Greco*, Strafrecht Bd. 1, § 24 Rn. 82; *Steinberg*, ZStW 2019, 888 (890 f.).

1149 BGH v. 24.06.2008 – 5 StR 89/08 = NJW 2008, 2516 (2517); BGH v. 20.05.2010 – 5 StR 138/10 = NStZ-RR 2011, 311 (312).

1150 Etwa noch MüKoStGB/*Neuheuser*, § 264 Rn. 108 (3. Aufl. 2019); LK/*Tiedemann*, § 264 Rn. 145.

1151 Siehe nur Lackner/Kühl/*Heger*, § 15 Rn. 56; *Rengier*, § 14 Rn. 5, 10, 17 ff.; *Roxin/Greco*, Strafrecht Bd. 1, § 24 Rn. 79 f.

1152 MüKoStGB/*Duttge*, § 15 Rn. 192.

1153 *Jescheck/Weigend*, § 54 II 1.

1154 MüKoStGB/*Duttge*, § 15 Rn. 192; Matt/Renzikowski/*Gaede*, § 15 Rn. 46; *Steinberg*, ZStW 2019, 888 (889); Schönke/Schröder/*Sternberg-Lieben/Schuster*, § 15 Rn. 205.

1155 3. Teil § 1 B. II.

1156 *Koch*, S. 84 ff.

deutlich etwa an der Nachforschungspflicht, die dem Hersteller bezüglich eines aufkommenden Gefahrverdachts obliegen kann.[1157] Sowohl bei der Frage, ob und wann eine eigenständige Nachforschung erwartet wird als auch bezüglich deren genauer Ausgestaltung gibt es nur wenige abstrakte Vorgaben. Dies hat zur Folge, dass klare Grenzziehungen nicht möglich sind. Dies hat auch zur Folge, dass ein Vorgehen, das in einem Moment noch als sorgfaltsgemäß angesehen wird, schon im nächsten pflichtwidrig sein kann. Ähnliches gilt für die Einschätzung, ob ein Gefahrverdacht bereits ernstzunehmend ist und in welchem Umfang eine etwaige Warnaktion durchzuführen ist. Denn auch wenn es – wie gezeigt wurde[1158] – möglich ist, Orientierungsmerkmale auszuweisen, bleibt die Entscheidung aus Perspektive des Herstellers ein riskanter Wertungsprozess. Dies sollte aus strafrechtlicher Perspektive berücksichtigt und dem Hersteller sollten Fehlentscheidungen in einem gewissen Umfang zugebilligt werden. Denn in diesem Bereich liegt keine so schwerwiegende individuelle Vorwerfbarkeit vor, dass eine strafrechtliche Reaktion zwingend erforderlich wäre. Bloße unternehmerische Fehlentscheidungen, die durch unglückliche Umstände eine Gefährdung von Menschen nach sich ziehen, weisen damit nicht das erforderliche qualifizierte Handlungsunrecht auf.

Anders ist dies erst dann, wenn der Hersteller aus besonderer Gleichgültigkeit oder besonderem Leichtsinn untätig bleibt, obwohl sich ihm hätte aufdrängen müssen, dass durch seine Produkte Menschen gefährdet werden. Ist dies der Fall, liegt ein so gravierendes persönliches Fehlverhalten und damit Handlungsunrecht vor, dass eine strafrechtliche Reaktion angemessen ist. Dabei können durch das Merkmal der Leichtfertigkeit gerade auch die Fälle erfasst werden, bei denen der Vorsatz am voluntativen Element scheitert, weil dem Hersteller zumindest nicht widerlegt werden kann, dass er auf einen guten Ausgang vertraute. Darüber hinaus kommt es auf diese Weise zu einer sinnvollen Abstufung zwischen zivilrechtlicher Haftung schon im Bereich der einfachen Fahrlässigkeit und strafrechtlicher Verantwortlichkeit erst für leichtfertiges und deshalb besonders vorwerfbares Verhalten, die das im Strafrecht geltende ultima ratio-Prinzip abbildet. Dies gilt allerdings nur im Anwendungsbereich des § 314a StGB. Sofern darüber hinaus bei Vorliegen eines zurechenbaren Schadens auch eine fahrlässige Körperverletzung nach § 229 StGB in Form eines unechten Unterlassungsdeliktes einschlägig ist, für die einfache Fahrlässigkeit genügt, besteht eine Abstufung gegenüber dem Zivilrecht nicht mehr. Aufgrund des in diesem Fall gravierenderen Erfolgsunrechts ist hierin jedoch kein Widerspruch zu sehen.

1157 5. Teil § 2 C. I. 2.

1158 5. Teil § 2 B. II. 4 und 5. Teil § 2 C. II. 2.

6. Teil Zusammenfassung und Gesetzesvorschlag

Bevor abschließend ein konkreter Gesetzesvorschlag unterbreitet wird, soll zunächst noch einmal anhand des Untersuchungsgangs nachvollzogen werden, weshalb eine Spezialregelung der Handlungspflichten des Produktverantwortlichen in den Fällen des pflichtgemäßen Inverkehrbringens von Produkten notwendig ist, wo diese zu verorten ist und was bei der Auslegung der Tatbestandsmerkmale grundsätzlich zu beachten ist.

Ob und wie eine Garantenstellung des bei Inverkehrbringen pflichtmäßig handelnden Herstellers zu legitimieren ist, wird seit langem kontrovers diskutiert. Richtigerweise ergibt sich die Sonderverantwortung im Sinne des § 13 StGB jedoch aus der Gefahrquellenverantwortung. Der Begriff der Gefahrquellenverantwortung ist heterogen auszufüllen, so dass nicht allein das Kriterium der Herrschaft, sondern daneben auch die Gefahrschaffung sowie die Organisationszuständigkeit maßgeblich sind.[1159] Angesichts dieses Ergebnisses hat eine Spezialregelung daher zunächst einmal Klarstellungsfunktion. Darüber hinaus können auf diese Weise jedoch Strafbarkeitslücken geschlossen werden, die bei konsequenter Beachtung des Kausalitätserfordernisses im Rahmen der Verletzungserfolgsdelikte entstehen.[1160] Weder der Besondere Teil des Strafgesetzbuches noch das Nebenstrafrecht halten hierfür de lege lata Vorschriften bereit.[1161]

Die Spezialregelung ist als § 314a im 28. Abschnitt des Strafgesetzbuches zu verorten. Dies ist deshalb sachgemäß, weil es sich um ein gemeingefährliches Delikt handelt, welches inhaltliche Nähe zu § 314 StGB aufweist. Die Problematik der Herstellerpflichten in Bezug auf bereits in Verkehr gebrachte Produkte ist maßgeblich durch die große Reichweite von Produkten und dem damit einhergehenden Mangel an Kontrollmöglichkeiten geprägt. Den von einem Produkt ausgehenden Gefahren sind damit im Regelfall eine Vielzahl von Menschen ausgesetzt, so dass weniger die individuelle Rechtsgutsverletzung im Vordergrund steht als vielmehr der potenziell große Kreis an Geschädigten.[1162] Dies gilt ebenso für den § 314 Abs. 1 Nr. 2 StGB, der teilweise als die zentrale Verbraucherschutzvorschrift

1159 2. Teil § 2 A. IV.
1160 5. Teil § 1 A. II.
1161 3. Teil § 2.
1162 4. Teil § 2 A.

des Strafgesetzbuches angesehen wird, dieser Bezeichnung aus verschiedenen Gründen aber nicht gerecht werden kann.[1163]

Aufgrund der Vielgestaltigkeit von Produkthaftungssachverhalten muss im Tatbestand des § 314a StGB auf abstrakte Begriffe zur Umschreibung des tatbestandsmäßigen Verhaltens zurückgegriffen werden. Ziel hiervon ist nicht die Herbeiführung einer möglichst weitreichenden Kriminalisierung, sondern die Vermeidung einer sachgrundlosen und damit willkürlichen Beschränkung auf bestimmte Konstellationen. Die Vorschrift soll all diejenigen Fälle erfassen, deren materieller Unrechtsgehalt vergleichbar ist. Eine gewisse begriffliche Abstraktion ist hierbei kaum zu vermeiden. Zwar könnte man diesbezüglich die Leistungsfähigkeit der Regelung in Frage stellen, da das angemahnte Konkretisierungsbedürfnis durch den Wortlaut der gesetzlichen Regelung selbst kaum Befriedigung erfährt. Die erheblichen Nachteile, die eine übermäßige tatbestandliche Konkretisierung mit sich bringt, zeigen sich aber etwa an der nebenstrafrechtlichen Regelungstechnik, die durch ihre Kleinteiligkeit selbst für Rechtsanwender nur schwer zu überblicken ist und letztlich zu einer Diffusion des verwirklichten Unrechts führt.[1164]

Der Regelungsgehalt des Tatbestands muss strafrechtsautonom bestimmt werden. Zivilrechtliche Verkehrssicherungspflichten können bei der Auslegung der Tatbestandsmerkmale lediglich zur Orientierung herangezogen werden. Darüber hinaus bilden sie die äußerste Grenze dessen, was als strafrechtlich missbilligtes Verhalten anzusehen ist.[1165] Im Übrigen lassen sich zur Bestimmung spezifisch strafrechtlichen Fehlverhaltens verschiedene Kriterien heranziehen. Relevant sind hier die Vorhersehbarkeit von Gefahren, die Orientierung an Maßfiguren, die Einhaltung von Sondernormen, Vertrauenstatbestände durch behördliche Stellungnahmen, der Vertrauensgrundsatz sowie das Eigenverantwortlichkeitsprinzip.[1166] Diese Kriterien finden sowohl bei der Frage des Adressaten der Handlungspflicht als auch des erforderlichen Gefahrverdachtsgrades sowie bei dem Umfang der Handlungspflichten ihren Niederschlag.

Im Folgenden wird abschließend ein konkreter Gesetzesvorschlag unterbreitet, und die einzelnen Merkmale werden noch einmal kurz erläutert:

1163 3. Teil § 2 B.

1164 3. Teil § 2 A. II und 5. Teil § 2.

1165 5. Teil § 2 A. I.

1166 5. Teil § 2 A. II.

§ 314a StGB (Unterlassene Gefahrabwendungsmaßnahmen des Produktverantwortlichen)

(1) Wer als Hersteller eines in Verkehr gebrachten Produkts oder hierfür vergleichbar Verantwortlicher im Falle eines ernstzunehmenden Verdachts der Gefährlichkeit dieses Produkts nicht die erforderlichen und ihm nach den konkreten Umständen zumutbaren Gefahrabwendungsmaßnahmen ergreift und dadurch Leben oder Gesundheit von Menschen einem gefährlichen Zustand aussetzt, wird mit Freiheitsstrafe bis zu drei Jahren oder mit Geldstrafe bestraft.

(2) Erforderlich zur Gefahrabwendung ist regelmäßig die Durchführung einer Warnaktion.

(3) Der Versuch ist strafbar.

(4) Wer im Falle des Absatzes 1 leichtfertig handelt, wird mit Freiheitsstrafe bis zu einem Jahr oder mit Geldstrafe bestraft.

1. Normadressat ist primär der Hersteller. Dies umfasst sowohl den Hersteller eines Endprodukts als auch den Hersteller von Teilprodukten, also Zulieferer.[1167] Darüber hinaus sind auch vergleichbar Produktverantwortliche von der Norm erfasst. Vergleichbar produktverantwortlich wie der Hersteller können unter besonderen Umständen bestimmte Vertriebshändler sein. Dies sind insbesondere der Quasi-Hersteller und der Importeur[1168] sowie organisatorisch eng mit dem Hersteller verbundene Vertriebsgesellschaften[1169]. Diese sind zwar am Herstellungsprozess selbst nicht beteiligt, rücken aber an der entscheidenden Stelle in die Verantwortlichkeit des Herstellers ein, indem sie sich zumindest äußerlich in besonderem Maße mit dem Produkt identifizieren und dadurch gegenüber dem Verbraucher als Träger der geschützten Rechtsgüter eine hervorgehobene Marktposition einnehmen.

2. Die Verantwortlichen sind zum Handeln verpflichtet, wenn ein ernstzunehmender Verdacht der Produktgefährlichkeit aufkommt. Wann dies der Fall ist, richtet sich nach den Umständen des Einzelfalls. Maßgeblich sind vor allem Schwere und Wahrscheinlichkeit der drohenden Gesundheitsschädigungen.[1170] Eine grobe Orientierung bei der Bewertung eines Gefahrverdachts wird durch die Bildung von Fallgruppen ermöglicht. Eine entscheidende Rolle kommt hierbei

1167 5. Teil § 3 B. I und 5. Teil § 3 B. II.
1168 5. Teil § 3 B. III. 1.
1169 5. Teil § 3 B. III. 2.
1170 5. Teil § 2 B. II.

vor allen Dingen dem gegenwärtigen Stand der Wissenschaft sowie etwaigen behördlichen Stellungnahmen zu.[1171]

3. Der Gefahrbegriff ist im Kontext der Produktgefährlichkeit einzuschränken. Hierbei kann man sich am produktsicherheitsrechtlichen Verständnis von Produktgefahren orientieren. Das heißt, Bagatellgefahren und produktimmanente Gefahren fallen nicht darunter.[1172] Maßgeblich ist ansonsten insbesondere die Art der Verwendung. Grundsätzlich bezieht sich die Verantwortlichkeit des Herstellers nur auf Gefahren bei bestimmungsgemäßem und damit sorgfältigem Gebrauch.[1173] Allerdings ist dem Umstand Rechnung zu tragen, dass Alltagsgegenstände häufig auch außerhalb des bestimmungsgemäßen Gebrauchs genutzt werden. Ist ein Fehlgebrauch des Produkts für den Hersteller vorhersehbar und könnte die fehlerhafte Verwendung auch einem besonnenen und sich sonst sorgfältig verhaltenden Produktnutzer unterlaufen, muss der Hersteller auch die sich aus einem solchen Gebrauch ergebenden Gefahren in seine Instruktionen miteinbeziehen und gegebenenfalls nachträglich darauf hinweisen.[1174] Diese Verpflichtung reicht bis zur Grenze des irrationalen Fehlgebrauchs bzw. Produktmissbrauchs. Ist diese überschritten, ist der Verantwortungsbereich des Herstellers nicht mehr betroffen. Es handelt sich dann um eine eigenverantwortliche Selbstgefährdung.[1175]

4. Der Produktverantwortliche hat die erforderlichen und ihm nach den konkreten Umständen zumutbaren Gefahrabwendungsmaßnahmen zu ergreifen. Dies wird regelmäßig eine umfassende, das heißt auch öffentliche Warnaktion sein. Deutlich wurde dies im Pflegebetten-Urteil des BGH, in dem ausgeführt wird, dass eine Warnung zur Gefahrabwendung grundsätzlich ausreicht.[1176] Zwar soll es von diesem Grundsatz Ausnahmen geben. Eine genauere Betrachtung zeigt aber, dass die vom BGH benannten Ausnahmekonstellationen bei Anwendung der strafrechtlichen Bewertungskriterien kein abweichendes Ergebnis rechtfertigen. Die Analyse der erfolgsbeeinflussenden Faktoren eines Rückrufs legt vielmehr nahe, dass dieser allenfalls durch das Setzen wirtschaftlicher Anreize und die dadurch verbundene Motivation der Verbraucher zur Teilnahme bessere Ergebnisse erzielt als eine Warnaktion. Aufgrund des Eigenverantwortlichkeitsprinzips kann dies bei der strafrechtlichen Bewertung aber keine Berücksichtigung

1171 5. Teil § 2 B. II. 4.
1172 5. Teil § 2 B. I.
1173 5. Teil § 2 B. I. 1.
1174 5. Teil § 2 B. I. 2.
1175 5. Teil § 2 B. I. 3.
1176 5. Teil § 2 C. II. 1. b).

finden. Die entscheidenden Faktoren der Erreichbarkeit der Verbraucher und der Verständlichkeit der Informationen sind unabhängig davon, ob ein Rückruf oder eine Warnaktion durchgeführt wird.[1177]

5. Eine umfassende Warnaktion wird bei Verbraucherprodukten in der Regel die Einbeziehung der einschlägigen Warnportale und unter Umständen auch der öffentlichen Medien bedeuten. Der Weg über die Öffentlichkeit scheidet lediglich dann aus, wenn es eine Möglichkeit gibt, die Produktnutzer zu ermitteln und direkt oder über einen Händler Kontakt zu diesen aufzunehmen.[1178] Je größer die drohenden Schäden sind, desto mehr Aufwand muss betrieben werden. Dabei ist unter Zumutbarkeitsaspekten jedoch zu beachten, dass nur solche Maßnahmen zu fordern sind, die im Produktbereich allgemein geläufig sind. Besondere Bedeutung hat bei der Durchführung einer Warnaktion die inhaltliche Ausgestaltung der Informationen. Diese muss die bestehenden Gefahren auch für Laien unmissverständlich deutlich machen und bei erheblichen Gesundheitsschädigungen auch die wesentlichen Funktionszusammenhänge, die zu der Gefährlichkeit führen, offenlegen. Ferner muss der Hersteller konkrete Hinweise zum Umgang mit der Gefahr geben.[1179]

6. Die geschützten Rechtsgüter Leben und Gesundheit von Menschen müssen ferner durch das Unterlassen in einen konkret gefährlichen Zustand versetzt werden.[1180] Anders als die bisherigen Gesetzesvorschläge, die als abstrakte Gefährdungsdelikte ausgestaltet waren[1181] oder eine neue Kategorie der Risikodelikte befürworteten,[1182] handelt es sich bei § 314a StGB um ein potenzielles Gefährdungsdelikt. Die Feststellung der generellen Kausalität, also der objektiven Gefährlichkeit des Produkts, ist damit zwingend, da ein konkret gefährlicher Zustand nur bestehen kann, wenn tatsächlich die naheliegende Möglichkeit eines Schadenseintritts besteht.[1183] Hierin ist indes kein Manko, sondern eine notwendige Sicherung strafrechtlicher Grundprinzipien zu erblicken. Dies gilt umso mehr, als die Feststellung der generellen Kausalität der freien richterlichen Beweiswürdigung unterliegt und auch unabhängig von einem strengen Kausalgesetz möglich ist.[1184] Demgegenüber lässt sich durch die Ausgestaltung als potenzielles

1177 5. Teil § 2 C. II. 1. c).
1178 5. Teil § 2 C. II. 2. a).
1179 5. Teil § 2 C. II. 2. b).
1180 5. Teil § 1 C. II. 1.
1181 5. Teil § 1 B. I.
1182 5. Teil § 1 B. II.
1183 5. Teil § 1 C. II. 2.
1184 5. Teil § 1 A. I.

Gefährdungsdelikt den Schwierigkeiten bei der Feststellung der Quasi-Kausalität begegnen, da die Risikoerhöhung hier tatbestandlicher Erfolg ist und nicht der Umgehung des Kausalitätsprinzips bei der Zurechnung eines Verletzungserfolgs dient.[1185]

7. Das Delikt kann vorsätzlich oder leichtfertig verwirklicht werden. Aufgrund der Interessenlage von Herstellern wird man von einer vorsätzlichen Tatbegehung mangels Vorliegens eines voluntativen Elements allerdings nur ausnahmsweise ausgehen können.[1186] Der Fokus liegt damit auf der fahrlässigen Tatbegehung. Da ein lediglich einfach fahrlässiges Unterlassen von Gefahrabwendungsmaßnahmen aber nicht strafwürdig ist, sind erhöhte Anforderungen zu stellen, so dass nur die leichtfertige Tatbestandsverwirklichung unter Strafe gestellt ist.[1187]

1185 5. Teil § 1 C. II. 3

1186 5. Teil § 4 A.

1187 5. Teil § 4 B.

Literaturverzeichnis

Achenbach, Hans; Ransiek, Andreas; Rönnau, Thomas (Hrsg.), Handbuch Wirtschaftsstrafrecht, 5. Auflage, Heidelberg 2019.

Alexander, Thorsten, Die strafrechtliche Verantwortlichkeit für die Wahrung der Verkehrssicherungspflichten in Unternehmen, Herbolzheim 2005.

Altpeter, Frank; Strafwürdigkeit und Straftatsystem, Frankfurt am Main 1990.

Arzt, Gunther, Zur Garantenstellung beim unechten Unterlassungsdelikt (2. Teil 1. Hälfte), JA 1980, 647 ff.

Arzt, Gunther, Zur Garantenstellung beim unechten Unterlassungsdelikt (2. Teil, 2. Hälfte), JA 1980, 712 ff.

Arzt, Gunther; Weber, Ulrich; Heinrich, Bernd; Hilgendorf, Eric, Strafrecht Besonderer Teil, 4. Auflage, Bielefeld 2021.

Bar, Christian von, Verkehrspflichten. Richterliche Gefahrsteuerungsgebote im deutschen Deliktsrecht, Köln 1980.

Bärwinkel, Richard, Zur Struktur der Garantieverhältnisse bei den unechten Unterlassungsdelikten, Berlin 1968.

Baumann, Jürgen; Weber, Ulrich; Mitsch, Wolfgang; Eisele, Jörg, Strafrecht Allgemeiner Teil, 13. Auflage, Bielefeld 2021.

Beck, Thomas Alexander, Die präventive Durchsetzung der Rückrufpflicht. Möglichkeiten zur Erzwingung eines Produktrückrufs, Tübingen 2002.

Beck, Ulrich, Risikogesellschaft. Auf dem Weg in eine andere Moderne, Frankfurt am Main 1986.

Becker, Ulrich; Rusch, Konrad, Das Problem des Entwicklungsrisikos und der state of the art defense im deutschen, französischen und US-amerikanischen Recht, ZEuP 2000, 90 ff.

Beulke, Werner; Bachmann, Gregor, Die „Lederspray-Entscheidung“ – BGHSt 37, 106, JuS 1992, 737 ff.

Bloy, René, Die strafrechtliche Produkthaftung auf dem Prüfstand der Dogmatik, in: *Bloy/Böse/Hillenkamp/Momsen/Rackow,* Gerechte Strafe und legitimes Strafrecht, Berlin 2010, 35 ff.

Bock, Barbara, Produktkriminalität und Unterlassen. Zur strafrechtlichen Haftung des Herstellers fehlerhafter Waren unter besonderer Berücksichtigung seiner Handlungspflichten, Berlin 1997.

Bock, Dennis, Criminal Compliance, 2. Auflage, Baden-Baden 2013.

Bode, Bernd-Dieter, Zur strafrechtlichen Produkthaftung, in: *Geiß*, 50 Jahre Bundesgerichtshof: Festschrift aus Anlaß des fünfzigjährigen Bestehens von Bundesgerichtshof, Bundesanwaltschaft und Rechtsanwaltschaft beim Bundesgerichtshof, Köln 2000, 515 ff.

Bodewig, Theo, Der Rückruf fehlerhafter Produkte. Eine Untersuchung der Rückrufpflichten und Rückrufansprüche nach dem Recht Deutschlands, der Europäischen Union und der USA, Tübingen 1999.

Bohnert, Joachim, Fahrlässigkeitsvorwurf und Sondernorm, JR 1982, 6 ff.

Bohnert, Joachim, Die Verletzung der Fürsorgepflicht und die Garantie der Sozialarbeiter, ZStW 2005, 290 ff.

Bosch, Nikolaus, Organisationsverschulden in Unternehmen, Baden-Baden 2002.

Bottke, Wilfried, Haftung aus Nichtverhütung von Straftaten Untergebener in Wirtschaftsunternehmen de lege lata, Berlin 1994.

Bottke, Wilfried; Mayer, Herbert, Krankmachende Bauprodukte. Produkthaftung aus zivil- und strafrechtlicher Sicht unter besonderer Berücksichtigung krankmachender Gebäude (Sick Building Syndrom) (Teil 2), ZfBR 1991, 233 ff.

Brammsen, Joerg, Die Entstehungsvoraussetzungen der Garantenpflichten, Berlin 1986.

Brammsen, Joerg, Strafrechtliche Rückrufpflichten bei fehlerhaften Produkten?, GA 1993, 97 ff.

Brüggemeier, Gert, Zur Frage der Produzentenhaftung eines Importeurs und des Umfangs des Eigentumsschutzes, JZ 1994, 578 ff.

Bruns, Hans-Jürgen, Ungeklärte materiell-rechtliche Fragen des Contergan-Prozesses, in: *Blei/Lüttger/Hanau*, Festschrift für Ernst Heinitz zum 70. Geburtstag, Berlin 2017, 317 ff.

Bruns, Hans-Jürgen, Ungeklärte verfahrensrechtliche Fragen des Contergan-Prozesses, in: *Schroeder/Zipf*, Festschrift für Reinhart Maurach zum 70. Geburtstag, Karlsruhe 1972, 469 ff.

Burckhardt, Markus, „BGH konkretisiert Pflichten des Herstellers bei Produkten mit Sicherheitsmängeln", BB 2009, 627 ff.

Burgstaller, Manfred, Das Fahrlässigkeitsdelikt im Strafrecht. Unter besonderer Berücksichtigung der Praxis in Verkehrssachen, Wien 1974.

Busch, Ralf, Unternehmen und Umweltstrafrecht, Osnabrück 1997.

Calliess, Rolf-Peter, Strafzwecke und Strafrecht – 40 Jahre Grundgesetz – Entwicklungstendenzen vom freiheitlichen zum sozial-autoritären Rechtsstaat?, NJW 1989, 1338 ff.

Coelln, Sibylle von, Das „rechtliche Einstehenmüssen" beim unechten Unterlassungsdelikt. Die Emanzipation der Garantenstellung von einzelnen Fallgruppen, Berlin 2008.

Colussi, Marc, Produzentenkriminalität und strafrechtliche Verantwortung, Frankfurt am Main 2003.

Contreras, Lautaro, Normative Kriterien zur Bestimmung der Sorgfaltspflichten des Produzenten. Eine rechtsvergleichende Analyse aus der Perspektive Deutschlands und Spaniens, Berlin 2012.

Cramer, Peter, Der Vollrauschtatbestand als abstraktes Gefährdungsdelikt, Tübingen 1962.

Daunderer, Max, Handbuch der Umweltgifte. Klinische Umwelttoxikologie für die Praxis, Ergänzungslieferung 06/2006, Landsberg am Lech 1993.

Dauner-Lieb, Barbara; Langen, Werner (Hrsg.), BGB Schuldrecht, 4. Auflage, Baden-Baden 2021.

Deutscher, Jörg; Körner, Peter, Die strafrechtliche Produktverantwortung von Mitgliedern kollegialer Geschäftsleitungsorgane. -Eine Einführung unter besonderer Berücksichtigung der Rechtsprechung des BGH- (Teil 1), wistra 1996, 292 ff.

Deutscher, Jörg; Körner, Peter, Die strafrechtliche Produktverantwortung von Mitgliedern kollegialer Geschäftsleitungsorgane. -Eine Einführung unter besonderer Berücksichtigung der Rechtsprechung des BGH- (Teil 2), wistra 1996, 327 ff.

Dietborn, Christof; Müller, Alexander, Beschränkung der deliktischen Herstellerpflichten: Kein Produktrückruf und kostenloser Austausch, BB 2007, 2358 ff.

Domeier, Danja, Gesundheitsschutz und Lebensmittelstrafrecht. Zur Konkretisierung der Verkehrspflichten und ihrer Strafbewehrung, insbesondere mit Blick auf §§ 8 ff. LMBG, Frankfurt am Main 1999.

Drexl, Josef, Die wirtschaftliche Selbstbestimmung des Verbrauchers, Tübingen 1998.

Druey, Jean Nicolas, Recht und Fairness, recht 1998, 137 ff.

Duttge, Gunnar, Rückschaufehler und Fahrlässigkeit: Die strafrechtliche Perspektive, RW 2019, 153 ff.

Düker, Annalena, Das Management von Produktrückrufen: Einflussfaktoren auf die Rückholung von Verbraucherprodukten, Junior Management Science 2019, 460 ff.

Eichinger, Harald, Die strafrechtliche Produkthaftung im deutschen im Vergleich zum anglo-amerikanischen Recht, Frankfurt am Main 1997.

Eidam, Gerd, Unternehmen und Strafe. Vorsorge- und Krisenmanagement, Köln 1993.

Eidam, Gerd, Die Straf- und Bußgeldbestimmungen des neuen Geräte- und Produktsicherheitsgesetzes, NJW 2005, 1021 ff.

Eidam, Lutz, Zum Ausschluss strafrechtlicher (Fahrlässigkeits-) Verantwortlichkeit anhand des Vertrauensgrundsatzes – ein Überblick, JA 2011, 912 ff.

Eisele, Jörg, Strafrecht AT: Unterlassen nach eigenverantwortlicher Selbstgefährdung des Opfers, JuS 2016, 276 ff.

Engisch, Karl, Der Unrechtstatbestand im Strafrecht. Eine kritische Betrachtung zum heutigen Stand der Lehre von der Rechtswidrigkeit im Strafrecht, in: *Caemmerer/Friesenhahn,* Hundert Jahre deutsches Rechtsleben: Festschrift zum hundertjährigen Bestehen des Deutschen Juristentages; 1860–1960, Karlsruhe 1960, 401 ff.

Erbs, Georg; Kohlhaas, Max (Begr.), Strafrechtliche Nebengesetze, hrsg. v. *Häberle, Peter,* 245. Ergänzungslieferung, München 2023.

Esser, Robert; Keuten, Nils Christian, Strafrechtliche Risiken am Bau – Überlegungen zum Tatbestand der Baugefährdung (§ 319 StGB) und seinem Verhältnis zu §§ 222, 229 StGB, NStZ 2011, 314 ff.

Fehn, Karsten; Meyer, Catia, Strafbarkeitsrisiken im Nachgang zur Abgabe nicht zugelassener Arzneimittel im Rahmen von individuellen Heilversuchen oder Härtefallprogrammen, PharmR 2014, 135 ff.

Fischer, Thomas, Strafgesetzbuch. Mit Nebengesetzen, 70. Auflage, München 2023.

Fleischer, Holger (Hrsg.), Handbuch des Vorstandsrechts, München 2006.

Foerste, Ulrich; Westphalen, Friedrich Graf von (Hrsg.), Produkthaftungshandbuch, 3. Auflage, München 2012.

Foerste, Ulrich, Neues zur Produkthaftung – Passive Beobachtungspflicht und Äquivalenzinteresse, NJW 1994, 909 ff.

Frehsee, Detlev, Die Strafe auf dem Prüfstand. Verunsicherungen des Strafrechts angesichts gesellschaftlicher Modernisierungsprozesse, StV 1996, 222 ff.

Freund, Georg, Erfolgsdelikt und Unterlassen. Zu den Legitimationsbedingungen von Schuldspruch und Strafe, Köln 1992.

Freund, Georg; Rostalski, Frauke, Strafrecht Allgemeiner Teil. Personale Straftatlehre, 3. Auflage, Berlin 2019.

Freund, Georg, Der Entwurf eines 6. Gesetzes zur Reform des Strafrechts. Eine Würdigung unter Einbeziehung der Stellungnahme eines Arbeitskreises von Strafrechtslehrern, ZStW 1997, 455 ff.

Freund, Georg, Gefährdung als Straftat, in: *Freund/Rostalski,* Strafrechtliche Verantwortlichkeit für Produktgefahren. Internationales Symposium vom 18.-20. Juli 2013 an der Philipps-Universität Marburg mit Beiträgen aus China, Deutschland, Japan, Spanien, Taiwan und der Türkei, Frankfurt am Main 2015, 141 ff.

Freund, Georg, BGH: Garantenpflicht bei arbeitsteiliger Beseitigung einer Gefahrenquelle – Wuppertaler Schwebebahn mit Anmerkung, NStZ 2002, 421 ff.

Freund, Georg, Zur Legitimationsfunktion des Zweckgedankens im gesamten Strafrechtssystem, in: *Wolter/Freund,* Straftat, Strafzumessung und Strafprozeß im gesamten Strafrechtssystem, Heidelberg 1996, 43 ff.

Frisch, Wolfgang, Tatbestandsmäßiges Verhalten und Zurechnung des Erfolgs, Heidelberg 1988.

Frisch, Wolfgang, Selbstgefährdung im Strafrecht – Grundlinien einer opferorientierten Lehre vom tatbestandsmäßigen Verhalten, NStZ 1992, 1 ff.

Frister, Helmut, Schuldprinzip, Verbot der Verdachtsstrafe und Unschuldsvermutung als materielle Grundprinzipien des Strafrechts, Berlin 1988.

Fuchs, Maximilian, Arbeitsteilung und Haftung, JZ 1994, 533 ff.

Fuhrmann, Stefan; Klein, Bodo; Fleischfresser, Andreas (Hrsg.), Arzneimittelrecht. Handbuch für die Rechtspraxis, 3. Auflage, Baden-Baden 2020.

Gallas, Wilhelm, Die strafrechtliche Verantwortlichkeit der am Bau Beteiligten. unter besonderer Berücksichtigung des „verantwortlichen Bauleiters", Heidelberg 1963.

Gallas, Wilhelm, Abstrakte und konkrete Gefährdung, in: *Blei/Lüttger/Hanau,* Festschrift für Ernst Heinitz zum 70. Geburtstag am 1. Januar 1972, Berlin 2017, 171 ff.

Geerds, Friedrich, Herstellen und Absatz gesundheitsgefährdender Ge- und Verbrauchsgüter, in: *Jescheck/Vogler,* Festschrift für Herbert Tröndle zum 70. Geburtstag am 24. August 1989, Berlin 1989, 241 ff.

Gelder, Alfons van, Die Entwicklung der Lehre von der sog. Erfolgsabwendungspflicht aus vorangegangenem Tun im Schrifttum des 19. Jahrhunderts. Eine kritische Darstellung, Marburg 1967.

Georgy, Philipp, Die strafrechtliche Verantwortlichkeit von Amtsträgern für Arzneimittelrisiken. Am Beispiel öffentlich-rechtlicher Ethik-Kommissionen und des Bundesinstituts für Arzneimittel und Medizinprodukte, Berlin 2011.

Gerst, Hans-Joachim, Dosis sola venenum facit – Aber welche Dosis? – Ein Beitrag zur produktstrafrechtlichen Verantwortlichkeit bei der Verwendung gefährlicher Stoffe am Beispiel von Bisphenol A –, NStZ 2012, 136 ff.

Gildeggen, Rainer, Internationale Produkthaftung, Pforzheim 2005.

Gimbernat Ordeig, Enrique, Handlung, Unterlassung und Verhalten, in: *Dornseifer/Horn/Schilling/Schöne/Struensee/Zielinski*, Gedächtnisschrift für Armin Kaufmann, Köln 1989, 159 ff.

Granderath, Reinhard, Die Rechtspflicht zur Erfolgsabwendung aus einem vorangegangenen gefährdenden Verhalten bei den unechten Unterlassungsdelikten, Freiburg im Breisgau 1961.

Graul, Eva, Abstrakte Gefährdungsdelikte und Präsumtionen im Strafrecht, Berlin 1989.

Große Vorholt, André, Behördliche Stellungnahmen in der strafrechtlichen Produkthaftung. Zur Konkretisierung von Sorgfaltspflichten bei Risikoentscheidungen, Baden-Baden 1997.

Grünewald, Anette, Zivilrechtlich begründete Garantenpflichten im Strafrecht?, Berlin 2001.

Günther, Klaus, Die symbolisch-expressive Bedeutung der Strafe, in: *Prittwitz/Baurmann/Günther/Kuhlen/Merkel/Nestler/Schulz*, Festschrift für Klaus Lüderssen, Baden-Baden 2002, 205 ff.

Haberland, Patrick, Die Produkthaftung im deutschen und im US-amerikanischen Recht. Unter besonderer Berücksichtigung der Produktbeobachtungspflicht, Frankfurt am Main 2015.

Hamm, Rainer, Mißbrauch des Strafrechts, NJW 1996, 2981 ff.

Hamm, Rainer, Der strafprozessuale Beweis der Kausalität und seine revisionsrechtliche Überprüfung. Neuer Kausalitätsbegriff oder neue Anforderungen an die richterliche Überzeugungsbildung in der „Holzschutzmittel-Entscheidung" des BGH?, StV 1997, 159 ff.

Hamm, Rainer, Begrenzung des Wirtschaftsstrafrechts durch die Grundsätze der ultima ratio, der Bestimmtheit der Tatbestände, des Schuldgrundsatzes, der Akzessorietät und der Subsidiarität, in: *Kempf/Lüderssen/Volk*: Die Handlungsfreiheit des Unternehmers – wirtschaftliche Perspektiven, strafrechtliche und ethische Schranken, Berlin 2009, 44 ff.

Hamm, Rainer, Richten mit und über Strafrecht, NJW 2016, 1537 ff.

Hamm, Rainer, Strafrechtliche Produktverantwortung, PHi 1985, 15 ff.

Handorn, Boris, Die „Pflegebetten"-Entscheidung des Bundesgerichtshofs – neue Leitlinien zur Kostentragung bei Produktrückrufen, MPR 2009, 37 ff.

Hartmann, Volker, Der Warenhersteller im Spannungsfeld zwischen Produkthaftungs- und Wettbewerbsrecht. Produkthaftungsrechtliche Warnpflichten hinsichtlich Fremdzubehör und deren Vereinbarkeit mit dem UWG am Beispiel des Kfz-Herstellers, Frankfurt am Main 2015.

Hassemer, Winfried, Symbolisches Strafrecht und Rechtsgüterschutz, NStZ 1989, 553 ff.

Hassemer, Winfried, Rauschgiftbekämpfung durch Rauschgift? – BGH, NJW 1991, 2359, JuS 1992, 110 ff.

Hassemer, Winfried, Produktverantwortung im modernen Strafrecht, 2. Auflage, Heidelberg 1996.

Hassemer, Winfried, Strafen im Rechtsstaat, Baden-Baden 2000.

Hassemer, Winfried, Sicherheit durch Strafrecht, HRRS 2006, 130 ff.

Hau, Wolfgang; Poseck, Roman (Hrsg.), Beck`scher Online-Kommentar BGB, 66. Edition, München 2023.

Hauptmann, Markus; Rübenstahl, Markus, Zur verfassungsrechtlichen Unbedenklichkeit einer Doping-Besitzstrafbarkeit de lege ferenda – insbesondere gemessen am „Cannabis-Urteil" des BVerfG, HRRS 2007, 143 ff.

Hefendehl, Roland, Kollektive Rechtsgüter im Strafrecht, Köln 2002.

Hefendehl, Roland; Hirsch, Andrew von; Wohlers, Wolfgang (Hrsg.), Die Rechtsgutstheorie. Legitimationsbasis des Strafrechts oder dogmatisches Glasperlenspiel?, Baden-Baden 2003.

Heine, Günter, Die Strafrechtswissenschaft vor den Aufgaben der Zukunft, in: *Eser*, Die Deutsche Strafrechtswissenschaft vor der Jahrtausendwende, München 2000, 397 ff.

Heinemann, Andreas, Fairness, NZKart 2018, 389 ff.

Herbertz, Lara, Die Ingerenz. Eine Garantenpflicht aus Gefährdungsunrecht, Berlin 2020.

Herzberg, Rolf D., Garantenpflichten aufgrund gerechtfertigten Vorverhaltens – BGH, NJW 1970, 2252, JuS 1971, 74 ff.

Herzberg, Rolf D., Die Unterlassung im Strafrecht und das Garantenprinzip, Berlin 1972.

Herzberg, Rolf D., Zur Garantenstellung aus vorangegangenem Tun, JZ 1986, 986 ff.

Hilgendorf, Eric, Gibt es ein „Strafrecht der Risikogesellschaft"? – Ein Überblick -, NStZ 1993, 10 ff.

Hilgendorf, Eric, Strafrechtliche Produzentenhaftung in der „Risikogesellschaft", Berlin 1993.

Hilgendorf, Eric, Fragen der Kausalität bei Gremienentscheidungen am Beispiel des Lederspray-Urteils, NStZ 1994, 561 ff.

Hilgendorf, Eric, Die Verantwortung für Innovationen: Lebensmittelrechtliche Compliance, Haftung und strafrechtliche Konsequenzen, ZLR 2011, 303 ff.

Hilgendorf, Eric, Landesreferat zum Thema des strafrechtlichen Umgangs mit Produktgefahren in Deutschland, in: *Freund/Rostalski*, Strafrechtliche Verantwortlichkeit für Produktgefahren. Internationales Symposium vom 18.-20. Juli 2013 an der Philipps-Universität Marburg mit Beiträgen aus China, Deutschland, Japan, Spanien, Taiwan und der Türkei, Frankfurt am Main 2015, 47 ff.

Hilgendorf, Eric; Kudlich, Hans; Valerius, Brian (Hrsg.), Handbuch des Strafrechts Band 3 Strafrecht Allgemeiner Teil, 1. Auflage, Heidelberg 2021.

Hirsch, Hans Joachim, Gefahr und Gefährlichkeit, in: *Haft*, Strafgerechtigkeit. Festschrift für Arthur Kaufmann zum 70. Geburtstag, Heidelberg 1993, 545 ff.

Holtermann, Christian, Neue Lösungsansätze zur strafrechtlichen Produkthaftung. Eine Untersuchung unter Heranziehung des Tatbestandes der gemeingefährlichen Vergiftung – § 314 Abs. 1 Nr. 2 StGB, Baden-Baden 2007.

Honstetter, Nina, Die Ausgestaltung des lebensmittel(straf)rechtlichen Gesundheitsschutzes unter dem Einfluss europarechtlicher Vorgaben, Baden-Baden 2019.

Hopt, Klaus (Hrsg.), Handelsgesetzbuch, 42. Auflage, München 2023.

Horn, Eckhard, Konkrete Gefährdungsdelikte, Köln 1973.

Horn, Eckhard, Strafrechtliche Haftung für die Produktion von und den Handel mit vergifteten Gegenständen Zur Auslegung des § 319 StGB, NJW 1986, 153 ff.

Hoyer, Andreas, Zum Begriff der abstrakten Gefahr, JA 1990, 183 ff.

Hoyer, Andreas, Die traditionelle Strafrechtsdogmatik vor neuen Herausforderungen: Probleme der strafrechtlichen Produkthaftung, GA 1996, 160 ff.

Hsu, Heng-Da, Zurechnungsgrundlage und Strafbarkeitsgrenze der Fahrlässigkeitsdelikte in der modernen Industriegesellschaft, Frankfurt am Main 2009.

Jäger, Christian, Garant sein oder nicht, das ist hier die Frage, JA 2016, 392 ff.

Jähnke, Burkhard, Grundlagen der strafrechtlichen Haftung für fahrlässiges Verhalten, in: *Duttge*, Gedächtnisschrift für Ellen Schlüchter, Köln 2002, 99 ff.

Jähnke, Burkhard, Strafrechtliche Produkthaftung, Jura 2010, 582 ff.

Jakobs, Günther, Strafrecht Allgemeiner Teil. Die Grundlagen und die Zurechnungslehre. Lehrbuch. AT, Tübingen 2011.

Jauernig, Othmar (Begr.), Bürgerliches Gesetzbuch, hrsg. v. *Stürner, Rolf*, 18. Auflage, München 2021.

Jescheck, Hans-Heinrich; Weigend, Thomas, Lehrbuch des Strafrechts. Allgemeiner Teil, 5. Auflage, Berlin 1996.

Joecks, Wolfgang; Jäger, Christian (Hrsg.), Studienkommentar StGB, 13. Auflage, München 2021.

Johann, Christian; Sangi, Roya (Hrsg.), Nomos Kommentar Lieferkettensorgfaltspflichtengesetz, 1. Auflage, Baden-Baden 2023.

Karlsruher Kommentar zum Ordnungswidrigkeitengesetz, hrsg. v. *Mitsch, Wolfgang*, 5. Auflage, München 2018.

Karlsruher Kommentar zur Strafprozessordnung. Mit GVG, EGGVG, EMRK, hrsg. v. *Barthe, Christoph; Gericke, Jan*, 9. Auflage, München 2023.

Kassebohm, Kristian; Malorny, Christian, Die strafrechtliche Verantwortung des Managements. Produktverantwortlichkeit und deren Einflussbereich auf die qualitätsorientierte Unternehmensführung, BB 1994, 1361 ff.

Kaufmann, Armin, Die Dogmatik der Unterlassungsdelikte, Göttingen 1959.

Kaufmann, Armin, Tatbestandsmäßigkeit und Verursachung im Contergan-Verfahren. Folgerungen für das geltende Recht und für die Gesetzgebung, JZ 1971, 567 ff.

Kindhäuser, Urs; Neumann, Ulfrid; Paeffgen, Hans-Ullrich (Hrsg.), Nomos Kommentar Strafgesetzbuch, 6. Auflage, Baden-Baden 2023.

Klesczewski, Diethelm, Die Gemeingefährlichkeit als systemprägendes Element der Brandstiftungsdelikte, in: *Gaede/Goerlich/Kahlo/Zabel*, Im Zweifel für die Freiheit. Gedächtnisschrift für Manfred Seebode, Berlin 2015, 117 ff.

Klindt, Thomas, Produktrückrufe und deren Kostenerstattung nach der Pflegebetten-Entscheidung des BGH, BB 2009, 792 ff.

Klindt, Thomas (Hrsg.), Produktsicherheitsgesetz ProdSG Kommentar, 3. Auflage, München, 2021.

Klindt, Thomas; Wende, Susanne, Behördliche Risikobewertung nach den RAPEX-Leitlinien, NVwZ 2011, 602 ff.

Klindt, Thomas; Wende, Susanne, Produktbeobachtungspflichten 2.0 – Social-Media-Monitoring und Web-Screening, BB 2016, 1419 ff.

Koch, Arnd, Die Entkriminalisierung im Bereich der fahrlässigen Körperverletzung und Tötung, Berlin 1998.

Köhler, Michael, Strafrecht Allgemeiner Teil, Berlin 1996.

König, Peter, Dopingbekämpfung mit strafrechtlichen Mitteln, JA 2007, 573 ff.

Koriath, Heinz, Zum Streit um die Gefährdungsdelikte, GA 2001, 51 ff.

Kretschmer, Bernhard, Rätselraten im Nebenstrafrecht, in: *Rotsch*, Zehn Jahre ZIS – Zeitschrift für Internationale Strafrechtsdogmatik, Baden-Baden 2018, 917 ff.

Krüger, Matthias, Strafrechtliche Compliance in der Lebensmittelindustrie, LMuR 2013, 1 ff.

Kügel, J. Wilfried; Müller, Rolf-Georg; Hofmann, Hans-Peter (Hrsg.), Arzneimittelgesetz Kommentar, 3. Auflage, München 2022.

Kühl, Kristian, Die strafrechtliche Garantenstellung – Eine Einführung mit Hinweisen zur Vertiefung, JuS 2007, 497 ff.

Kühl, Kristian, Strafrecht AT, 8. Auflage, München 2017.

Kuhlen, Lothar, Fragen einer strafrechtlichen Produkthaftung, Heidelberg 1989.

Kuhlen, Lothar, Strafhaftung bei unterlassenem Rückruf gesundheitsgefährdender Produkte – Zugleich Anmerkung zum Urteil des BGH vom 6.7.1990 – 2 StR 549/89, NStZ 1990, 566 ff.

Kuhlen, Lothar, Strafrechtliche Produkthaftung, in: *Canaris*, 50 Jahre Bundesgerichtshof. Festgabe aus der Wissenschaft Band IV, München 2000, 647 ff.

Kuhlen, Lothar, Die Pflicht zum Rückruf in der strafrechtlichen Produkthaftung, in: *Arnold*, Menschengerechtes Strafrecht. Festschrift für Albin Eser zum 70. Geburtstag, München 2005, 359 ff.

Kühne, Hans-Heiner, Geschäftstüchtigkeit oder Betrug? Wettbewerbspraktiken im Lichte des § 263 StGB; zugleich ein Beitrag zur Problematik der unechten Unterlassungsdelikte, Kehl am Rhein 1978.

Kühne, Hans-Heiner, Strafrechtliche Produkthaftung in Deutschland, NJW 1997, 1951 ff.

Lackner, Karl, Zu den Grenzen der richterlichen Befugnis, mangelhafte Strafgesetze zu korrigieren, in: *Hochschullehrer der Juristischen Fakultät der Universität Heidelberg*, Richterliche Rechtsfortbildung. Erscheinungsformen, Auftrag und Grenzen, Heidelberg 1986, 39 ff.

Lackner, Karl; Kühl, Kristian (Hrsg.), StGB, 30. Auflage, München 2023.

Landau, Peter Wolfgang, Die strafrechtliche Verantwortlichkeit aus Eigentum und Besitz bei den unechten Unterlassungsdelikten, München 1976.

Landry, Klaus, Inverkehrbringen und Herstellen gesundheitsschädlicher Gegenstände (§§ 324, 326 StGB, 3 und 11 LMG). Eine strafrechtliche und kriminologische Untersuchung unter besonderer Berücksichtigung der Verfahren im Oberlandesgerichtsbezirk Schleswig-Holstein in den Jahren 1962 bis 1964, Kiel 1966.

Langer, Winrich, Die Sonderstraftat. Eine gesamtsystematische Grundlegung der Lehre vom Verbrechen, 2. Auflage des Werks „Das Sonderverbrechen", Berlin 2007.

Lege, Micha Alexander, Strafbarkeitsbegründende Rechtspflichten zur Abwendung von Schäden durch gefährliche Produkte, insbesondere zum Rückruf rechtsgutsgefährdender Produkte, Tübingen 2000.

Leipziger Kommentar zum StGB, Band I, 13. Auflage, Berlin 2020, außerdem 12. Auflage, Berlin 2007, beide hrsg. v. *Laufhütte, Heinrich Wilhelm; Rissing-van Saan, Ruth; Tiedemann, Klaus.*

Leitner, Werner; Rosenau, Henning (Hrsg.), Wirtschafts- und Steuerstrafrecht, 2. Auflage, Baden-Baden 2022.

Lenckner, Theodor, Wertausfüllungsbedürftige Begriffe im Strafrecht und der Satz „nulla poena sine lege", JuS 1968, 304 ff.

Lenckner, Theodor, Technische Normen und Fahrlässigkeit, in: *Bockelmann.* Festschrift für Karl Engisch zum 70. Geburtstag, Frankfurt am Main 1969, 490 ff.

Lenckner, Theodor, Der Grundsatz der Güterabwägung als Grundlage der Rechtfertigung, GA 1985, 295 ff.

Linnenbank, Nina, Der Rückschaufehler bei strafrechtlichen Fahrlässigkeitsbeurteilungen, Baden-Baden 2020.

Lüderssen, Klaus, Der „Erfolgsunwert", in: *Putzke*, Strafrecht zwischen System und Telos. Festschrift für Rolf Dietrich Herzberg zum siebzigsten Geburtstag am 14. Februar 2008, Tübingen 2008, 109 ff.

Lüftenegger, Klaus, Der Fall Volkswagen – (k)ein Rückruf wie jeder andere?, DAR 2016, 122 ff.

Lüftenegger, Klaus, Die Rückrufpflicht des Herstellers. Unter Berücksichtigung der höchstrichterlichen „Pflegebetten"-Rechtsprechung. Dissertation, Berlin 2017.

Lüftenegger, Klaus, Die deliktische Pflicht zum Rückruf von Fahrzeugen, NJW 2018, 2087 ff.

Luhmann, Niklas, Rechtssoziologie 1, Reinbek 1972.

Maas, Heiko, Wann darf der Staat strafen?, NStZ 2015, 305 ff.

Maiwald, Manfred, Kausalität und Strafrecht, Göttingen 1980.

Maiwald, Manfred, Grundlagenprobleme der Unterlassungsdelikte, JuS 1981, 473 ff.

Maring, Matthias (Hrsg.), Fallstudie zur Ethik in Wissenschaft, Wirtschaft, Technik und Gesellschaft, Karlsruhe 2011.

Martinek, Michael; Semler, Franz-Jörg; Flohr, Eckhard (Hrsg.), Handbuch des Vertriebsrechts. National – international, 4. Auflage, München 2016.

Matt, Holger; Renzikowski, Joachim (Hrsg.), StGB Strafgesetzbuch Kommentar, 2. Auflage, München 2020.

Matthes-Wegfrass, Ines, Der Konflikt zwischen Eigenverantwortung und Mitverantwortung im Strafrecht. Eine kritische Untersuchung der gegenwärtigen

Rechtsprechungspraxis zum Problembereich der Selbsttötung und Selbstgefährdung, Berlin 2013.

Maurach, Reinhart; Gössel, Karl Heinz; Zipf, Heinz, Erscheinungsformen des Verbrechens und Rechtsfolgen der Tat, 8. Auflage, Heidelberg 2014.

Mayer, Michael, Die Arzneimittelzulassung als Strafbarkeitshindernis, MedR 2008, 595 ff.

Mayer, Michael, Die strafrechtliche Rückrufpflicht des pharmazeutischen Unternehmers, PharmR 2008, 236 ff.

Mayer, Michael, Strafrechtliche Produktverantwortung bei Arzneimittelschäden. Ein Beitrag zur Abgrenzung der Verantwortungsbereiche im Arzneiwesen aus strafrechtlicher Sicht, Berlin 2008.

Meermann, Anne Marie, Entwicklungsrisiko und State-of-the-Art. Eine vergleichende Untersuchung über die Haftung für unerkennbare Produktrisiken im europäischen und US-amerikanischen Recht, Baden-Baden 2013.

Meier, Bernd-Dieter, Verbraucherschutz durch Strafrecht? Überlegungen zur strafrechtlichen Produkthaftung nach der „Lederspray"-Entscheidung des BGH, NJW 1992, 3193 ff.

Mezger, Edmund, Strafrecht, 2. Auflage, München 1933.

Michalski, Lutz, Produktbeobachtung und Rückrufpflicht des Produzenten, BB 1998, 961 ff.

Mintas, Laila, Glücksspiele im Internet. Insbesondere Sportwetten mit festen Gewinnquoten (Oddset-Wetten) unter strafrechtlichen, verwaltungsrechtlichen und europarechtlichen Gesichtspunkten, Berlin 2009.

Mitsch, Wolfgang, Das erlaubte Risiko im Strafrecht, JuS 2018, 1161 ff.

Mitsch, Wolfgang, Glyphosat und Strafrecht, Vortrag auf der fünften Internationalen rechtsvergleichenden Konferenz „Aktuelle Strafrechtsprobleme im internationalen Vergleich" am 13.12.2016 in Potsdam, veröffentlicht auf https://www.uni-potsdam.de/fileadmin/projects/ls-mitsch/Vortr%C3%A4ge/Glyphosat_und_Strafrecht.pdf.

Möllers, Thomas; Juristische Methodenlehre, München 2007.

Molitoris, Michael, „Kehrtwende" des BGH bei Produktrückrufen? – Keine generelle Verpflichtung zur kostenfreien Nachrüstung/Reparatur von mit sicherheitsrelevanten Fehlern behafteten Produkten, NJW 2009, 1049 ff.

Momsen, Carsten; Gruetzner, Thomas (Hrsg.), Wirtschafts- und Steuerstrafrecht. Handbuch für Unternehmens- und Anwaltspraxis, 2. Auflage, München 2020.

Möllers, Thomas, Verkehrspflichten des Händlers beim Vertrieb von gefährlichen Produkten, JZ 1999, 24 ff.

Müller-Gugenberger, Christian; Gruhl, Jens; Hadamitzky, Anke (Hrsg.), Wirtschaftsstrafrecht. Handbuch des Wirtschaftsstraf- und -ordnungswidrigkeitenrechts, 7. Auflage, Köln 2020.

Münchener Kommentar zum BGB, Bd. 7: §§ 705–853, PartGG, ProdHaftG, hrsg. v. *Säcker, Franz Jürgen; Rixecker, Roland; Oetker, Hartmut; Limperg, Bettina*, 8. Auflage, München 2020.

Münchener Kommentar zum StGB, Bd. 1: §§ 1–37, 4. Auflage, hrsg. v. *Erb, Volker; Schäfer, Jürgen*, 4. Auflage, München 2020; Bd. 5: §§ 263–358, 3. Auflage 2019, hrsg. v. *Joecks, Wolfgang; Miebach, Klaus;* Bd. 6: §§ 298–354; Bd. 7: JGG (Auszug), Nebenstrafrecht I, beide hrsg. v. *Erb, Volker; Schäfer, Jürgen*, 4. Auflage, München 2022.

Münchener Kommentar zur StPO, Bd. 1: §§ 1–150, 2. Auflage, München 2023, Bd. 3/2: GVG, EGGVG, EMRK, EGStPO, EGStGB, ZSHG, StrEG, JGG, G 10, AO, München 2018, beide hrsg. v. *Knauer, Christoph; Kudlich, Hans; Schneider, Hartmut.*

Murmann, Uwe, Zum Tatbestand der Beihilfe, JuS 1999, 548 ff.

Nickel, Egbert, Die Problematik der unechten Unterlassungsdelikte im Hinblick auf den Grundsatz „nullum crimen sine lege" (Art. 103 Abs. 2 GG). Eine straf- und verfassungsrechtliche Studie, Berlin 1972.

Ostendorf, Heribert, Grundzüge des konkreten Gefährdungsdelikts, JuS 1982, 426 ff.

Ott, Steffen, Strafwürdigkeit und Strafbedürftigkeit des Selbstdopings im Leistungssport, Baden-Baden 2013.

Otto, Harro, Vorangegangenes Tun als Grundlage strafrechtlicher Haftung, NJW 1974, 528 ff.

Otto, Harro, Erfolgszurechnung bei unterlassener Gefahrverminderung durch einen Garanten, MDR 1989, 123 ff.

Otto, Harro, Die Haftung für kriminelle Handlungen im Unternehmen, Jura 1998, 409 ff.

Otto, Harro, Die strafrechtliche Haftung für die Auslieferung gefährlicher Produkte, in: *Weigend/Küpper*, Festschrift für Hans Joachim Hirsch zum 70.Geburtstag am 11.April 1999, Berlin 1999, 291 ff.

Otto, Harro, Grundkurs Strafrecht. Allgemeine Strafrechtslehre, Berlin 2004.

Otto, Harro, Die strafrechtliche Verantwortung für die Verletzung von Sicherungspflichten in Unternehmen, in: *Hoyer/Müller/Pawlik/Wolter*, Festschrift für Friedrich-Christian Schroeder zum 70. Geburtstag, Heidelberg 2006, 339 ff.

Otto, Harro; Brammsen, Joerg, Die Grundlagen der strafrechtlichen Haftung des Garanten wegen Unterlassens (I), Jura 1985, 530 ff.

Pache, Eckhard, Das europäische Grundrecht auf einen fairen Prozess, NVwZ 2001, 1342 ff.

Pasedach, Christina, Verantwortungsbereiche wider Volksgesundheit, Berlin 2012.

Pastor Muñoz, Nuria, Erlaubtes Risiko und Gesetzlichkeitsprinzip im Strafrecht. Zugleich ein Beitrag zur Bestimmung des Inhalts des erlaubten Risikos, GA 2021, 16 ff.

Pawlik, Michael, „Das dunkelste Kapitel in der Dogmatik des Allgemeinen Teils", in: *Heinrich/Achenbach/Amelung/Bottke/Haffke/Schünemann/Wolter/Jäger,* Strafrecht als Scientia Universalis. Festschrift für Claus Roxin zum 80. Geburtstag am 15. Mai 2011, Berlin 2011, 931 ff.

Pérez-Sauquillo Munoz, Carmen, Eine Theorie der kollektiven Rechtsgüter: Überlegungen anhand der öffentlichen Gesundheit, GA 2021, 328 ff.

Pfleiderer, Klaus, Die Garantenstellung aus vorangegangenem Tun, Berlin 1968.

Philipps, Lothar, Der Handlungsspielraum: Untersuchungen über das Verhältnis von Norm und Handlung im Strafrecht, Frankfurt am Main 1974.

Pieper, Annemarie, Fairness als ethisches Prinzip, DZPH 1991, 890 ff.

Prittwitz, Cornelius, Funktionalisierung des Strafrechts, StV 1991, 435 ff.

Prittwitz, Cornelius, Strafrecht und Risiko. Untersuchungen zur Krise von Strafrecht und Kriminalpolitik in der Risikogesellschaft, Frankfurt am Main 1993.

Prittwitz, Cornelius, Begrenzung des Wirtschaftsstrafrechts durch die Rechtsgutslehre, sowie die Grundsätze der ultima ratio, der Bestimmtheit der Tatbestände, des Schuldgrundsatzes, der Akzessorietät und der Subsidiarität, in: *Kempf/Lüderssen/Volk*: Die Handlungsfreiheit des Unternehmers – wirtschaftliche Perspektiven, strafrechtliche und ethische Schranken, Berlin 2009, 53 ff.

Puppe, Ingeborg, BGHSt 37, 107 mit Anmerkung, JR 1992, 27 ff.

Puppe, Ingeborg, „Naturgesetze" vor Gericht, JZ 1994, 1147 ff.

Radtke, Henning, Die Dogmatik der Brandstiftungsdelikte. Zugleich ein Beitrag zur Lehre von den gemeingefährlichen Delikten, Berlin 1998.

Ransiek, Andreas, Gesetz und Lebenswirklichkeit. Das strafrechtliche Bestimmtheitsgebot, Heidelberg 1989.

Ransiek, Andreas, Das unechte Unterlassungsdelikt, JuS 2010, 490 ff.

Rawls, John, Gerechtigkeit als Fairneß. Ein Neuentwurf, Frankfurt am Main 2006.

Rehmann, Wolfgang A. (Hrsg.), Arzneimittelgesetz Kommentar mit Erläuterungen, 5. Auflage, München 2020.

Rengier, Rudolf, Strafrecht AT, 14. Auflage, München 2022.

Rettenbeck, Stephan, Die Rückrufpflicht in der Produkthaftung. Zugleich ein Beitrag zur EG-Richtlinie über die allgemeine Produktsicherheit vom 29. Juni 1992, Baden-Baden 1994.

Reus, Katharina, Das Strafrecht in der Risikogesellschaft. Der Beitrag des Strafrechts zum Schutz vor modernen Produktgefahren, Berlin 2009.

Reusch, Phillipp, Pflichtenkreis von Unternehmen im Umgang mit unsicheren Produkten, BB 2017, 2248 ff.

Riesenhuber, Karl (Hrsg.), Das Prinzip der Selbstverantwortung. Grundlagen und Bedeutung im heutigen Privatrecht, Tübingen 2012.

Rigopoulou, Maria, Grenzen des Paternalismus im Strafrecht, Berlin 2013.

Rotsch, Thomas (Hrsg.), Handbuch Criminal Compliance, Baden-Baden 2015.

Roxin, Claus, Ingerenz und objektive Zurechnung, in: *Donatsch/Forster/Schwarzenegger*: Strafrecht, Strafprozessrecht und Menschenrechte. Festschrift für Stefan Trechsel zum 65. Geburtstag, Zürich 2002, 551 ff.

Roxin, Claus, Strafrecht Allgemeiner Teil Band 2, München 2003.

Roxin, Claus, Kausalität und Garantenstellung bei den unechten Unterlassungen, GA 2009, 73 ff.

Roxin, Claus; Greco, Luis, Strafrecht Allgemeiner Teil Band 1, 5. Auflage, München 2020.

Rudolphi, Hans-Joachim, Die Gleichstellungsproblematik der unechten Unterlassungsdelikte und der Gedanke der Ingerenz, Göttingen 1966.

Rudolphi, Hans-Joachim, Häusliche Gemeinschaften als Entstehungsgrund für Garantenstellungen?, NStZ 1984, 149 ff.

Sach, Karsten, Genehmigung als Schutzschild? Die Rechtsstellung des Inhabers einer immissionsschutzrechtlichen Genehmigung, Berlin 1994.

Saladin, Peter, Das Verfassungsprinzip der Fairness, in: *Schweizerische Rechtsfakultäten*, Erhaltung und Entfaltung des Rechts in der Rechtsprechung des Schweizerischen Bundesgerichts, Basel 1975, 41 ff.

Samson, Erich, Probleme einer strafrechtlichen Produkthaftung, StV 1991, 182 ff.

Satzger, Helmut; Schluckebier, Wilhelm; Widmaier, Gunther (Hrsg.), StGB Strafgesetzbuch, 5. Auflage, Köln 2020.

Sauer, Dirk, Die Fahrlässigkeitsdogmatik der Strafrechtslehre und der Strafrechtsprechung, Hamburg 2003.

Schall, Alexander, (Berechtigte) Lücken in der Lieferkettensorgfaltspflicht des LkSG?, NZG 2022, 787 ff.

Schaumann-Werder, Hedda von, Strafrechtliche Produkthaftung im Europäischen Binnenmarkt. Der Einfluss europäischer Instrumente zur Herstellung und Aufrechterhaltung des Binnenmarktes, Köln 2008.

Schiemann, Anja, BGH: Garantenpflicht bei bewusster Selbstgefährdung des Opfers – Suchtmittelkonsum, NJW 2016, 176 ff.

Schlehofer, Horst, Risikovorsatz und zeitliche Reichweite der Zurechnung beim ungeschützten Geschlechtsverkehr des HIV-Infizierten, NJW 1989, 2017 ff.

Schmakowski, Oliver, Die Garantenstellung aus Verantwortung für gefährliche Sachen. Zu Legitimation und Umfang der Gefahrquellenverantwortlichkeit beim Unterlassungsdelikt, Hamburg 2017.

Schmid, Niklaus, Von der zivilrechtlichen zur strafrechtlichen Produktehaftung, in: *Forstmoser/Heini/Giger/Schluep*, Festschrift für Max Keller zum 65. Geburtstag, Zürich 1989, 647 ff.

Schmidt, Andreas, Das neue Umweltstrafrecht, NJW 1994, 2514–2519.

Schmidt-Salzer, Joachim, Entscheidungssammlung Produkthaftung Band IV, München 1982.

Schmidt-Salzer, Joachim, Strafrechtliche Produktverantwortung – Das Lederspray-Urteil des BGH, NJW 1990, 2966 ff.

Schmidt-Salzer, Joachim, Konkretisierungen der strafrechtlichen Produkt- und Umweltverantwortung, NJW 1996, 1 ff.

Schmucker, Andrea, Die „Dogmatik" einer strafrechtlichen Produktverantwortung. Das fahrlässige Unterlassen als Institut der Produktkriminalität, Frankfurt am Main 2001.

Scholl, Claus, Strafrechtliche Verantwortlichkeit und zivilrechtliche Haftung eines Reifenhändlers, NJW 1981, 2737 ff.

Schöne, Wolfgang, Unterlassene Erfolgsabwendungen und Strafgesetz. Zur gesetzlichen Regelung „unechter" Unterlassungsdelikte, Köln 1974.

Schönke, Adolf; Schröder, Horst (Begr.), StGB, hrsg. v. *Eser, Albin*, 30. Auflage, München 2019.

Schröder, Horst, Abstrakt-konkrete Gefährdungsdelikte?, JZ 1967, 522 ff.

Schröder, Horst, Die Gefährdungsdelikte im Strafrecht, ZStW 1969, 7 ff.

Schroth, Sven, Strafrechtlicher Rechtsgüterschutz bei der Einfuhr sicherheitsbedenklicher Produkte via Internet, Chemnitz 2018.

Schubert, Jens; Punitive Damages – Das englische Recht als Vorbild für das deutsche Schadensrecht, JR 2008, 138 ff.

Schucht, Carsten, Der Maßstab der Sicherheit im Produktsicherheitsrecht, NVwZ 2015, 852 ff.

Schumann, Florian, Bauelemente des europäischen Produktsicherheitsrechts. Gefahrenabwehr durch Zusammenwirken von Europäischer Gemeinschaft, Mitgliedstaaten und Privaten, Baden-Baden 2007.

Schünemann, Bernd, Grund und Grenzen der unechten Unterlassungsdelikte. Zugleich ein Beitrag zur strafrechtlichen Methodenlehre, Göttingen 1971.

Schünemann, Bernd, Unternehmenskriminalität und Strafrecht, Köln 1979.

Schünemann, Bernd, Die Unterlassungsdelikte und die strafrechtliche Verantwortlichkeit für Unterlassungen, ZStW 1984, 287 ff.

Schünemann, Bernd, Anmerkung zu BGH, Beschl. v. 3.5.1984 – 4 StR 266/84, StV 1985, 229 ff.

Schünemann, Bernd, Die Regeln der Technik im Strafrecht, in: *Puppe/Tenckhoff/Küper*, Festschrift für Karl Lackner zum 70. Geburtstag am 18. Februar 1987, Berlin 1987, 367 ff.

Schünemann, Bernd, Unternehmenskriminalität, in: *Canaris*, 50 Jahre Bundesgerichtshof. Festgabe aus der Wissenschaft Band IV, München 2000, 621–646.

Schünemann, Bernd, Zur Garantenstellung beim unechten Unterlassungsdelikt, in: *Böse/Sternberg-Lieben*, Grundlagen des Straf-und Strafverfahrensrechts. Festschrift für Knut Amelung zum 70. Geburtstag, Berlin 2009, 303 ff.

Schürer-Mohr, Wiebke, Erlaubte Risiken. Grundfragen des „erlaubten Risikos" im Bereich der Fahrlässigkeitsdogmatik, Frankfurt am Main 1998.

Schürmann, Hannes, Unterlassungsstrafbarkeit und Gesetzlichkeitsgrundsatz, Berlin 1986.

Schwartz, Martina, Strafrechtliche Produkthaftung. Grundlagen, Grenzen und Alternativen, Frankfurt am Main 1999.

Seebode, Manfred, Zur gesetzlichen Unbestimmtheit des unechten Unterlassungsdelikts, in: *Seebode*, Festschrift für Günter Spendel zum 70. Geburtstag am 11. Juli 1992, Berlin 1992, 317 ff.

Seelmann, Kurt, Opferinteressen und Handlungsverantwortung in der Garantenpflichtdogmatik, GA 1989, 241 ff.

Seher, Gerhard, Herstellung oder Vertrieb gesundheitsgefährdender Produkte: Ein Fall des § 314 StGB? – Versuch der Aufhellung einer neu gefassten „Dunkelnorm", NJW 2004, 113 ff.

Sieber, Ulrich, Zivilrechtliche Beweisinteressen im Strafprozess, in: *Seebode*, Festschrift für Günter Spendel zum 70. Geburtstag am 11. Juli 1992, Berlin 1992, 757 ff.

Sieglitz, Hardy, Weiterentwicklung des deutschen Produkthaftungsrechts durch Einflüsse des US-amerikanischen Produkthaftungsrechts unter besonderer Berücksichtigung der Automobilindustrie, Berlin 2018.

Silva Sánchez, Jesús-María, Die Expansion des Strafrechts. Kriminalpolitik in postindustriellen Gesellschaften, Frankfurt am Main 2003.

Spitz, Philippe, Strafrechtliche Produkthaftung – Übertragbarkeit zivilrechtlicher Betrachtungsweisen? Unter besonderer Berücksichtigung der Organisationshaftung in Straf- und Zivilrecht, Basel 2001.

Stächelin, Gregor, Strafgesetzgebung im Verfassungsstaat. Normative und empirische, materielle und prozedurale Aspekte der Legitimation unter Berücksichtigung neuerer Strafgesetzgebungspraxis, Berlin 1998.

Stächelin, Gregor, Der „Große Lauschangriff" der dritten Gewalt, ZRP 1996, 430 ff.

Stankewitz, Rolf Günter, Die dogmatischen Grundlagen und Voraussetzungen einer Überwachergarantenstellung aus Sachherrschaft, Würzburg 1991.

Staudingers Kommentar zum Bürgerlichen Gesetzbuch, Buch 2: Recht der Schuldverhältnisse: §§ 823 E-I, 824, 825 (Verkehrspflichten, deliktische Produkthaftung, Verletzung eines Schutzgesetzes, Arzthaftungsrecht), hrsg. v. *Hager, Johannes*, Neubearbeitung 2021, Saarbrücken/Berlin 2021.

Steffen, Erich, Produzentenhaftung für Raucherschäden in den USA – Von der Mitverantwortung des Richters für die Selbstverantwortlichkeit des Bürgers, NJW 1996, 3062 ff.

Steinberg, Georg, Lässt sich „Leichtfertigkeit" als Straftatbestandsmerkmal sinnvoll handhaben?, ZStW 2019, 888 ff.

Stratenwerth, Günther; Kuhlen, Lothar, Strafrecht Allgemeiner Teil, 6. Auflage, München 2011.

Swobada, Sabine, Die Lehre vom Rechtsgut und ihre Alternativen, ZStW 2010, 24 ff.

Tamm, Marina; Tonner, Klaus; Bergmann, Stefanie (Hrsg.), Verbraucherrecht. Rechtliches Umfeld, Vertragstypen, Rechtsdurchsetzung: Beratungshandbuch, 3. Auflage, Baden-Baden 2020.

Tenckhoff, Jörg, Zur Anwendbarkeit des § 13 StGB auf schlichte Tätigkeitsdelikte, in: *Seebode*, Festschrift für Günter Spendel zum 70. Geburtstag am 11. Juli 1992, Berlin 1992, 347 ff.

Tiedemann, Klaus, Verfassungsrecht und Strafrecht, Heidelberg 1991.

Tiedemann, Klaus, Körperverletzung und strafrechtliche Produktverantwortung, in: *Weigend/Küpper*, Festschrift für Hans Joachim Hirsch zum 70.Geburtstag am 11.April 1999, Berlin 1999, 765 ff.

Tiedemann, Klaus, Wirtschaftsstrafrecht, 5. Auflage, München 2017.

Timpe, Gerhard, »Das scharfe Brotmesser«, JA 2010, 514 ff.

Timpe, Gerhard, Die strafrechtliche Produzentenhaftung, HRRS 2017, 272 ff.

Venrooy, Michael van, Produktrückrufe in der deutschen Automobilindustrie. Motivations-, Kommunikations- und Verständnisproblematiken, Wiesbaden 2015.

Vogel, Joachim, Verbraucherschutz durch strafrechtliche Produkthaftung, GA 1990, 241 ff.

Vogel, Joachim, Norm und Pflicht bei den unechten Unterlassungsdelikten, Berlin 1993.

Vogel, Joachim, Stand und Entwicklung der strafrechtlichen Produkthaftung, in: *Rauscher/Mansel*, Festschrift für Werner Lorenz zum 80. Geburtstag, München 2001, 65 ff.

Vogler, Theo, Zur Bedeutung des § 28 StGB für die Teilnahme am unechten Unterlassungsdelikt, in: *Meurer/Warda/Waider/Hippel*, Festschrift für Richard Lange zum 70. Geburtstag, Berlin 1976, 265 ff.

Volk, Klaus, Zur Abgrenzung von Tun und Unterlassen, in: *Jescheck/Vogler*, Festschrift für Herbert Tröndle zum 70. Geburtstag am 24. August 1989, Berlin 1989, 219 ff.

Volk, Klaus, Kausalität im Strafrecht – Zur Holzschutzmittel-Entscheidung des BGH vom 2.8.1995, NStZ 1996, 105 ff.

Wagner, Eric; Ruttloff, Marc, Product Compliance – Dos and Don‘ts für Praktiker, BB 2018, 1288 ff.

Wagner, Gerhard, Anmerkung zu BGH, 16.12.2008 — VI ZR 170/07 Umfang der Gefahrabwendungspflicht des Warenherstellers, JZ 2009, 908 ff.

Wallau, Rochus, Plädoyer für eine konzertierte Revision des Lebensmittelstrafrechts, LMuR 2016, 229 ff.

Walter, Stefan, Die Pflichten des Geschäftsherrn im Strafrecht, Frankfurt am Main 2000.

Wank, Rolf, Die juristische Begriffsbildung, München 1985.

Waßmer, Martin, Die strafrechtliche Geschäftsherrenhaftung, 2006.

Weber, Franziska, Das Verbraucherleitbild des Verbrauchervertragsrechts – im Wandel?, VuR 2020, 9 ff.

Weber, Klaus (Hrsg.), Betäubungsmittelgesetz: Arzneimittelgesetz, Anti-Doping-Gesetz, Neue-psychoaktive-Stoffe-Gesetz: Kommentar, 6. Auflage, München 2021.

Weber, Ulrich, Garantenstellung kraft Sachherrschaft? Zur strafrechtlichen Verantwortlichkeit für beleidigende Parolen auf Sachen, in: *Herzberg*: Festschrift für Dietrich Oehler zum 70. Geburtstag, Köln 1985, 83 ff.

Weiß, Holger Tobias, Die rechtliche Gewährleistung der Produktsicherheit, Baden-Baden 2008.

Weißer, Bettina, Kausalitäts- und Täterschaftsprobleme bei der strafrechtlichen Würdigung pflichtwidriger Kollegialentscheidungen, Berlin 1996.

Welp, Jürgen, Vorangegangenes Tun als Grundlage der Handlungsäquivalenz der Unterlassung, Berlin 1968.

Welzel, Hans, Das Deutsche Strafrecht. Eine systematische Darstellung, 11. Auflage, Berlin 1989.

Wiederkehr, René, Fairness als Verfassungsgrundsatz, Bern 2006.

Wohlers, Wolfgang, Deliktstypen des Präventionsstrafrechts – zur Dogmatik „moderner" Gefährdungsdelikte, Berlin 2000.

Wolff, Ernst Amadeus, Kausalität von Tun und Unterlassen. Eine strafrechtliche Untersuchung, Heidelberg 1965.

Wolter, Jürgen (Hrsg.), Systematischer Kommentar zum Strafgesetzbuch, 9. Auflage, Köln, 2017.

Wolters, Gereon; Beckschäfer, Sebastian, Zeitliches Auseinanderfallen von Handlung und Erfolg – ein Problem der Zurechnungslehre, in: *Putzke*, Strafrecht zwischen System und Telos. Festschrift für Rolf Dietrich Herzberg zum siebzigsten Geburtstag am 14. Februar 2008, Tübingen 2008, 141 ff.

Zieschang, Frank, Der Austausch personenbezogener Daten mittels Europol, ZRP 1996, 427 ff.

Zieschang, Frank, Die Gefährdungsdelikte, Berlin 1998.

Zipf, Heinz, Kriminalpolitik, 2. Auflage, Heidelberg 1980.

www.ingramcontent.com/pod-product-compliance
Ingram Content Group UK Ltd.
Pitfield, Milton Keynes, MK11 3LW, UK
UKHW021125041026
8980IPUK00026B/620

9 783631 928714